2026학년도
초·중등 보건교사
임용고시 대비

김이지 04
보건임용

모성간호학

Preface  이 책의 머리말

본 교재는 보건교사 임용고시를 준비하는 예비보건교사들의 합격의 길잡이가 될 것으로 확신합니다.

김이지 전공보건 모성간호학 교재의 특징은 아래와 같습니다.

1. **최신의 엄선된 핵심 정보로 구성된 '함축 정리형 교재'**
   - 최근 모성간호의 변화, 개정 사항, 최신 임상지견 등 신뢰도 높은 자료만을 선별해, 효율적인 학습을 위한 핵심 정리로 구성하였습니다.

2. **출제 가능성이 높은 쟁점들을 빠짐없이 담은 '출제 포인트 완전 수록 교재'**
   - 모성간호학의 출제 비중이 높아진 만큼, 예상되는 모든 쟁점을 빠짐없이 담았습니다.
   - 그동안 임용고시에서 출제 비중이 높았던 영역과 향후 출제될 가능성이 높은 내용, 국가고시 주요 쟁점까지 모두 아우른 교재입니다.

3. **개념별 키워드와 사례 중심의 '이해 기반 서술형 대비 교재'**
   - 각 개념을 핵심 키워드와 논리적 설명, 개념들 간 구조의 연결성 등을 풀어내어 주관식·서술형 문제에 강한 이해 중심 학습이 가능하도록 설계했습니다.

4. **최신 기출을 반영한 '출제 트렌드 기반 교재'**
   - 최근 모성간호학의 출제 경향을 정밀 분석하여, 자주 출제되는 핵심과 앞으로 나올 가능성이 높은 주제를 반영한 최신형 교재입니다.

5. **그림·표·도식화를 활용한 '시각적 구조화 교재'**
   - 복잡한 개념도 표, 그림, 도식화를 통해 한눈에 구조화하여, 개념 간 흐름을 시각적으로 기억에 정착시켜 시험일까지 오래 유지할 수 있도록 구성했습니다.

교재의 내용 한글자 한글자를 집필할 때는 이 교재가 바로 여러분의 '시험지의 답안'이라고 생각하고, 쉽게 암기하면서도 고득점을 맞을 수 있는 방법을 고민하고, 또 고민해서 교재를 만들었습니다.

김이지 전공보건 강의의 특징은 다음과 같습니다.

> 1. '완벽한 이해'를 바탕으로 복습을 최소화하는 강의와 교재
>   - 암기와 인출은 이해가 바탕이 될 때 비로소 효과를 발휘합니다.
>   - 그래서 저는 수험생이 복습에 시간을 낭비하지 않도록, 한 번에 이해하고 오래 기억할 수 있는 강의와 교재를 지향합니다.
>
> 2. 장기간 기출 분석을 기반으로 한 '출제 예측 강의'
>   - 기출문제는 단순 반복이 아닌, 미래의 출제를 읽기 위한 가장 정밀한 자료입니다.
>   - 2024년과 2025년, 가장 높은 적중률로 증명했으며, 앞으로도 그 정확도를 계속 증명해나갈 것입니다.
>
> 3. '키워드 중심의 이론 정리'로 체계적 틀을 구축하는 강의
>   - 강의 중 반드시 기억해야 할 핵심 키워드는 명확하게 강조하며, 개념 간 연결을 통해 체계적인 이론의 틀을 만들어드립니다.
>
> 4. '반복 문제풀이'로 실제 시험 적응력을 높이는 강의
>   - 이해와 적용은 반복을 통해 완성됩니다.
>   - 사회 변화와 최신 간호 내용을 반영한 출제 예상 문제풀이를 통해, 실제 시험에 가장 가까운 적응력을 키워드릴 것입니다.

합격의 길은 막막하지 않습니다. 얼마든지 즐겁게 행복하게 공부할 수 있습니다. 딱 하루하루만 허들을 넘듯, 최선을 다해봅시다.
그럼, 어느순간 합격의 길에 여러분이 있을 것이라 확신합니다.

곧 여러분들은 학교의 보건실에서 사랑스럽고 귀여운 아이들을 따뜻하게 맞이하게 될 것입니다. 그날을 향해 나아가는 예비 보건교사 선생님들의 합격을 마음 깊이 응원합니다.

끝으로, 이 교재를 완성하도록 도움을 주신 해커스 임용고시 학원선생님들과 법률저널 출판사 관계자분들, 그리고 집필에 도움을 주신 배현자 연구원님과 김은진 연구원님께도 깊은 감사를 드립니다.

2025년 6월
저자 김이지

Contents 이 책의 차례

PART 01 여성 생식기 구조와 기능 ····· 8
1. 여성 외생식기 ····· 8
2. 여성 내생식기 ····· 11
3. 골반 ····· 18
4. 유방 ····· 21

PART 02 여성 생식 생리와 호르몬 ····· 23
1. 시상하부-뇌하수체-난소주기 ····· 23
2. 난소주기 ····· 25
3. 자궁내막주기(월경주기) ····· 30
4. 월경주기관련 호르몬 ····· 33

PART 03 여성 생식기 건강사정 ····· 37
1. 외부 생식기 ····· 37
2. 내부 생식기 ····· 38

PART 04 피임법 ····· 40
1. 피임법의 이상적 조건(선택시 고려할 요인) ·· 40
2. 월경주기법(자연가족계획, 가임기간 인지방법, 생식능력 인지기반 피임법) ····· 41
3. 자궁경부차단법 ····· 44
4. 질 살정제 ····· 48
5. 호르몬 피임법 ····· 49
6. 자궁내 장치(IntraUterine Device, IUD) ····· 56
7. 응급피임약 ····· 59
8. 외과적 불임법(영구 불임법, 불임술) ····· 60
9. 성교중절법(질외사정법) ····· 61
10. 수유 무월경법 ····· 61
11. 피임방법의 분류 ····· 61
12. 인공임신중절 ····· 62

PART 05 월경이상 ····· 64
1. 무월경 ····· 64
2. 비정상 자궁출혈 ····· 69
3. 월경곤란증 ····· 74
4. 월경전 증후군(premenstrual syndrome, PMS) ····· 77
5. 황색 포도상 구균에 의한 독성쇼크증후군 ····· 79
6. 그룹 A 연쇄상 구균으로 인한 독성 쇼크 증후군 ····· 84

PART 06 생식기 감염 ····· 85
1. 외생식기 감염 ····· 85
2. 외음의 염증성 질환 ····· 86
3. 내생식기 감염 ····· 87
4. 골반 염증성 질환 (pelvic inflammatory disease, PID) ····· 96

PART 07 자궁내막질환 ····· 100
1. 자궁내막증(endometriosis) ····· 100
2. 자궁선근증(uterine adenomyosis, adenomyosis) ····· 106
3. 자궁내막증식증(endometrial hyperplasia) ·· 108

PART 08 난임간호 ····· 110
1. 난임 정의 및 분류 ····· 110
2. 난임의 원인 ····· 110
3. 여성 난임 사정 ····· 114
4. 남성난임사정 ····· 121
5. 여성 난임치료 ····· 123
6. 남성 난임치료 ····· 129
7. 난임치료 시술 ····· 130

PART 09 폐경기 간호 ····· 135
1. 갱년기 진행과정 ····· 135
2. 갱년기의 건강문제와 건강관리 ····· 138
3. 신체검진 ····· 145
4. 약물요법 ····· 146

5 운동요법 ········· 148	7 서혜육아종 ········· 203
6 영양과 식이요법 ········· 149	8 성병성 림프육아종 ········· 204
7 비뇨기계 감염예방 및 안전한 성생활 ····· 150	9 후천성 면역결핍증후군 ········· 204

PART 10 생식기 종양관련 간호 ········· 151

1 자궁근종 ········· 151
2 자궁경부상피내종양(CIN) ········· 156
3 자궁경부암 ········· 162
4 자궁내막암 ········· 166
5 자궁육종 ········· 168
6 기능성 난소낭종 ········· 168
7 다낭성난소증후군(PCOS) ········· 169
8 난소의 양성 종양 ········· 172
9 난소 및 난관 악성종양 ········· 174
10 질의 종양 ········· 179
11 외음 종양 ········· 180
12 임신성 융모성 종양 ········· 182

PART 11 생식기 수술 ········· 184

1 자궁절제술 ········· 184
2 자궁근종절제술 ········· 186
3 난소수술 ········· 186
4 난관수술 ········· 187
5 외음절제술 ········· 187
6 골반장기제거술 ········· 187

PART 12 성매개 질환 ········· 188

1 임질 ········· 188
2 클라미디아(chlamydia) ········· 190
3 첨형 콘딜로마(인유두종 바이러스 감염(HPV) 6번, 11번) ········· 192
4 음부포진 ········· 194
5 매독 ········· 198
6 연성하감 ········· 202

PART 13 태아 발달 ········· 210

1 태아발달 ········· 210
2 배아와 태아부속물 ········· 213
3 태아 발달 ········· 220

PART 14 태아 건강사정 ········· 228

1 초음파 검사 ········· 228
2 태아심박동수 측정 ········· 231
3 태동 측정(자가 측정법) ········· 231
4 생물리학적 계수(Biophysical Profile, BPP) ·· 232
5 자기공명영상(MRI) ········· 234
6 태아경 검사(fetoscope) ········· 234
7 양막경 검사 ········· 234
8 모체혈청 검사 ········· 235
9 양수천자 ········· 237
10 경피 제대혈 채취 ········· 238
11 융모막융모생검 ········· 238
12 태아 DNA 선별검사 ········· 239
13 전자 태아감시장치 ········· 239
14 태아심박동 이상 양상 ········· 242
15 하강 ········· 243

PART 15 정상임신 간호 ········· 247

1 임산력과 출산력 ········· 247
2 임신의 징후와 진단 ········· 248
3 임신여성의 신체계통별 변화와 간호 ······· 251
4 임부 영양과 체중증가 ········· 269

PART 16 임부의 건강사정과 간호 ········· 272

1 임신 기수 ········· 272

Contents 이 책의 차례

2 산전방문 일정 272
3 산과력, 분만예정일 272
4 신체검진 274
5 검사실 검사 275
6 임신시 흡연, 음주, 약물 영향 277
7 임신 중 예방접종 277
8 임신 중 성생활 278
9 임신 중 건강위협 증상 278

PART 17 고위험 임신 간호 279
1 다태임신 279
2 임신오조증 279
3 임신전반기 출혈 281
4 임신후반기 출혈 289
5 고혈압성 건강문제 299
6 당뇨병 307
7 심장질환 309
8 갑상샘질환 310
9 Rh 동종면역 311
10 비뇨기계 질환 312
11 감염질환 312
12 TORCH 감염 314

PART 18 정상분만 간호 315
1 분만에 영향을 주는 요소(5P) 315
2 산도의 구성 요소 315
3 분만과정 327
4 신생아 사정 및 간호 340

PART 19 고위험 분만 간호 342
1 난산 342
2 조기진통 344
3 만기후 분만 347
4 자궁파열 349

5 자궁내번증 350
6 유착태반 351
7 제대탈출 352
8 양수과다증, 양수과소증 353
9 융모양막염 354
10 양수색전증 354
11 인위적 분만 355
12 조작적 분만법 358
13 제왕절개 후 질분만 시도(VBAC) 359

PART 20 정상 산욕기 간호 360
1 자궁저부 높이(자궁퇴축) 360
2 산욕기 생리적 변화 360
3 산욕기 기관별 변화 361
4 산욕기 간호사정 및 간호 363

PART 21 고위험 산욕 간호 370
1 산욕감염(산후감염) 370
2 자궁내막염 370
3 산후출혈 372
4 산욕기 산후정신건강 문제 374

모성간호학

PART 01	여성 생식기 구조와 기능	PART 13	태아 발달
PART 02	여성 생식 생리와 호르몬	PART 14	태아 건강사정
PART 03	여성 생식기 건강사정	PART 15	정상임신 간호
PART 04	피임법	PART 16	임부의 건강사정과 간호
PART 05	월경이상	PART 17	고위험 임신 간호
PART 06	생식기 감염	PART 18	정상분만 간호
PART 07	자궁내막질환	PART 19	고위험 분만 간호
PART 08	난임간호	PART 20	정상 산욕기 간호
PART 09	폐경기 간호	PART 21	고위험 산욕 간호
PART 10	생식기 종양관련 간호		
PART 11	생식기 수술		
PART 12	성매개 질환		

Part 01 여성 생식기 구조와 기능

1 여성 외생식기 24 임용

1 치구(볼두덩)

위치	• 치골결합 앞쪽을 덮고 있는 곳	
구성	• 지방조직과 결합조직으로 구성 • 지방조직 : 기름샘, 땀샘이 있어 습한 상태 유지	
기능	성관계	• 성관계 시 치골결합(골반뼈)를 보호하는 기능
	분만 중	• 분만 중 상처나 파열로부터 보호하기 위해 풍부한 혈액을 공급받음
발달	• 사춘기 이후 음모 발달	

2 대음순

위치	• 치구에서 항문쪽을 향해 뻗어 있는 2개의 피부주름
구성	• 지방조직으로 땀샘과 기름샘 풍부
기능	• 내음부 구조물 보호 • 남성의 음낭에 해당됨
	• 임신 중 정맥류 생길 수 있음 • 외상으로 인해 혈종이 발생할 수 있음
발달	• 사춘기 이후 음모 발달

3 소음순

위치	• 대음순의 내층에 있는 2개의 주름, 상단부에는 음핵포피로 둘러싸여 있음
구성	• 기름샘과 신경, 혈관이 풍부하고, 결합조직과 평활근으로 구성됨
기능	• 성적 흥분시 붉어지는 기관

4 음핵

위치	• 좌우 소음순이 앞쪽으로 합쳐지는 곳에 위치
구성	• 약 2cm의 작은 발기성 기관 • 혈관과 지작신경종말이 풍부하게 분포 • 남성의 음경에 해당
기능	• 성적 자극, 흥분 담당

5 전정

위치	• 양쪽 소음순 사이 함몰 부위
구성	• 질, 요도, 스킨샘, 바르톨린샘이 개구하고 있음
요도구	• 음핵보다 2.5cm 하방에 위치

스킨샘	위치	• 요도구 양쪽 외측에 위치
	기능	• 질의 윤활작용을 돕는 점액을 분비함

질구멍	• 질전정의 가장 아래부분에 위치 • 처녀막에 의해 부분적으로 막혀 있음 〈 처녀막 〉 • 결합조직, 혈관 없음 • 성교, 탐폰 삽입, 자위행위, 격한 운동 등에 의해 파열될 수 있음

바르톨린샘	위치		• 질 괄약근(수축근) 아래 위치한 2개의 분비기관 • 질구의 4시, 8시(5시, 7시) 방향에 위치
	기능	정자 생존력, 운동성 향상	• 맑은 알칼리성 점액으로 정자 생존력 증가, 정자 운동성 향상
		질내 윤활	• 맑은 알칼리성 점액으로 성교시 질내 윤활
		임균 등 박테리아	• 임균 등 박테리아 은신처 → 화농, 농양 유발

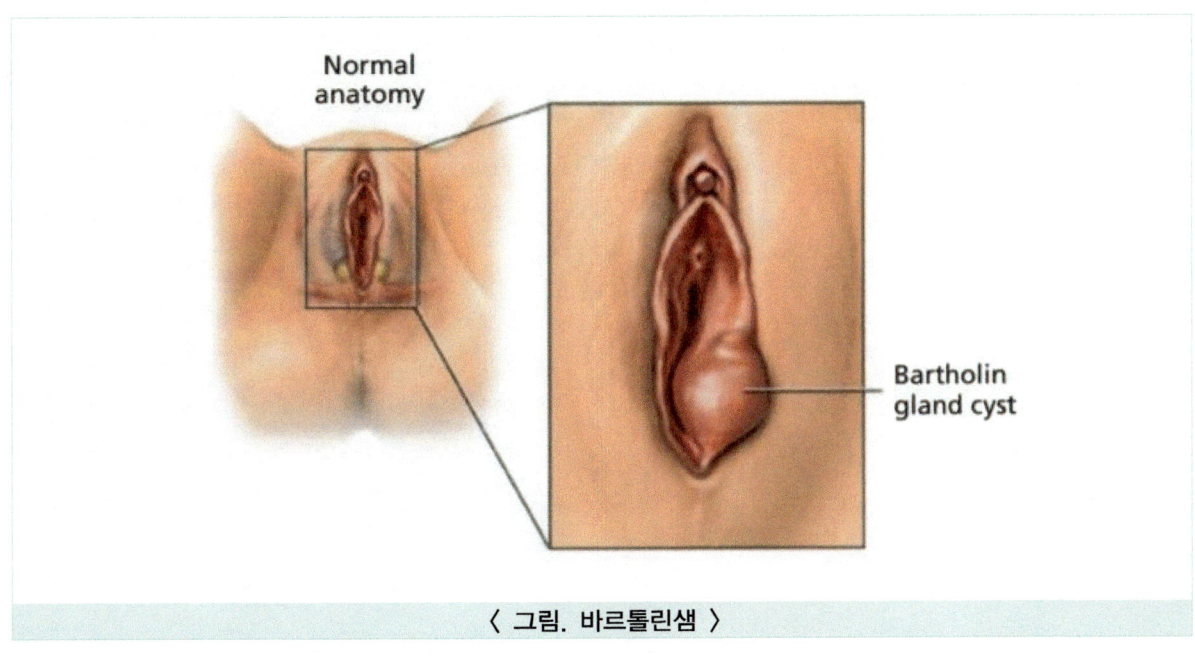

〈 그림. 바르톨린샘 〉

6 회음

위치	• 질 아랫부위에서 항문 사이의 마름모(다이아몬드) 모양의 섬유 근육조직
구성	• 질, 항문, 요도를 둘러싼 두꺼운 근막 • 항문올림근과 회음체로 구성
혈액	• 내음부동맥으로부터 혈액공급
신경	• 음부신경에 의해 지배

(1) 항문올림근

구성	• 치골항문(직장)근, 치골미골근, 장골미골근의 3쌍 근육으로 구성
구성	• 골반의 바닥을 구성하고, 골반속 기관들을 지지 〈 골반저 〉 • 항문올림근(치골미골근, 치골항문근)과 회음표면횡근은 골반저 형성 • 골반저근 훈련법(Kegel's exercise)를 통해 강화될 수 있음 → 골반근과 회음근을 사용하여 골반저 훈련 (복근 X, 둔근 X)

(2) 회음체

골반구조 지지	• 골반구조 지지
분만	• 분만 시 회음체 얇아지고, 늘어남 • 종종 분만 중 절개되거나 열상 입음

2 여성 내생식기

1 질

(1) 위치와 기능

위치	• 방광과 직장 사이에 위치	
	질 전방	• 방광, 요도
	질 후방	• 직장
	질 상단	• 자궁경부
	질 하단	• 처녀막까지
기능	정자, 태아 통로	• 정자나 분만시 태아의 통로임 (산도의 역할)
	성교기관	• 성교기관임
	월경혈 통로	• 월경주기에 질 밖으로 월경혈 배출 통로
	감염예방	• 질 산성유지로 감염 예방

(2) 질벽

구조	• 외층 : 근육층, 중간층 : 결합조직층, 내층 : 점막층	
	〈 점막증(내층) 〉	
	신축성	• 신축성 있는 중층편평상피세포로 구성 → 성교, 분만시 질확장(늘어남)
	추벽	• 가로로 주름이 잡혀 있는 점막관임 → 추벽(질점막주름)임 → 성교, 분만시 질 확장(늘어남)
에스트로겐	• 에스트로겐 저하(분만, 수유, 폐경) : 질벽 얇아지고, 건조, 주름 편평해짐	

(3) 질원개

① **위치**

- 질의 상부가 자궁경부의 하단을 에워싸는 것에 의하여 생기는 오목한 곳(움푹 들어간곳)
  (자궁경부가 질 상부에 삽입된 부분의 빈 공간)

② **전질원개**

- 앞쪽의 질벽과 경부 사이

③ **후질원개**

- 후질벽과 경부 사이

표. 후질원개 기능

- 후질원개는 진단시 중요한 부위(임상적 의미) : 출혈, 고름, 종양, 자궁내막 병변(암, PID 등) 진단
- 후질원개 : 정액 저장소, 내생식기 촉진, 암세포 검사, 감염 및 출혈 진단

정액 저장소	• 성교 후 정액이 일시적으로 고임 → 자궁경부 통해 자궁안으로 이동하게 도움

내생식기 촉진	• 벽이 매우 얇음 → 내생식기 촉진할 수 있음 (자궁, 팽창된 방광, 난소, 맹장, 결장, 요관 등)
	  • 골반내 염증, 종양 시 내진 시 압통
	  • 자궁내막증, 자궁내 종양, 난소 종양 등 병변 촉진

암세포 검사	• 후질원개 깊고, 고이기 쉬움 → 자궁내막이나 경관에서 흐르는 분비물이나 세포가 탈락되어 고임 → 분비물 암세포 검사
감염 및 출혈 진단	• 골반염(PID), 자궁외 임신 등 혈액이나 고름이 고임 → 후원질개 천자 시행

④ **질의 산도** 24 임용

산성 유지	• 질내의 산도는 PH 4.0~5.0 사이로 산성 유지
산성 기전 24 임용	• 질내의 글리코겐이 정상 상주세균인 되데를라인간균(유산간균, 젖산간균)에 의해 젖산(lactic acid)으로 변화되기 때문임 글리코겐 —— 되델라인간균 ——→ 젖산
산성 기능	• 질 산성유지로 감염 예방, 세균 침입 막아 세균 번식 억제

2 자궁 24, 23 임용

- 속이 빈 두꺼운 근육기관

위치	• 골반강 중앙에 위치 → 임신시 팽창 • 전방 : 방광, 후방 : 직장 → 방광팽창시 자궁이 후굴 될 수 있음
모양 (자세)	• 전방경사(전경), 전굴되어 있음 → 질과 직각을 이룸
구조	• 자궁 내구를 중심으로 상부 : 자궁체부, 하부 : 자궁경부로 나뉨 <table><tr><td>자궁체부</td><td>• 자궁내구의 상부 → 자궁의 상부</td></tr><tr><td>자궁경부</td><td>• 자궁내구의 하부 → 자궁의 하부</td></tr><tr><td>자궁협부</td><td>• 체부와 경부가 연결되는 좁은 부위</td></tr><tr><td>자궁저부</td><td>• 자궁의 가장 윗부분, 양쪽으로 난관이 연결되는 부위 • 임신시 자궁높이를 측정하는 곳 → 근육의 치밀도가 가장 높아 자궁수축 정도 측정</td></tr></table> cf. 자궁경관 : 자궁내구 아래 질까지의 관 (자궁경부 내부통로)
크기	• 임신 전 자궁 무게 : 60g, 만삭 : 1,100g 〈 연령에 따른 자궁 크기 〉 <table><tr><td>유년기</td><td>• 자궁체부 1/3, 자궁경부 2/3</td></tr><tr><td>성숙시</td><td>• 자궁체부 2/3, 자궁경부 1/3</td></tr></table>
기능	<table><tr><td>월경</td><td>• 월경이 발생하는 기관</td></tr><tr><td>수정란 착상</td><td>• 수정란을 자궁내막에 착상시켜 임신 유지</td></tr><tr><td>태아</td><td>• 태아를 자라게 하고, 분만시 태아를 밀어내는 역할</td></tr></table>

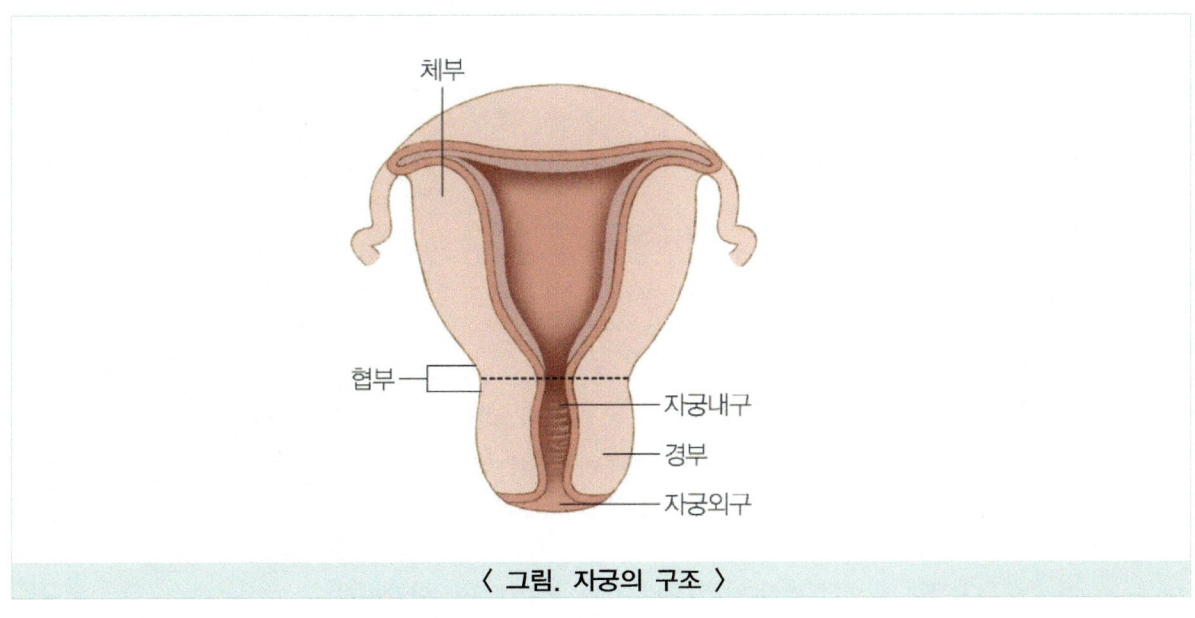

〈 그림. 자궁의 구조 〉

(1) 자궁체부

- 자궁체부는 자궁외막, 자궁근육층, 자궁내막 3개의 층으로 구성됨

자궁외막	• 가장 바깥쪽으로 장막층, 복막으로 덮여 있음		
자궁근육층	• 자궁의 7/8로 가장 많이 차지함		
		세로근(종행근)	• 가장 바깥쪽 • 분만 중 태아의 만출을 도움
		경사근(사위근)	• 중간 층으로 8자형으로 꼬임 • 분만 후 수축하여 혈관을 지혈함
		돌림근(윤상근)	• 가장 안쪽 • 조임작용으로 월경혈 역류방지, 임신동안 자궁 내용물 지탱
자궁내막 24 임용	• 가장 안쪽으로 점막으로 구성, 혈관 많이 분포 • 월경주기, 폐경여부에 따라 두께가 다양함		
	기능층	조밀층 (치밀층, 상층)	• 월경, 분만시 : 탈락 • 월경시 주기적으로 분해·박리되어 탈락됨 • 분만 후 탈락 → 탈락된 조직은 월경주기의 증식기에 기저층에서 재생됨
		해면층 (중간)	
	재생층	기저층 (바닥층, 가장아래)	• 월경, 분만시 : 그대로 유지 • 가장 아래 자궁근육층에 부착됨 • 알칼리성의 분비물을 생성하는 선이 들어 있는 원주상피조직

(2) 자궁협부

위치	• 자궁 체부와 경부가 연결되는 좁은 부위
기능	• 분만시 생리적 수축이 형성

(3) 자궁경부 23 임용

위치	• 자궁내구의 하부
자궁내구	• 위로 자궁협부와 연결되는 부위
자궁외구	• 질 아래 돌출된 입구 • 분만 시 개대 → 10cm까지
자궁경관내관	• 자궁외구와 자궁내구 사이 • 내측 : 주름 있어, 분만시 자궁경부의 소실과 개대가 이루어짐
편평원주 상피접합부 23 임용	• 내자궁경부와 외자궁경부로 이루어져 있는데 이 둘을 덮고 있는 세포들이 만나는 지점 → 즉, 원주섬모상피세포, 중층편평상피세포가 접하는 부위임 • 자궁경부암 발생의 호발부위 → 자궁경부세포질 검사부위 (pap test)
자궁점액	• 묽고 투명한 알칼리성 (배란시 더 묽고 투명, 알칼리성) → 산성인 질분비물로부터 정자 보호, 정자의 이동을 촉진하여 수정을 도움

(4) 자궁인대

- 자궁, 난소, 난관은 골반 내에서 인대에 의해 각기 일정한 위치, 자세를 유지함

기인대 (기본인대)	위치	• 자궁내구 높이에서 양측 질원개를 지나 골반의 양측에 붙어 있음 • 원인대 아래쪽에 위치함
	기능	• 자궁의 주된 인대로, 자궁의 탈출 방지, 질 상부를 지지 • 요관 가까이 있어 자궁절제술 시 손상받기 쉬움
광인대	위치	• 자궁체의 전후양면과 경부 전체를 모두 덮고 있는 얇고 딱딱한 인대
	기능	• 자궁, 난관, 난소를 정상 위치에 놓이게 됨
원인대	위치	• 자궁저부에서 대음순까지 연결되어 있음
	기능	• 자궁바닥을 앞쪽으로 당겨, 자궁이 전방경사(전경)되도록 함 • 임신 시 자궁이 커졌을 때 자궁의 위치를 전방으로 고정시킴
자궁천골인대	위치	• 자궁내구 부위 뒤쪽(자궁경부 후외측)에서 시작하여 천골을 덮는 근막에 부착
	기능	• 자궁탈출 방지 • 자궁을 견인시켜 제 위치에 놓이도록 함

(5) 혈액공급

- 자궁은 자궁동맥과 난소동맥에서 혈액공급 받음

(6) 신경지배

교감신경계	• 자궁근육 수축, 자궁혈관 수축
부교감신경계	• 자궁근육 수축 억제, 자궁혈관 확장

표. 신경분포	
자궁	• T11~12
자궁경부와 질	• S2~S4

3 난관

위치	• 자궁 간질부에서 양쪽으로 난소까지 뻗어 있음 • 난관은 자궁, 질, 복강을 연결함
수정	• 난관 팽대부 : 수정 부위
의미	• 난관 기형, 기능불능은 불임, 자궁외 임신, 불임을 초래함

(1) 난관구조

간질부	• 자궁의 근층에 포함됨
협부	• 피임술 시 난관결찰이 이루어지는 부위
팽대부	• 수정이 가장 흔히 일어나는 장소임
누두부	• 배란된 난자를 난관으로 끌어당김 → 난자가 난관안으로 들어오도록 유도함

(2) 난관기능

① 난자 수송	• 난자를 난소에서 자궁까지 수송함 → 난소로부터 배출된 난자가 이동하는 통로
② 수정 장소	• 수정을 위한 장소임
③ 수정란 이동	• 수정란을 자궁으로 이동시킴 → 자궁에서 착상이루어짐 〈 자궁외 임신 〉 • 자궁외 임신은 난관에서 착상하여 일어남 → 자궁 착상 X
④ 난자 환경	• 난자, 수정란 위한 따뜻하고, 영양이 많은 환경 제공

4 난소

(1) 난소 위치, 조직

위치, 크기	• 난관의 뒤, 자궁 아래 좌우 1개씩 위치 • 아몬드 모양, 배란기에 일시적으로 커지고, 폐경기에 현저히 퇴축	
조직	피질	• 원시난포, 성숙난포, 황체, 백체가 존재
	수질	• 많은 혈관, 림프관, 신경섬유 분포

(2) 난소 기능 24 임용

① 난포 발육		• 가임기동안 주기적, 일정한 간격으로 난포를 발육시킴 → 원시난포를 성숙난포로 발육(성숙)
② 난자 배출 (배란)		• 성숙난포 발육 → 난자배출 (배란) 〈 배란 〉 • 성숙한 난포에서 난자가 복강내로 배출되는 것 (성숙난포의 파열임) • 배란 후 난소는 황체, 백체가 됨 • 원시난포 → 성숙난포 → 황체 → 백체
③ 성 호르몬 분비	난포호르몬 (에스트로겐)	• 에스트로겐 분비
	황체호르몬 (프로게스테론)	• 프로게스테론 분비
	릴락신(릴랙신)	• 임신시 자궁 이완, 골반인대 이완 → 임신유지, 분만에 중요함
	인히빈	• 인히빈(뇌하수체에서 FSH 분비억제 → 난포발달 조절)
	안드로겐	• 안드로겐(에스트로겐 전구물질)

3 골반

1 골반의 구조

- 골반은 천골, 미골, 한쌍의 관골로 구성됨

(1) 천골(sacrum)

- 골반 후벽(뒷벽)을 구성, 5개의 척추골로 융합된 뼈

표. 천골갑(천골곶)

위치	• 천골 위쪽의 중앙부에서 앞쪽으로 가장 돌출된 부분
의미	• 골반계측시 진결합선 측정 지점 → 산과적 매우 중요한 지점

(2) 미골(coccyx)

위치	• 천골의 끝부분에 위치 → 척추의 맨 끝부분을 형성함 • 4~5개의 천골이 융합되어 있는 하나의 뼈
의미	• 가동성 있어, 분만시 골반 출구의 전후경선을 넓혀주는 중요한 역할

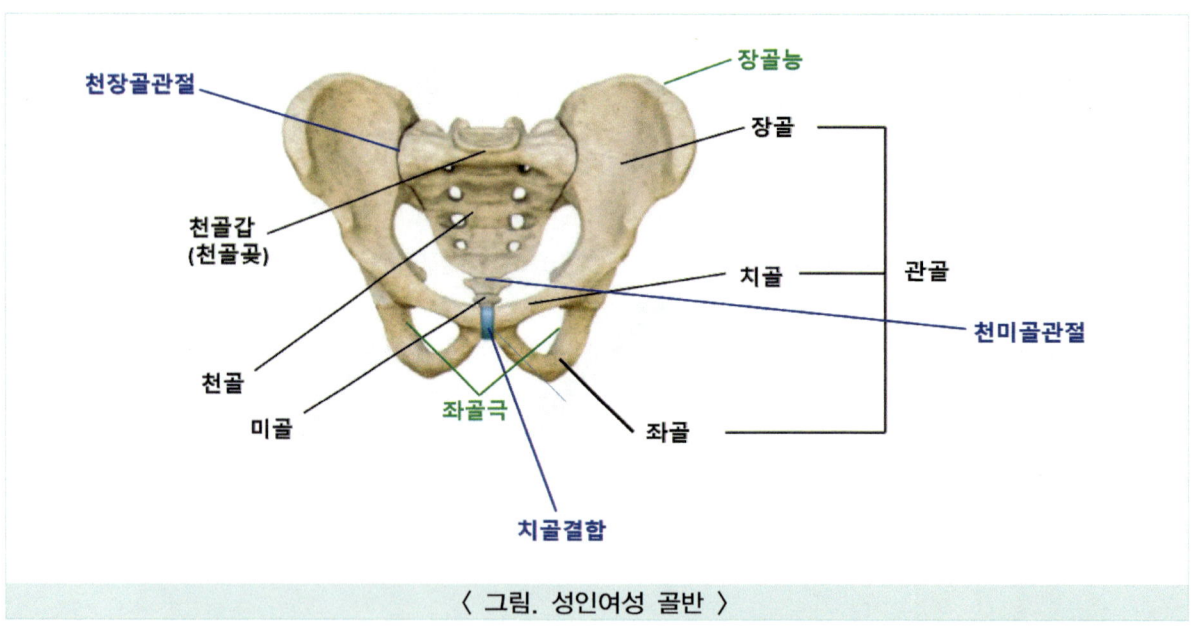

〈 그림. 성인여성 골반 〉

(3) 관골

장골	• 골의 위쪽과 뒷면을 구성하는 가장 큰 부분 • 장골 위쪽 : 장골능		
좌골	• 고관절 밑에 있는 아랫부분 〈 좌골극 〉		
	위치	• 좌골 안쪽의 튀어나온 돌출부위 → 골반 안쪽의 돌출된 지표	
	의미	• 골반강 출구의 지표	

		태아 선진부 하강정도 기준	• 분만시 태아 선진부 하강정도의 기준임(station : −5 ~ +5)
			  • 선진부가 좌골극 위치 : station 0
			  • 선진부가 좌골극 위에 있으면 : −1, −2, −3, −4, −5 (cm 수만큼)
			  • 선진부가 좌골극 밑에 있으면 : +1, +2, +3, +4, +5
			→ 선진부가 좌골극 아래(+)에 있으면 분만이 잘 진행되고 있음을 의미함
			→ 태아 선진부 하강 +5: 거의 만출 직전
			• 선진부 좌골극 위쪽(− station): 선진부가 아직 골반입구 쪽
			• 선진부 좌골극 아래쪽(+ station): 선진부가 골반출구 쪽으로 진행

		정상분만 여부 결정	• 좌골극 간 거리(=극간경선)를 골반 내 가장 좁은 부위 로 측정 → 10cm 이상이면 정상적으로 질식분만 가능
치골	• 골반의 앞쪽에 위치 • 치골궁이 90° 이상 : 자연분만의 좋은 지표임		

2 골반의 기능

내부장기 보호	• 내장, 자궁, 난소, 방광 등 주요한 장기를 외부 충격으로부터 보호하는 역할
체중 지탱, 걷기	• 척추와 하지를 연결하여, 체중을 지탱하고 걷는 것을 가능하게 함
태아 수용	• 임신기간동안 성장하는 태아를 수용함

3 골반의 관절

천장골관절 (천장관절)	위치	• 천골과 장골을 연결하는 관절 • 골반의 뒤쪽에 위치	
	의미	요통	• 임신 시 가끔 요통의 원인 → 인대 느슨(릴락신 호르몬) → 관절 긴장 → 요통
치골결합	위치	• 양쪽의 치골이 섬유연골로 연결(결합)되어 있음 • 골반의 앞쪽에 위치	
	의미	골반 가동성	• 임신 시 부드러워져 골반 가동성 커짐 (경산부 현저)
		치골결합 분리	• 임신 후반기에 심하면 치골결합 분리로 통증유발 (드묾) → 릴락신 호르몬 → 치골결합 분리 → 통증유발
천미골관절 (천미관절)	위치	• 천골과 미골사이의 관절 (천골 아래쪽과 미골 위쪽의 연결부분)	
	의미	아두배출	• 분만시 아두 배출을 도움 → 분만시 뒤로 굽어짐(움직임) → 골반출구의 전후경선 넓힘 → 아두 배출을 쉽게 함
		허리, 하지 통증	• 임신 후반기에 허리와 하지 통증 유발 → 임신시 관절연골 비후, 인대 유연성 → 골반 근육과 인대 긴장 → 허리, 하지 통증 유발

4 골반의 분류(구분)

• 골반분계선을 중심으로 가골반과 진골반으로 나눔

표. 가골반, 진골반

가골반	위치	• 골반분계선 상부	
	의미	• 직접 분만과 관계 X	
		자궁 지지	• 임신 후반기에 자궁을 지지함
		진골반 통로	• 분만 중에는 태아가 진골반 내로 진입하는 통로가 됨
		골반계측	• 골반계측을 위한 중요한 지점임
진골반	위치	• 골반분계선 하부	
	의미	• 분만시 태아가 지나가는 통로임 • 골반입구, 골반강, 골반출구로 나뉨	

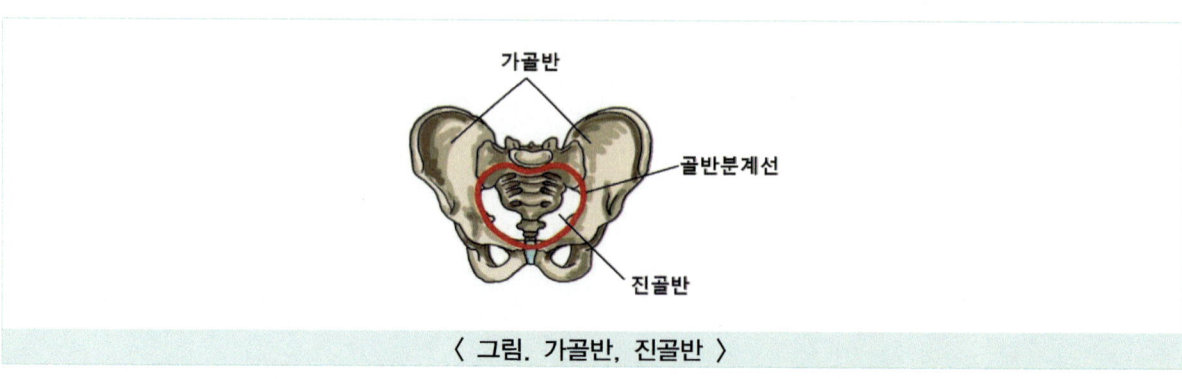

〈 그림. 가골반, 진골반 〉

❹ 유방

1 유방 구조

외부구조		• 피부, 유륜, 유두로 구성됨
	피부	• 유선 주위에서 유륜까지 펼쳐진 부분
	유륜	• 유두 주위를 둘러싼 핑크나 검붉은 갈색으로 착색된 부위 〈 몽고메리샘(선) 〉 • 유륜 표면에 소형의 결절모양임 • 기름샘(피지선)으로 지방성 물질분비 → 유두 주위 피부를 원활하고 보호하는 지방성 물질분비
	유두	• 예민성 발기성 조직, 유륜 가운데 튀어나옴 • 유두에는 15~10개의 젖샘관(유관구멍)이 있어 젖이 분비됨
내부구조		• 실질 : 샘조직, 기질 : 지지조직, 지방층, 섬유성 결체조직으로 구성됨
	유선 (=젖샘) 구성	• 유선 → 유선엽(15~20개) → 유선소엽(20~40개, 선방세포(acini세포, 소포)가 모여 구성)
	유즙 배출	• 선방세포(acini 세포)에서 유즙 생성 → 유선소엽 → 유선엽 → 유관 → 유관동(유즙 저장) → 유두 통해 외부로 배출

2 유방 기능

수유	• 수유과정을 통해 영아에게 영양 및 모체 항체 전달
성적 감각	• 성적감각의 원천임

3 유방 변화

월경	월경주기에 따라 변함	
	월경 전	• 월경 3~4일 전 : 유방 팽만감, 무게감, 통증 등 → 선방세포 크기 증식, 결합조직에 수분 저류
	월경 후	• 월경 후 ~ 월경 후 5~7일 : 유방 크기 감소 → 선방세포 크기 감소, 결합조직에 수분 저류 X
폐경	• 퇴행성 변화로 유선, 유관 위축 • 유방조직 감소 → 유방크기 작고 늘어짐	

4 모유수유 관련 호르몬 22 임용

프로락틴 (prolatin)	분비기관	• 뇌하수체 전엽의 호산성 세포
	유즙생성	• 유선 세포 발달 → 유즙 생성
	유즙분비	• 분만 후 아기가 젖을 빨면 → 유즙 분비 촉진 → 프로락틴 증가
옥시토신 (oxitocin)	분비기관	• 뇌하수체 후엽
	기능	• 유즙 사출
	유즙 분비	• 유선세포에서 만들어진 유즙을 유관으로 배출
	유즙 사출	• 유선의 근육상피세포의 수축 → 유즙 사출

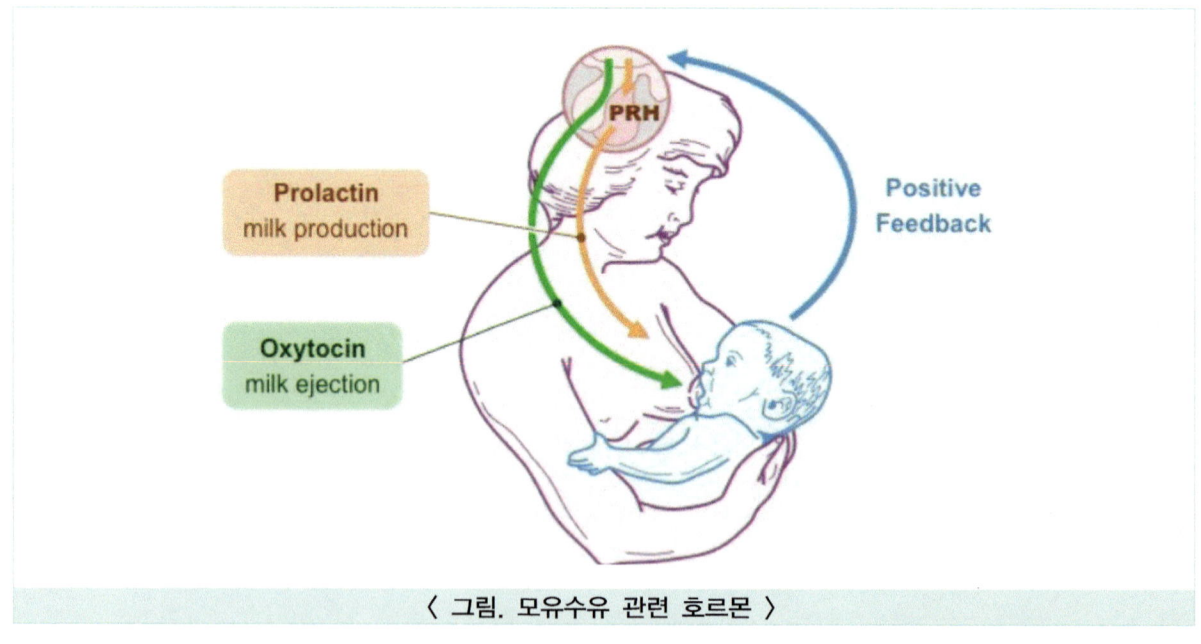

〈 그림. 모유수유 관련 호르몬 〉

Part 02 여성 생식 생리와 호르몬

❶ 시상하부-뇌하수체-난소주기

- 시상하부, 뇌하수체, 난소에서 분비되는 호르몬은 혈중의 농도를 상호적으로 변화
  → 자궁과 난소에 영향을 미침
- 뇌하수체 호르몬과 난소호르몬의 주기적인 변화는 음성 및 양성 되먹이기 작용에 의해 조절

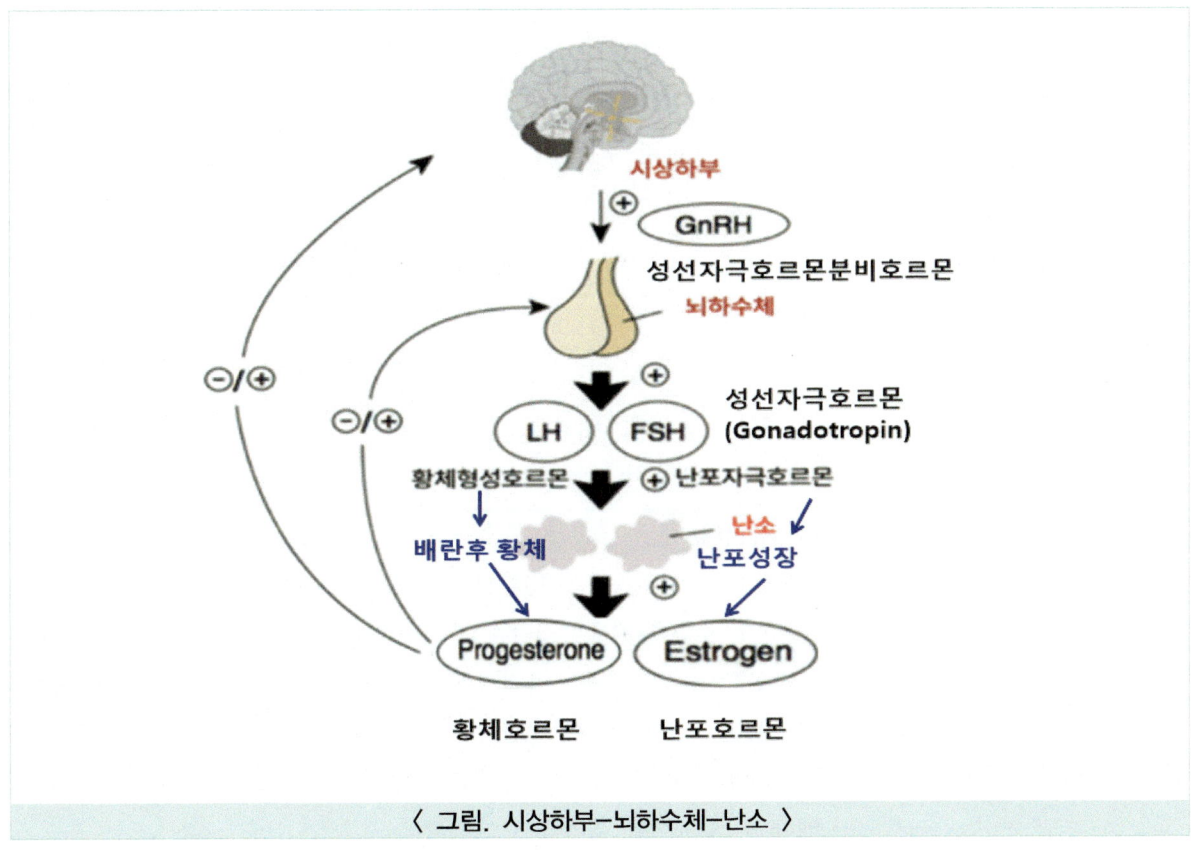

〈 그림. 시상하부-뇌하수체-난소 〉

1 시상하부

- 성선자극호르몬 분비호르몬(생식샘자극호르몬 분비호르몬, GnRH)를 분비
  → 성선자극호르몬(생식샘자극호르몬, FSH, LH) 분비를 촉진함

2 뇌하수체 전엽

- 성선자극호르몬인 FSH(난포자극호르몬), LH(황체형성호르몬)을 분비함

표. 성선자극호르몬(뇌하수체 전엽)

FSH (난포자극호르몬)	난포 성장	• 난소의 크기 키우고, 성숙난포로 성장시킴 (원시난포 → 성숙난포)
	에스트로겐 분비촉진	• 난소에서 에스트로겐(estrogen, 난포호르몬) 분비를 촉진
LH (황체형성호르몬)	배란 유도	• 에스트로겐 고농도시 LH 분비항진 → 배란 유도 <배란> • FSH ↑ → estrogen ↑ → LH ↑ (배란 시 FSH ↑, LH ↑)
	황체 형성	• 난포는 배란 후 황체가 됨 → 황체 형성
	프로게스테론, 에스트로겐 분비 촉진	• 황체에서 프로게스테론(주로), 에스트로겐 분비를 촉진 <배란 후> • 난포는 황체되어 프로게스테론(progesteron, 황체호르몬) 분비

3 난소

- 에스트로겐(estrogen, 난포호르몬), 프로게스테론(progesterone, 황체호르몬), 인히빈(inbibin), 릴락신(relaxin), 안드로겐(androgen) 분비

에스트로겐 (estrogen, 난포호르몬)	분비	• 난포에서 분비	
		분비 ↑	• 월경주기 13일째 가장 많이 분비됨
		분비 ↓	• 월경주기 3일째 가장 적게 분비됨
	기능	난소	• 난포성장 촉진시켜 배란을 도움
		난자 운반	• 배란기에 난관운동 촉진 → 난자를 자궁으로 이동
		자궁내막	• 자궁내막조직 비후(증식), 자궁근육 증대, 혈액공급 증대
프로게스테론 (progesterone, 황체호르몬)	분비	• 배란 후 황체에서 분비	
		분비 ↑	• 월경주기 20~21일째 (배란 후 7~8일째) 가장 많이 분비됨
		분비 ↓	• 월경전 4일부터 분비량 감소, 월경기 2일쯤 완전히 저하
	기능	자궁안 운반	• 수정된 난자를 자궁안으로 운반하도록 도움
		착상 준비	• 수정란의 착상을 위한 준비 → 자궁내막의 자궁내막샘 증가, 혈액공급증가, 글리코겐 축적 등
		임신 유지	• 임신 유지

- 임신 X : estrogen ↓, progesterone ↓ → 월경 시작 → 시상하부 GnRH 분비 → 월경주기 시작

표. 인히빈(inbibin) A 기능

FSH 억제	• FSH 분비를 억제함 → 한 개의 난포만 우세하게 성장하도록 도움
다운증후군	• 임신 시 태반에서 분비 • 임신 2기 인히빈↑ : 다운증후군 가능성

② 난소주기 19, 17, 13 임용

- 난포기, 배란기, 황체기로 구분됨
  - 원시난포 → 성숙난포 → 배란 → 황체 → 백체

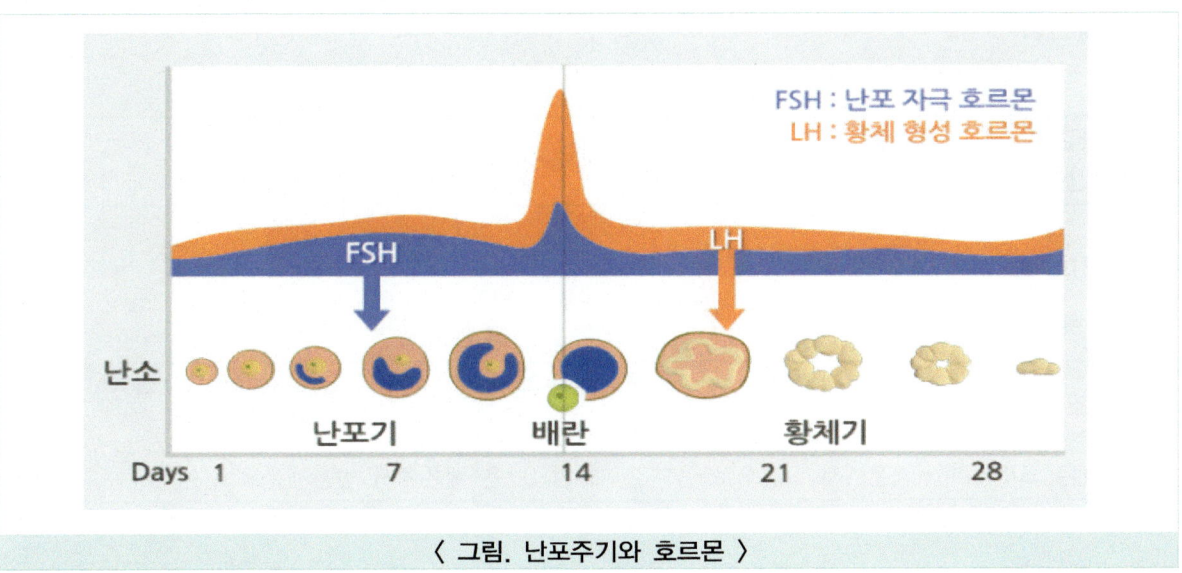

〈 그림. 난포주기와 호르몬 〉

1 난포기

기간	• 원시난포가 성숙하여 배란되기 직전까지의 성숙난포가 되는 시기 • 원시난포는 출생시 존재 → 사춘기 무렵 증식, 발육하여 성숙난포로 성장함
영향	• FSH(난포자극호르몬), 에스트로겐(난포자극호르몬) 영향으로 성숙난포 성장
성숙난포	• 성숙난포는 난포막, 과립막, 난자, 난포액(에스트로겐 함유)으로 구성 • 1개 성숙난포 속에 난자 1개가 들어있음 → 이후 배란됨 • 드물게 2개 이상의 난포가 성숙(성장)하여 배란됨 → 수정 시 다태임신(이란성 쌍둥이)
호르몬	• 에스트로겐 점차 상승 (배란 직전 최고조 → 월경주기 13일째)

2 배란기 25, 19, 17, 13 임용

기간	• 월경 전 14일경 (월경주기 28일 주기시 14일 경)
성숙난포	• 좌, 우 난소에서 가장 잘 성숙한 1개의 성숙난포에서 유발됨 (좌, 우 난소 교대 X)
배란기전	⟨ 배란 ⟩ • 성숙한 난포에서 난자가 복강내로 배출되는 것 (성숙난포의 파열임) • 난포액 급증·내압상승, 난포막 괴사변성(혈액순환장애)로 성숙난포 파열로 난자가 복강내로 배출되는 것 ① 성숙난포 크기 증가, 난포액 급증과 내압 상승 → 난포 파열 ② 난포막 혈액순환장애로 괴사변성 → 조직 얇아지고, 투명한 곳이 파열 → 난포 파열 → ①, ②로 난자가 복강 내로 배출
배란시기	• 다음 월경예정일 14일 전이 배란일임
호르몬	• FSH, LH 분비 최고(급상승)

(1) 배란의 객관적인 징후 25, 19, 17, 13임용

① **배란통** 13 임용

• 약 25% 여성이 배란기에 복통을 느낌

배란통 발생기전	• 배란되는 순간 소량의 출혈이 복막을 자극하여 발생

② **기초체온법** 25, 19, 95 임용

㉠ 체온상승기전

프로게스테론	• 난포가 황체로 변할 때 황체에서 분비되는 프로게스테론의 분비로 체온이 0.2~0.5℃ 상승
배란 시점	• 저온에서 고온으로 옮겨갈 때 임 (낮은 체온에서 높은체온으로 이행되는 기간임)

ⓛ 기초체온과 배란과의 관계 19, 13 임용

배란시기	체온	난포주기	자궁내막 주기	의미
배란 전	저체온	난포기	증식기	• 배란의 위험이 있음을 의미 → 피임 시 확인
배란 시점	저체온에서 고온으로 이행되는 기간 (배란 무렵 급하강 → 상승)	배란기	분비기	• 3일정도 유지 (3일이 지나면 고온상태 유지)
배란 이후	고온상태	황체기	분비기	• 3~4일 이상 고온유지되면, 배란이 끝났음을 의미 → 피임 시 확인 고온 3일 밤부터 성교 무방 (안전기) • 월경 전까지 고온상태 유지 (배란전에 비해 0.5~1℃ 상승)
월경시기	저온	백체기	월경기	• 월경 시작되면 체온 하강(저제온)

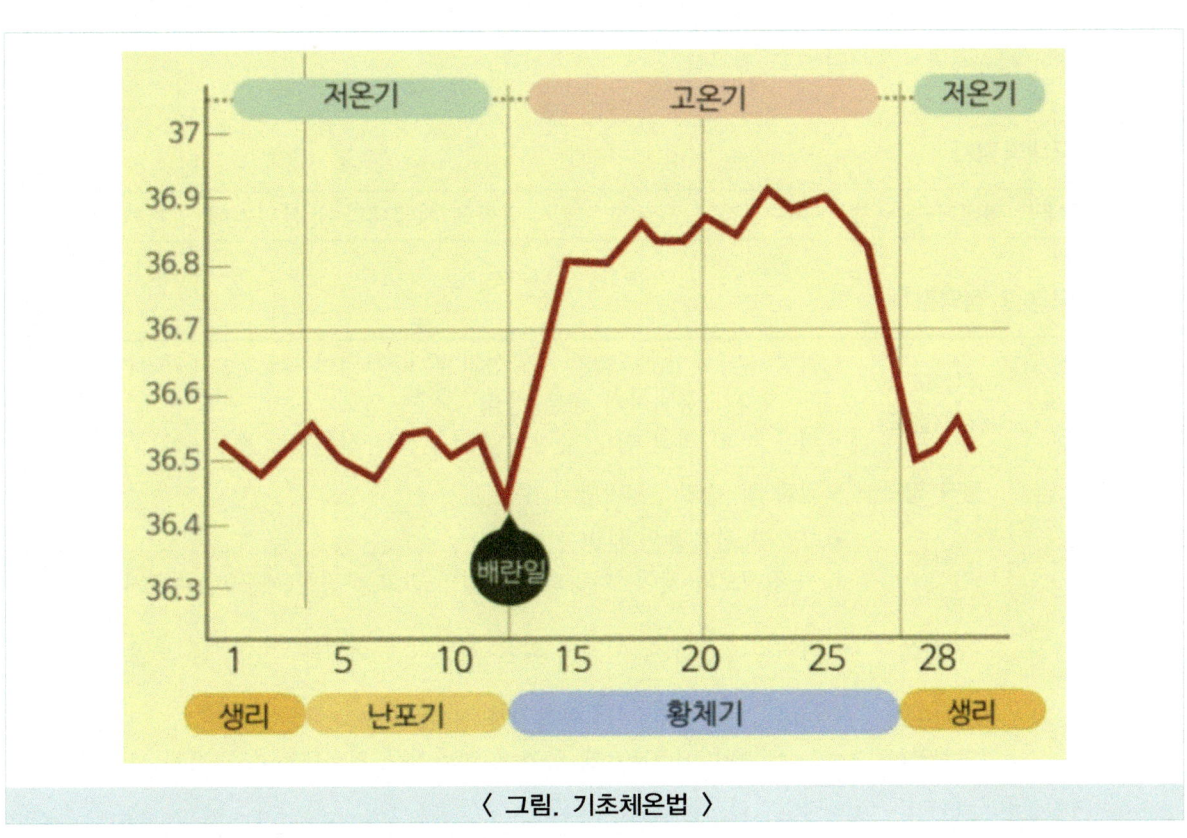

〈 그림. 기초체온법 〉

ⓒ 기초체온 측정방법 25 임용

원칙	• 매일 체온 측정 → 전날과 체온 비교 • 항상 일정한 상태에서 측정 → 측정시간, 운동량 등에 따라 변화함 → 같은시간, 안정 시 측정
체온계	• 화씨 체온계 사용 → 체온의 차이가 미비하므로, 눈금이 세밀한 화씨 체온계 사용
측정시기	• 저온에서 고온으로 옮겨갈 때 임 (낮은 체온에서 높은체온으로 이행되는 기간임)
측정방법	같은 시간 측정 구강 측정 누운자세 (안정)	• 매일 아침 같은 시각에 깨어, 침상에서 일어나기 5분 전, 조용히 누운자세로 구강으로 측정함

ⓓ 기초체온 변화, 기록

• 감염, 과로, 불면, 불안, 성교 여부는 기초체온 변화를 가져오므로 기록함

③ 호르몬검사 (소변검사)

• 소변에서 성선자극호르몬(gonadotropin) → FSH, LH,, 프레그난디올(pregnandiol), 에스트로겐의 함량이 상승하였는지 소변으로 검사함

④ 자궁내막검사

자궁내막 분비기	• 자궁내막 생검 : 프로게스테론 변화로 자궁내막이 분비기에 있는지 확인함

⑤ 자궁경관 점액검사

점성도	점성도 ↓ (점액점도)	• 점성도가 낮아, 다량의 수양성의 맑고 투명한(깨끗한) 미끈거리는 점액 → 정자가 통과하기 좋은 상태 • 배란 이후 점액 점도 높아져 진득진득(끈적끈적), 불투명함
점액 양	정액 양 ↑	• 점액 양 증가 → 다량의 수양성
색	흰색	• 다량의 흰자같은 분비물 → 점성도가 낮아, 다량의 수양성의 맑고 투명한(깨끗한) 미끈거리는 점액
늘어나는 정도	견사성	• 점액을 늘여도 끊어지지 않을 정도의 탄력있는 견사성을 보임
모양	양치모양 (양치엽상)	• 현미경 상 양치모양 (양치엽상, 분지모양) → 배란기 에스트로겐 증가로 현미경상 염화나트륨 결정체 보임
PH	PH ↑	• 약알칼리성을 보임

⑥ 질식초음파 검사

난포 배란	• 난포의 발달과정과 크기, 배란의 유무를 확인할 수 있음

3 황체기 13 임용

기간	• 배란후에 바로 시작, 월경시작과 더불어 끝남 • 보통 14일간 지속됨
호르몬	• 다량의 프로게스테론 → 배란 이후 프로게스테론 최고조 • 소량의 에스트로겐을 분비함
황체기능	• 프로게스테론 분비 → 수정란이 자궁내막에 착상되는 것을 도움
착상 X	• 착상되지 않으면 황체 퇴화 → 프로게스테론 저하 (월경황체) → 황체 퇴화 → 백체
임신 (프로게스테론)	• 임신 시 태반이 완성되는 12주까지 최고조에 달함(임신황체) • 이후 태반이 형성되면, 태반에서 프로게스테론이 분비 → 소량의 프로게스테론만 분비 → 임신말기까지 유지 → 분만 후 백체
백체	• 퇴화된 황체가 백체가 되고, 위축되어 소실됨 • 백체는 빨리 흡수되어 새로운 결합조직에 의해 다시 채워져 최종적으로 회백색의 두터운 결합조직의 흔적만 남음

3 자궁내막주기 (월경주기) 19, 17, 13 임용

개념	• 시상하부-뇌하수체-난소 호르몬의 영향을 받아 자궁내막에 주기적인 변화가 일어남 • 임신을 위한 자궁을 분비하는 것이며, 임신이 안되면 월경이 일어남
단계	• 월경기-증식기-분비기-허혈기(월경전기) 4단계임
기간	• 월경시작일을 1일로 하여, 다음 월경이 시작되기 전날까지임

1 월경기 19 임용

시기		• 월경을 하는 기간 • 월경시작일 ~ 월경주기의 첫 5일간
난소주기		• 백체
월경 기전		• 약 4주간격으로 자궁내막에 주기적으로 흐르는 생리적인 출혈 → 배란으로 인한 호르몬의 변화에 따라 일어나는 현상임
		〈 월경 기전 〉 • 자궁내막의 기능층(해면층과 조밀층)에 있던 나선형의 동맥이 파열된 결과 (월경시작) → 혈관 수축하면 월경이 멎음 (월경 끝)
자궁 내막	자궁내막 기능층	• 자궁내막의 기능층(해면층, 조밀층)의 분해·분해로 탈락됨
	자궁내막 기저층 (바닥층)	• 자궁내막의 기저층만 남게 됨
호르몬		• 에스트로겐(소량분비), 프로게스테론 감소(거의 X)

표. 월경의 임상적 특성

주기	• 대부분 28일 → 개인차 큼 • 보통 25일~32일 사이
월경량	• 보통 30ml (많은 경우 60~70ml)
색깔	• 검붉은 색 • 월경량 많을 때는 붉은색
냄새	• 혈구의 분해작용에 의한 것과 음부의 기름샘에서 증가된 분비물이 혼합되어 나타남
구성물	• 혈구, 경관의 점액, 자궁내막의 괴사된 조직, 질 점액, 수많은 세균이 혼합됨
응고 X	• 자궁 강 내에서 섬유용해성 효소에 의해 용해되기 때문임

2 증식기

시기		• 월경 5일째부터 14일째 까지 (약 10일간) → 월경이 끝나고 배란기까지
난소주기		• 난포기임
특징	난포성장	• 난포성장 → 에스트로겐 분비 증가
	자궁내막 비후	• 자궁내막 기능층(해면층, 조밀층) 성장 → 자궁내막이 두꺼워짐(2~3배 까지도, 에스트로겐 작용)
	자궁내막샘 발달, 혈관↑	• 배란 약 3~4일 전에 자궁내막샘 발달, 혈관분포가 증가됨
호르몬		• 에스트로겐 분비 증가 (최대치) → 증식기를 에스트로겐 분비기라고도 함

3 분비기

시기		• 배란에서부터 월경 시작 3일 전까지
난포주기		• 황체기임
특징	프로게스테론	• 자궁내막샘들을 꼬이게 하고(나선 동맥), 자궁내막을 넓히는 작용함
	착상 이상적 환경	• 혈관 많이 분포, 자궁내막 확대되어 나선동맥이 되고, 수분과 글리코겐이 풍부함 → 난자가 착상하기 알맞은 이상적인 영양상태 유지 착상시기 : 배란 후 7~10일경에 일어남
	자궁내막 두께 유지	• 5~6mm 자궁내막 두께를 유지함 (에스트로겐 영향)
	분비 축적, 부종	• 분비기 말기에 성숙된 자궁내막은 두껍고, 부드러운 벨벳처럼 됨 → 샘세포 비대, 많은 혈관 형성, 수분 저류 → 부종
	샘(gland), 동맥 꼬임	• 샘과 동맥이 꼬불꼬불 꼬임 → 자궁내막의 두께에 비해 소동맥들이 더 빨리 자라기 때문임
호르몬	프로게스테론	• 프로게스테론 분비 증가 (최대치) → 분비기를 프로게스테론 분비기라고도 함
	에스트로겐	• 에스트로겐 분비
	FSH, LH	• FSH, LH 분비 감소

4 허혈기 (월경전기)

시기	• 월경시작 전 마지막 2일(3일)간임
난포주기	• 황체퇴화
특징	나선동맥 수축 / 황체 퇴화 / 자궁내막 퇴축 / 자궁내막 기능층 박리 • 자궁 나선동맥 수축 → 혈액공급 감소·차단 → 자궁내막 조직 국소빈혈·괴사 → 황체퇴화(황체의 혈액공급 X) → 호르몬 분비감소 → 분비샘 감소 → 자궁내막 퇴축, 자궁내막 기능층 박리(자궁내막 탈락) → 월경
호르몬	• 에스트로겐, 프로게스테론 분비 감소

표. 난소와 자궁내막주기의 상관관계

월경주기	증식기		분비기	허혈기	월경기
난소주기	난포기	배란기	황체기	황체퇴화	백체
자궁내막	자궁내막 비후		샘 증가, 글리코겐 증가 (착상환경)	자궁내막 퇴축	자궁내막 탈락
에스트로겐	증가	최대치	감소	감소	
프로게스테론	감소	점차 증가	최대치	감소	

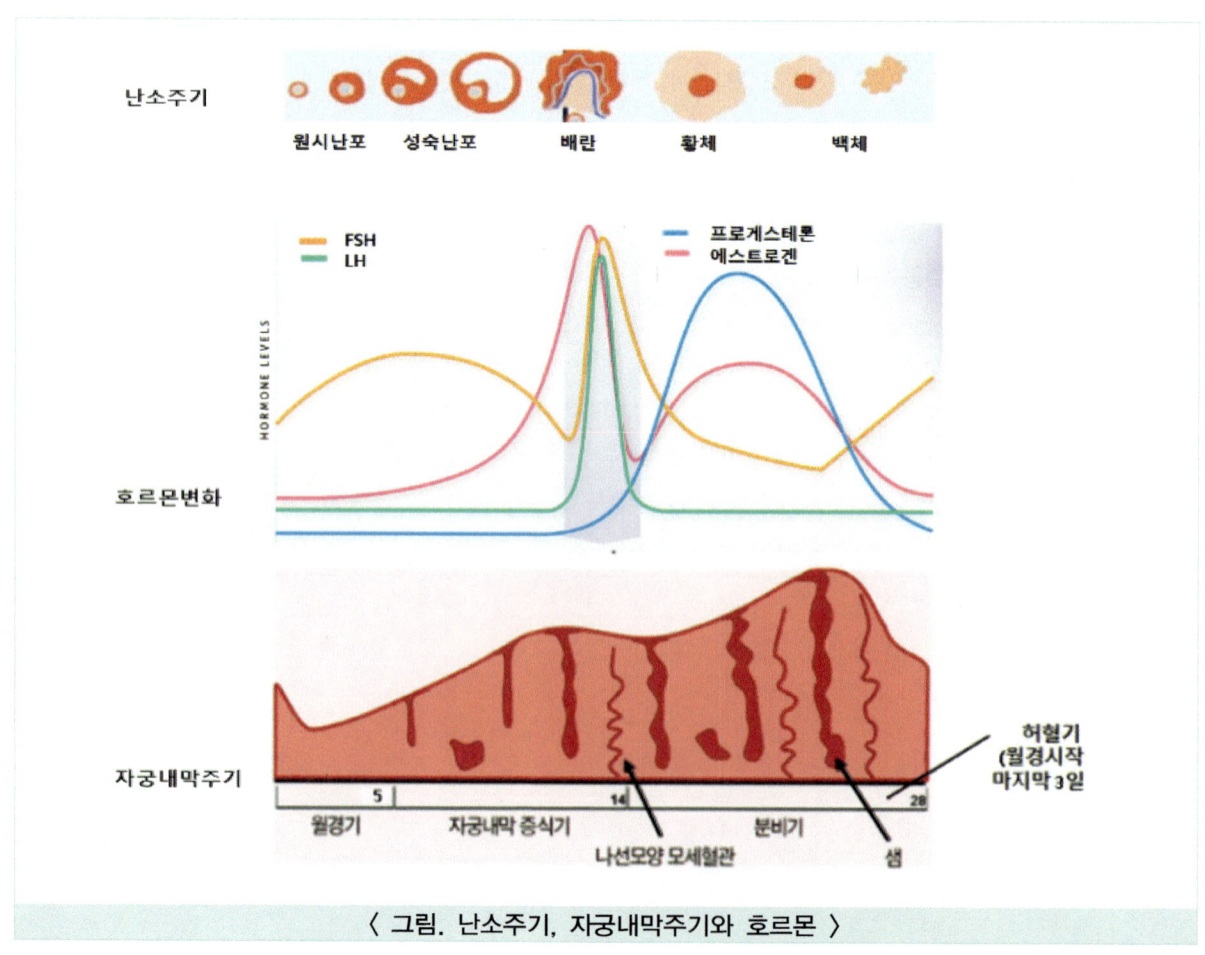

⟨ 그림. 난소주기, 자궁내막주기와 호르몬 ⟩

4 월경주기관련 호르몬 22, 11, 95, 93 임용

1 시상하부

- 성선자극호르몬 분비호르몬(GnRH)를 분비 → 성선자극호르몬(FSH, LH) 분비를 촉진함

2 뇌하수체 전엽 22, 11 임용

- FSH, LH, 프로락틴이 분비 → 성선자극호르몬임

FSH (난포자극 호르몬) 11 임용	분비기관	뇌하수체 전엽의 호염기성세포인 성선(생식)자극세포에서 분비
	난포 성장	난소의 크기 키우고, 성숙난포로 성장시킴 (원시난포 → 성숙난포)
	에스트로겐 분비촉진	난소에서 에스트로겐(estrogen, 난포호르몬) 분비를 촉진
LH (황체형성 호르몬) 11 임용	분비기관	뇌하수체 전엽의 호염기성세포인 성선(생식)자극세포에서 분비
	배란 유도	에스트로겐 고농도시 LH 분비항진(LH SURGE[상승파동]) → 배란 유도
	황체 형성	난포는 배란 후 황체가 됨 → 황체 형성 → 황체에서 프로게스테론(주로), 에스트로겐 분비를 촉진
	프로게스테론, 에스트로겐 분비 촉진	
프로락틴 (prolatin) 22 임용	분비기관	뇌하수체 전엽의 호산성 세포
	분비	임신 5주부터 분비 시작, 임신말기 분비 매우 증가, 분만시 최고수준
	유즙생성	유선 발달, 유즙 생성 | 유즙생성 | 유선 세포 발달 → 유즙 생성 | | 유즙분비 | 분만 후 아기가 젖을 빨면 → 유즙 분비 촉진 → 프로락틴 증가 |
	배란 X 22 임용	프로락틴 분비 → 고프로락틴혈증 → GnRh 분비 억제 → FSH, LH 분비 감소 → 배란 억제 즉, 모유수유 시 자연피임의 효과 → 무배란
	월경 X	프로락틴 분비 → 고프로락틴혈증 → GnRh 분비 억제 → FSH, LH 분비 감소 → 배란 억제 → 무월경 배란억제 → 프로게스테론 X → 자궁내막 탈락할 기회 X(배란 후 프로게스테론이 떨어질 때 자궁내막 탈락으로 월경) → 무월경 고프로락틴혈증 → 무월경 즉, 프로락틴 ↑ : 배란, 월경을 억제함
	착상, 임신유지	수정란의 착상, 임신유지에도 영향을 줌
	임신기간과 출산 직후를 제외하고는 정상에서는 분비가 억제됨	

3 뇌하수체 후엽 22, 11 임용

옥시토신 (oxitocin) 22, 11 임용	분비	• 임신 4개월부터 분비 시작, 임신 말기에 최대, 분만 후 감소, 분만 후 3주에 비임신 수준으로 돌아옴	
	유즙사출	유즙 분비	• 유선세포에서 만들어진 유즙을 유관으로 배출
		유즙 사출	• 유선의 근육상피세포의 수축 → 유즙 사출
	자궁수축	• 자궁수축 : 분만시 자궁수축으로 분만을 촉진함	

[참고!] 옥시토신 기타 기능
- 스트레스 호르몬 감소 : cotisol 감소
- 사회적 유대감 강화 : 신뢰, 애착, 사랑 등 (사랑의 호르몬)

4 난소호르몬 11 임용

(1) 에스트로겐(estrogen, 난포호르몬, 여성화호르몬) 11 임용

종류	• 에스트론(estrone), 에스트라디올(estradiol), 에스트리올(estriol)		
분비기관	• 난소의 난포막세포에서 분비		
검출	• 난포액, 태반, 소변, 혈액, 대변 및 임부와 가임여성의 담즙 등에서 검출		
분비 증가	• 자궁내막주기(월경주기) 증식기 → 소변에서 검출		
이차성징	• 여성 12~13세 경 초경유발, 유방 융기, 겨드랑이 및 치구 털, 지방 축적 → 여성의 2차 성징 유발		
내분비샘	• FSH 분비 억제 • LH 분비 촉진		
난소	난포성장	• 난포성장을 촉진시켜 배란을 도움 FSH↑ → LH↑ → 배란 유도	
	콜레스테롤 축적	• 간질세포와 내협막에 콜레스테롤(프로게스테론을 위한 전구물질) 축적	
난관	난관근육 운동	• 난관근육의 운동을 촉진 → 특히, 배란기에 난관운동으로 난자를 운반	
	난자운반		
자궁	자궁경관	• 점액 양 증가, 점성도 감소(묽어짐), 견사성↑, 양치모양, 알칼리화	
	자궁크기	• 자궁체부의 혈관분포 증가, 자궁근층 비후 → 성인의 자궁으로 성장	
	자궁내막	자궁내막 비후	• 자궁내막 비후시키고, 혈액공급 증가, 자궁근육 증대 → 증식기의 자궁내막을 형성함
		혈액공급	
		자궁근육 증대	
	질 산도	• 질 점막세포의 글리코겐 함량 증가 → 되델를라인간균에 의한 젖산 생성 증가 → 질 산도 유지 → 감염에 대한 저항력 증가	

질	대음순	• 대음순을 비후시켜 성숙된 여성의 외생식기 윤곽을 형성
	질 비후	• 질 점막을 비후시킴
	질 각질화	• 질 표면 세포들을 각질화함 〈 질 각질화 〉 • 질 표면세포가 케라틴 단백질로 변해 딱딱해지는 현상임 → 질 점막을 보호하고, 건조를 막음 ※ 에스트로겐 감소 → 각질화 감소 → 질 건조증
	질 산도	• 질 점막세포의 글리코겐 함량 증가 → 되델를라인간균에 의한 젖산 생성 증가 → 질 산도 유지 → 감염에 대한 저항력 증가
유방	유선엽 폐포	• 유선 자극 → 유선엽 폐포를 발달, 비후시킴
	유방성장	• 유방에 지방조직의 침착, 혈관분포 증가 → 유방성장 도움
	유두	• 유두 발기 및 색소침착을 증가시킴
뼈	골아세포 자극	• 골아세포를 자극하여 뼈의 형성을 도움
	골흡수 억제	• 파골세포 활성화 억제 → 파골세포에 의한 골흡수 억제 → 뼈에서 혈액으로 칼슘 유출 억제
	골형성 유지	• 골형성과 골흡수의 균형 유지 → 뼈의 총량(골량) 유지
	〈 골흡수, 골억제 〉	
	골흡수	• 파골세포가 뼈에서 칼슘을 유리하여 혈액으로 내보내는 과정
	골형성	• 조골세포 새로운 골기질을 만들어 뼈를 재생·증가시키는 과정
심혈관 (혈액, 혈관)	혈관확장 (혈압↓)	• 동맥벽에 직접 작용하여 혈관확장 • 내피세포에서 NO(질산화질소) 생성↑ → 혈관 확장 → 혈압 감소
	콜레스테롤↑	• LDL 콜레스테롤↓, HDL 콜레스테롤↑ → 항동맥경화 작용
	혈관 염증↓(항염)	• 혈벽 염증반응 억제 → 내피손상 감소 → 동맥경화 예방
	혈액 응고인자↑	• 혈액응고인자(fibrinogen 등)증가 → 혈전 생성 증가, 혈전색전증 증가
피부		• 표피층 얇고 부드럽게 만듦 → 피부 탄력 유지, 수분 보유력 증진 등 • 피하지방을 침착시킴

(2) 프로게스테론(progesterone, 황체호르몬, 모성호르몬) 25, 23., 11, 95, 93 임용

분비	• 주로 황체의 고립막과 협막세포에서 분비 • 배란 후 난소의 황체, 태반, 부신과 고환 등에서 생성	
내분비샘	• FSH 분비 촉진 • 뇌하수체에서 분비되는 간질세포자극호르몬(ICSH) 분비 억제	
분비 증가, 감소 23 임용	• 배란이후, 임신 초기에는 황체에서 분비 • 임신 12주경 태반 형성되면, 태반에서 분비(32주 경 최고 수준) → 분만 후 감소	
난관	• 난관의 율동적인 연동운동 → 수정된 난자를 자궁안으로 운반하도록 도움	
자궁	자궁 내막	착상 준비 25 임용	• 수정란의 착상을 위한 준비 → 자궁내막의 자궁내막샘 증가, 혈액공급증가, 글리코겐 축적 등
		임신 유지	• 난자 보호작용
	자궁 이완	자궁근육 긴장성 저하	• 자궁근육의 긴장성을 저하시킴
		옥시토신 억제	• 옥시토신 분비를 억제 → 자궁수축 억제 → 자궁 이완
	자궁 경관		• 점액 양 감소, 점액 점성도 증가, 백혈구 증가, 견사성 감소 → 정자의 이동 억제, 정자의 능력을 약화시킴 (정자통과가 어려움)
유방	• 유즙을 분비하는 유선방세포와 유선소엽의 발달		
전신	체온상승	• 프로게스테론은 체온을 상승시켜, 기초체온을 측정함(배란시기)	

5 프로스타글란딘

분비	• 대부분의 조직에서 분비됨	
자궁	자궁근 수축	• 월경기간에 자궁내막에서 프로스타글란딘 분비 → 자궁근 수축 → 월경혈 배출
	자궁경부 연화	• 출산, 월경직전에 자궁경부 연화시켜 분만이나 출혈을 용이하게 함
난소	배란 도움	• 성숙난포에서 난자를 자유롭게 함으로써 배란에 중요한 역할 → 난자를 복강으로 배출할 때 도움

Part 03 여성 생식기 건강사정

1 외부 생식기

자세	• 촉진 시 쇄석위 자세 취함
순서	• 복부 진찰 → 외생식기 검사 → 질경 검사 → 검사물 채취 → 양손검진법

1 촉진

(1) 외음부

검사방법	• 소음순, 음핵, 요도개구부, 질구에 병소가 의심스러울 때 촉진함
비정상	• 압통, 결절, 열감, 염증 등

(2) 요도와 스킨샘

검사방법	• 오른쪽 검지를 질 내 4~5cm 정도 삽입하고, 요도를 안에서 바깥쪽으로 압통이나 부종이 있는지 확인함 • 배출물이 있을 경우 균배양검사 실시

(3) 바르톨린샘

검사방법		• 음순의 부종이 의심되면 검지는 질 내(질강 후부)에, 엄지는 바깥쪽에 놓고, 아래 방향으로 돌려 대음순의 후면 4시, 8시(5시, 7시) 방향으로 촉진함 • 압통, 덩어리, 부종 여부 확인 • 분비물 있으면 배양검사 실시
비정상	종창	• 급성 혹은 만성 감염
	급성 바르톨린샘염	• 종창, 경화, 샘의 개구부에서의 화농성 분비물, 개구부 주위의 홍반
	만성 바르톨린샘염	• 무통성 낭종

2 골반근육의 지지정도 사정 (골반근육사정)

검사방법	• 검지와 중지를 질구 양옆에 놓고 질구를 벌린 다음 대상자에게 아래로 힘을 주도록 함 (질구를 조이도록 함)
정상	• 질벽의 돌출(팽륜), 요실금이 없어야 함
미산부	• 미산부는 탄탄하게 조이는 느낌이 듦
경산부 (다산부)	• 탄력이 약함 • 얇고 견고하지 못함

2 내부 생식기

1 질경검사

(1) 질경검사 전 준비사항

대상자	• 24시간 전부터 질세척, 윤활제 사용 금지 → 윤활제는 정균작용을 통해 검사물 세포의 변화를 유발함 • 방광 비우기
검진자	• 적절한 크기의 질병을 따뜻하게 준비 • 손을 씻고 소독된 장갑 착용 • 프라이버시 보호를 위해 검진부위만 노출함 • 검사의 목적과 방법 설명
성경험 없는 대상자	• 작은 질경을 사용하여 검사를 시행할 수 있음

(2) 관찰내용

질	정상	• 질은 선홍색, 주름 깊고, 촉촉, 부드러움 • 분비물은 묽거나 흰색, 불투명, 끈적끈적하나 냄새가 없어야 함
	관찰	• 질 점막의 색깔, 냄새, 경도, 부종, 홍반, 염증, 덩어리 유무 • 질분비물의 색깔, 냄새, 성상, 양, 형태를 관찰함
자궁경부	정상	• 색깔은 분홍색이고, 광택있음 • 분비물은 냄새와 자극이 없음
	관찰	• 자궁경부의 형태, 출혈 여부, 위치의 변화, 점막 표면의 미란이나 반점, 결절, 폴립 유무를 관찰함

2 자궁경부 세포진 검사 (자궁경부 세포검사, 파파니 콜라우 검사, Pap test, Pap smear)

자궁경부암 진단	• 자궁경부암 95%, 자궁내막암 40% 진단 가능
검사부위	• 편평원주상피접합점과 후질원개에서 채취
검사 주의점	• 검사 전 질 세척, 질약 금지, 성교 금지, 월경기가 아닐 때 검사
비정상 시	• 검사결과 비정상 시 질 확대경 검사, 생검이나 원추절제술 등 정밀검사 필요

3 양손촉진법(양손질찰법)

① 한 손의 엄지와 검지는 음순을 벌리고 다른 손은 윤활제를 바른 후 검지와 장지는 질 내로 삽입하면서 엄지는 외전시키고, 다른 손가락은 굴곡시켜 손바닥에 붙인다.
② 질 내로 삽입한 두 손가락은 아래쪽을 부드럽게 압박하여 질벽과 주름을 촉진한다. 또한 질 내로 삽입한 손가락은 자궁경부까지 깊이 넣어 양 옆으로 부드럽게 움직이면서 자궁경부의 크기, 모양, 위치, 경도, 표면의 규칙성, 운동성 등을 사정한다.
③ 복부 위에 놓인 손을 오른쪽 하부 사분원으로 옮기면서 질 내 손가락은 오른쪽 측면 질원개로 움직여 오른쪽의 자궁 주위 부속기의 위치, 크기, 경도, 종양 여부를 사정한다. 왼쪽도 마찬가지로 시행한다

Part 04 피임법

1 피임법의 이상적 조건 (선택시 고려할 요인)

① 확실성	• 피임의 효과가 확실해야 함 • 또한 피임의 효과는 일시적이고 복원가능해야 함
② 안전성	• 인체에 무해해야 함 • 부작용이나 합병증이 적고, 일시적이어야 함
③ 성교나 성감	• 성교나 성감을 해치면 안됨 • 성행위가 부자연스럽거나 불완전해서는 안됨
④ 간편성	• 사용방법이 간편해야 함 • 아무리 좋은 방법이라고 해도 사용방법이 쉽지 않으면, 활용도 떨어짐
⑤ 경제성	• 비용이 적게 들어야 함
⑥ 성병, HIV 예방	• 성 접촉에 의한 성병과 HIV 감염 예방효과가 있어야 함

→ 피임은 이상적 조건 + 개인적 특성(성지식, 결혼상태, 출산경험, 소득수준, 교육정도 등)에 따라 선택함

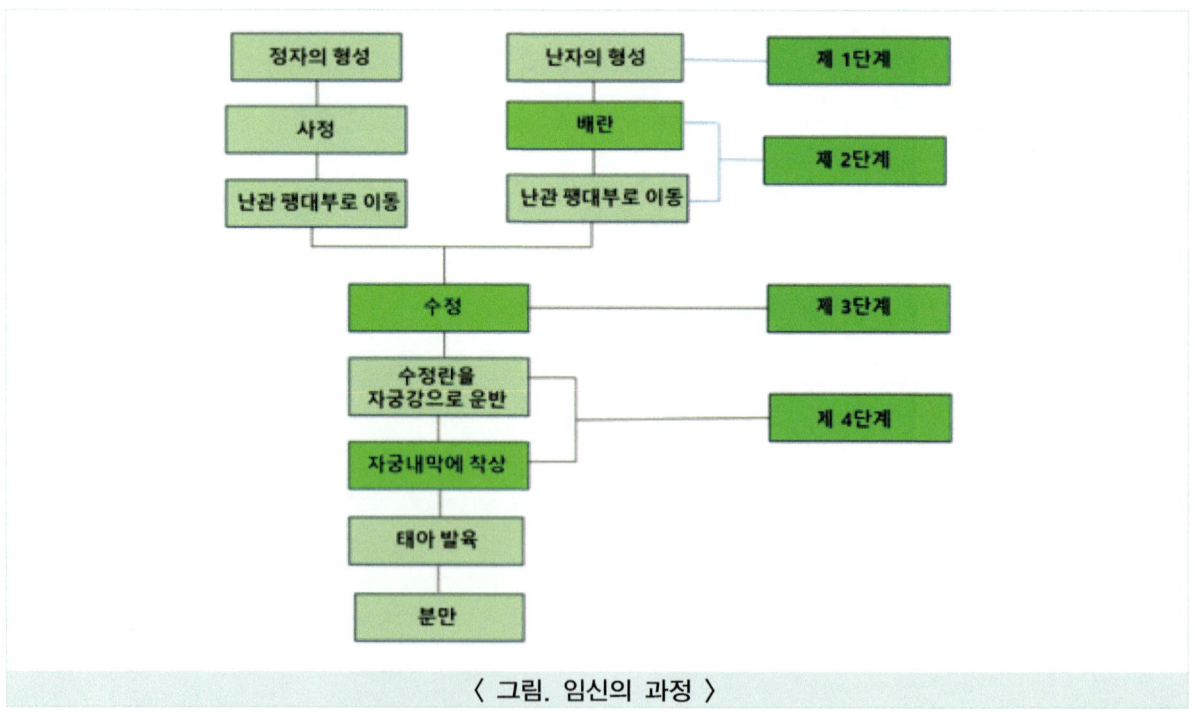

〈 그림. 임신의 과정 〉

[참고!] 피임의 실패율

일반실패율	• 일반인이 피임을 실시한 첫 한 해 동안의 실패율을 의미함
최저실패율	• 건강전문인의 도움을 받아 정확하게 피임을 실시한 첫 한해 동안의 실패율을 의미함

2 월경주기법 (자연가족계획, 가임기간 인지방법, 생식능력 인지기반 피임법)

개념	• 난자가 배란된 후 12~24시간 이내에 수정이 가능하므로, 이 시기에 성교를 피하는 방법임 → 배란일을 예측하여, 금욕하거나 다른 확실한 피임법을 사용하여 피임	
일반실패율	• 24% (5명 중 1명은 임신) → 임신을 해도 무방하다고 간주할 때 사용하는 방법임	
장점	부작용 X	• 호르몬 및 화학물질 영향 X → 부작용 X
	비용 X	• 피임을 위한 별도의 비용 X
종류	• 월경력법, 표준일법, 2일법, 기초체온법, 자궁경관점액관찰법	

1 월경기반법

• 월경력법과 표준일법이 있음

(1) 월경력법

원리 (개념)	• 배란일, 정자생존기간, 난자수정능력 기간(다음달 월경 전날 12~19일간(8일간))을 임신가능기간으로 간주함 → 금욕하거나 다른 피임방법을 쓰도록 함	
	배란일	• 다음 월경일 ± 14일 → 12일~16일, 5일간
	정자 생존기간	• 72시간 생존
	난자 수정능력	• 배란 후 24시간까지(최대 48시간)
배란 X, 수정 X	• 배란과 수정을 피하는 원리임	
주의	• 월경주기가 매월 차이가 있으므로 6개월 내지 1년 동안 자신의 월경주기를 달력에 기록해두어야 함	
계산법	• 6개월(1년) 동안 월경주기 기록에서 임신가능 시기를 계산함 • 월경시작일이 월경주기 1일임	
	임신가능기간	• 가장 짧은 월경주기에서 18일을 빼고(금욕시작 첫날), 가장 긴 월경주기에서 11일을 뺀 기간(수정 가능한 마지막 날)
	가장 짧은 월경주기	• 월경주기에서 18일 빼기 → 금욕시작 첫날
	가장 긴 월경주기	• 월경주기에서 11일 빼기 → 수정 가능한 마지막 날
사례	예 가장 짧은 월경주기가 24일이고, 가장 긴 월경주기가 29일이면, 임신 가능기간은? → 24-18=6, 29-11=18 → 월경주기 6일째부터 월경주기 18일까지 임신가능기간임 예 가장 짧은 월경주기가 26일이고, 가장 긴 월경주기가 31일이면, 임신 가능기간은? → 26-18=8, 31-11=20 → 월경주기 8일째부터 월경주기 20일까지 임신가능기간임	

(2) 표준일법

개념	• 월경주기 8일째에서 19일째를 수정가능날로 고정되어 있다고 봄 → 금욕하거나 다른 피임방법을 쓰도록 함
적용	• 월경주기가 26일에서 32일인 여성에게 유용하게 사용됨
배란 X, 수정 X	• 배란과 수정을 피하는 원리임
실패율	• 첫해 최저실패율은 5%임

2 증상기반법

표. 자궁경관점액 | 20 임용

월경 후			• 월경 후 2~3일 간은 분비물 거의 없음 • 월경 후 3~4일부터 경관 점액분비 시작됨
배란직전 20 임용			• 에스트로겐 영향으로 점액 양 증가, 점성도 감소(묽어짐), 견사성 ↑ → 달걀 흰자위처럼 미끈, 투명한 점액, 물처럼 변함
	견사성	확인방법	• 두 손가락 사이로 자궁경관 점액을 느려봄
		양상	• 자궁경관점액이 쭉 늘어감(약 13cm까지)
	양치엽상 (양치모양)	확인방법	• 자궁경관점액을 슬라이드에 묻혀 현미경으로 관찰함
		양상	• 현미경상 염화나트륨 결정화(양치엽 모양)이 관찰됨
배란이후			• 프로게스테론 영향으로 점액 양 감소, 점액 점성도 증가(끈적거림), 견사성 감소 → 점액 줄고, 사라짐
배란이후~ 다음 월경직전			• 점액 거의 없음

(1) 2일법

원리 (개념)	• 질에서 나오는 자궁경관 점액 분비물이 2일간 없었다면, 성관계가 가능함 (안전한 시기) → 2일 연속 점액 없을때부터 안전함
임신가능 기간	• 점액분비가 시작되는시점부터 점액이 완전히 사라질 때까지
성교가능 기간 (안전한 기간)	• 2일간(연속) 자궁경관 점액 분비물이 없는 기간 (안전한 시기)
배란 X, 수정 X	• 배란과 수정 시기를 피하는 원리임
장점	• 배우기 쉽고, 사용하기 쉬움
실패율	• 최저 실패율 4%임

표. 2일법 주의사항(관찰시기)

배뇨 전	• 배뇨시 점액을 씻어내기 때문에, 배뇨 전에 관찰함 → 점액이 소변에 씻기지 않아, 더 정확하게 관찰 가능
오후와 저녁	• 활동을 하면 질 분비물이 더 많이 생성되므로 → 하루 중 점액 분비가 가장 잘 드러나는 시간

(2) 자궁경관점액관찰법(점액관찰법, Belling's(빌링스) 점액관찰법)

원리 (개념)	• 에스트로겐과 프로게스테론의 양이 증가할 때, 질에서 나오는 자궁경관 점액 분비물의 양과 성질이 달라지는 현상을 관찰하여 배란시기를 피하는 방법임
임신가능 기간	• 점액분비가 시작되는 시점부터 점액분비가 가장 많이 분비된 후 3~4일까지
성교가능 기간 (안전한 기간)	• 월경직후 건조기와 점액분비가 가장 많은 3~4일 후부터
배란 X, 수정 X	• 배란과 수정 시기를 피하는 원리임

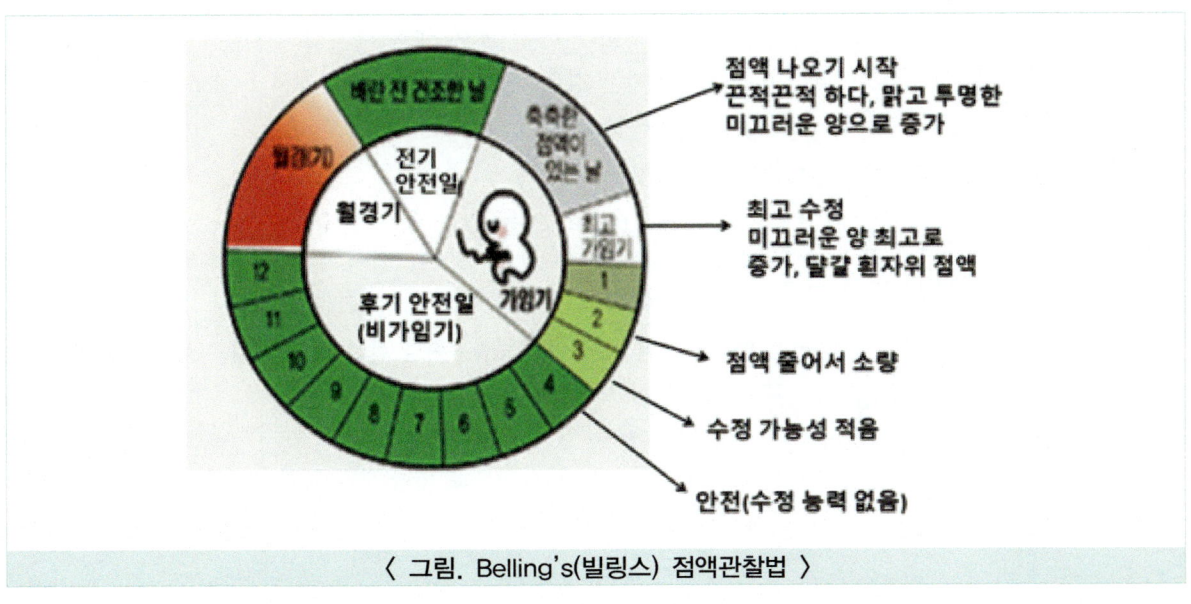

⟨ 그림. Belling's(빌링스) 점액관찰법 ⟩

(3) 기초체온법

개념(원리)	• 배란이 되면, 난포가 황체로 변화되어 황체에서 분비되는 프로게스테론의 분비로 체온이 0.2~0.5℃ 상승됨
임신가능시기	• 저온에서 고온으로 옮겨갈 때 임 (낮은 체온에서 높은체온으로 이행되는 기간임) → 배란기
성교가능 기간 (안전한 기간)	• 체온이 상승된 배란 후 3일 저녁부터 월경이 시작할 때까지

3 자궁경부차단법

1 콘돔

개념(원리)		• 남성의 음경에 윗부분부터 아랫부분까지 씌워 정자가 질 내로 들어가는 것을 방지함
재질		• 좋은 고무소재인 라텍스 제품
10대 사용		• 10대 임신예방을 위해 권장하는 방법은 콘돔과 경구용 피임법임
효과		• 성병(HIV/AIDS, 임질, 클라미디아, PID 등) 예방효과 → 성병과 임신예방 효과 둘다 • 살정제가 덮여있는 콘돔(nonoxynol-9 (논옥시놀-9) 함유)은 성병예방에 더 도움됨
장점		• 부작용 거의 없음 • 경제적임 • 성병 예방
단점		• 성관계 시 매회 새로운 것으로 교환 • 라텍스 알레르기 있을수 있음 • 성감을 해침 → 최근 제조기술의 발달로 좋은 제품 생산됨 • 콘돔 파손이나 찢어짐 → 꽉 끼는 경우 파열되므로 성기 끝에서 1~2cm 정도 여유있는 것을 사용함
주의사항	콘돔 착용	• 음경이 발기된 후에 착용
	콘돔 파손, 찢어짐 주의	• 성기 끝에서 1~2cm 여유 있는 것으로 사용 • 질 건조시 찢어질 수 있으므로 젤 형의 살정제나 수용성 젤 (오일 기반 윤활제 X : 바세린 X → 콘돔 손상)
	성관계 후 콘돔 제거	• 음경이 발기된 상태에서 음경주위를 잡은채, 콘돔의 가장자리(끝부분)를 잡고 질에서 음경을 빼냄 → 정액의 유출을 방지하기 위해, 정액이 흐르는 것을 방지하기 위함
	2~3개 보관	• 관계는 즉흥적으로 시작되므로 2~3개의 콘돔을 침구 가까이 또는 사용하기 편리한 곳에 보관

유통기간 확인	• 콘돔 유통기간 확인 할 것
재사용 x	• 1회용이며, 재사용하지 말 것
시원한 곳 보관	• 실온에서는 고무가 약해지므로 서늘(시원)하고, 건조한 곳에 보관
실패율	• 사용 첫해 일반 실패율 : 15% • 최저 실패율 : 2%

2 페미돔 (여성용 콘돔) 25 임용

개념(원리)	• 여성용 콘돔으로 여성 질속에 삽입하여 정액이 자궁 경부로 들어가는 것을 방지 • 여성 질속에 삽입되어 있는 부분은 막혀 있고, 바깥쪽은 남성 성기가 삽입될 수 있도록 열려 있음
재질	• 부드러운 플라스틱이나 폴리우레탄 제품으로 얇고 투명하게 만들어져 있음
사용법	• 막혀 있는 한쪽 면을 질 내로 삽입하여 자궁경부 바로 앞까지 끼움 • 자궁경부 뿐 아니라 질 전체가 고무장벽으로 덮여 성교도중 벗겨진다 해도 정가가 경부로 들어갈 수 없음
효과	• 남성콘돔보다 뚜꺼워, 성병(HIV/AIDS, 임질, 클라미디아 등) 예방효과 → 성병과 임신예방 효과 둘다
장점	• 부작용 X • 자극이 적어, 알레르기 반응이 거의 없음 • 성병 예방 • 자궁 경부뿐 아니라 질 전체가 고무장벽으로 덮혀 있어 정자 침입 어려움
단점	• 콘돔에 비해 가격 비쌈 • 사용방법 불편 → 복잡하고, 번거로움 • 성관계 시 이탈 가능성, 정확한 착용 확인이 어려움 등 → 콘돔보다 실패율 높음 • 성관계시 이물감, 바스락 거리는 소리
실패율	• 사용 첫해 일반 실패율 : 21% • 최저 실패율 : 9%

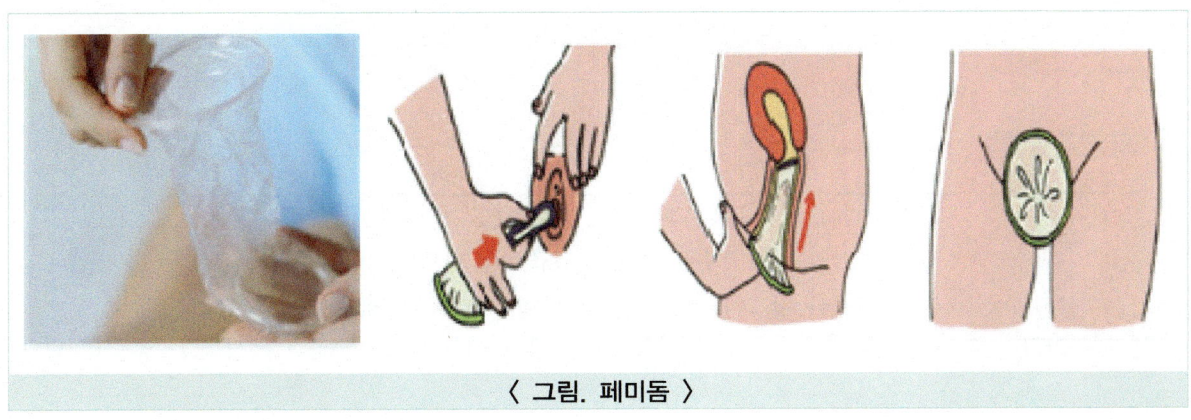

〈 그림. 페미돔 〉

3 다이아프램(diaphragm) 25 임용

개념(원리)	• 부드러운 고무컵 모양으로 자궁경부를 덮는 것으로, 살정제용 젤리나 크림을 함께 사용함
사용방법	① 다이아프램 중앙과 가장자리(테두리)에 살정제 젤리를 바름 ② 다이아프램 테두리를 오므려(반만 잡고) 질 후벽으로 밀어넣음 → 경부 후면까지 ③ 치골아래까지 들어가도록 밀어넣음 ④ 다이아프램을 통해 자궁경부가 느껴져야 함 → 손으로 경부 확인함 → 경부는 작고 둥근형태로 코 끝 정도의 단단함을 가짐
재질	• 라텍스나 실리콘 형태
사이즈	• 의사의 진찰 후 개인의 자궁 크기에 맞는 사이즈를 삽입
사용시간	• 성교 전 1시간 전에 삽입 한 후 성교 후 6시간(8시간)까지는 빼지 말아야 함 • 6시간 안에 성교시 살정제 추가 삽입(살정제는 2시간 정도 효과 지속)
장점	• 호르몬 영향 X • 임신 계획 시 즉시 가임력 회복 • 파트너와 상의 없이 사용 가능
주의사항 (단점)	• 24시간 이상 질 내 삽입 X → 독성쇼크 증후군 발생 • 반복성 요로감염 위험 → 다이아프램이 요도를 압박하여, 방광을 비우는 것을 방해함
사용 후	• 물과 순한 비누로 세척 (오일, 파우더 사용 X → 고무 약하게 함) • 직사광선을 피해 플라스틱 케이스에 보관
교체	• 매 2년마다 교체 • 20%이상 체중변화시에도 교체

 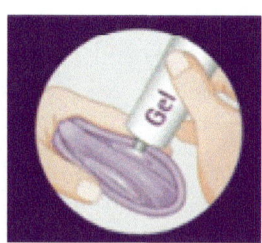 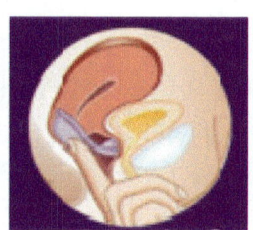 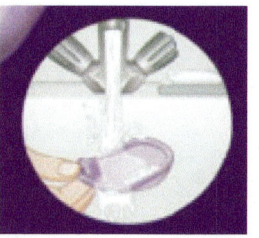

〈 그림. 다이아프램 〉

4 자궁경부캡

개념	• 다이아프램과 장단점, 주의사항 등은 모두 같음 • 크기가 작아 자궁경부만 정확히 덮음 (vs 다이아프램은 질벽도 덮음)
장점 (차이점)	• 크기가 작아 방광이 비워지는 것을 방해 X → 요로감염 위험 낮음 • 48시간까지 지속할 수 있음 → 48시간 이상은 사용 X → 독성쇼크증후군 위험

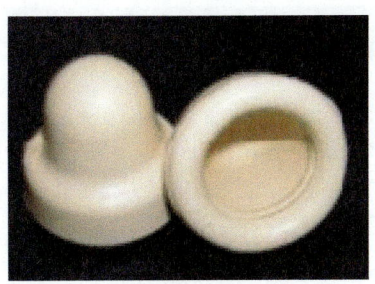

〈 그림. 자궁경부캡 〉

5 질스펀지 (피임스펀지)

개념 (원리)	• nonoxynol-9 (논옥시놀-9)이라는 살정제를 적신 일회용 폴리우레탄 스펀지로, 자궁경부에 꼭 맞게 끼울수 있도록 구성됨
구성	• 할쪽면이 오목하여 자궁경부에 맞게 고안되었고, 쉽게 제거할 수 있는 고리를 가짐
사용방법	• 사용 전 : 스펀지를 물에 충분히 적심 • 사용 시 : 물에 적신 스펀지를 질에 삽입, 오목한 부분이 자궁경부 입구에 꼭 맞도록 함
사용시간	• 24시간까지 사용 가능 → 여러번 사용해도 피임효과 있음 • 24시간 이상은 사용 금지 → 독성쇼크 증후군 발생 위험 • 최소 6시간은 유지함 → 살정제 서서히 방출
효과	• 살정제로 정자 운동성 저하, 정자 죽임 → 자궁경부로 도달하기 전 정자 파괴 (주된 역할) • 스펀지가 자궁경부를 덮어, 정자가 자궁내로 들어가는 경로 차단 → 정자차단 + 살정제
장점	• 작고 간편 • 개인별 맞춤 필요 X • 살정제 따로 바를 필요 없음 • 호르몬 영향 없음
단점	• 감염 위험 (독성쇼크증후군, 질염 등) • 살정제로 국소자극, 알레르기 가능성 • 살정제로 질 건조감 • 잔류 위험 → 제거 후 찢겨진 부분이 질내에 남아있는지 확인함 • 피임 실패율 높음

 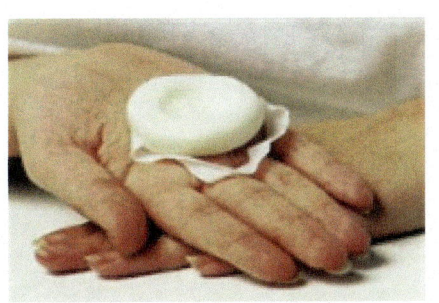

〈 그림. 피임스펀지(질스펀지) 〉

4 질 살정제

개념(원리)		• 사정된 정자가 자궁경관으로 들어가는 것을 방해하는 화학적 차단방법임
기전		• 질살정제 성분인 nonoxynol-9 (논옥시놀-9)은 계면활성제로서, 세포막을 파괴하여 정자의 운동성을 떨어뜨려 자궁경관에 도달하지 못하게 하거나, 정자를 죽임
종류		• 거품형, 겔(젤리형), 크림형, 정제형(좌약형), 경부스펀지 등 → 거품형은 신속하게 효과, 좌약형은 용해되는데 15분 정도 걸림
수정 X		• 수정되지 못하도록 함
사용방법	사용전	• 비누와 물로 손씻기
	성관계 전 삽입	• 성관계 전 1시간(최소 15분 전)에 질내 삽입 → 질의 윤활작용을 증가, 성관계를 방해받지 않도록 1시간 전 삽입
	삽입 후 성관계	• 삽입 후 성관계 가능
주의사항	질세척 X	• 성교 후 6시간 이내는 질 세척 금지 → 질세척시 효과 ↓
	매회 삽입	• 성교시마다 매회 삽입해야 함
	자궁경부까지 삽입	• 자궁경부까지 가깝게 질 깊이 삽입
	삽입 후 앙아위	• 삽입 후 앙와위 유지 : 살정제가 용해 후 질내에 계속 있도록 함
	성교 후 배뇨	• 성교 후 배뇨를 하여 비뇨기감염을 예방하도록 함
장점	쉽게 구매	• 처방전 없이 약국에서 구매 가능
	사용 간편	• 사용법 간편
	호르몬 무관 (부작용 적음)	• 에스트로겐이나 프로게스테론 등 호르몬 작용이 없어 부작용 적음
	일회성 사용	• 매 성관계마다 필요시 일회성으로 사용 → 사용 중단 즉시 임신 가능, 장기복용 불필요
단점	자극/알레르기	• 질점막 자극 • 심하면 알레르기 반응
	피임률 낮음	• 단독 사용 시 실패율 높음
	질 감염 위험	• 질 젖산 감소 → 세균성 질염, 칸디다 질염 위험 증가 • 임균 및 클라미디아 등(세균)에 일시적 독성은 있지만, 질 점막을 자극하고, 미세 손상을 유발해 감염 위험을 높임
실패율		• 단독 사용시 일반실패율 29%, 최저실패율 18% → 여성 남성용 콘돔, 다이아프램, 경부캡 등 다른 차단피임법과 함께 사용시 피임효과 상승

5 호르몬 피임법

- 복합 에스트로겐-프로게스틴, 단독(단일) 프로게스틴 피임제가 있음

1 복합 에스트로겐-프로게스틴(프로게스테론) (복합 경구피임약) 20 임용

- 복합 에스트로겐-프로게스틴 피임제는 경구용, 경피용, 질링, 주사식(근육주사)이 있음

(1) 복합 경구 피임제 원리(기전)

- 에스트로겐, 프로게스테론 → FSH, LH 억제 → 난포성장 억제, 배란 억제

난포성장 억제	• 에스트로겐 → FSH ↓ → 난포성장 억제 (난포성숙 방해)
배란 억제 (주된 기능)	• 프로게스테론 → LH ↓ → 배란 억제
착상 억제	• 자궁내막 증식 X → 자궁 내막 얇고, 불안정한 상태 유지 → 수정란 착상 어려움 ・ 배란 이후 프로게스테론 : 자궁 내막샘 증가, 혈액공급 증가 등 착상을 위한 환경 ・ 피임제로 인한 배란 X 프로게스테론 : 자궁내막증식 방지, 자궁내막 얇고 불안정하게 유지
정자 통과 X	• 프로게스테론 영향으로 자궁경부 점액 끈적, 진득하게 유지 → 정과 통과 X

(2) 복용방법

매일 1알 3주 복용 (21일)	• 월경 첫날(1일), 유산후, 분만 후 부터 3주(21일)간 매일 복용 → 이후 1주일(7일)은 쉼 • 매일 한알씩 일정한 시간에 복용 → 저녁먹은 직후 나 취침시간 복용
일정한 시간	〈 저녁먹은 직후나 취침시간에 복용하는 이유 〉 • 오심, 구토(식후 바로), 두통 등의 부작용 감소하기 위해 • 일정한 시간에 규칙적으로 복용하기 위해

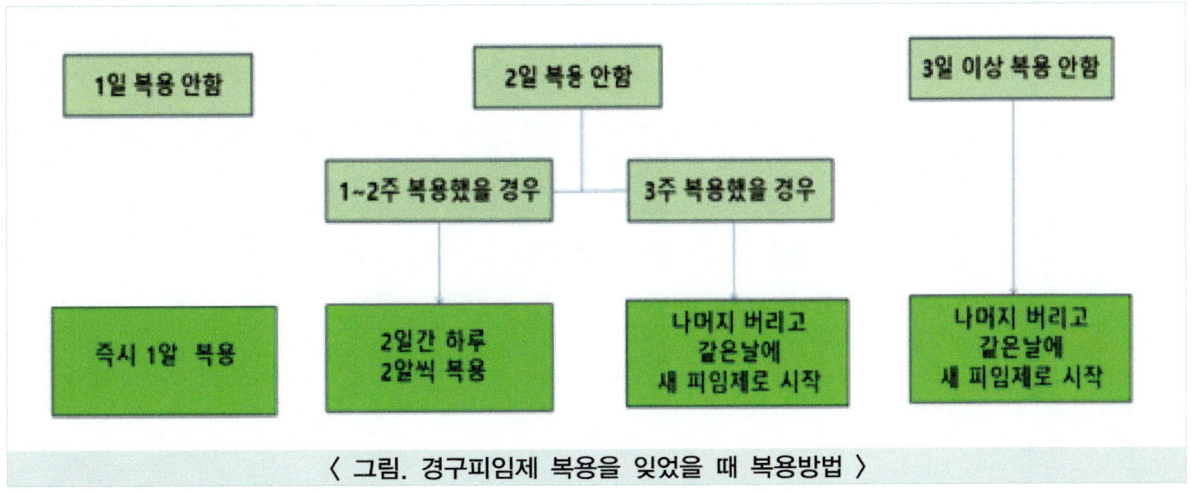

〈 그림. 경구피임제 복용을 잊었을 때 복용방법 〉

(3) 효과
- 교육을 받아 지시대로 복용시 100% 효과

(4) 금기
- 에스트로겐에 의한 혈전, 색전의 문제

35세 이상 흡연 여성	혈전증 등 심혈관 질환 위험
혈전(색전) 질환, 심혈관질환	혈전색전질환(혈전색전증, 혈전정맥염), 뇌혈관질환(뇌졸중 등), 관상동맥 질환
국소적 신경증상을 동반하는 두통	뇌혈관 위험 증가
고혈압, 고지혈증	심혈관계, 뇌혈관계 질환 위험
혈관질환 동반한 당뇨병 (합병증 있는 당뇨)	혈전 및 심혈관 질환 위험
유방암	에스트로겐에 의한 유방암 증가
에스트로겐 의존성 종양	유방암, 자궁내막암 등
심한 간기능 장애, 간종양, 간·담낭 질환	약물 대사 및 배출 이상, 간 기능 장애 위험
원인불명(진단되지 않은) 질출혈	암 가능성
임신	유산, 선천성 기형 발생
출산 직후 6주 이내	• 모유수유 O : 에스트로겐이 프로락틴 감소로 모유생성량 감소, 태아 영향 • 모유수유 O, X : 출산 직후 혈액응고 경향 ↑ → 혈전 위험
장기간 부동요하는 수술 또는 하지 수술	혈전 위험 증가

(5) 부작용
- 부작용은 대부분 2~3개월 내 중지됨

① 에스트로겐과 프로게스테론 부작용

부정출혈	• 에스트로겐 부족 : 자궁내막을 충분히 증식하지 못해 출혈 • 프로게스테론 과다 : 자궁 내막이 과도하게 얇아져 출혈 • 즉, 에스트로겐과 프로게스테론의 균형 문제 → 자궁내막 얇아지고, 자궁내막이 불안정해져 출혈 (자궁 내막 안정성 ↓) • 피임제 사용 1~3개월 동안 부정출혈 발생할 수 있음
유방압통	유선조직 증식, 유선 팽창 등 → 유방통증, 유방 불쾌감

② 에스트로겐에 의한 부작용

오심, 구토	• 위장관 자극 • 1~2개월 복용하면 몸에 적응되어 대부분 중지됨
대하증	• 대하의 양 증가
체중 증가	• 에스트로겐에 의한 수분과 염분 저장 → 체중증가, 부종
혈전증	• 혈액응고 인자 증가 → 혈전증 (특히 35세 이상 흡연자)
기미	• 멜라닌 세포 자극
두통	• 혈관 확장 기능
고혈압	• 피임제의 합성에스트로겐은 수분, 나트륨 재흡수 → 혈압 증가
유방압통	• 유선조직 증식, 유선 팽창 등 → 유방통증, 유방 불쾌감

③ 프로게스테론에 의한 부작용

여드름, 다모증	• 프로게스틴에 안드로겐 효과가 있음 → 안드로겐 활성이 높은 프로게스틴(안드로겐성 프로게스틴) → 안드로겐 농도 상승 → 여드름, 다모, 지방성 피부와 두피

- 식욕증가 → 체중증가
- 우울증 등 기분변화
- 성욕의 감소 등
- 유방압통, 유방크기 증가
- 무월경 : 고용량 프로게스틴 → 자궁내막 얇게 유지, 배란 억제 → 무월경
- LDL 콜레스테롤 증가, HDL 콜레스테롤 감소 → 고지혈증

④ 암 발생

유방암	• 장기사용시 유방암 발생증가
자궁경부암	• HPV(인유두종 바이러스)감염에 대한 직접적인 관련성은 적음 • 다만, 경구 피임약을 복용하는 여성의 일부가 성관계 상대자의 숫자가 많거나 피임기구 사용률이 낮은 경향을 보여 HPV 감염 가능성이 상대적으로 높은 것으로 알려져 있음

⑤ 쇠퇴출혈 (월경)

발생	• 복합 경구 피임제 복용하다가 약물을 중단하거나, 휴약시 발생하는 출혈
기전	• 중단 또는 휴약시 자궁내막이 약해지고, 쇠퇴(탈락)하면서 출혈 발생함

(6) 피임외 효과

월경주기 규칙적	• 불규칙한 월경주기 조절 → 월경주기를 규칙적으로 안정화시킴
월경량 감소 철결핍 빈혈 감소	• 월경과다시 월경량의 감소 • 월경량 감소로 철결핍 빈혈의 위험 감소 〈 월경량 감소 기전 〉 • 자궁내막 증식 억제 → 자궁내막 두께 얇아짐 → 월경 시 탈락되는 자궁내막량 감소 → 출혈량 감소, 월경기간도 짧아짐
월경곤란증 완화	• 월경곤란증, 월경전증후군 완화되는 효과 〈 월경곤란증 완화 기전 〉 • 자궁내막 얇아짐 → 프로스타글란딘 생성 줄어듦 → 자궁수축(경련) 감소 → 통증 감소
여드름 완화, 다모증 완화	• 여드름 완화· 다모증 완화 〈 여드름, 다모증 완화 기전 〉 • 프로게스틴 → 항안드로젠 효과(즉, 안드로젠 활성이 낮은 프로게스틴)
자궁내막암 감소	• 자궁내막암 보호효과가 있음 • 자궁내막암 : 자궁내막암의 과도한 증식을 억제하여, 암 발생 위험 줄임
난소암 감소	• 배란 억제를 통해 난소 자극을 줄여, 난소암 발생 위험을 감소
양성유방질환 감소	• 호르몬 균형을 조절하여, 유방조직의 비정상적인 변화를 방지 → 양성유방질환의 발생빈도 감소
난관염 감소	• 배란 억제 → 난자가 난관으로 이동하는 것을 방지 → 난관 자극 줄어 염증이나 감염 감소 • 호르몬 균형 : 자궁, 난관의 환경 일정하게 유지 → 감염 취약성 감소
자궁외 임신 감소	• 배란 억제 → 난자가 난관으로 이동하는 것을 방지 → 난관 착상 X • 자궁경부 점액 : 프로게스틴에 의해 정자가 자궁안으로 들어가는 걸 방지

(7) 경피피임약 (경피호르몬 피임약)

복합 에스트로겐 -프로게스틴	• 경구 복합피임제와 효과 같음 → 배란 억제, 자궁경관 점성도 증가(끈적), 착상방지 등
주1회 투여	• 주 1회 경피(피부)로 투여 • 생리주기 첫날부터 1주일에 한번씩 3주간 붙이고, 1주간 휴지기를 갖음
사용방법	• 상지 외측, 하복부, 복부, 둔부, 가슴 윗부분(유방 제외한 전면과 후면)
의사 처방	• 의사처방이 필요 → 피부를 통한 전신흡수호르몬제므로 부작용과 금기확인 필요
실패율	• 일반실패율 : 9%, 최저실패율 : 0.3%

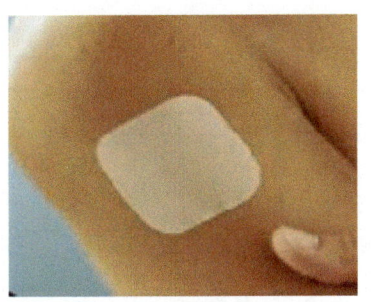

⟨ 그림. 경피 피임약(Eva patch)⟩

(8) 피임용 질링 (누바링, Nuva ring)

개념	• 한달에 한번 질내 깊숙이 삽입하면 3주간 피임효과가 지속되는 주기적 시술법임
복합 에스트로겐 -프로게스틴	• 경구 복합피임제와 효과 같음 → 배란 억제, 자궁경관 점성도 증가(끈적)하여 수정방지, 착상방지 등
1회 착용으로 3주간 유지 (장점)	• 월경 1~5일 사이에 착용하여, 3주간 유지 → 이후 1주간 제간
혈중 호르몬 농도 일정 (장점)	• 피임패치와 달리 간에서 바로 대사되지 않고 흡수되어, 혈중 호르몬 농도를 일정하게 유지
기타 장점	• 복용 실수 적음 • 위장장애 X
의사 처방	• 의사처방이 필요 → 전신흡수하므로 호르몬제에 대한 부작용과 금기확인 필요 • 의사처방 후 약국에서 구입 → 스스로 삽입과 제거 가능
사용방법	• 월경주기 첫날에 삽입 • 3주 이전에 빠진 경우 : 미지근한 물에 헹군 후 즉시 질내에 재삽입함
단점	• 질염, 질내 피부자극, 질 분비물 증가, 두통, 체중증가, 오심 등
실패율	• 일반실패율 : 9%, 최저실패율 : 0.3%

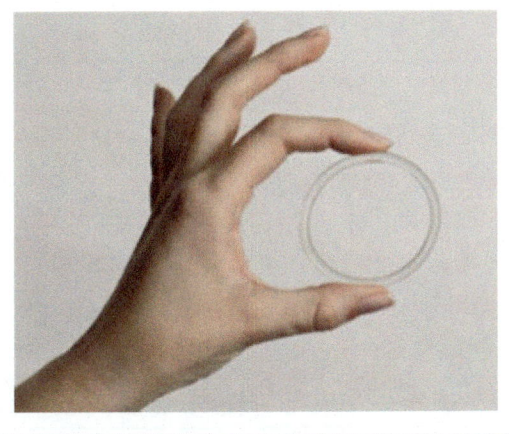

⟨ 그림. 피임용 질링(Nuva ring)

(9) 주사식 복합호르몬제

복합 에스트로겐 -프로게스틴	• 경구 복합피임제와 효과 같음 → 배란억제, 착상억제.
1달에 1번 근육주사 (장점)	• 1달에 1번 근육주사 → 간편
혈중 호르몬 농도 일정	• 호르몬 농도가 꾸준히 유지되어 안정적 혈중농도 유지
기타 장점	• 복용 실수 적음 • 위장장애 X
의사 처방	• 의사처방이 필요 → 전신흡수하므로 호르몬제에 대한 부작용과 금기확인 필요
실패율	• 일반실패율 : 9%, 최저실패율 : 0.3%

2 단일 프로게스틴 피임제 22 임용

• 경구용, 주사용(근육주사), 피하이식 방법이 있음

표. 복합경구피임제를 더 많이 사용하는 이유

배란 억제 효과	• 배란억제 효과가 더 확실함
월경주기 조절	• 월경주기 조절이 잘 됨 (예측가능)
부정출혈 ↓	• 에스트로겐이 자궁내막을 안정화시켜 출혈패턴이 일정함 → 즉, 단일 프로게스틴 피임제가 부정출혈이 더 흔함
피임외 효과	• 여드름 개선, 월경곤란증 개선, 월경량 감소 등 피임외 효과

표. 단일 프로게스틴 피임제 사용하는 경우 22 임용

모유수유 중 여성	• 혈전 위험 감소(에스트로겐 X), 모유생성 억제 X → 모유수유 중 여성에게 더 안전
에스트로겐 금기자	• 혈전증, 고혈압, 편두통, 35세 이상 흡연 여성 등 (혈전증 위험자)
혈전 위험 감소	• 에스트로겐의 혈전 위험 감소 목적으로 사용

(1) 경구 프로게스틴 피임제 (미니필, minipill)

정의	• 저용량(소량)의 프로게스틴을 함유하는 단일 경구피임제임
적용	• 모유수유 생산량을 감소시키지 않기에 모유수유 수유부에게 가장 좋은 피임제임 • 에스트로겐 금기 대상자에게 사용
복용법	• 휴지기 없이 매일 복용함 • 같은 시간에 복용 → 3시간 이상 차이나면 효과 감소
피임효과	• 배란 억제, 자궁경관 점성도 증가(끈적), 착상방지 등 • 복합 경구 피임제보다는 효과떨어지므로, 콘돔 등 다른 피임방법과 함께 사용
부작용	• 불규칙적인 질 출혈 → 프로게스테론의 영향 (자궁내막 얇게 하고, 자궁내막 불안정)

(2) 주사식 프로게스틴 피임제

종류	• 데포프로베라(depo-provera)
정의	• 고용량 프로게스틴을 3개월에 한번씩 근육주사하는 장기 지속형 피임법
적용	• 모유수유 생산량을 감소시키지 않기에 모유수유 수유부에게 적용 • 에스트로겐 금기 대상자에게 사용
복용법	• 11~13주(3개월) 마다 근육주사로 투여함
장점	• 강력한 피임효과 : 고용량 프로게스틴 → 배란 억제(강함), 자궁경관 점성도 증가(끈적)하여 수정방지, 착상방지 등 (매우 효과적) • 장기간 효과 : 3개월 • 간편함 • 비밀 보장 • 월경량 감소, 월경곤란증 완화 → 장기사용시 무월경 가능 • 자궁내막암, 난소암 위험 감소
단점	• 가임력(수태능력) 회복 지연 : 10개월(18개월)까지 소요될 수 있음 • 한번 주사 시 부작용 오래 갈 수 있음
부작용	• 부정출혈 • 식욕증가 → 체중증가 • 성욕 감퇴 • 유방압통 • 고지혈증 : LDL 콜레스테롤 증가, HDL 콜레스테롤 감소 • 장기간 사용 시 골밀도 감소 → 배란 억제 → 난소의 에스트로겐 감소 → 골밀도 감소

(3) 피하이식 프로게스틴 피임제 (피하이식술)

• 노플란트(norplant)와 임플라논(implanon)이 있음

① 피하이식술 공통점 (노플란트, 임플라논)

프로게스틴 단독	• 프로게스틴 단독 피임제임 (에스트로겐 X)
효과	① 시상하부 - 뇌하수체 - 난소 축 억제 → FSH, LH 감소 → 배란 억제 ② 자궁경관 점액 점성 증가 → 정자 통과 억제 ③ 자궁내막 증식 억제 → 착상 방해
장기피임	• 장기간 피임효과 (노플란트 : 5년, 임플라논 : 3년)
모유수유 중 가능	• 모유수유 중 사용 가능
시술 부위	• 여성 상박의 피부밑에 설치(시술) → 상완 안쪽 피부아래
삽입	• 월경 시작 7일 이내 삽입
가역적 피임방법	• 임신을 원할 시 바로 캡슐 제거 후 수정력 회복(임신가능) → 가역적 피임방법
단점	• 불규칙한 출혈(부정출혈) • 무월경(15~20%) • 일부 여성 난소 커지거나 난소낭종 • 여드름, 다모증, 과민성 유방통, 체중증가 등

② 피하이식술 차이점

	노플란트(norplant)	임플라논(implanon)
기간	• 5년간 피임 효과	• 3년간 피임 효과
성분	• 레보노르게스트렐(levonorgestrel)	• 에트노게스트렐(etonogestrel)
형태	• 6개의 플라스틱 캡슐	• 1개의 얇은 막대
제거	• 임플라논에 비해 제거시 시간 소요, 어려움	• 제거 용이

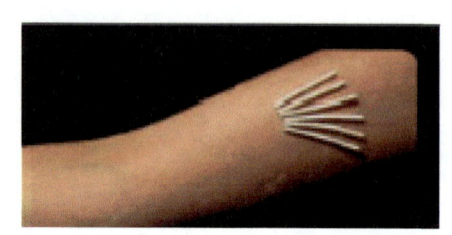

〈 그림. 노플란트(Norplant) 〉

〈 그림. 임플라논(Implanon) 〉

6 자궁내 장치 (IntraUterine Device, IUD) 21, 14, 09 임용

• 구리 자궁내 장치(Copper IUD), 미레나(mirena) 두 종류가 있음

표. 자궁내 장치 공통점 (구리 자궁내 장치, 미레나)

장기 피임효과	• 수년간 장기 피임효과 (Copper IUD: 10년, 미레나: 5년(8년))
높은 피임효과	• 실패율 매우 낮음
즉시 가임력 회복	• 제거 즉시 가임력 회복
모유수유 중 사용	• 모유 수유 중 사용 가능

표. 자궁내 장치 금기증 (구리 자궁내 장치, 미레나)

임신	• 임신 시 금지
활동성 골반감염	• 활동성 골반염(PID), 자궁경관염, 골반결핵 → 활동성 골반감염 시 금기
자궁기형, 변형	• 자궁기형 또는 심한 변형 시 금기
성병 미치료 상태	• 성병 치료 후 삽입 가능

표. 자궁내 장치 부작용 (구리 자궁내 장치, 미레나)

삽입 후 불편감	• 자궁 경련, 하복부 통증 등
골반감염 위험	• 삽입 후 3주간 골반감염 위험 증가
실 끈이 만져짐	• 성교 시 드물게 IUD 실끈을 느끼는 경우 있음 → 불쾌감 호소

삽입 중 자궁 천공, 불규칙한 출혈, 장치 배출 등

표. 자궁내 장치 주의사항 (구리 자궁내 장치, 미레나)

• 첫 3개월동안은 기구가 자주 배출되므로 제 위치에 있는지 자주 검사함
• 이후 3개월 후는 실이 제자리에 있나 검사

1 구리 자궁내 장치(Copper IUD) 21, 14, 09 임용

피임 기전	착상방지 (주된 기능)	• 구리는 자궁내막에 경미한 염증반응을 일으켜 수정란이 착상하기 어렵게 함
	수정방지	• 구리이온이 자궁내에서 지속적 방출 → 정자 운동성, 생존력 저하 → 수정차단
	• 호르몬 영향 X	
적응증	• 호르몬 피임 금기자 • 장기피임 원할 때 • 응급피임 사용 → 관계 후 5일 이내 구리 IUD 삽입 시 응급피임 효과	
	〈 응급피임 적응증 〉 09 임용 • 성교 후 72시간이 경과하였으나 5일은 되지 않았을 때 • 응급피임 후에도 계속 피임을 오랫동안 원할 때 • 응급복합피임약 사용의 절대적 금기증이 있을 때 • 응급복합피임약을 2회 복용하는 동안 2시간 내로 구토하는 증상이 있었을 때 (임신 가능성이 높으므로)	
금기	• 구리 알레르기 시 금기	
지속기간	• 장기간 피임 효과 → 10년	
월경량	• 월경량 증가, 월경곤란증 악화 가능	
단점	• 출혈, 통증, 감염 위험	

2 미레나(mirena)

기전	• 프로게스틴 단일 호르몬 방출(레보노르게스트렐)로 착상 방지, 자궁경관 점성도 증가로 정자 생존 X(수정방지)
지속기간	• 5년 (8년)
월경량	• 월경량 감소, 무월경 유도 가능
피임외 효과	• 자궁근종, 자궁내막증식증 등 과다출혈시 월경량 감소 목적으로 사용 → 과다 출혈 치료목적, 자궁내막증식 억제 치료목적으로 사용 • 자궁내막암 방지
부작용	• 체중증가 등
적응증	• 장기피임 효과 대상자 • 월경량 많거나 월경곤란증 심한 대상자

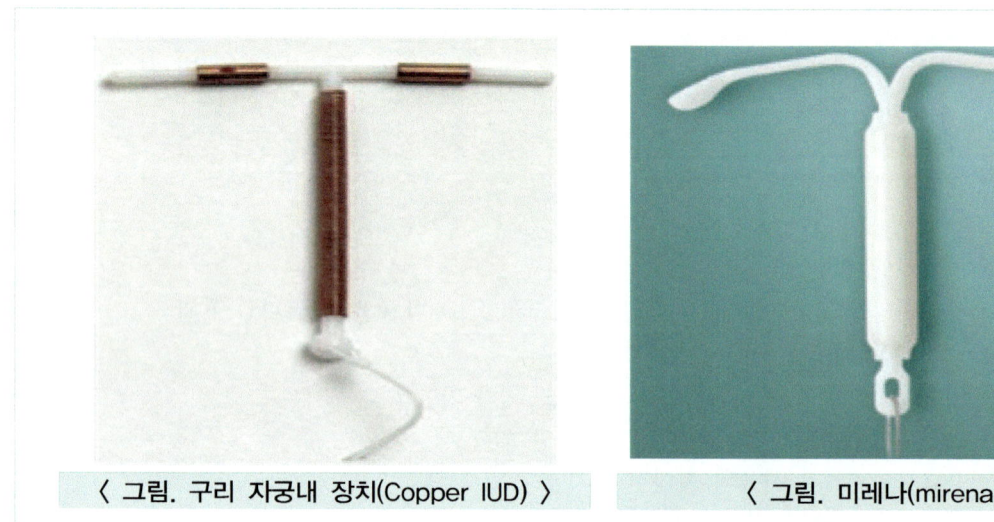

〈 그림. 구리 자궁내 장치(Copper IUD) 〉   〈 그림. 미레나(mirena) 〉

7 응급피임약 16 임용

- 복용 후 2~3주 후 월경시작하는 지 확인 : 임신확인

1 응급복합피임약

사용시기	• 총 2회 복용 : 성교 후 72시간 이내 1회 복용, 12시간 후 1회 복용 → 최대한 빨리사용 → 24시간 이내 복용: 피임효과 95%, 48시간 이내 복용시 : 85%, 72시간 복용: 58% • 일부 약물은 120일(5일) 사용 가능
성분	• 에스트로겐 + 프로게스테론
작용기전	**배란방지** 난포성장 억제(에스트로겐), 배란 방지(프로게스테론) **수정방지** 프로게스테론 영향으로 자궁경관 점성도 증가(끈적) 수정방지 **착상방지** 자궁내막 얇게 하여 착상 방지 • 착상이후에는 효과 X
부작용	• 오심, 구토 → 예방하기 위해 30분~1시간전 진토제 투여 • 피임약 복용 후 2시간 내 구토 시 : 진토제(항구토제)와 함께 같은 용량 피임약 재투여 • 기타 부작용 : 유방통, 두통, 어지럼증, 하복통, 피로감, 부종(체액 저류 등)
안전성	• 태아 기형은 유발하지 않음
피임효과	• 평균 75% 성공률
절대적 금기증	• 임신, 최근의 편두통, 최근의 간세포성 황달, 겸상 적혈구성 질환, 급성 포르피린증, 정맥혈전증의 과거력 등

2 응급용 미니필 (응급용 프로게스틴 단독제제)

- 응급복합피임약보다 효과 높고, 부작용 적음

사용시기	• 총 2회 복용 : 성교 후 72시간 이내 1회 복용 • 최대한 빨리 사용
성분	• 프로게스테론 단독 성분
작용기전	**배란방지** 배란 방지(프로게스테론) **수정방지** 프로게스테론 영향으로 자궁경관 점성도 증가(끈적) 수정방지 **착상방지** 자궁내막 얇게 하여 착상 방지 • 착상이후에는 효과 X
부작용	• 오심, 구토 심하지 않음 (에스트로겐 X)
안전성	• 태아 기형은 유발하지 않음
피임효과	• 평균 89% 성공률 • 프로게스틴 단독제제가 피임효과가 더 큼 (에스트로겐 작용 없이

8 외과적 불임법(영구 불임법, 불임술)

1 정관절제술

기전	• 양쪽 음낭에 작은 절개를 내어 정관을 자르거나(자른 후 묶음) 전기조작으로 폐쇄시킴
시술방법	• 복벽이나 질을 통해 복강경으로 시술, 입원은 필요 X • 절단 및 결찰 : 난관의 중간을 절단한 뒤 양쪽을 실로 묶음 • 소작법 : 난관일부를 고열로 전기소작하여 폐쇄시킴 • 클립 또는 링 사용 : 난관을 플라스틱 링이나 금속 클립으로 압박하여 막음
장점	• 수술 간단, 시간 적게 걸림 • 시술 1~2일 후부터 정상적인 활동 가능 • 수술 다음날부터 피임효과 • 영구적인 피임 (성생활에 지장 X)
단점 (주의사항)	• 수술 직후 바로 피임효과 X → 정자 수명이 약 90일 이므로, 2~3개월 동안 다른 피임법 사용 → 정액검사에서 2번 연속 정액 없음을 확인함 → 수술 성공 의미 (피임효과)
수술후 주의점	• 수술후 1주일 정도 성교 피하고, 음낭에 무리가 가는 신체적 활동 삼가하기
부작용	• 수술 중 출혈, 혈종, 수술 후 음낭부종, 통증, 감염, 울혈성 부고환염, 육아종 형성 등
복원	• 수술 후 경과시간에 따라 성공률 낮아짐 (3년 이내 약 70~90%, 10년 이상: 30~50%)

2 난관결찰술 (난관절제술)

기전	• 양쪽 난관을 절단하거나 결찰(묶어) 정자와 난자가 만나지 못하도록 하는 것으로 영구적인 피임술임 → 수정 막음 • 즉시 피임이 가능함
시술방법	• 복벽이나 질을 통해 복강경으로 시술, 입원은 필요 X • 절단 및 결찰 : 난관의 중간을 절단한 뒤 양쪽을 실로 묶음 • 소작법 : 난관일부를 고열로 전기소작하여 폐쇄시킴 • 클립 또는 링 사용 : 난관을 플라스틱 링이나 금속 클립으로 압박하여 막음
장점	• 수술 간단, 시간 적게 걸림 • 부작용 적음 • 수술 다음날부터 피임효과 • 영구적인 피임 (성생활에 지장 X)
단점	• 감염, 출혈, 자궁외 임신 (난관이 일부 재개통)
금기	• 임신 • 감염성 질환 (복부나 생식기 계통) • 자궁외 임신 과거력 • 과거 복부 수술 : 복강경 접근 어려움 • 난관 유착된 경우
복원	• 남성에 비해 복원률 낮음 • 30~70% 임

⑨ 성교중절법 (질외사정법)

개념	• 성행위는 하여도 사정을 질외로 하여 정액이 질내로 들어가지 않게 하는 방법임
장점	• 부작용 없음
단점	• 남성 심한 자제력 → 스스로 조절 • 실패율 높음

⑩ 수유 무월경법

개념	• 아기가 모유를 빨면 에스트로겐 생산을 억제하는 프로락틴 호르몬이 방출하여, 월경과 배란을 억제함
적응증	• 아기가 생후 6개월 이하이거나, 출산 후 월경이 없고, 완전 모유수유가 가능하면 좋은 방법
피임 실패율	• 2% 미만임

⑪ 피임방법의 분류

일시적(일회성)	• 성교중절법(질외사정법) • 콘돔, 페미돔 • 차단 피임법 (다이아프램, 자궁경부 캡, 피임스펀지 등) • 경구용 피임제 • 월경주기법, 기초체온법, 점액관찰법 등
장기간 (주기적 시술)	• 자궁내 장치 (구리 IUD, 미레나) • 피하이식술 (임플라논, 노플란트) • 피임용 질링(누바링) • 주사식 복합호르몬제, 주사식 프로게스틴 피임제
영구적	• 정관절제술 • 난관절제술, 난관결찰술
성교 후 방법	• 월경조절법 • 성교 후 응급피임법

12 인공임신중절 18 임용

임신 14주 이내	• 임산부의 요청만으로 중절 가능 → 사유 필요 X
임신 15주~24주 이내	• 사회적, 의학적 사유가 있을 때 허용 → 모자보건법 제 14조
임신 24주 이후	• 원칙적 금지 • 산모 생명 위험이나 심각한 태아 이상 시 예외

1 인공임신중절수술의 허용한계 (모자보건법 제 14조) 18 임용

제14조(인공임신중절수술의 허용한계)
① 의사는 다음 각 호의 어느 하나에 해당되는 경우에만 본인과 배우자(사실상의 혼인관계에 있는 사람을 포함한다. 이하 같다)의 동의를 받아 인공임신중절수술을 할 수 있다.
　1. 본인이나 배우자가 대통령령으로 정하는 우생학적 또는 유전학적 정신장애나 신체질환이 있는 경우
　2. 본인이나 배우자가 대통령령으로 정하는 전염성 질환이 있는 경우

> 〈 모자보건법 시행령 제 15조(인공임신중절수술의 허용한계) 〉
> ① 법 제14조에 따른 인공임신중절수술은 임신 24주일 이내인 사람만 할 수 있다.
> ② 법 제14조제1항제1호에 따라 인공임신중절수술을 할 수 있는 우생학적 또는 유전학적 정신장애나 신체질환은 연골무형성증, 낭성섬유증 및 그 밖의 유전성 질환으로서 그 질환이 태아에 미치는 위험성이 높은 질환으로 한다.
> ③ 법 제14조제1항제2호에 따라 인공임신중절수술을 할 수 있는 전염성 질환은 풍진, 톡소플라즈마증 및 그 밖에 의학적으로 태아에 미치는 위험성이 높은 전염성 질환으로 한다

　3. 강간 또는 준강간에 의하여 임신된 경우
　4. 법률상 혼인할 수 없는 혈족 또는 인척 간에 임신된 경우
　5. 임신의 지속이 보건의학적 이유로 모체의 건강을 심각하게 해치고 있거나 해칠 우려가 있는 경우
② 제1항의 경우에 배우자의 사망・실종・행방불명, 그 밖에 부득이한 사유로 동의를 받을 수 없으면 본인의 동의만으로 그 수술을 할 수 있다.
③ 제1항의 경우 본인이나 배우자가 심신장애로 의사표시를 할 수 없을 때에는 그 친권자나 후견인의 동의로, 친권자나 후견인이 없을 때에는 부양의무자의 동의로 각각 그 동의를 갈음할 수 있다.

2 인공임신중절방법

(1) 임신초기

- 재태기간 9주 미만인 경우, 외과적 방법과 내과적 방법이 있음

① 외과적 방법

방법	• 흡인 유산
임신기간	• 임신 8주~12주 사이
시술방법	• 관을 자궁강에 삽입하여 수태산물을 자궁에서 흡인함
부작용	• 경련, 과도한 질출혈 (수태산물의 잔류), 수술후 출혈은 정상
약물	• 수술 후 자궁수축제, 옥시토신(자궁수축), 항생제 투여(감염예방)

② 내과적 방법

미소프로스톨 (misoprostol(cytotec))	• 직접적으로 경부에 작용하여 자궁경부를 연화시키고 개대시키며, 자궁수축을 유발하는 프로스타글란딘 유사체임 → 자궁수축 유도 → 수태산물 배출
미페프리스톤 (mifepristone)	• 프로게스테론 길항제로 자궁내막 유지 억제 → 임신유지 불가

→ 두가지 약물 모두 FDA 승인 약물이며, 유산 되었는지 확인하기 위해 48시간 후 병원 방문

임신시기	• 임신 7주(9주까지 권장)
장점	• 비수술적
단점	• 출혈, 복통, 실패가능성(성공률 약 95~98%)

(2) 임신중기

수술	• 경부개대흡인술(Dilatation and Curettage, D&C)
임신시기	• 임신 20주까지 사용가능

Part 05 월경이상

① 무월경

- 원발성(일차) 무월경과 속발성(이차) 무월경으로 구분

1 무월경의 분류

(1) 원발성 무월경 (일차 무월경)
- 다음 두가지 중 하나에 해당되는 경우
  ① 이차 성징의 발현 없이 13세까지 초경이 없는 경우
  ② 이차 성징의 발현은 있지만 15세까지 초경이 없는 경우

(2) 속발성 무월경 (이차 무월경)
- 다음 두가지 중 하나에 해당되는 경우
  ① 월경이 있던 여성이 6개월 이상 월경이 없는 경우
  ② 월경이 있던 여성이 월경주기의 3배 이상 기간동안 월경이 없는 경우

2 원인

- 시상하부-뇌하수체-난소-자궁 축에 이상이 있는 경우 무월경 발생

(1) 원발성(일차) 무월경 원인
- 난소기능문제가 가장 많음

GnRh나 성선자극호르몬 농도가 저하된 난소기능상실	1) 시상하부 기능부전 • 칼만(Kallmann) 증후군, 뇌종양에 의한 시상하부의 압박 • 사춘기 무렵의 극심한 체중감소, 스트레스성 운동, 심리적 스트레스, 종양 등 2) 뇌하수체의 이상 • 뇌하수체의 종양, 종양의 괴사 등으로 인하여 뇌하수체 기능이 전반적으로 극도로 저하된 범뇌하수체 기능부전증
GnRh나 성선자극호르몬 농도가 상승된 난소기능상실	• 난소기능부전증을 의미함 • 터너증후군(Tuner's syndrome) : FSH는 상승, 에스트로젠은 저하 • 순수 난소발육부전증, 모자이크 현상, 불감성 난소 증후군 등

해부학적 기능이상	• 생식기 기형 즉, 자궁 및 질의 구조적 이상에 의한 경우임 • 뮐러관 기형 : 태생기 뮐러관에서 기원하여 발달하는 자궁, 난관, 그리고 질의 2/3의 비정상적인 발달 • 처녀막 막힘증, 가로질중격, 질견손, 자궁의 일부 부재 등 선천성 기형

(2) 속발성(이차) 무월경 원인

시상하부 장애	• 신경성 식욕 부진, 심한 운동, 심한 체중 감소(영양실조), 과도한 스트레스(정서적 긴장), 시상하부 기능부전으로 인한 결핍
뇌하수체 기능장애	• 뇌하수체 기능저하증, 뇌하수체 종양, 수술(50% 이상이 고프로락틴증을 유발), 방사선 치료 등으로 인한 기능 손상, 쉬한 증후군(Sheehan's syndrome; 분만 후 출혈과 쇼크로 뇌하수체의 급성 괴사가 일어나 야기되는 뇌하수체 기능저하증), 고프로락틴혈증
난소의 기능저하	• 수술, 방사선이나 화학 요법으로 인한 손상, 자가면역질환, 조기 폐경(40세 이하)
자궁내막의 이상	• 자궁내막 유착으로 인한 무월경 또는 희소 월경을 유발하는 아셔만 증후군(Asherman's syndrome) → 외상등으로도 발생할 수 있음
기타 내분비 장애	• 갑상샘 기능저하증, 성장호르몬 과다분비, 부신 질환(안드로겐 분비 종양 등), 시상하부-뇌하수체-난소 축의 이상으로 호르몬 조절에 장애가 생겨 발생하는 다낭성난소증후군 등 〈 갑상샘 기능저하증 무월경 기전 〉 갑상성 기능저하증 : T3, T4 감소 → TRH(갑상선자극호르몬 분비호르몬 증가) → TSH(갑상선 자극호르몬) 증가, 프로락틴 증가 → GnRh 분비 억제 → FSH, LH 분비 감소 → 배란 억제 → 무월경 〈 성장호르몬(GH)증가의 무월경 기전 〉 ① GH 증가는 뇌하수체 종양에 의해 발생하므로 무월경 초래 ② 성장호르몬 (GH) 증가 → 고프로락틴혈증 → GnRh 분비 억제 → FSH, LH 분비 감소 → 배란 억제 → 무월경 ③ 성장호르몬 (GH) 증가 → 인슐린 유사생성인자 1(IGF-1, Insulin-like Growth Factor-1) → GnRh 분비 억제 → FSH, LH 분비 감소 → 배란 억제 → 무월경

3 무월경 진단검사

(1) 문진

성장발달의 기왕력	• 출생 시 손상 여부, 성장과정 및 이차성징의 발달
월경력과 산과력	• 초경시기, 과거 월경양상, 인공유산 경험
수술력	• 자궁근종절제술, 자궁성형술
정신적 스트레스	• 정신적 스트레스, 긴장 등
전신질환, 신체적 이상	• 체중 감소 또는 증가, 영양실조, 당뇨병, 갑상샘질환, 대사성 질환 등
폐경증상	• 홍조, 발한 유무
약물복용	• 피임약, 항암제, 고프로락틴혈증(hyperprolactinemia)을 일으키는 약제 등
방사선조사의 기왕력	• 두부나 경부의 방사선조사(뇌하수체부전), 골반의 방사선치료(난소기능상실)
가족력	• 월경이상, 대사성 질환, 면역계 이상, 결핵 등

(2) 신체검진

- 염색체 및 유전자 이상(예: 터너증후군), 대사성 질환의 증상, 영양상태
- 중추신경병변을 의심케 하는 신경학적 소견의 존재 여부
- 유방, 치모 등의 이차성징의 발현 여부와 발달 정도
- 남성화 증상(다모증, 음핵비대, 외생식기 모호)의 존재 여부
  : 선천성 부신증식증, 다낭성 난소질환 등
- 골반검사: 처녀막막힘증, 자궁 및 자궁경관 존재 여부, 자궁점액상태, 자궁부속기 종양 유무 등

(3) 진단적 검사

β-hCG	• 모든 가임기 여성의 무월경에서 반드시 시행
호르몬검사	• 난포자극호르몬(FSH), 황체형성호르몬(LH), 갑상샘자극호르몬(TSH), 유즙분비호르몬(prolactine)
일반 혈액검사	• 감염이나 빈혈 유무
골반초음파	• 다낭난소증후군(PCOS) 여부
질세포검사	• 에스트로겐 존재 확인
흉부 X-선검사	• 결핵 유무
두개 X-선, CT, MRI 검사	• 뇌하수체 종양 유무
24시간 소변검사	• 호르몬 수준
염색체 분석	• 염색체이상 확인
자궁난관조영술 또는 자궁경검사	• 자궁 내 유착 여부

(4) 진단과정

- β-hCG 검사 : 가장먼저 검사, 가임기 여성대상 임신여부 확인
- β-hCG 검사를 한 후 1단계, 2단계, 3단계로 순차적으로 검사함

⟨ 1단계 검사 ⟩

① 호르몬 검사

갑상샘 자극호르몬(TSH) 검사	• 갑상샘 자극호르몬(TSH) 검사 : TSH 이상 → 갑상샘기능저하증 확인 → 무월경 유발
프로락틴 검사	• 고프로락틴 혈증 확인 → → 무월경 유발 → 뇌하수체 종양 감별 확인 (뇌하수체 종양 중 50%이상이 고프로락틴혈증을 유발함)
	• 고프로락틴 시 브로모크립틴(bromocriptine) 사용 : 도파민 수용체를 자극하여 프로락틴 분비 억제 25 임용

② 프로게스테론 부하검사

㉠ 검사방법
- 프로게스틴(provera) 5일간 경구 투여 후 약물중단 후 2~7일 내 출혈 유무 판정

㉡ 검사결과(판정)

질 출혈 O (쇠퇴성 출혈)	• 자궁내막이 에스트로겐에 노출되어 있었고, 배란만 없었다는 의미 → 무배란성 무월경(다낭성 난소증후군 등), 자궁 및 질 유출경로는 정상
	• 에스트로겐 : 자궁내막을 증식시킴 (두껍게 함) • 프로게스테론 : 증식된 자궁내막을 안정화시켰다가, 탈락(출혈) 시킴 • 즉, 자궁내막이 증식(두꺼워져 있어야 = 에스트로겐 작용)되어야 프로게스테론 중단시 쇠퇴출혈이 일어남
질 출혈 X	• 에스트로겐 결핍(자궁내막 증식)이나 자궁 및 질 유출경로가 비정상

⟨ 2단계 검사 ⟩

㉠ 검사이유
- 1단계 질출혈 없을시 에스트로겐 결핍인지 자궁 및 질 유출경로가 문제인지 확인

㉡ 검사방법
- 에스트로겐 + 프로게스테론 검사 (에스트로겐 21일, 프로게스테론 5일, 투약종료 후 2~7일간 출혈여부 관찰

㉢ 검사결과(판정)

질 출혈 O (쇠퇴성 출혈)	• 에스트로겐 부족시에 에스트로겐 투여하면 질출혈 일어남 • 원인은 에스트로겐 부족, 자궁 및 질 유출경로는 정상
질 출혈 X	• 자궁 및 질 유출경로가 비정상 → 구조적 이상 • 자궁무형성증, 자궁유착(아셔만 증후군(Asherman's syndrome)) 등

⟨ 3단계 FSH, LH 검사 ⟩

검사목적		• 2단계 에스트로젠 부족(쇠퇴성 출혈 O)시 난소기능 확인 위해 검사
검사 결과	FSH, LH 증가	• 난소기능부전, 조기폐경 등
	FSH, LH 정상 또는 감소	• 뇌하수체 또는 시상하부 이상 의심 → MRI 촬영 : 시상하부 또는 뇌하수체 종양 확인

4 치료

- 무월경의 치료는 생식기 교정 및 성형수술, 호르몬 대체요법, 성선제거술, 배란유도 등 시행

(1) 생식기 교정 및 성형수술

대상자	• 정상 성선자극호르몬성 무월경으로 처녀막막힘증, 가로질중격, 선천성 기형 등의 생식기기형이 있는 여성
치료(수술)	• 생식기 교정 및 성형수술 시행함 • 처녀막막힘증: 질입구 개방을 위해 십자 절개 • 가로질중격: 수술적 제거(자궁경수술)

(2) 호르몬 대체요법

대상자	• 저에스트로젠증 대상자 → 난소기능상실, 시상하부성 무월경, 조기폐경, 불감성 난소증후군, 성선제거술을 받은 여성
투여방법	• 결합에스트로젠(Premarin)을 하루에 1.25mg씩 1~25일까지 경구복용하고, 16~25일까지는 medroxyprogesterone acetate(Provera)를 하루에 10mg씩 추가로 경구복용함. 일반적으로 월경은 마지막 투약 3일 후에 일어남

(3) 성선제거술

- 대상 : 염색체검사상 Y 염색체가 있는 환자

(4) 배란유도

- 갑상샘질환, 부신질환, 고프로락틴혈증 등은 그 질환에 대한 특수한 치료를 하면 자연배란이 가능하나, 배란이 안 될 경우에는 원인인자에 대한 치료와 병행하여 배란을 유도할 수 있음

배란 유도	다낭성 난소낭종 질환	임신 월하지 않을때	• 주기적으로 황체호르몬(progesterone) 치료
		임신 월할때	• 배란 유도제 사용
배란유도 약물			• 클로미펜(clomiphene citrate), 사람폐경성선자극호르몬(human menopausal gonadotropin, HMG), GnRH, bromocriptin 등 • 클로미펜은 비교적 안전하고 저렴하며, 복용이 간편하여 배란유도에 일차적으로 사용

② 비정상 자궁출혈 13 임용

- 기능장애자궁출혈은 시상하부-뇌하수체-난소주기의 장애나 내인성 또는 외인성 스테로이드호르몬의 영향으로 발생하며, 원인에 따라 다음과 같이 분류됨

1 기능성 자궁출혈 (기능장애 자궁출혈) 개념

원인	• 주로 자궁의 기질적인 병변과 관계없이 주로 내분비장애에 의한 자궁내막주기의 변화로 발생 • 무배란성 자궁출혈의 90% 이상 차지
대상	• 초경직후나 폐경전기에 흔히 발생하지만, 어느 연령층에서도 올 수 있음
출혈양상	• 월경과다, 월경과소, 부정자궁출혈
종류	• 에스트로겐 파탄성 출혈 (돌발출혈), 에스트로겐 쇠퇴성 출혈, 프로게스테론 파탄성 출혈(돌발출혈), 프로게스테론 쇠퇴성 출혈

(1) 에스트로겐 파탄성 출혈 (돌발출혈)

정의(개념)	• 에스트로겐 돌발출혈은 분비되는 에스트로겐의 양이 문제가 되어 발생하는 출혈임
낮은 농도	• 낮은 농도의 에스트로겐은 출혈의 양은 적지만 간헐적이고 지속적인 출혈을 유발함
높은 농도	• 높은 농도의 에스트로겐은 무월경이 지속된 후에 갑자기 많은 양의 질출혈을 유발함
종류	• 사춘기, 폐경기 무렵의 출혈과 다낭난소증후군 환자에게 나타나는 출혈이 대표적임

(2) 에스트로겐 쇠퇴성 출혈

정의(개념)	• 상승되었던 에스트로겐 수치가 자궁내막의 통합성을 유지하는 데 필요한 수준 이하로 급격히 감소되어 출혈이 발생함
원인	• 배란 직전에 에스트로겐 감소로 인해서도 출혈이 있을 수 있음 • 양측 난소를 적출한 경우나 에스트로겐 치료 중단 시에도 발생할 수 있음

(3) 프로게스테론 파탄성 출혈 (돌발출혈)

정의(개념)	• 비해 상대적으로 높은 프로게스테론이 계속 공급될 경우 나타나는 출혈임
원인	• 주로 progestin을 투여받는 여성에게서 발생함

(4) 프로게스테론 쇠퇴성 출혈

정의(개념)	• 자궁내막이 에스트로겐에 의해 증식 후 프로게스테론에 노출되었다가 프로게스테론의 공급이 중단되면 발생함
원인	• 정상월경 해당 • 황체가 제거되거나 progestin을 외부에서 공급하다가 중단하였을 때 발생

2 기능성 자궁출혈 치료

- 치료는 급성출혈 치료와 만성 무배란에 대한 치료로 구분할 수 있음

심한자궁 출혈	• 저혈량 쇼크를 예방, 흡인소파술 시행하여 지혈(임신합병증, 생식기계의 종양, 혈액질환 등이 없을 경우)
무배란성 자궁출혈	• 무배란성 자궁출혈 : 호르몬치료를 시행하면 24~36시간 이내에 호전됨 • 자궁내막증식증 : 강력한 프로게스테론제제(progestin)로 치료 → 프로게스틴은 자궁내막을 얇게 함
사춘기	• 황세호르몬 투여하거나 복합 에스트로겐-프로게스틴 경구피임제를 투여함
임신원할때	• 클로미펜을 투여하여 배란을 유도
임신원하지 않을때	• 저용량 경구피임제 투여 → 출혈 재발 예방, 주기적 월경 유도, 배란 억제
고령시	• 전자궁절제술 : 보존적 치료가 부적절하거나 출혈이 재발될 우려가 있는 여성

3 부정자궁출혈 개념

정의		• 월경기간이 아닌 때에 불규칙적으로 나타나는 비정상적인 자궁출혈임 (배란기 점적 출혈은 정상)
원인	에스트로겐 저하	• 혈중 에스트로겐 농도 저하 에스트로겐 : 자궁내막을 증식시키고 안정화시킴 → 에스트로겐 저하 : 자궁내막 유지 X 자궁내막 불안정, 출혈 발생
	자궁내막암, 자궁외 임신 등	• 자궁내막암의 초기, 자궁경부의 미란과 폴립, 자궁외임신과 분만 후 태반조직 잔류 등
	자궁내장치(IUD)	• 점적출혈이나 월경과다
치료	에스트로겐 투여	• 혈중 에스트로겐 농도 저하 시 에스트로겐투여 (배란 전·후 며칠간)
	경구피임약	• 일정한(규칙적) 월경주기 회복

4 부정자궁출혈 종류 21, 15 임용

(1) 월경과다(menorrhagia) 21 임용

정의	• 월경과다는 월경이 7~8일 이상 지속되며, 양도 80~100mL 이상인 월경임
원인	• 일반적으로 월경과다는 내분비계와 기질적인 문제에 의해 발생함

① 월경과다 원인

㉠ 일반적인 내분비계 문제

뇌하수체샘종	• 프로락틴을 과잉분비(고프로락틴혈증) → 무배란성 자궁출혈을 초래
	• 고프로락틴혈증 → GnRh 분비 억제 → FSH, LH 분비 감소 → 배란 억제 → 프로게스테론 분비 X, 에스트로겐은 일정수준 유지(프로락틴 초기시) → 무배란성 자궁출혈
	cf. 고프로락틴 혈증시 무배란 무월경 고프로락틴혈증 → GnRh 분비 억제 → FSH, LH 분비 감소 → 배란 억제(무배란) → 프로게스테론 분비 X (자궁내막 탈락 기회 X) → 무월경
다낭성 난소증후군	• 무배란 → 프로게스테론 X(황체 형성 X) → 에스트로겐 지속 노출 → 자궁내막증식증 → 월경과다
비만	• 비만 여성은 지방 세포가 많고 성호르몬결합단백질 (sex hormone binding globulin, SHBG)이 낮아 말초에서 안드로겐이 에스트로겐으로 전환되는 양이 많아져 월경과다

㉡ 기질적인 원인 21 임용

• 자궁근종, 자궁경관의 미란 또는 폴립, 자궁경부암, 자궁체부암, 난관난소염, 자궁내막증, 골반염증성 질환, 난소낭종, 자궁후굴, 자궁탈출 등

㉢ 자궁내 장체, 약물투여

• 자궁내 장치 (IUD)
• 약물투여(경구피임약, 항암화학요법, 항응고제 등)

㉣ 전신질환

• 혈소판감소증과 같은 혈액질환, 간과 신장질환, 갑상샘항진증 등

② 월경과다 치료

병리적 원인이 아닌 경우, 젊은 여성	• 특별한 치료 필요 없음
내과적 치료	• 증상 완화와 자궁근종 축소를 목표
외과적 치료	• 근종절제술을 시행할 수 있음
자궁내 장치	• 자궁내장치가 원인인 경우에는 이를 제거하고 경구피임약으로 변경함
약물요법	• 프로게스테론 제제(Provera) 또는 에스트로겐-프로게스틴 병용제제를 3~6개월간 투여하면 호르몬 균형이 이루어져 월경과다가 조절되고 정상 월경주기로 회복됨
소파술	• 진단뿐만 아니라 치료에도 도움을 줌
자궁적출술	• 다른 치료에 반응하지 않거나 호르몬치료가 금기인 40세 이상의 여성은 출혈이 심한 경우

갱년기여성	• 자궁내막생검을 하여 자궁내막암 여부를 확인해야 함
빈혈치료	• 단백질과 칼슘, 비타민 및 철분을 충분히 섭취하도록 하고 필요시 철분제제를 복용하게 하며, 출혈을 증가시킬 수 있는 아스피린 사용을 금지

(2) 과다월경 (hypermenorrhea)
- 주기도 규칙적이고 출혈기간은 보통이면서 출혈만 과다한 월경

(3) 과소월경(hypomenorrhea)

정의	• 과소월경은 월경주기는 규칙적이지만 기간이 1~2일로 짧고 양이 적은 월경임 • 월경주기가 17~20일로 짧으면 무배란성 주기일 가능성이 높음 (무배란) • 30세 이하의 여성에서 무배란성 월경주기가 계속되면 불임과 자궁내막암의 위험이 증가 〈 무배란 〉 • 무배란 → 프로게스테론 X → 자궁 내막 얇게 유지, 불규칙하고 약하게 탈락 → 과소 월경 〈 불임 〉 • 무배란 → 수정될 난자 없음 → 불임 〈 자궁내막암 〉 • 무배란 → 프로게스테론 X, 에스트로겐만 자궁내막 증식 → 자궁내막암 위험	
원인	체중감소	• 내분비장애, 식욕부진, 심한 체중 감소나 단백질 결핍이 있을 때
	경부협착	• 경부협착에 의해 발생할 수 있음
	경구피임약	• 경구피임약 복용으로 인한 것이면 약물복용을 중단함
치료	원인규명	• 골반검사와 배란검사로 원인을 규명함
	경구피임약	• 경구피임약이 원인일 경우 약물 중단함
	체중감소	• 체중 감소가 원인인 경우는 영양 개선을 함
	경부협착	• 경부협착에 의한 경우는 경부를 확대함

(4) 희발월경(oligomenorrhea) 15 임용

정의	• 희발월경은 월경 간격이 정상적인 주기보다 긴 경우로, 35~40일 이상 간격의 불규칙적인 출혈임 • 난포기가 길며 황체기는 정상이거나 단축될 수 있어서 황체기 결손이 동반되기도 함 • 배란을 동반하는 경우도 있으나 무배란성인 경우도 있음 → 대부분은 무배란, 희소배란	
원인	무배란, 배란장애	• 무배란(anovulation)이나 배란장애 때문에 나타남
	시상하부-뇌하수체-난소	• 비정상적인 시상하부-뇌하수체-난소의 기능과 관련됨
치료	호르몬 치료	• 에스트로겐-프로게스테론 병용요법이나 프로게스테론 단독요법을 시행할 수 있음
	배란유도제	• 불임이 원인인 경우 배란유도제를 사용할 수 있음
	황체호르몬	• 3개월에 한 번 정도는 황체호르몬을 이용하여 월경을 유발시켜야 자궁내막증식증을 예방할 수 있음

(5) 빈발월경(polymenorrhea) 15 임용

정의	• 빈발월경은 월경주기가 정상적인 주기보다 짧은 경우로 보통 21일 미만의 주기를 가진 규칙적이거나 불규칙한 월경임 • 난포기의 단축 또는 황체기의 단축으로 발생 • 주기가 규칙적 : 배란 O, 주기가 불규칙 : 배란 X	
원인	자궁외 임신, 유산	• 자궁외 임신이나 유산 등 임신관련 질환에 의해 유발될 수 있음
	젊은 여성	• 호르몬 불균형에 의해 발생 (난소기능이 불안정해서 발생)
	중년여성	• 자궁근종 등 기질적 병변으로 인해 나타날 수 있음
치료	기초체온표	• 환자의 기초체온표를 보면 자궁내막 조직검사의 시기 및 배란 여부를 알 수 있고 난포기와 황체기의 단축 여부를 알 수 있음
치료	난포기 단축	• 에스트로겐, 클로미펜으로 치료
	황체기 단축	• 황체호르몬을 투여하여 교정

표. 비정상 자궁출혈

종류	간격	기간	양
부정자궁출혈	불규칙적	지연	정상
월경과다	규칙적	지연(7~8일 지속)	과다(80~100ml 이상)
과다월경	규칙적	정상	과다
과소월경	규칙적	정상 또는 짧음	적어짐
희발월경	불규칙, 드묾	일정하지 않음 (대체로 짧음)	극소(대체로 작음)
빈발월경	규칙 또는 불규칙 월경주기 21일 이내	정상	정상

3 월경곤란증 12, 10, 07, 96, 임용

구분	원발성(일차) 월경곤란증	속발성(이차) 월경곤란증
기질적 병변	• 기질적 병변 X	• 기질적 병변 O → 자궁내막증, 자궁선근증, 자궁근종, 자궁내 유착 등
발생 시기	• 대부분 초경 시작 후 6~12개월 이내 발생	• 초경 2년 이후에 발생함
통증 시기	• 보통 월경 시작 몇 시간 전에 발생하여 1~2일간 지속되며 72시간 이내 사라짐	• 통증은 생리 시작 1~2주 전에 발생하여, 월경이 끝난 후 며칠동안 지속
치료	• NSAIDs나 경구피임약 효과적	• NSAIDs나 경구피임약 비효과적

1 원발성 월경곤란증 (일차 월경곤란증)

(1) 증상

관련요인	• 이른 초경, 미출산력(nulliparity), 스트레스 등과도 관련이 있음
통증 발생	• 통증은 보통 월경 시작 몇 시간 전에 발생하여 1~2일간 지속되며 72시간 이내에 사라짐
통증 특성	• 주로 날카롭고, 죄는 듯한 경련성이며, 둔하게 쑤시는 통증
통증 부위	• 하복부와 치골 상부에 국한되지만 요천골 부위와 대퇴 안쪽으로 방사되기도 함
동반 증상	• 환자의 50% 이상에서는 골반 통증 외에 허약감, 발한, 위장관계 증상(식욕부진, 구역, 구토, 설사), 중추신경계 증상(어지러움, 실신, 두통, 집중력 저하) 등이 나타남

(2) 원인

관련요인	• 이른 초경, 미출산력(nulliparity), 스트레스 등과도 관련이 있음
프로스타글란딘 증가	• 월경주기 중 분비기에 프로스타글란딘의 합성이 증가하여 이로 인한 자궁 평활근 수축으로 발생 → 자궁근육의 수축빈도와 강도 증가, 자궁동맥의 혈관경련을 야기시켜 자궁 허혈로 발생 • 월경전 프로게스테론 감소 → 자궁내막에서 아라키돈산(arachidonic acid)의 분비와 사이클로옥시나아제(cyclooxygenase)의 활성을 증가시키는 유발요인이 됨 → 자궁내막에서 프로스타글란딘을 증가시킴
자궁협부의 긴장도가 증가	• 월경 중 자궁협부의 긴장도가 증가 → 월경혈의 배출이 잘 되지 않아서 발생 (월경혈 유출장애)
자궁내막동맥의 경련에 의해 자궁근경련	• 월경 시작 4~24시간 전부터 자궁내막동맥에 수축이 지속되고 그 후 수축과 확장이 교대로 일어남
통증역치 저하	• 빈혈, 체중 감소, 당뇨병, 만성질환, 과로, 정신적 긴장감 등으로 인해 통증역치가 저하되어 발생할 수 있음

• 사회적 환경, 월경에 대한 긍정적 또는 부정적 태도가 영향을 미치기도 하며, 정신적 불안증 또는 신경증적 기질이 있는 사람에게서 일어나기 쉬움

2 속발성 월경곤란증 (이차월경곤란증)

관련요인	• 자궁내막증, 골반염증성 질환, 자궁경부협착, 난소낭종, 자궁근종, 선천적 자궁기형, 자궁내장치 또는 외상과 같은 기질적·병리적 원인에 의해 발생
프로스타글란딘	• 통증 및 염증성 반응의 중개 역할을 하는 것으로 알려져 있음 → 프로스타글란딘 염증매개물질 증가 → 통증 발생, 주된 요인 X
경련성 월경곤란증	• 점막하 자궁근종, 월경과다, 자궁내막폴립, 자궁경부협착이나 자궁내장치 사용 시
울혈성 월경곤란	• 만성 골반염증성 질환, 자궁선근증, 자궁근종, 자궁내막증으로 인한 골반 내 울혈의 결과로 발생
폐쇄성 월경곤란증	• 월경혈의 배출장애에 기인
선천성 원인	• 처녀막막힘증, 가로질중격, 자궁경부 및 자궁의 선천성 기형 등이 있고, 후천적 원인으로는 자궁경부의 원추절제, 전기소작 후의 자궁경부 유착, 유산 후 아셔만증후군(자궁내막 유착, Asherman's syndrome), 결핵성 자궁내막염이 있음

3 치료 및 간호

(1) 비약물요법

열요법	• 온수목욕, 따뜻한 패드(따뜻한 온찜질)를 적용함으로써 혈관을 확장시켜 병변부위에 혈류를 증가시키고 고긴장성 근육수축을 감소시켜서 통증을 완화시킴 • 혈관 확장 → 허혈 감소 → 혈류증가 → 경련 감소, 긴장성 근육수축 감소 → 긴장된 근육 완화(근육 이완)로 통증 완화
마사지	• 허리마사지는 척추 양쪽 근육을 이완시키고 골반 혈액공급을 증가시켜 통증을 완화시킴 • 복부를 가볍게 규칙적으로 문지르는 방법(은 통증에 대한 주의를 전환시켜 다른 곳에 집중하게 하므로 통증완화에 유용함 → 통증역치 증가 • 근육이완, 골반 혈액공급 증가로 통증 감소, 통증에 대한 주의 전환 → 통증 완화
이완요법	• 바이오피드백, 요가, 점진적 이완요법, 명상은 월경곤란증을 감소시키기 위해 효과적으로 사용해 온 방법들임
운동	• 혈관이완을 증가 → 허혈 감소 → 경련감소 (통증 감소) • β-엔도르핀과 같은 내인성 마약성분 방출 → 통증 감소 • 프로스타글란딘 분비 억제 → 통증 감소 • 골반흔들기 운동 → 혈관 이완 증가 → 자궁허혈 감소시킴
휴식과 수면	• 적당한 휴식 → 월경곤란증 감소 • 월경기간 중 수면시간이 증가되면 긴장이 완화됨
스트레스 조절	• 스트레스 감소 → 월경곤란증 감소
비타민 B 섭취	• 비타민 B 섭취부족이 월경곤란증과 관련이 있을 수 있음 • 특히 비타민 B_6는 단백질 이용을 증가시키고 피로, 긴장, 우울을 완화함

(2) 약물요법

① NSAIDs

- NSAIDs : 프로스타글란딘 합성억제제 인도메타신(indomethacin), 부작용이 심하면 naproxen 등

표. NSAIDs | 21 임용

기전	• NSAID는 프로스타글란딘 합성에 관여하는 cyclooxygenase-1 (COX-1) 효소 및 COX-2 효소를 억제하며 이 작용을 통해 진통, 소염, 해열 효과 등을 일으킴
COX-2	• 염증이나 통증시 증가, 혈관 내막 세포 등 다양한 조직의 염증 매개체 및 사이토카인을 활성화시켜서 통증 및 염증을 발생시키는 역할
COX-1	• 프로스타글란딘과 thromboxane A2를 활성화 시켜서 위점막의 보호, 신장 기능의 유지, 혈소판 지혈작용과 같은 방어적인 작용을 담당함 → 일상적인 생리기능

- NSAID는 COX 선택성에 따라서 비선택적 NSAID와 COX2 선택적 NSAID로 분류됨

비선택적 NSAID	• COX-1과 COX-2를 모두 억제 • 비선택적 NSAID는 COX-1을 같이 억제 → 위점막의 보호 효과의 저해(소화성 궤양 등 위장관계 부작용)및 항혈소판 작용(출혈) 발생 • 약물 : 이부프로펜, 나프록센, 인도메타신 등
COX-2 선택적 NSAID	• COX-2만 억제gam로, 소염, 진통 효과는 유지하면서 COX-1 차단으로 인해 생기는 다양한 부작용을 해결 특히, 위장관 부작용 줄어줌(소화성 궤양 등), 출혈 등 (심혈관 및 신독성 부작용에 대해서는 아직 논란이 남아 있음) • 주로 류마티스 관절염, 골관절염 치료제로 사용 • 약물 : 셀레콕시브(celecoxib, 세레브렉스) : 류마티스 관절염, 골관절염 치료제

② 경구피임약

기전	• 배란을 억제하고 프로스타글란딘 수치를 낮추어 통증을 완화시킴
적응증	• NSAIDs에 반응없을 때 경구용 피임약을 사용함

③ 자궁수축억제제

기전	• 자궁근육의 수축을 억제하고 자궁혈류량을 증가시키는 효과가 있음
종류	• 리토드린(ritodrine, Yutopar), 터뷰탈린(terbutaline)

(3) 수술요법

- 대증요법이나 호르몬 및 약물요법이 실패하여 일상생활에 장애가 될 경우 천골전신경절제술이나 전자궁절제술을 시행할 수 있음

4 월경전 증후군 (premenstrual syndrome, PMS) 16, 13, 02 임용

개념(정의)	• 월경전증후군은 월경과 관련된 정서장애로, 일상생활에 지장을 줄 정도의 신체적, 정서적 또는 행동적으로 복합된 증후군이 월경주기 중 황체기에 나타났다가 월경 시작 직전이나 직후에 소실
호발연령	• 20~30대에 흔함 (특히 20대)

1 증상

신체적 증상	• 유방팽만과 통증, 두통, 골반통, 체중 증가, 배변장애, 식욕 변화, 홍조, 부종, 여드름, 비염, 심계항진, 시력 변화, 결막염 등
정신적 증상	• 정서적 불안정, 우울증, 불안, 집중력장애, 피로, 성욕감퇴, 불면증 등
	• 이러한 정신신경적 증상들은 결혼파탄, 사회적 고립, 비능률적인 또는 불성실한 직장생활, 공격적이거나 파괴적 행동, 자살기도, 소아학대, 절도나 살인 등의 범죄행위를 초래하기도 함

2 원인

내분비설		• 월경주기 동안의 에스트로겐과 프로게스테론의 변동때문에 증상이 나타난다고 봄 • 특히 후기 황체기의 프로게스테론 저하로 인해 증상이 유발된다고 봄
	유방압통, 팽대	• 황체기에 프로락틴 분비가 증가 → 유방압통, 유방팽대
	단음식 갈망	• 난포기에 비해 황체기에 인슐린수용체가 배로 증가 → 당내성 증가 → 단음식 갈망
		• 황체기에 인슐린 민감도 감소 → 혈당 조절 불안정 → 단음식 갈망
체액저류설		• 대부분의 여성이 월경 전 부종이나 체중 증가를 경험함
		• 에스트로겐 → 레닌 분비 증가 → 레닌-안지오텐신-알도스테론 증가 → 염분, 수분 축적(난소호르몬에 의한 알도스테론의 증가로 염분과 수분이 조직 내에 축적되기 때문임)
내재성 엔도르핀설		• 엔도르핀이 후기 황체기에 절정을 이루고 월경이 시작되면 거의 없어짐 → 월경전증후군의 증상이 후기 황체기에 가장 심했다가 월경의 시작과 함께 완전 소멸된다는 사실과 일치함
프로스타 글란딘설		• 프로스타글란딘의 과잉 생성 및 분비가 월경전증후군의 원인이라고 보기 때문에 프로스타글란딘의 합성을 억제하는 방법을 치료방법으로 사용함
영양결핍설		• 비타민 B_6와 마그네슘 부족 때문으로 봄 • 비타민 B_6는 단백질 이용을 증가시키고 피로, 긴장, 우울을 완화하는 작용을 함
스트레스		• 심신기능장애 또는 스트레스: 스트레스에 민감한 여성에서 잘 발생함

3 치료

(1) 비약물요법

월경일지	• 월경전증후군의 효과적인 간호를 위하여 월경일지 작성 또는 앱을 활용함 • 월경주기에 따라 자신에게 나타나는 모든 증상을 표시하도록 함 • 월경시작일을 기록하고, 매일 체중을 기록함 • 기초체온측정법을 이용하여 배란일을 체크함 • 나타나는 증상뿐만 아니라 일상생활에 미치는 영향까지 3개월 이상 계속해서 자세히 기록하고 관찰함 • 월경일지의 기록을 근거로 개별적인 접근을 시행한다.
이완요법	• 통증을 완화하는 데 도움이 되고 흥분, 우울, 불안 등에도 효과가 있음
카페인 X	• 카페인이 든 음료, 초콜릿 등과 같은 크산틴 유도체는 흥분, 불안, 기분 변화, 우울을 증가시키므로 섭취를 제한함
식습관	• 붉은 살코기, 지방의 섭취는 줄이고, 복합탄수화물, 채소, 콩류, 섬유소를 많이 섭취하도록 함
비타민 B6	• 신경전달물질 합성 보조효소로서 흥분과 우울을 감소시키므로 섭취를 권장함 • 단, 하루에 1g 이상을 섭취하지 않도록 함 • 비타민 B 복합군인 돼지고기, 견과류, 우유, 달걀 노른자, 효소, 곡식, 씨앗 등 섭취함 • 비타민 B_6는 단백질 이용을 증가시키고 피로, 긴장, 우울을 완화하는 작용을 함
피로 X	• 피로는 스트레스를 증가시키므로 충분한 수면, 이완요법 등
스트레스 X	• 스트레스가 유발요인이므로, 스트레스 줄이고 조절하기
염분제한	• 부종이 있으면 특히 월경 전 7~9일부터 염분의 섭취를 줄이도록 한다.(저염식)
알코올, 담배 X	• 알코올과 담배도 줄이도록 함
저혈당	〈 피로, 두통, 현기증, 음식에 대한 갈망 등 저혈당과 같은 증상이 나타날 경우 〉 • 단 음식과 정제당을 피하고 고단백식이와 복합탄수화물을 섭취하도록 함 • 소량씩 자주 먹는 것이 혈당을 안정되게 유지하는 방법임
규칙적인 운동	• 스트레스와 통증을 줄이고, 엔도르핀의 혈중농도를 높여 우울과 언짢은 기분을 완화해줄 뿐 아니라, 월경전 긴장성 두통에도 효과가 있음 (내재성 엔도르핀이 후기 황체기에 절정 이루다 월경 시작과 함께 소멸)

(2) 약물요법

프로게스테론	• 프로게스테론을 투여하여 부종, 우울, 불안 등의 증상이 호전되었다는 보고도 있으나 아직 명백히 입증되지 않음
호르몬 등	• 배란억제제, Danazol, 성선자극호르몬방출호르몬 작용제(GnRH agonist)도 좋은 효과가 있는 것으로 알려져 있음
브로모크롭틴	• 유방팽만감이나 유방통증이 있을 경우 bromocriptine을 사용할 수 있음
비타민 B6	• 비타민 B6 투여 등

5 황색 포도상 구균에 의한 독성쇼크증후군 17 임용

원인균	• 황색 포도상 구균
원인	• 탐폰, 생리컵, 다이아프램, 자궁경부캡, 질스펀지(피임스펀지), 곪은 상처, 수술 후 감염된 부위 등
증상	① 갑작스러운 고열 (40℃ 이상) ② 손바닥, 발바닥 표피박리 → 피부는 보통 증상이 시작된 후 3 ~ 7일째에 박리를 시작함 ③ 햇볕에 탄 듯한 발진 ④ 설사, 구토, 현기증(어지럼증), 점막출혈 증상 ⑤ 이후 위험한(심한) 저혈압 → 실신, 심정지 등으로 생명 위험 ⑥ 여러기관의 부전
치료	• 항생제 투여로 감염을 치료하고, 면역 글로불린, 스테로이드 등을 투여함 • 호흡 곤란이 발생하면 산소를 투여함 • 저혈압과 탈수를 예방하기 위해 수액을 투여함 • 신장 기능 장애가 생긴 경우 투석을 하기도 함 • 독성으로 인해 조직 손상이 발생한 경우 적절하게 치료해야 하며, 심할 경우 그 부위를 절단할 수도 있음

1 탐폰 사용

(1) 독성쇼크 증후군 예방을 위한 탐폰 사용

① 탐폰 포장을 개봉하기 전 손 씻기
② 이상 흡수성 탐폰 사용하지 않기
③ 필요에 따라 최소의 흡수력을 지닌 탐폰 사용 → 가장 흡수력이 낮은 제품 사용
④ 탐폰과 패드를 번갈아 사용
⑤ 탐폰을 4~8시간 마다 교체 (8시간 넘기면 안됨)
⑥ 마지막으로 사용한 탐폰의 제거를 반드시 확인해야 함

(2) 탐폰이 독성쇼크증후군을 발생시키는 이유

① 따뜻한 탐폰이 질안의 세균 생산의 본거지를 제공함
② 장시간 착용시 질벽이 건조해지거나 질벽에 상처가 생기면 감염률이 높아짐

(3) 탐폰 사용법

정의 (개념)	• 체내형 월경 용품의 한종류로 면, 레이온 등의 재질로 된 작은 원통 형태로 흡수체를 질구에 삽입해 월경혈을 흡수하게 하는 방식임
종류	• 흡수량에 따라 주니어, 레귤러, 슈퍼, 슈퍼플러스 네 종류가 있음 • 월경량이 많지 않은데 오랜 시간 사용하기 위해 슈퍼를 사용하는 것은 바람직하지 않음
탐폰 선택	• 생리량(탐폰 흡수량)에 따라 가장 흡수력이 낮은 제품 사용 (최소의 흡수력 제품 사용)
용법	• 1회 1개씩 사용, 최저 1일 2회이고 양이 많을 때는 횟수를 늘림
삽입 시	• 삽입 시에는 어플리케이터를 이용하여 질 내에 삽입함
제거 시	• 교체 시, 제거 시 제거용 손잡이 끈을 잡고 부드럽게 제거함
교체	• 탐폰을 교체할 때는 반드시 이전에 삽입한 흡수체를 제거한 후에 삽입함
제거용 실	• 제거용 실은 생각보다 엄청 질기고 튼튼해서, 실이 끊어지거나 빠져버릴 위험은 낮음 • 혹시 제거용 실이 빠졌을 경우에는 즉시 의료기관을 방문하도록 함
탐폰 잃어버린 기분	• 질내의 근육이 탐폰을 고정해서 저절로 밖으로 빠져나올 일은 드묾 • 만약 탐폰을 잃어버린 기분이라면 대변 보듯이 힘을 주면 됨
시간	• 4~8시간 (8시간 절대 넘기지 말기)
사용시 주의사항	• 사용기간, 제품 포장 및 형태 확인하기 → 포장파손, 제품 형태 변형, 갈라진 경우 사용금지
보관방법	• 직사광선을 피하고, 건조한 곳에 보관함

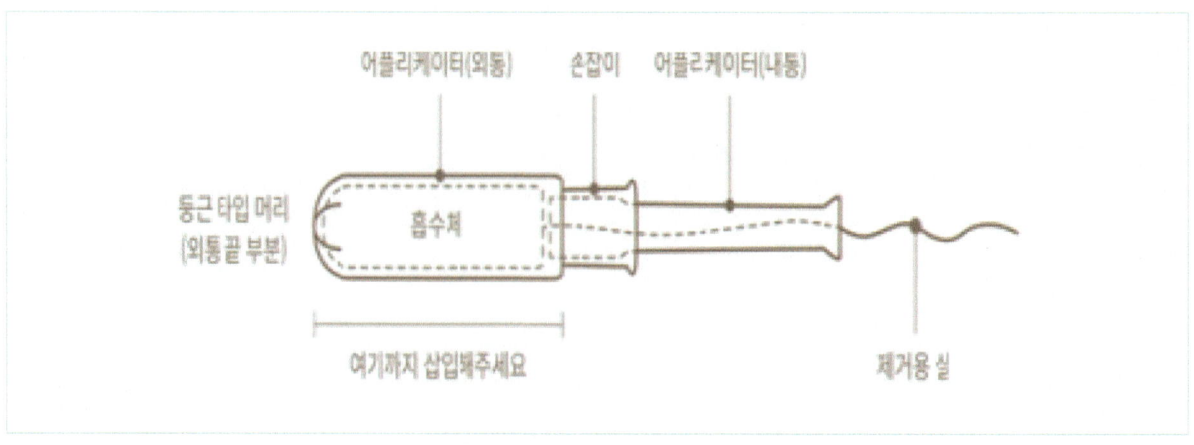

2 생리컵 사용

(1) 생리컵 안전사용

신체 맞는 크기	• 생리컵은 검지 손가락을 이용하여 질입구에서 자궁경부까지 길이를 확인한 후 개인별 신체 조건에 맞는 크기의 제품을 구입
생리양에 따른 크기	• 생리량에 따른 크기 조절
1~2년 마다 교환	• 1~2년 마다 새 제품으로 교환하는 것이 권장됨
안전사용 (열소독)	• 사용전 반드시 손 씻기 • 사용 전 깨끗한 물로 세척하고 열소독(끓는 물 100℃에 약 5분 동안 생리컵을 소독)한 후 사용 • 일반적으로 4~6시간 마다 교체하는 것이 좋음 (최대 12시간까지)
보관	• 생리컵은 사용한 후 깨끗한 물로 씻어서 건조한 곳에 보관하여 함 • 제품이 변형되거나 피부자극이 커질 수 있으므로 전자레인지나 알코올을 이용하여 세척, 소독 X
개인용품 사용	• 다른 사람이 사용한 제품은 사용하면 안 됨 → 다른사람과 생리컵 공유 절대 금지
전문의 상담	• 성장기 청소년, 출산 경험이 없는 여성, '자궁 내 피임기구(IUD)' 사용 중인 여성 등은 전문의와 상담한 후 사용함 → 질 내 출혈 발생하므로
금기	• 실리콘에 알러지반응 있는 사람 • 질 내 진균세균 감염이 의심되는 사람 • 독성쇼크증후군을 경험한 사람
주의	• 생리컵을 사용 중에는 격렬한 운동이나 성생활을 해서는 안 됨
보관방법	• 직사광선을 피하고, 건조한 곳에 보관
처리방법	• 손을 깨끗이 씻은 후, 생리컵을 빼낸 후 생리혈을 변기에 버림

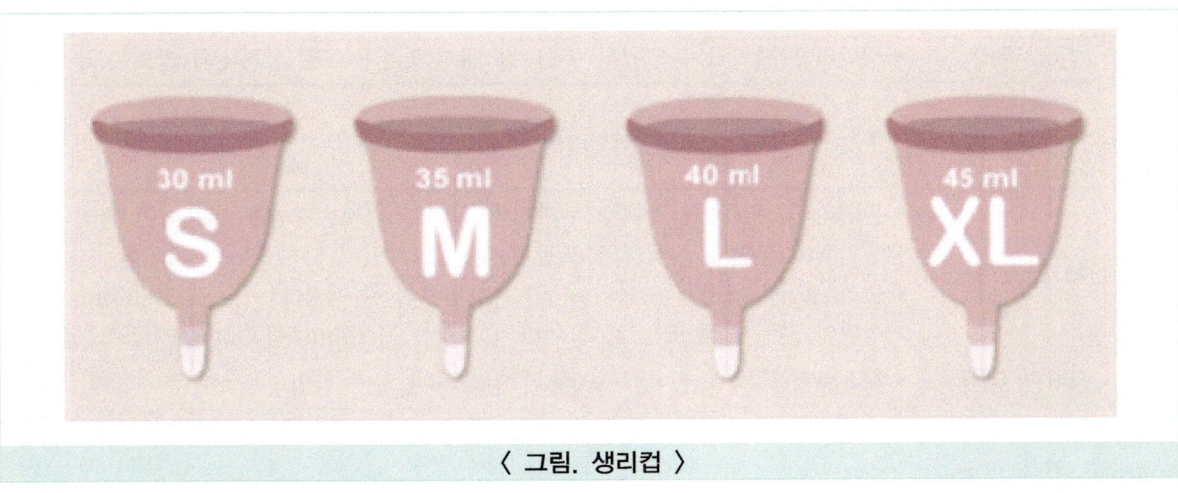

〈 그림. 생리컵 〉

(2) 생리컵 삽입하기

음부, 손씻기	• 생리컵 사용 전 음부와 손 씻기
U자 모양 접기	• 반드시 열소독한 생리컵을(프리미엄의 경우 생리컵의 상부 샘방지부를 안으로 밀어 넣고) 검지와 엄지손가락으로 생리컵의 가장자리를 눌러 U자 모양으로 접고, 생리컵을 삽입하기 편한 자세를 취함
질내로 밀어넣기	• 반대 손으로 음순을 벌려 U자 모양으로 접은 생리컵을 천천히 질에 넣어 손잡이(고리)가 질 내부로 들어갈 때까지 밀어 넣기 • 생리컵이 질 내부로 들어가면 U자 모양이었던 몸체가 펼쳐짐

(3) 생리컵을 빼는 방법

음부, 손씻기	• 생리컵 사용 전 음부와 손 씻기
손잡이 잡고, 당기기	• 질 내로 손가락을 넣어 손잡이(고리)를 잡고 천천히 당기기
생리컵이 위쪽 향하도록	• 생리컵을 빼는 동안 생리컵이 위쪽으로 향하도록 유지함
세척, 건조보관	• 생리컵의 생리혈을 처리하고 깨끗한 물로 세척한 다음 건조하여 보관함(실온보관)
상처 주의	• 생리컵을 삽입하거나 빼는 동안 질 내부에 손톱으로 상처내지 않도록 주의함

(4) 생리혈이 새거나 삽입이 안 되는 등 문제가 있는 경우

신체 크기 확인	• 본인의 질 입구에서 자궁경부까지의 길이를 검지손가락을 이용하여 확인한 후 생리컵이 본인의 신체적인 조건에 맞는 크기인지 다시 한 번 확인함 • 출산 경험(제왕절개는 제외)이 있다면 입구가 큰 제품 Large or Medium, 출산 경험이 없는 여성 또는 30대 이하의 여성은 Medium 및 Small사이즈를 선택함
정확한 위치	• 사용방법을 다시 한 번 숙지하여 정확한 위치에 삽입함

• 개인마다 신체 특성이 상이하고 본인의 나이, 출산경험 및 정서적 불안정 등으로 생리주기가 달라질 수 있음

(5) 사용상 즉시 사용 중지

알러지 등	• 알러지 반응, 이물질로 인한 불쾌감이나 통증 등 이상반응이 발생하는 경우, 즉시 사용을 중단하고 전문의사와 상담함
독성쇼크증후군	• 독성쇼크증후군이 발생 시 즉시 사용 중단

3 생리대 사용

용법·용량		• 1회 1매씩 사용
생리대 선택 및 올바른 사용법		• 생리량, 생리시기에 따라 적당한 크기, 흡수력 있는 제품 사용
	일회용	• 양이 적더라도 2~3시간마다 생리대 교체
	다회용	• 제품에 적합한 세탁법과 재사용 방법에 따라 사용
주의사항		• 사용기간 확인하기 • 피부에 이상이 있는 경우 사용을 중단하고 의사와 상담하기
	일회용	• 사용 전 낱개포장 상태확인하기
	다회용	• 세탁시 염소표백제 사용금지하기 • 과도한 손세탁은 제품 내 방수천에 손상을 줄 수 있음
보관방법	일회용	• 습기나 벌레로 인해 오염·변질될 수 있으니 상온에서 밀폐하여 보관하기 • 실온에 밀폐하여 건조한 곳에 보관

6 그룹 A 연쇄상 구균으로 인한 독성 쇼크 증후군

특징(기전)	• 그룹 A 연쇄상 구균에 발생하는 연쇄상구균의 독소에 의해 '염증성 사이토카인'이 체내 분비되면서 심각한 염증반응을 일으킴 • 보통 호흡기나 피하조직감염(연조직) 등에 가벼운 감염을 일으키지만, 괴사성 근막염, 괴사성 연조직염, 균혈증, 폐렴 등 침습적인 질환을 일으키키도 함 • 그 중 최애 1/3이 연쇄상구균 독성쇼크증후군으로 진행하며, 특히 괴사성 근막염 환자의 약 절반이 '연쇄상 구균 옥성쇼크증후군'으로 진행됨	
주요 증상	• 초기에는 인후두염으로 발열, 인후통, 구역, 구통 등 증상과 편도 발적, 부종, 목부위 림프절 크기 증가, 전신발진 등 동반됨 → 가벼운 경우 바이러스 감염과 구별이 어려움 • 고열, 발진, 저혈압, 호흡곤란, 괴사성 근막염, 다발성 장기부전 등으로 발전함	
사망률 (치맹률)	• 30~70%로 사망률 높음	
감염경로	직접접촉	• 점막, 피부상처부위
	비말접촉	• 비말을 통한 호흡기 접촉
위헝인자	면역력 저하환자	• 65세 이상 고령, 당뇨, 암 등 면역력 저하환자
	상처 O	• 최근 수술을 받아 상처가 있는 경우 화상, 피부상처
	기타	• 비만, 스테로이드 사용, 심혈관질환, HPV 감염 등
치료	• 쇼크에 대한 치료 • 항생제 치료 • 괴사부위 수술 : 괴사성 연조직염, 괴사성 근막염의 경우 • 면역글로불린 사용 등	
예방법	• 백신 X • 감염예방수칙 지키기 → 기침 예절 실천, 올바른 손씻기, 씻지 않은 손으로 눈, 코, 입 만지지 않기 등 • 상처부위를 깨끗이 소독하고, 외부노출 최소화 • 수두, 인플루엔자 예방접종 맞기	

Part 06 생식기 감염

1 외생식기 감염

1 외음소양증

(1) 원인 및 위험요인

위생불량	• 외음부의 위생불량
독성생태	• 황달, 백혈병, 호지킨질병, 요독증 등
일반적 질환	• 당뇨, 철결핍빈혈, 비타민결핍증 등
물리적 자극	• 꽉쪼이는 옷, 합성섬유로 된 속옷 또는 생리대 등
화학적 자극	• 강한 비누나 자극성 로션·연고, 화학성 자극물질 피부질환(백선, 옴, 헤르페스, 간찰진, 접촉성 피부염, 원발성 위축, 백반 등)
암	• 외음암 등
심리적 원인	• 성적 불만, 암 공포증, 불안상태 등

(2) 치료적 관리

- **정확한 원인 파악을 위한 사정과 검사 시행**

사정	• 가려움증 빈도, 기간, 완화를 위해서 사용한 방법, 알레르기 유무 등 조사 • 심리적 원인 조사
검사방법	• 질염과 감별을 위한 질 분비물의 반복검사, 당뇨와 감별을 위한 소변검사와 당부하검사, 무염산증과 감별을 위한 위액검사, 암과 감별을 위한 피부조직검사를 시행할 수 있음

｜표. 일반적 관리 ｜

- 철저한 위생관리
- 자극성 있는 비누, 화장품 사용 금지
- 합성의류나 조이는 의류 사용 금지
- 안정을 취하고 긁는 것을 막기 위해 밤에 처방된 진정제 투여
- 외음부에 1% 하이드로코르티손 크림을, 폐경기 여성의 경우 에스트로겐을 도포하고, 알레르기성인 경우 처방된 항히스타민제를 투여
- 시원한 붕산수 습포 등이 일시적인 효과가 있음

2 바르톨린샘염

원인		• 외음부에 위치한 바르톨린샘(bartholin's gland)은 염증성 질환이 흔히 발생하는 곳임 • 주로 임균, 연쇄구균, 포도구균 등에 의해 급성으로 감염됨 • 특히 젊은 여성에게서 흔함.
증상		• 주요 증상은 부종, 팽만감 이외에 샘을 누르면 농성 분비물이 나오고, 농양이 형성될 경우 통증이 심함 • 바르톨린샘염이 완치되지 않고 재발되면 섬유화를 일으켜 미세한 관이 막힘으로써 낭종을 형성할 수 있음 • 만성의 경우 대부분 무통성 낭종
치료	진통제	• 적절한 진통제를 투여하여 통증을 완화시키고, 안정을 취해 줌
	균배양	• 병변 부위의 분비물을 채취하여 균배양과 민감성검사를 시행
	절개 및 배농	• 낭종과 농양의 경우 외과적 절개를 시행하여 내용물을 배액시킴
간호	열찜질	• 혈류증가로 염증 회복, 통증 완화, 분비물 배출로 배농시킴
	통증간호	• 진통제 투여, 안정

2 외음의 염증성 질환

1 원인

접촉성 피부염	외음부 자극	• 주로 외음부가 월경, 질분비물, 소변이나 외음 주위 피지샘 분비물 등의 자극을 받아 발생함
	세균침범	• 외음부는 습하며 항문과 근접해 있어 세균침범의 기회가 많음
	물리적 자극	• 합성섬유 재질의 팬티를 입었을 때, 꼭 끼는 거들, 청바지 등으로 외음 자극
	화학적 자극	• 거품 목욕, 보디 오일, 향료 화장지, 향수 비누, 세탁용 청정제 등
	외음의 위축	• 당뇨, 피부질환, 폐경으로 인한 외음의 위축 등
간찰진		• 피부 표면이 맞닿는 부위에 피부 자극 및 짓무름이 발생 • 질분비물고 기름샘 분비물로 외음이 항상 습해 있으므로 자극되어 습진 생겨 짓무르는 형상임 • 지루성피부염은 외음 주위에 많이 분포되어 있는 기름샘에서 분비되는 피부자극에 의한 피부염으로 모낭염이 동반되고, 음부포진은 바이러스 감염임

2 증상

소양감	• 소양감은 열감 있을때나 밤에 더 심해짐
장액성 병변 등	• 외음조직에 부종, 발적, 통증, 작열감과 함께 다양한 크기의 흰색 장액성 병변이 다발성으로 나타남

3 치료 및 간호

청결	• 소양감은 열감 있을때나 밤에 더 심해짐
물리적 자극 X	• 외음조직에 부종, 발적, 통증, 작열감과 함께 다양한 크기의 흰색 장액성 병변이 다발성으로 나타남
좌욕, 냉요법	• 증상완화를 위해 좌욕과 냉요법
항생제	• 세균감염시 항생제 치료
소양증	• 항히스타민제, 하이드로코티손 사용

3 내생식기 감염 19, 11, 93 임용

1 질염

(1) 세균성 질염 (비특이성 질염, 가드넬라 질염) 11 임용

① 원인균 및 원인

원인균	• 가장 흔한 원인균은 가드넬라 질염(Gardnerella vaginalis)임 • 그 외 여러 혐기성 세균임
원인	• 과산화수소(H_2O_2)를 생산하는 젖산간균(유산간균, lactobacilli))이 줄어들고 혐기성 세균이 증식하여 정상균 무리(normal flora, 질 정상 상재균)의 변화를 초래함 <젖산간균(유산간균)> • 질내는 호기성이며, 젖산간균(유산간균)은 질내 수소이온농도(pH)를 4.5 미만(산성) 유지 → 질 감염에 저항성 갖음
	질 알칼리화	• 빈번한(잦은) 성관계, 질 세척으로 반복적인 젖산간균(유산간균) 감소 → 질 알칼리화 → 정상균 무리(normal flora, 질 정상 상재균)의 변화
	혐기성 세균 증가	• 질 알칼리화 → 질 감염 증가 → 혐기성 세균(Gardnerella, Prevotell, Mobiluncus 등) 증가
	정상균 무리 변화 질 정상세균총 파괴	• 질 알칼리화, 정상균 무리, 질 정상세균총 파괴로 세균성 질염 발생

② 증상

생선 썩는 냄새	• 성교 후 생선비린내 같은 불쾌한 냄새(악취, fishy odor)
	⟨ 생선 썩는 냄새 ⟩ • 정액, 비누 등 알칼리성 물질과 접촉 시 증가 → 성교 후, 샤워 후, 월경 중 냄새 증가 (특히 성교 후)
질 분비물 증가	• 회백색의 묽은 질 분비물의 증가

③ 임산부

• 임산부 감염시 조기양막파열, 조기진통, 조산, 융모양막염, 제왕절개분만 후 자궁내막염위험성 증가

④ 진단

습식도말검사 (현미경검사)	• 멸균 면봉으로 질벽 분비물을 채취하여, 0.9% 생리식염수 한 방울을 떨어뜨려 혼합 • 질세포가 세균으로 덮여 실타래상세포(clue cell)가 증가됨
	⟨ 실타래상 세포(clue cell) ⟩ • 세포막에 부착된 세균덩어리를 가진 질상피세포임 → 세균이 질세포에 달라 붙음
Whiff test (Amine test)	• 질 분비물에 10% KOH(수산화칼륨)를 혼합하여 현미경 검사 : 상한 생선냄새를 유발시 확진 • 휘프검사 양성 : 생선 썩는 냄새
질 PH 검사	• 질 분비물의 산성도가 4.5 이상임

⑤ 치료

• 항생제 치료 원칙
• 성파트너 치료 X : 치료하더라도 성공률이나 재발률이 호전되지 않음

Metronidazole (flagyl)	• Metronidazole 500mg을 1일 2회씩 7일간 경구투여 　(가장 흔히 사용 : 혐기성 균에 효과적이면서 젖산균에는 영향이 적음)
	⟨ 알코올 섭취 금지 ⟩
		금지기간	• Metronidazole 투여기간과 치료 후 24시간까지 금지
이유	• 알코올 대사 방해 • 오심, 구토, 복부경련, 홍조, 두통 등 증상 유발	
	• Metronidazole 젤을 질 내에 1일 1회씩 5일간 투여하기도 함
	• 임산부는 임신 3개월까지 금기 → 조기진통 유발함
clindamycin	• 임산부인 경우 사용 • 크림을 취침 전 질 내에 7일 동안 주입함 • 500mg(또는 300mg) 1일 2회 경구투여

(2) 트리코모나스 질염 11 임용

① 원인균

원인균	• 원인균은 편모기생충인 Trichomonas vaginalis 임 → 질 알칼리성 환경에서 잘 자람

② 특징

세균성 질염	• 세균성 질염과 같이 호발되는 경우 많음 → 트리코모나스 질염 환자 중 60%가 세균성 질염으로 진단됨
성매개질환 (성병)	• 성적 접촉을 통해 발생하는 경우가 많아 성매개질환으로 간주됨
전염력 높음	• 성교를 통한 전파는 전염력(감염력) 높음 → 감염된 여성과 한 번 성관계를 가진 남성의 70%가 질병에 걸림
재발 많음	• 재발율 높음
기타 감염	• 간혹 목욕탕, 수영장, 젖은 수건, 손, 화장실 변기 등에 의해 감염 → 그러나, 대부분이 성교를 통한 전파임

③ 임산부

• 임산부 감염시 조기양막파수, 조산 등의 위험 증가

④ 증상

무증상 보균자	• 남, 녀 모두 무증상인 경우 많음 • 남성 : 대부분 증상이 없지만 때로는 요도염, 전립선염 발생할 수 있음
거품 있는 녹황색 분비물	• 거품 있는 녹황색 분비물 증가
악취 나는 화농성 분비물	• 심한 악취나는 화농성 분비물 증가
딸기모양 반점	• 질벽, 자궁경부 염증 → 질벽, 자궁경부에 딸기모양 반점(strawberry spot)
소양감	• 소양감 있음
작열감	• 타는 듯한 작열감, 화끈거리는 증상 있음
요도자극 증상 등	• 간혹 배뇨통, 빈뇨, 야뇨, 긴박뇨, 성교통, 하복부 둔통 등 호소 → 분비물 자극으로 2차적 요도나 외음염 동반
월경시 악화	• 월경 중, 월경 직후 : 감염 자주 발생 • 월경에 의해 악화되기도 함 → 월경 시 질 알칼리화로 인함

⑤ 진단

질 분비물 현미경검사	• 질분비물 현미경 검사 : 운동성 편모가 있는 원충 (+)
	〈 검사 전 준비사항 〉
	질세척 X : • 검사당일 질세척 X
	윤활제 X : • 검사 시 질경에 윤활제 바르지 않기 → 윤활제에 의해 트리코모나스 원충 파괴
진찰(시진)	• 시진 시 독특한 녹황색 대하 • 질벽, 자궁경부에 발적으로 딸기모양 반점(strawberry spot)이 나타남 〈 그림. 자궁경부 딸기모양 반점 〉
질 PH	• 질 PH 5.0 이상
다른 성병 확인	• 다른 성병 검사 확인 : 특히 임질과 클라미디아 감염 검사를 받아야 함 • 매독, 인간면역결핍바이러스(HIV)에 대한 혈청검사도 받을 수 있음 → 트리코모나스 질염시 HIV 감염에 걸릴 확률 높음

⑥ 치료

항생제 치료	Metronidazole (flagyl)	• Metronidazole 500mg을 1일 2회씩 7일간 경구투여
		• 젤은 효과 X
		• 임산부 : 임신 3개월까지 금기 → 조기진통 유발함
		• 수유부 : 투약 후 24시간 동안 수유 금지
	Tinidazole	• 1일 2g 5일간 경구투여
성파트너 치료		• 성파트너와 함께 치료
재발 치료		• 재발 많으므로 완치될 때까지 치료 • 재발율이 높아 초기 치료 후 3개월 이내에 재검사를 받도록 함

(3) 외음-질 칸디다 질염 (외음-질 칸디다증) 19, 11, 93 임용

① 원인 및 유발요인

원인균	• 칸디다 알비칸스(Candida albicans)가 가장 흔한 원인균임	
흔함	• 여성의 75% 정도가 일생 동안 1번 이상 경험함 → 가임기 여성에게 흔함	
유발요인 (촉발요인)	• 유발요인 : 임신, 당뇨병, 광범위 항생제 투여, 경구피임약의 장기 복용, 스테로이드 및 기타 면역억제제를 복용하는 경우, 꽉 조이는 합성 소재의 속옷 등	
	임신, 경구피임약	• 질 산도(PH) 높여줌 • 질분비물 호소하는 임산부 1/3를 차지함 (흔함)
	당뇨병	• 요당 → 진균 증식에 좋은 조건을 제공
	항생제	• 항생제 장기복용 → 질 정상균 무리(질 정상 상재균) 소멸 → 질내 방어작용 약화 → 질염 발생 (흔함)
	스테로이드, 면역억제제	• 신체 방어 약화, 면역 기능 억제
	꽉 조이는 합성 소재의 속옷	• 꽉 조이는 합성 소재의 속옷, 잦은 질체척 등도 원인임
	덥고, 습한 환경	• 덥고 습한 환경 시 잘 발생
성접촉 X	• 남성 생식기에서 오래 생존 X → 성 접촉 X → 성파트너 치료 필요없음	

② 신생아 영향

신생아 영향	• 분만시 감염된 모체의 산도로부터 신생아에게 전파 • 신생아 : 아구창 발생 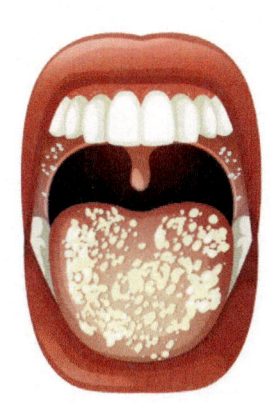 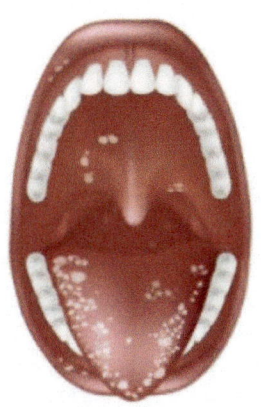 〈 그림. 신생아 아구창 〉

③ 증상

흰색 우유같은 분비물	• 짙고 흰 우유 같은 백색 분비물 (백색의 냉대하증)
치즈 같은 하얀 반점	• 자궁경부와 질벽에 독특한 노란 치즈 같은 하얀 반점이 달라붙어 있음 → 제거 시 출혈 있을수 있음
심한 가려움증	• 외음부 심한 가려움증 있음
부종, 발적 등	• 자궁경부, 외음부 발적·부종, 통증, 작열감, 성교통, 배뇨곤란 등

④ 진단

KOH 도말검사 (KOH 현미경 검사)	• 10~20% KOH 용액을 질 분비물 표본에 떨어뜨려 현미경으로 관찰 • KOH는 적혈구 상피세포 등을 용해시켜서 곰팡이(진균)의 균사나 포자만 잘 보이도록 함 → 칸디다 질염의 표준 진단
질 PH	• 질 PH 정상 : 4.5 이하
배양검사	• 배양검사 : 진균 (+)

⑤ 치료

항진균제 치료	기본치료	• 1일 단 1회 투여 : Fluconazole 150mg • Azole계 약물 투여 → Nystatin보다 효과적임
	재발, 심할시	• 첫 투여 72시간 후 : Fluconazole 150mg을 한 번 더 투여
국소 스테로이드	외음부 자극, 가려움증	• 하이드로코티손 연고나 크림 국소도포
재발성 칸디다증	• 일 년에 4번 이상의 병력	
	만성증상 완화요법	• Fluconazole 150mg을 3일 간격으로 3회 투여
	억제요법	• 완화요법 후 fluconazole 150mg을 6개월 동안 매주 투여

(4) 위축성 질염 (노인성 질염)

① 원인

에스트로겐 감소	• 폐경기 이후 에스트로겐 감소 → 질 점막 상피 얇아지고, 질 추벽(주름) 사라짐 → 질 점막 위축됨
외부자극, 세균	• 외부 물리적 자극, 세균에 의해 질내 정상균 → 질염 발생 • 질 점막 위축 → 외부자극 특히 성교 후 위축성 질염 발생

② 증상

혈액 섞인 질 분비물	• 성교 후 혈액 섞인 질 분비물
화농성 질 분비물	• 화농성 질 분비물 발생
질 건조감	• 에스트로겐 감소로 질 건조감 발생
소양감	• 외음부 소양감 발생
성교통 등	• 성교통 • 타는 듯한 통증 (특히 소변시)
질 궤양 등	• 질 궤양, 작은 표피 결절 등

③ 진단 및 치료

진단	현미경 검사	• 질 분비물 현미경 검사 : 백혈구가 증가, 부기저 상피세포 분포 우세, 락토바실리 감소(질 세균총 변화) 〈 부기저 상피 세포 〉 • 에스트로겐 부족으로 상피세포 성숙 억제, 성숙한 상피세포 대신 부기저세포 주로 관찰
치료	국소 에스트로겐	• 에스트로겐 질 크림 : 매일 1~2주 치료 시 증상 호전 • 에스트로겐 질정 삽입

| 표. 질염 예방 교육 |

- 100% 흰 면속옷을 입는다.
- 통 목욕보다는 샤워를 한다.
- 무향의 순한 비누로 외음부를 부드럽게 씻는다.
- 거품 목욕이나 향 비누는 사용하지 않는다.
- 속옷을 비누로 삶는다.
- 곰팡이균을 줄이기 위해 뜨거운 건조기에 말린다.
- 젖은 수영복은 바로 벗는다.
- 신체를 청결하게 한다.
- 질 스프레이나 탈취제 사용을 피한다.
- 팬티스타킹 착용을 피한다.
- 무향의 화장지를 사용하고 앞에서 뒤로 닦는다.

2 자궁경부염

- 자궁경부의 염증으로 세균, 바이러스 감염에 의해 발생, 대부분 성교를 통한 성매개 질환으로 발생

(1) 급성 자궁경부염

원인	성교	• 대부분 성교를 통한 성매개 질환임 → 임균, 클라미디아가 대부분임 • 트리코모나스, 칸디다, 단순포진바이러스 II 등도 감염원임
	기타	• 화학약품을 이용한 질세척이나 피임기구의 자극 등
증상	화농성 분비물	• 다량의 화농성 점액 분비물 → 진하고 끈적거리는 농성 대하
	질출혈	• 성교 후 질 점적 출혈(질출혈) → 자궁 내 경관은 표면이 약해져 발생 • 성교통
	부종, 발적	• 자궁경부 염증로 부종, 발적 등
	하복부 통증, 미열 등	• 하복부 통증, 배뇨통, 빈뇨, 미열 등 발생 → 요도염, 방광염, 스킨선의 급성 감염을 동반할 수 있음
	난관감염	• 난관 감염을 흔히 유발할 수 있으므로 주의가 필요함
진단	시진	• 시진상 자궁경부의 울혈과 발적이 심하고, 긁으면 쉽게 출혈
	분비물 도말검사	• 그람음성쌍구균이 발견되거나 Thayer-Martin 배지에서 임질균이 배양
치료	항생제	• 원인균에 따른 항생제 치료
예방	콘돔	• 성교로 전파되므로 콘돔 사용 등으로 예방
	성파트너	• 한명의 성파트너와만 성관계

(2) 만성 자궁경부염

① 원인

원인	• 자궁경부 열상이나 손상(물리적 자극) 후 연쇄상구균 및 포도상구균의 감염으로 발생

② 증상

지속적인 백대하	• 지속적인 계란 흰자위같이 끈끈한 백대하 분비물
성교 후 출혈, 성교통	• 자궁경부 울혈이 심하면 접촉성 점성출혈, 성교통 등
골반염	• 자궁경부염에서 세균이 자궁 내막이나 나팔관, 난소까지 확산되어 염증을 일으키면 골반염으로 발전할 수 있음 → 골반통, 요통 등
자궁경관 외번	• 자궁경관이 외번됨
난임	• 정자의 통과를 어렵게 하여 난임의 원인이 됨 • 난관 손상 • 골반염으로 난임 발생

③ 진단

시진	• 시진 중요 • 자궁 경부 : 미란, 출혈성 점막 백색의 농, 자궁경부 외번 등
자궁경부암 과 감별	• 자궁경부암과 감별 필요 → 조직생검 가장 확실한 검사 • Pap smear, 질확대경 검사 등 필요시 시행 • 만성염증이 자궁경부암 발생 가능성을 높임

④ 치료

- 염증성 상피조직의 냉동요법, 전기소작법, 원추절제술 및 레이저 광선치료 등
  → 병변의 조직을 물리적으로 파괴시켜 새로운 육아조직으로 치유시키는 것임

<table>
<tr><td rowspan="4">냉동요법</td><td colspan="2">• 액화질소 등을 사용하여 자궁경부의 손상된 상피를 동결시켜 염증부위를 파괴함 → 최근 가장 널리사용하는 치료법임</td></tr>
<tr><td colspan="2">〈 주의점 〉</td></tr>
<tr><td>자궁경부암
확인</td><td>• 냉동요법은 자궁경부암 확인 후 시행</td></tr>
<tr><td>성교 금지</td><td>• 성교는 동결조직이 탈락하고 새로운 육아조직으로 치유될 때까지 금함 (8주~10주 정도)
• 치료 후 약 2~3개월 후 결과 확인</td></tr>
<tr><td>전기소작법</td><td colspan="2">• 외경부 전체를 소작함
• 단점 : 분비물이 많음, 치료기간 동안의 불쾌감이 냉동요법보다 심하고, 치료 후 자궁경부 협착이 발생할 수 있음
　→ 최근에는 냉동요법을 주로 시행함</td></tr>
<tr><td>원추절제술</td><td colspan="2">• 자궁경부 내부에 염증이 심할 때 권장되는 방법임 (광범위한 염증 시)
• 자궁경부질세포검사(Pap smear) 결과가 비정상일 때 정확한 진단 및 치료 목적으로 선택함</td></tr>
</table>

4 골반 염증성 질환 (pelvic inflammatory disease, PID) 95 임용

1 급성 골반 염증성 질환

(1) 정의 및 전파경로

정의 (개념)	• 보통 외음, 질 등 하부 생식기에 침입한 각종 균이 상행하여 자궁, 자궁 주위, 난관, 난소뿐만 아니라 복강(복막)까지 염증을 파급시키는 속발성 질환
전파경로	• 난관 염증이 첫 병변임 • 림프 혹은 혈행성 감염으로 인해 난소, 난관, 골반복막까지 퍼지는 경향이 많음

(2) 원인

세균감염	• 임균, 클라미디아 등에 의한 세균감염 → 성매개 질환으로 감염 흔함	
	다수의 성파트너	• 주로 성매개 질환으로 다수의 성파트너나 콘돔 미사용
	세균성 질염	• 잦은 질세척등으로 세균성 질염 발생시 증가
산후감염	• 출산 후 자궁 내 감염이 원인	
소파수술 (유산)	• 자궁내막을 긁어내는 소파수술 후 감염	
자궁내 장치	• 자궁내 장치(IUD)에 의해 발생	

(3) 원인균 95 임용

• 성매개 질환으로 감염 흔함 → 임균(가장 흔함), 클라미디아 감염 시 흔함

임균	• 임균이 가장 흔한 원인균임 • 난관을 손상시키며, 치유 후 난관 폐쇄나 협착 및 유착 발생 → 난임, 불임
클라미디아	• 임질균 다음으로 빈도 높음 • 난관염 발생 X
화농성균	• 대장균, 연쇄구균, 장구균, 혐기성구균 등임 • 산후나 유산 후에 화농성균에 의한 감염이 흔함
마이코플라즈마 (mycoplasma)	• Mycoplasma hominis 등에 의한 감염으로 발생할 수 있음

(4) 병태생리

자궁경부염	• 대부분의 상부 생식기관 감염 시 자궁경부가 직접적인 병소임
자궁내막염	• 자궁내막염은 자연치유가 잘 됨 → 자궁경부를 통해 혈액과 분비물의 배출이 잘 되고, 내막 자체가 세균에 대한 어떤 내인성 항생물질을 가지고 있기 때문임
난관염	• 난관 염증 : 난관 부종, 난관 화농성 삼출물 (임균시 자주 발생함) • 난관염 바로 치료하지 않으면, 난관의 유착, 협착, 폐쇄, 팽대, 농성난관, 난관수종 등 → 난임 원인 • 난관 삼출물, 병원체가 복강 유출 → 골반복막염, 골반농양 등
난소주위염	• 난소는 난관 주위에 인접해 있기 때문에 급성 골반염 시 감염이 잘됨
복막염	• 복막염에 의한 장액성 혹은 섬유소성 삼출물 → 생식기와 소장, 결장, 직장 등 주위 장기의 유착 일으킴 • 삼출물로 인해 골반농양이 생기기도 함 → 골반농양의 호발 부위 : 직장자궁오목(retrouterine pouch) → 이 부위는 후질벽절개술로 쉽게 배농시킬 수 있음

(5) 증상

3대 증상	• 3대 증상 : ① 골반통, ② 자궁경부 운동성 압통, ③ 자궁 부속기 압통 • 전형적인 임상증상 : 3대 증상 + 고열(38℃ 이상)	
무증상	• 무증상일 경우도 있음	
증상	심한 하복부 통증	• 심한 하복통과 골반통, 복벽근의 강직, 압통, 고열 백혈구증가, CRP 상승, ESR 상승, 권태감, 빈맥 등
	골반통	
	압통	
	고열	
	악취나는 화농성 분비물	• 악취나는 화농성 분비물 (노란색, 녹황색(황록색) 분비물)
	• 심할 시 복부팽만, 오심, 구토 등 발생 • 가끔 성교통, 배뇨통 호소	
월경중, 월경직후 발생	• 증상은 월경 중 혹은 월경 직후에 발생함 〈 월경 중 혹은 월경 직후에 PID 발생 이유 〉 • 월경 시 자궁내막의 탈락으로 세균에 대한 자궁 내 저항력 약해짐 • 월경직후 하복부 통증이 있으면 PID 의심	

(6) 합병증

난관-난소농양	• 난관-난소 농양 → 파열시 복막염이나 패혈증 발생할 수 있음 • 난관-난소종양은 양손검진시 골반종괴 촉진됨
골반농양	• 골반염으로 골반농양이 발생할 수 있음
난관폐쇄	• 난관폐쇄로 난임이 발생할 수 있음
난임	
자궁외 임신	• 손상된 난관에 수정란이 착상되면 자궁외 임신이 발생할 수 있음
복막염	• 염증이 복강전체로 퍼지면 복막염이 발생할 수 있음
간주위염	• 골반염이 복막을 타고 간 주위로 확산되어 간 주위 염증을 발생 → 복막염의 확산임, 간 주변 조직의 심각한 감염임 • RUQ 통증(우측 상 1/4 부위 심한 통증) + PID 증상

(7) 진단

질분비물 도말검사	• 질 분비물 도말검사를 하여 균을 배양하여 PID확진 → 도말검사나 배양검사

(8) 치료

광범위 항생제	• 원인균에 따른 광범위한 항생제 투여
진통제	• 통증관리를 위해 진통제 투여
수액	• 수분 공급을 위해 적절한 수액요법 시행
성파트너 함께 치료	• 성파트너도 임질균 혹은 클라미디아에 대한 검사와 치료를 받아야 함
절개 및 배농	• 내과적 치료로 효과가 없는 경우 절개 및 배농 시행

(9) 간호 95 임용

급성기 침상안정	• 급성기에는 침상안정을 시킴 → 이유 : 감염확산 방지, 통증완화 등
반좌위	• 자궁강내 농성 분비물 배출을 돕기 위함
좌욕	• 통증완화, 안위 및 치유 증진

2 만성 골반 염증성 질환

원인	• 급성 골반염증성 질환을 치료하지 않았거나 적절한 치료가 되지 않았을 경우에 발생 • 급성 염증이 반복적으로 재감염되면서 악화됨 → 과거 감염의 염증 및 유착	
증상	유착, 협착, 폐쇄	• 골반유착, 난관 협착, 난관폐쇄, 난관수종 등 → 난임, 자궁외 임신
	만성 골반통	• 만성 골반통, 발열(미열), 백혈구 증가, ESR 증가 등
	방광자극 증상 등	• 빈뇨, 배뇨곤란, 이급후증, 비정상적인 질출혈, 대하증 등
진단	• 복강경 검사 : 확진	
치료	• 통증, 난임예방을 위한 치료에 초점을 둠 • 심할시 : 난관난소절제술과 자궁절제술을 시행	

Part 07 자궁내막질환

1 자궁내막증 (endometriosis)

1 정의

- 자궁내막 조직이 자궁외 부위에 존재하는 질환임
  → 난소, 난관, 자궁외부, 장, 질과 직장 사이(질-직장중격), 골반벽 등

2 병태생리

에스트로겐 자극	• 자궁내막의 성장과 발달은 에스트로겐의 자극을 받음 → 에스트로겐 의존성 질환임
반흔, 유착	• 자궁외 부위에 착상된 자궁내막조직은 자궁내조직처럼 월경주기에 따라 호르몬의 영향을 받아 주기적인 출혈 발생 → 염증으로 장·방광·요관의 광범위한 유착 등
자궁내막낭종 난관-난소 구조변화	• 난소의 자궁내막낭종 유발 • 난관-난소 구조를 변화시키는 등 다양한 임상증상을 나타냄

3 호발

가임기	• 25~45세 가임기 여성 흔함 (30대에 가장 많음) → 초경이전에는 거의 발견 X (에스트로겐 관련)
호르몬 대체요법	• 폐경기 이후 호르몬 대체요법 받을 경우도 발생함
만성골반통	• 만성 골반통증이 있는 여성의 약 70~90%에서 자궁내막증이 발견
불임여성	• 자궁내막증이 있는 여성의 30~40%가 불임
난관결찰	• 난관결찰의 여성 : 자궁내막증의 빈도 3~43% 임

4 원인

월경혈 역류설 (가장 흔함)	• 월경혈 역류설 및 착상이론 → 월경혈이 난관을 통해 역류 → 자궁내막세포가 복강 내 착상 → 월경주기에 따라 증식과 출혈을 반복 → 자궁내막증식증 발생 • 70~90%의 여성에서 발생함 • 월경주기가 짧고 월경기간이 긴 여성 → 월경혈역류 가능성이 더 높아 자궁내막증의 발생률이 높다고 보고됨	
체강상피 화생설	• 체강상피세포가 자궁내막조직으로 변형되어 자궁내막증이 발생한다는 가설임 → 자궁내막증이 흉강이나 복강 내에서 발견	
유도설	• 내인성 생화학적 요인에 의해 유도된 복막세포가 자궁내막조직으로 발달	
혈액성 파종설	• 혈액성 파종설 및 직접적 이식적 이론 → 자궁내막세포가 혈액이나 림프계를 통해 파종되거나 직접 이식되어 자궁내막증이 발생한다는 가설임 • 자궁으로부터 멀리 떨어진 위장관, 비뇨기계, 서혜부, 제와 등에 발생한 자궁내막증 또는 제왕절개술 후 수술부위, 자연분만 후 회음절개부위에 발생한 자궁내막증으로 설명할 수 있음	
유전적 요인	• 자궁내막증의 가족력 → 발생빈도 7배 증가	
면역학적 요인	• 면역기능의 결핍 또는 이상 → 월경혈 역류 → 자궁내막 세포의 제거 능력 감소 • 자가면역질환과 관련됨	
월경 요인	• 짧은 월경주기(28일 미만), 과다한 월경량(1주일 이상), 빠른 초경 연령(12세 미만) 등 → 에스트로겐 노출량 증가	
출산 요인	• 미산부 또는 적은 출산 횟수 등 → 에스트로겐 노출량 증가	
체형	• 키크고 마른 여성이 더 흔함	
내분비학적 요인	난포성장장애 (난포미성숙)	• 난포 성장장애(난포미성숙) → 무배란 → 에스트로겐만 지속분비, 프로게스테론 부족 → 자궁내막증
	무배란	
	황체형성 호르몬 방해	• 프로게스테론 부족 → 자궁내막이 에스트로겐 자극만 받음 → 자궁내막증
	고프로락틴혈증	• GnRH 억제 → LH, FSH 저하 → 무배란 → 에스트로겐만 지속분비, 프로게스테론 부족 → 자궁내막증
환경호르몬	• 다이옥신(dioxin), PCB(polychlorinated biphenyls)와 같은 환경호르몬 노출 등과 관련이 있음	

5 증상

- 만성 월경곤란증(월경통, 골반통 등)과 난임이 주된 증상임✱

만성 월경곤란증 (골반통 등)	• 월경 시 통증이 없었던 여성에게 월경곤란증이 발생한 경우 자궁내막증의 가능성 높음 → 월경통, 월경중간 통증, 골반통 등 월경곤란증
난임	• 자궁내막증 환자의 30~50%에서 동반됨 • 난소, 난관 유착, 폐쇄 • 난포성장장애(난포 미성숙), 무배란 → 배란 이상(장애) • 에스트로겐 과다, 프로게스테론 저항 (호르몬 불균형) → 자궁내막 증식, 착상 방해(실패) • 난소기능부전, 황체부전, 황체 비파열난포증후군, 반복유산, 면역체계 변화, 복막 내 염증 등과도 관련성이 있음
성교통, 배변시 통증 등	• 직장 압박, 난소나 자궁천골인대 압박 등으로 요통, 성교통, 성교곤란증 등 • 골반외 자궁내막증 : 복통, 요통, 복부팽만, 주기적 직장출혈, 변비, 폐쇄 등
폐 자궁내막증	• 기흉, 혈흉, 각혈이 월경 중 발생

6 진단

골반검진	• 골반진찰시 압통, 고정된 자궁후굴, 자궁천골 인대의 소결절 촉지, 자궁부속기 비후나 소결절 촉지 등
양손 직장-질검사	• 가장 흔히 발견됨 → 월경 중에 찾음
CA 125	• 자궁내막증이 CA 125 상승 • 상승 시 위음성 결과가 나타날 수 있음 → 복강경검사를 통해 의심되는 부위의 조직생검 시행 (확진검사)
질식 초음파	• 골반 내 종괴 확인, 크기 추적검사
MRI	• 더 정확한 영상정보 제공함
복강경 및 시험적 개복술 (확진검사)	• 복강경 검사 및 시험적 개복술을 통해 조직생검 시행 • 자궁내막증의 확진검사

7 치료

(1) 수술요법

복강경 수술	• 대부분 3개월 정도의 내과적 치료(약물요법)를 우선 시행한후 시행 • 유착 가능성 감소시킴
난소절제술, 전자궁절제술	• 자궁내막증이 심한 경우 시행함

(2) GnRH 작용제

	• GnRH 증가 → (장기사용) 뇌하수체 탈감작 → FSH, LH ↓ → 에스트로겐, 프로게스테론 ↓ → 에스트로겐 감소 → 자궁내막 얇아지고, 통증 및 출혈 감소
약물	• 루프롤리드(leuprolide), 부세렐린(buserelin), 나파렐린(nafarelin), 고세렐린(goserelin), 데스로렐린(deslorelin) 및 트립토렐린(trytorelin) 등
투여방법	• 경구투여 할 수 없음 • 근육, 피하 및 비점막으로 투여함
부작용	• 안면홍조, 두통, 질 건조감, 성욕감퇴, 골밀도 감소 등 → 가성폐경상태로 에스트로겐 감소 • 부작용 감소를 위해 결합에스트로겐을 투여하기도 함

(3) 다나졸 (danazol)

정의	• 합성 테스토스테론 유도체 (17α-ethynyltestosterone 유도체)
기전	• 시상하부의 GnRH과 성선자극호르몬을 억제 → GnRH 억제 → 성선자극호르몬 FSH, LH 분비 억제 → 에스트로겐, 프로게스테론 억제 → 자궁내막 성장 억제 • 자궁내막의 안드로겐과 프로게스테론 수용체에 직접 작용하여 난소의 스테로이드 합성(난소호르몬)을 억제함으로써 자궁내막 성장을 억제함 → 즉, 여성 호르몬의 작용을 줄여 배란 억제 → 자궁내막 퇴화
부작용	• 안드로겐 효과(남성화)로 부작용 많음 • 체중 증가, 수분정체, 여드름, 피지분비 증가, 다모증, 열감, 위축성 질염, 유방 크기의 감소, 성욕 감소, 피로, 구역(오심), 근육통, 정서적 불안(감정의 잦은 변화) 등 • LDL 콜레스테롤 ↑, HDL 콜레스테롤 ↓
금기	• 간질환(간세포 손상 위험), 고혈압, 울혈성 심부전(수분정체) • 임신 시 금기 → 태아 남성화 우려 • 모유수유 시 금기 → 모유로 약물 전달되어 신생아에게 영향

(4) 게스트리논 (gestrinone, 제스트리논)

정의		• 19-nortestosterone 유도체 • 안드로겐, 항프로게스테론, 항에스트로겐 및 항성선제제를 포함
기전	안드로겐 작용	• 성호르몬결합글로불린(sex-hormone binding globulin, SHBG) 억제 　→ 유리 테스토스테론(free testosterone) 증가, 에스트로겐 감소, LH 감소 • 시상하부의 GnRH과 성선자극호르몬을 억제 　→ GnRH 억제 → 성선자극호르몬 FSH, LH 분비 억제 　→ 에스트로겐, 프로게스테론 억제 → 자궁내막 성장 억제
	항프로게스테론	• 프로게스테론 수용체 억제 → 병변 위축 유도
	항에스트로겐	• 에스트로겐 억제 효과 → 자궁내막 성장 억제
	항성선제게	• GnRH 억제 → 성선자극호르몬 FSH, LH 분비 억제 → 에스트로겐, 프로게스테론 억제 → 자궁내막 성장 억제
		• 50~100%의 여성에서 무월경이 나타남 • 약물을 중단한 지 약 1개월 후에 월경 회복됨
부작용		• 부작용은 danazol보다 적으나 안드로겐 효과(남성화) 나타남 • 체중 증가, 여드름, 피지 분비 증가(지루성 피부 및 모발), 근육경련, 오심 등
금기		• 간질환(간세포 손상 위험), 고혈압, 울혈성 심부전(수분정체) • 임신 시 금기 → 태아 남성화 우려 • 모유수유 시 금기 → 모유로 약물 전달되어 신생아에게 영향

(5) 프로게스틴(progestins)

1차 약물		• 자궁내막증의 1차 치료약물임 • 부작용 적고, 가장 저렴함
기전	자궁내막 초기 탈락막화	• 자궁내막이 비정상적으로 초기 탈락막화됨 → 자궁내막 증식 X → 항내막 효과
	성선자극 호르몬 억제	• 뇌하수체 FSH, LH 억제 → 에스트로겐 감소 → 자궁내막성장 억제
약물		• 초산메드록시프로게스테론제제(medroxyprogesterone acetate, MPA) : 가장 흔히 사용 • 메게스트롤 아세테이트(megestrol acetate), 리네스트레놀(lynestrenol), 디드로게스트론(dydrogesterone) 등
투여방법		• 경구투여
부작용		• 구역, 체중 증가, 수분정체, 저에스트로겐혈증으로 인한 출혈 등

(6) 경구용 피임제

- 저용량의 단상복합피임제인 복합경구피임제를 주로 사용

기전 (치료효과)	• 가성임신상태(pseudopreg)를 유발해서 무월경과 자궁내막의 탈락막화를 유발한다. 20~35μg의 • 가성임신상태 → 무월경 → 월경역류현상 감소 → 자궁내막증 감소 • 가성임신상태 → 배란억제, 무월경 → 프로게스테론 영향으로 자궁내막의 탈락막화 → 자궁내막 증식 억제, 안정화
치료목적	• 무월경을 6~12개월간 유도 • 치료 여성의 60~95%에서 월경곤란증과 골반통이 경감
부작용	• 무월경, 점상출혈 등

(7) 프로스타글란딘 생성효소 억제제 (NSAIDs)

통증완화	• 골반통 완화를 위해 월경 1~5일경 NSAIDs 투여 • 통증완화를 위한 보존적인 치료임

2 자궁선근증 (uterine adenomyosis, adenomyosis)

1 정의 및 호발연령

정의 (개념)	• 자궁내막이 자궁근육 내로 침윤한 상태, 즉 자궁내막샘과 간질이 자궁근층 내에 존재하는 것임 • 주로 자궁근의 비후가 동반됨 → 자궁의 크기 증가 등
호발연령	• 호발연령은 40~49세임 • 60세 이상에서는 발생빈도가 낮음

2 원인 및 위험요인

• 원인은 명확히 밝혀지지 않았음

가족력	• 가족력 있음
다산력	• 분만 후 자궁근층 염증, 손상으로 자궁근층 침윤 (출산, 유산, 제왕절개술 등도 원인임)
자궁수술, 자궁 내 기구	• 자궁내막과 자궁근층의 경계 손상 → 자궁내막세포가 자궁근층으로 침윤
에스트로겐	• 고농도의 에스트로겐과 관련 있음 → 에스트로겐 의존성 질환임 • 초경이 빠른 경우, 짧은 월경주기, 에스트로겐 호르몬 치료 등
산후 자궁내막염	• 자궁내막 염증 → 자궁내막과 자궁근층의 경계 손상 → 자궁내막세포가 자궁근층으로 침윤

3 증상

	• 월경과다, 월경곤란증이 가장 주된 증상임
월경과다	• 월경과다, 과다출혈 등이 나타남
월경곤란증	• 속발성 월경곤란증 나타남 • 월경시작 1~2주 전부터 월경통 발생하여, 월경 끝날때까지 지속 → 이후에도 통증 있을수 있음
만성골반통 성교통	• 월경곤란증(만성골반통), 성교통 등
무증상	• 무증상인 경우도 35% 정도 됨
자궁증대	• 자궁 크기 증가 → 특히 월경 시에 더욱 커짐 → 임신 12주 이하 자궁크기
불임	• 20% 정도 불임과 관련 있음
동반질환	• 자궁근종 가장 많이 동반됨 • 자궁내막증식증, 자궁내막증, 자궁내막암과 동반되어 나타남 → 약 80% 정도 위 질환들이 동반됨

| 표. 자궁내막증과 자궁선근증 |

		자궁내막증	자궁선근증
연령		• 25~45세	• 40대 이상
산과력		• 초산부	• 다산부
사회경제적 상태		• 사회경제적 상태가 높음	• 사회경제적 상태가 낮음
증상	성교곤란증	• 아주 심함	• 있음
	월경곤란증	• 중증	• 경증
	불임	• 75%	• 20%
자궁 크기		• 정상 크기	• 광범위 비대 (자궁비대)

4 진단

- 40대 경산부에서 임신은 아니나 자궁비대, 월경과다증, 속발성 월경곤란증이 점차 심해지면 자궁선근증 의심

질식 초음파	• 질 초음파를 통해 자궁벽의 두께(자궁비대)나 내막의 상태를 확인함 • 자궁 선근증의 경우 자궁벽이 두꺼워지거나 내막이 불규칙적으로 침윤함
MRI	• MRI 검사를 통해 자궁의 세부 구조를 확인하고 자궁 선근증의 정도 평가함
CA-125	• 보조적 방법으로 CA-125 상승 확인 (확진검사 X)
조직검사 (확진검사)	• 자궁절제술 후 병리조직검사로 확진함

5 치료

NSAIDs	• 통증완화로 보존적 치료 시행
저용량 복합피임약	• 가성임신상태 → 배란억제, 무월경 → 프로게스테론 영향으로 자궁내막의 탈락막화 → 자궁내막 증식 억제, 안정화
프로게스틴	• 자궁내막을 얇게 하고, 월경 억제 → 통증, 출혈 완화
RU486	• 항프로게스테론 제제(프로게스테론 수용체 길항제) : 프로게스테론 억제 → 자궁내막 성장억제 → 통증, 출혈 조절
다나졸	• 시상하부의 GnRH과 성선자극호르몬을 억제 → GnRH 억제 → 성선자극호르몬 FSH, LH 분비 억제 → 에스트로겐, 프로게스테론 억제 → 자궁내막 성장 억제
GnRH 작용제	• GnRH 증가 → GnRH 증가 → (장기사용) 뇌하수체 탈감작 → FSH, LH ↓ → 에스트로겐, 프로게스테론 ↓ → 에스트로겐 감소 → 자궁내막 얇아지고, 통증 및 출혈 감소
미레나	• 자궁내장치(IUD)로 국소적 프로게스틴 방출 → 자궁내막을 얇게 하고, 월경 억제 → 통증, 출혈 완화
자궁절제술	• 임신과 무관하거나, 증상이 심한 경우 수술 시행

3 자궁내막증식증 (endometrial hyperplasia)

1 정의 및 호발연령

정의 (개념)	• 자궁내막과 기질이 비정상적으로 과도하게 증식하는 것임 → 자궁내막의 과도한 증식
호발연령	• 40대 여성 흔함 • 모든 연령층에서 나타남 (가임기, 폐경 이후 여성)
암	• 자궁내막암에 선행하거나 동시에 발생할 수 있음

2 원인 및 위험요인

무배란성 월경주기 (가장 주된 요인)	• 프로게스테론의 길항작용 없이 에스트로겐이 자궁내막을 지속적으로 자극해서 발생함 • 무배란주기 : 황체호르몬의 길항작용 없이 난포호르몬의 지속적인 자극 → 자궁내막이 과도하게 증식
에스트로겐	• 에스트로겐 의존성임 • 초경 일찍 시작한 경우, 폐경이 늦은 경우 등 → 에스트로겐 노출 많음
월경불순, 월경없는 경우	• 월경주기를 건너뛰거나 전혀 없는 경우 : 자궁내막이 떨어지지 않고, 자궁내막 증식 • 월경불순 있으면서 비정상적인 자궁출혈시 자궁내막증식증 의심
폐경 후 여성	• 폐경후 여성 : 부신의 안드로스테네디온(androstenedione) → 말초, 특히 지방조직에서 에스트론(estrone)으로 전환 • 폐경후 비만여성의 경우 : 지방조직이 많으므로 에스트론으로 전환이 더 많이 됨 → 에스트로겐 2~3배 많음
에스트로겐 호르몬요법	• 프로게스테론 길항작용 없는 에스트로겐 호르몬 요법시 발생
난소이상, 난소종양	• 과립막세포종, 난포막세포종, 다낭난소증후군 등 • 다낭난소증후군 : 무배란 → 프로게스테론 분비 ↓ → 에스트로겐만 자궁내막 자극

3 분류 (종류)

단순형 증식증 (낭성 증식증)	• 샘(gland, 선) 증가, 기질 증가 • 암으로 진행가능성 낮음
복합형 증식증 (선종성 증식증)	• 샘(gland, 선) 증식이 기질에 비해 훨씬 증가됨 • 자궁내막 세포로 조직이 꽉 차 있는 종양성 질환 • 암 발생 가능성 있음
이형 증식증	• 암 발생 가능성 높음

4 증상

비정상적 자궁출혈	• 가장 흔한 증상임 • 호르몬치료나 무배란주기 : 프로게스테론 길항작용 없이 에스트로겐의 지속적인 자극→ 자궁내막에 돌발출혈 발생
가임기 여성	• 부정자궁출혈, 월경과다, 불규칙과다 월경 등
폐경기 여성	• 불규칙한 자궁출혈 등
복통 등	• 드물게 복통, 월경통, 복부종괴, 질 분비물 등

5 진단

질초음파 촬영술	• 자궁내막 병변 확인 • 흔히 사용됨
소파술로 자궁내막생검 (확진검사)	• 확진검사임 • 자궁경하 소파술을 통해 자궁내막조직 채취하여 조직내막생검 • 자궁내막암의 위험인자(다낭난소증후군, 비만, 지속적 출혈 등)가 있는 경우와 자궁내막 두께가 5mm 이상인 경우는 자궁내막생검을 시행해야 함

6 치료

주기적 progestin 투여	• Medroxyprogesterone acetate (MPA, provera) 주기적으로 투여 • 프로게스틴 치료가 가장 기본 치료임
10대 여성	• 무배란성 월경주기 : 최소한 6개월 이상 프로게스틴 치료(인위적 에스트로겐-프로게스테론 주기를 만들기 위해 → 치료 후 자궁내막생검을 통해 반드시 치료 효과를 확인 (자궁내막암으로 진행여부 감시위해)
가임기 여성	• 최소한 3개월 이상 프로게스틴 치료 → 인위적 에스트로겐-프로게스테론 주기를 만들기 위해 → 치료 후 자궁내막생검을 통해 반드시 치료 효과를 확인 (자궁내막암으로 진행여부 감시위해) • 배란 유도 : 프로게스틴 치료 후 임신을 원할 경우 클리미펜(clomiphene) 등 배란유도제 가용
폐경기 여성	• 자궁보존을 원치 않을 경우 대개 자궁절제술이 시행

Part 08 난임간호

① 난임 정의 및 분류

1 난임 정의 17 임용
- 난임은 정상적인 부부관계(성생활)에도 불구하고 1년 간(1년 이내) 임신이 되지 않는 경우임

2 난임 분류

원발성 난임 (일차성 난임)	• 한번도 임신경험이 없는 경우임
속발성 난임 (이차성 난임)	• 적어도 한번은 임신경험이 있으나 더 이상 임신할 수 없거나 임신이 되어도 유지가 안되는 경우임 → 즉, 임신을 경험한 후에 임신이 안되는 경우임

표. 임신불능

임신불능	• 임신을 못하는 명백한 요인이 있는 경우임

② 난임의 원인

여성측 원인		• 40~50%
	호르몬 이상 (가장 흔함)	• 난포성장과 배란을 위한 적절한 호르몬 분비조절의 이상 → 시상하부-뇌하수체기능이상 및 배란장애
	해부학적 요인	• 수정이나 배아착상을 방해하는 해부학적 요인 → 난관이상, 자궁기형, 골반장기병변 등
	자궁경부 요인	• 정자의 자궁강 내 이동을 저해하는 자궁경부요인
남성측 원인		• 30~40% • 발기장애, 정자수 감소나 정액 내 정자가 없는 무정자증, 역행성 사정 등
원인불명 난임 (남녀 복합적 요인)		• 10% • 여성 고령 : 난자의 질 저하 등
기타		• 5%

1 여성 난임 원인

(1) 난소 요인

원발성 무월경	• 선천적 또는 발달적 기형 • 뇌하수체 혹은 시상하부의 호르몬장애 • 선천적 부신과형성증과 같은 부신장애
속발성 무월경	• 시상하부-뇌하수체-난소축 이상 → 무월경이나 무배란성 주기
경구피임약 중단후 무월경	• 월경기능장애(생리불순)가 있었던 여성들에서 경구피임약 중단 후 무월경 → 대부분 6개월 이내에 월경이 재개
조기폐경	• 40세 이전의 조기폐경
고프로락틴혈증	• 뇌하수체 종양(가장 흔함), 스트레스, 약물부작용 등으로 인한 고프로락틴 혈증 → 무배란, 무월경
미성숙 난소기능상실	• 선천적 또는 발달적 문제로 난소 미성숙, 난소 발달 부전 → 터너증후군, 선천적 생식선 이상 등
기타	• 노화, 비만, 다낭난소증후군, 대사질환(갑상샘질환, 당뇨 등), 섭식장애 → 무배란

(2) 난관, 복강 요인

난관손상, 난관유착	\multicolumn{2}{l	}{• 감염, 염증, 수술, 종양 등에 의해 난관이 손상되어, 난관유착, 폐쇄}
	감염 및 염증	• 골반염(가장 흔함) → 화농성 분비물이 있는 감염이 치유될 때 상처조직이 유착, 난관 폐쇄 • 염증성 장질환 등에 의한 난관 손상
	수술	• 유산, 맹장파열, 난관수술, 자궁외임신, 골반 수술로 인한 난관 손상
	자궁내막증	• 골반강 내 난관, 난소, 장 등에 유착을 일으킴 → 수정란 이동 방해 → 난임 또는 자궁외임신
	\multicolumn{2}{l	}{〈 난관 〉 • 난자와 정자가 만나 수정이 이루어지는 곳(난관팽대부)으로 수정란이 자궁강으로 이동하는 통로임}
	\multicolumn{2}{l	}{〈 난관유착이 자궁외 임신이 되는 이유 〉 • 난관유착으로 난관의 연동운동 및 섬모기능 저하 → 수정란이 자궁강으로 이동하는 것이 어려움 → 수정란이 자궁강 도달 실패 → 난관 내에 정체되어 착상 → 자궁외임신}

(3) 자궁 요인

해부학적 이상	자궁의 선천성 기형	• 자궁의 선천성 기형 : 중격자궁(가장 흔함) → 자연유산이나 조산의 원인이 됨
	자궁근종, 자궁선근증 자궁용종 등	• 자궁근종, 자궁 선근증, 자궁 내막 용종(polyp) → 골반장기의 구조적 이상 유발 → 수정 또는 착상 방해 → 난임
	자궁내 유착	• 자궁 내 유착 : 자궁내막 소파술, 소파술 → 자궁내막의 섬유화 → 자궁내막기능 손상 → 착상 어려움 → 난임
기능 이상	자궁내막염	• 만성 자궁내막염 → 다수의 성파트너 등으로 자궁경부나 난관의 감염 등 → 자궁내막유착 초래 → 난임
	황체기결함	• 황체기 결함 → 배란 후 난소의 프로게스테론의 분비로 변화하는 자궁내막의 변화가 난소주기와 일치하지 않는 것을 의미함 → 즉, 배란은 정상이지만, 황체에서의 프로게스테론 분비 부족 또는 자궁내막 반응 저하로 인해 자궁내막이 착상에 적합하게 변화하지 않는 상태임 → 난임

(4) 자궁경관 요인

• 에스트로겐에 의한 자궁경관 변화 : 점액 양↑, 점성도 감소(묽어짐), 견사성↑, 양치모양, 알칼리화

〈 배란 무렵 알칼리성 자궁경부점액 〉
• 정자 지지 : 알칼리성으로 정자 생존 연장 및 정자 보호
• 정자의 상행이동 도움 : 자궁강, 난관팽대부(수정장소)까지 이동

질 산성변화	• 세균, 자궁내 장치(IUD), 폴립(polyp), 항생제 치료, 정서적 스트레스, 당뇨병 등
질-경부 감염(세균성 질염)	• 질염 등 감염 : 질 산도↑, 백혈구세포 증가 → 정자 자궁경부에 도달하기 전에 파괴 → 운동하는 정자의 수 감소 → 난임
항정자 항체	• 항정자 항체 → 정자는 경부점액 내에서 움직일 수 없는 상태(정자 무력화)가 되거나 응집되어 자궁 내로 이동이 불가능 → 착상 이전 단계에서 실패 → 난임

(5) 원인불명 요인

35세 이상	• 난포 수 감소, 난자의 질 저하 → 생식력 감소
기타	• 정자나 난자의 기능이상, 수정능 저하, 배아 생성과정이상, 반복착상실패 등 기본적인 진단방법으로는 밝혀지지 않는 이상 → 원인불명 난임

2 남성난임요인

저하된 정자능력	• 중독, 특히 담배 • 연령 (고령) : 남성의 수정능력은 40세 이후 서서히 감소, 정자생성은 가능 • 성매개 감염질환 • 방사선 혹은 독성물질 등에 노출된 작업환경 • 고온환경에 노출된 음낭 • 영양결핍 • 비만 • 항정자항체

**구조적 장애
혹은 호르몬장애**
	• 잠복고환 : 무정자증이나 정자감소증을 유발
	  → 고환이 음낭외 위치(복강이나 서혜부에 위치)
	  → 고온 환경에 지속적으로 노출 → 정세관 발달과 정자 형성이 억제 → 무정자증
	     또는 정자감소증 초래
	• 정류정소
	• 요도하열
	• 정맥류
	• 정관 혹은 부고환병변
	• 테스토스테론 저하
	• 뇌하수체저하증
	• 내분비장애
	• 고환장애
	• 역행성 사정

그 밖의 요인	• 유전학적 장애(예: Klinefelter syndrome) • 정신적 스트레스 • 성욕감소 유발 약물 : heroin, methadone, 선택적 세로토닌 재흡수억제제(SSRIs), barbiturates • 발기부전 : 알코올, 고혈압치료제 등

❸ 여성 난임 사정

- 배란사정, 자궁경부점액검사, 난관검사, 자궁내막검사, 복막경 검사 등

1 배란사정

(1) 월경력 검사

검사 목적	• 월경주기 불규칙 또는 무월경 조사 → 배란이 잘 안됨, 시상하부-뇌하수체-난소기능 축 기능부전을 시사함

(2) 기초체온검사

검사 의미	• 배란이 되는 경우 24시간 이내로 체온 상승 → 다음 월경 시작 전 24~36시간(1~2일)까지 고온상태 유지 → 월경 시작과 함께 체온 하강(저체온)

(3) 자궁경관점액 검사 17 임용

검사시기	• 배란기에 시행	
호르몬	• 에스트로겐 영향	
검사항목	• 5가지 항목 평가 : 점액량, 점성도, 견사성, 양치엽상, 세포성분 → 총점 : 15점(각 항목당 3점씩 할당) → 10점 이상: 우수한 자궁경관점액 → 정자의 점액 투과성이 높음	
	① 점액량	• 자궁경관 점액의 분비량(양) 많음 → 자궁내막 분비기
	② 점성도	• 맑고 투명하여, 미끈거리는 점액
	③ 견사성	• 견사성이 큼 → 점액을 늘여도 끊어지지 않을 정도의 탄력있는 견사성을 보임 (손으로 점액을 늘렸을때 8~12cm 이상 끊어지지 않는 탄력성)
	④ 양치엽상	• 현미경상 양치엽상이 선명함 → 현미경상 염화나트륨의 결정화 보임
	⑤ 세포성분	• 세포가 거의 없음
	⑥ PH	• 알칼리 (PH : 7.0~8.5)

(4) 호르몬 검사

혈중 프로게스테론	• 프로게스테론은 배란이 정상적으로 일어나면 황체기 중기(배란 후 7~8일경)에 혈중 프로게스테론 농도 최대치 도달 → 3ng/mL 이상 시 배란이 있었다는 것을 의미함 • 난포는 배란 후 황체가 됨 → 황체 형성 → 프로게스테론 상승
소변 황체형성 호르몬 검사 (LH 검사)	• 소변내 황체형성호르몬(LH) 검사로 LH급증으로 배란 예측함 → 상용화된 키트(kit)검사로 집에서도 간단하게 검사 가능 → 배란 전에 배란을 예측할 수 있어 유용한 검사임 〈 LH surge(상승파동, 파동성 급증) 〉 • 에스트로겐 고농도 → 약 24시간 이내 LH surge(상승파동, 급격한 LH ↑) → 약 24~36시간 이내 배란 유도

난소예비력 검사	목적	• 난소가 갖고 있는 난포저장상태(난소 내 배란될 난포수 파악), 난소 기능저하여부, 난자의 질을 파악하기 위함
	적응증	• 35세 이상의 여성, 원인불명의 난임, 조기난소부전의 가족력이 있는 여성 등
	검사	• 혈청호르몬표지자검사(난포자극호르몬, 에스트라디올, 인히빈-B, 항뮬러관호르몬), 클로미펜 부하검사CCCT)
	〈 항뮬러관검사 (anti-Müllerian hormone, AMH) 〉	
	검사 의미	• 난소 예비력 검사 중 가장 대표적인 검사(주목받는 검사) • 높은 예측력을 가짐
	검사 목적	• 난소 내의 배란될 난포의 수를 파악함 → 난소 나이를 가늠하여 여성의 생식능력을 예측함 → 난소기능저하 파악
	검사 방법	• 혈액검사 (생리주기와 관계 없음)
	연령과의 관계	• 20대에 최고치 • 35세 전후부터 감소 • 고령일수록 감소 → 폐경이후 검출 X

내분비기능 검사	• 혈중 프로락틴 측정, 난포자극호르몬, 황체호르몬, 에스트라디올, 갑상샘호르몬검사 등

(5) 자궁내막조직검사

검사 목적	• 자궁내막 조직검사로 자궁내막이 분비기인지, 증식기인지를 보고 배란여부 판단 → 배란 X : 자궁내막 증식기, 배란 O : 자궁내막 분비기

(6) 초음파검사

검사 목적	• 질식 초음파 검사를 통해 난포의 발달과 성숙, 난포파열을 관찰하고, 배란 확인 → 배란시기를 예측할 수 있음

2 난관 및 복강요인 사정

- 자궁난관조영술(HSG), 루빈검사(난관통기성 검사, rubin test), 복강경 검사 등

(1) 루빈검사(난관통기성 검사, rubin test)

검사 목적	• 난관의 소통여부를 보는 검사임 (난관 통기성 검사)
검사시기	• 월경이 끝난 후 2~5일 사이에 실시 (월경주기 7~10일)
검사 방법	• 루빈캐뉼라를 이용하여 자궁경관으로 이산화탄소(CO_2)가스를 주입하여 난관의 소통 여부를 보는 검사임 → 현재는 거의 사용 X
검사 결과	**난관 소통**: • 환자가 견갑통을 호소 : 적어도 한쪽 난관은 소통하는 것으로 판단함 〈 견갑통 호소 이유 〉 • CO_2가 난관을 통해 복강으로 유입되어 횡격막 주위 늑간신경을 자극한 결과임 **난관 폐쇄**: • 양쪽 난관 폐쇄 : 가스가 복강으로 빠져나가지 못해 내부 압력은 계속 상승하며, 견갑통은 나타나지 않음

(2) 자궁난관조영술(hysterosalpingography(HSG)) 17 임용

① 검사목적

- 자궁, 난관의 외부와 복강요인(복강내 유착요인), 골반장기는 평가할 수 없음

난관 개통여부	• 조영제를 주입한 후, 난관을 통해 복강 내로 조영제가 퍼지는지 확인함 → 조영제가 퍼지면 개통(정상), 퍼지지 않으면 폐쇄 의심 → 난임 진단의 1차 목적
난관강 이상여부	• 조영제가 난관 안에서 울퉁불퉁하거나 확장된 소견을 보일 경우 난관염, 수종, 협착 등을 의심
자궁강 이상여부	• 자궁강 크기, 모양, 대칭성 등을 확인함 → 선천성 자궁기형(단각자궁, 격막자궁, 쌍각자궁 등), 자궁근종이나 용종에서도 다양한 크기와 모양이 발견됨
자궁내 유착	• 조영제가 자궁강 전체에 고르게 퍼지지 않고, 특정 부위에서 끊기거나 벽에 달라붙는 경우 자궁내 유착(Asherman 증후군) 가능성 있음
골반 병소 및 유착	• 조영제가 자궁 외부로 제대로 확산되지 않고 복강 내 비정상적으로 모이는 경우 골반 유착이나 복막염 후 변화 등을 알 수 있음
치료효과	**난관세척**: • 조영제가 난관을 통과하면서 난관 세척 → 점액성 찌꺼기, 염증 잔여물, 작은 유착 등을 씻어냄 → 난관의 일시적 개통 • 조영제가 난관을 통과하면서 난관 세척 → 꼬인 난관을 풀어줌 **유착용해**: • 난관점막의 섬모운동을 자극 → 점액 찌꺼기 제거하여 유착이 용해 **정균효과**: • 조영제 자체의 정균효과로 난임이 치료됨

② 검사시기

검사시기		• 월경이 끝난 후 2~5일 사이에 실시 (월경주기 7~10일)
이유	임신가능성 최소화	• 월경 직후 → 수정된 난자가 난관을 통해 복강으로 흘러나갈 가능성 X → 조영제로 인한 태아 위험 없음
	자궁 내막 증식 전	• 월경 직후는 자궁내막 증식 전 → 자궁 내막이 얇아 조영제 소통이 원활함
	출혈 위험 감소	• 월경이 끝나고 출혈이 적어진 시기 → 조영제 주입 시 출혈 위험 낮음
	감염 위험 감소	• 월경 직후(출혈 거의 없음) 시행 → 경부, 자궁 내 월경혈이나 세균이 적은 상태 → 조영제가 난관을 통해 복강으로 넘어가더라도 복강 내 감염 위험 ↓
	색전증 위험 감소	• 월경 직후 자궁내막이 얇고, 자궁 내 혈류량이 적은 시기 → 조영제 주입 시 혈관 내로 유입될 가능성 ↓(조영제가 혈관으로 잘못 들어갈 가능성 ↓) → 혈관 색전 가능성 ↓

③ 검사방법 및 검사결과

검사방법		• 캐뉼라를 자궁경관에 삽입한 후, 조영제를 자궁경관을 통해 자궁강 내로 주입하여 자궁과 난관의 해부학적 구조를 촬영 • 투시영상으로 난관통기성(난관 개통 여부), 난관강, 자궁강의 상태 등을 관찰함 → 조영제를 주입한 후, 난관을 통해 복강 내로 조영제가 퍼지는지 확인함 → 조영제가 퍼지면 개통(정상), 퍼지지 않으면 폐쇄 의심
검사결과	정상 (난관개통)	• 난관개통 시에는 조영제 주입 후, 10~15분 내 복강 전체로 조영제가 퍼지면서 일시적으로 견갑통(어깨통증)을 느낄 수 있음 〈 견갑통 호소 이유 〉 17 임용 • 조영제가 난관을 통해 복강 내로 유입될 때, 복막 자극 → 횡격막 주위 늑간 신경 자극 → 견갑통 발생
	비정상 (난관폐쇄)	• 조영제가 난관 끝까지 도달하지 못하고 중간에서 정체됨(조영제 흐름 중단) → 한쪽 또는 양쪽 난관 폐쇄 부위를 확인함
대상자 교육		• 자궁난관조영술 시 견갑통이 올 수 있음 • 자궁난관조영술 1~2시간 후 자궁경련이 올 수 있음 • 대부분 통증이나 불편감 없이 그날 또는 다음날부터 일상생활(일 포함) 가능

(3) 복강경 검사

검사시기		• 월경이 끝난 직후(월경주기 초기)에 시행 → 자궁 내막이 얇아 시야 확보 좋음, 임신 가능성 낮음
검사목적	복강, 골반장기	• 복강과 골반장기를 직접 눈으로 볼 수 있어서 자궁, 난관, 난소 등의 비정상적 상태나 복막으로 인한 난임 원인을 확실하게 파악할 수 있는 검사임
	장점	• 자궁난관조영술에서 발견할 수 없는 자궁내막증, 골반 및 부속기 유착, 난관폐쇄, 자궁근종, 다낭성 낭종 등을 확인할 수 있음 • 진단과 동시에 치료도 가능 → 유착박리 및 자궁내막증의 절제, 난소의 자궁내막종의 제거, 난관성형술을 시행할 수 있음
	단점	• 자궁강이나 난관강 내부는 볼 수 없음 → 자궁난관조영술과 함께 시행
적응증	최종난임 검사	• 검사 후 출혈, 감염, 장기손상 등의 합병증이 따르는 외과적 시술 → 다른 검사가 모두 선행된 후에 시행하는 최종 난임검사임
	자궁이상	• 자궁난관조영술, 자궁내막생검 시 자궁이상 확인되었을 때 → 즉시 시행
	원인불명 난임	• 약 1년 정도 임신을 시도한 후에도 임신이 안되는 경우
검사방법		① 일반적으로 시술 전 6~8시간 정도 금식하고 검사 바로 전에 입원 ② 검사 전 소변을 보고 전신마취 후 쇄석위 자세를 취함 ③ 바늘을 넣고 CO_2가스를 복막으로 주입하여 복강경을 촬영할 수 있는 공간을 확보 ④ 난관통기성이 확보되면 복막 내시경을 삽입하여, 직접 복강, 골반장기 관찰
환자교육	일시적인 견갑통, 늑골하부 불편감	• CO_2 가스 주입 → 복막 자극 → 횡격막 주위 늑간 신경 자극 → 견갑통, 늑골하부 불편감 발생 • 일시적인 현상으로 가스흡수되면 사라짐 → 24시간까지 지속될 수 있음
	시술후 불편감	• 시술 후 불편감은 1~2일간 지속될 수 있음 → 진통제로 통증 조절
	운전 피하기	• 시술 후 24시간 내 운전금지
	일상생활 복귀	• 시술 후 4~6시간 내 퇴원 가능 • 시술 2~3일 후부터 일할 수 있음

3 자궁요인

(1) 자궁내막생검

① 검사목적

착상가능성 평가 (주된 이유)	• 자궁내막이 수정란의 착상에 적절한지를 확인하기 위한 검사임 → 황체기에 자궁내막이 제대로 성숙되었는지를 평가함
황체기 기능 평가 (황체기 결함, 황체기의 LH 영향)	• 자궁내막이 황체기에 충분히 성숙했는지를 평가함 → 혈중 프로게스테론 생산 부족, 비정상 분비 확인 → FSH-LH의 이상분비, 고프로락틴혈증, LH에 대한 자궁내막의 부적절한 반응(배란 이후 내막의 성숙이 충분하지 않음 (황체 호르몬 반응 저하))등 복합적인 요인으로 나타남
배란 여부 평가	• 자궁내막의 양상을 통해 배란 여부 간접적으로 확인 → 자궁내막이 분비기 변화 (+) : 배란이 있었다는 간접 증거 → 자궁내막이 증식기 상태 (+) : 배란 실패 or 황체기 결함 의심
자궁내막염증 등	• 자궁내막의 염증은 착상을 어렵게 함 → 만성 자궁내막염, 자궁내막증식증, 결핵 등의 이상 여부 확인 가능

② 검사시기 및 검사방법

검사시기	• 배란 후 황체기에 검사 → 황체기 12일째(배란 후 12일째), 다음 월경 전 2~3일째(=월경주기 21~27일 사이 (개인 주기 차 있음, 보통 월경주기 26일) → 황체기에 자궁내막이 착상에 적절한지 확인(자궁내막 성숙 확인)
검사방법	• 가느다란 플라스틱 카테터를 경부를 통해 자궁강 내에 넣은 후 자궁바닥 쪽의 자궁내막조직을 떼어내 검사함

③ 검사 후 주의사항

질세척, 성교 금지	• 시술 후 72시간 동안 질세척, 질내 삽입, 성교 금지 → 감염 예방과 자궁경부 회복을 위함
활동 제한	• 검사 후 24시간 이내는 과격한 활동이나 무거운 것을 들어올리는 것은 금지 → 검사로 인해 약간의 복통과 점적출혈 가능성이 있으므로 안정필요
질출혈, 발열 등	• 시술 후 1시간 내 패드가 흠뻑 젖는 질출혈, 발열, 통증 있을 시 병원 연락

(2) 자궁경검사

검사방법	• 자궁경관과 자궁강 내를 직접 관찰하여 이상소견을 조사하는 내시경검사법
검사목적	• 자궁내막폴립, 점막하자궁근종, 자궁내막유착, 자궁 내의 선천적 기형 등을 진단 • 외래에서 마취없이 쉽게 시행하며 간단한 수술도 같이 시행할 수 있음

4 자궁경부요인 사정

(1) 성교 후 검사(postcoital test, PCT, Sims-Huhner test)
- 현재는 잘 사용 X → 표준화된 검사방법과 단일화된 진단기준이 없음

검사목적	• 자궁경부 점액의 정자 수용성, 정자의 침투력, 운동성 등을 평가하여 자궁경부가 난임의 원인인지 확인하는 검사임	
검사시기	• 배란 직전 시행 → 자궁경부점액이 알칼링며, 맑고 투명, 견사성이 뛰어난 상태 → 정자의 운동성과 생존 평가에 최적	
검사항목	• 자궁경부 점액의 점액양, 점성도, 견사성, pH, 세포수 등 평가	
검사방법	• 성관계후 2~12시간 안에 자궁경부점액을 채취하여 관찰함 → 검사당일 오전이나 전날 저녁에 성관계를 가지도록 함 (성교시 윤활제 금지) • 검사로부터 48시간 전부터는 금욕 시행	
검사결과	정상	• 자궁경부 점액 내에서 운동성 정자 5~10개 이상 관찰됨 → 정자의 직진 운동성 확인 가능
	비정상	• 운동성 정자 없음 또는 매우 적음 → 자궁경부 점액 문제, 항정자항체 등 의심 가능

5 기타 요인사정

(1) 항정자 항체검사

적응증	• 남녀 복합난임일 경우에, 또는 기본검사에서 원인규명이 안되고 성교후검사에서도 반복적인 이상소견을 보일 때 시행하는 검사임 • 남성이 성기 손상, 정관복원수술 경험, 감염 등의 병력이 있을 때, 성교후 검사결과 2회 비정상일 때 시행함	
빈도	• 난임 부부의 약 5~10%에서 항정자 항체 존재	
항체 존재위치	• 혈장, 정액, 자궁경부 점액 등	
항정자 항체 영향	남성	• 정자에 손상을 주어 정액검사에 이상소견을 보임
	여성	• 정자를 응집시켜서 정자의 운동성을 저해하여 경관점액으로의 침투를 막음 → 정자와 난자의 수정을 방해
검사방법	직접 면역항체검사	• 정액으로 직접 항정자 항체 검사시행
	간접 면역항체검사	• 혈청으로 간접적으로 항정자 면역 항체 검사시행
검사내용	• 항체의 존재 여부, 위치, 유형 등을 판별함 → 즉, 항체에 의해 둘러싸인 정자의 비율, 항체와 결합된 정자의 부분, 면역항체 종류를 확인함	
검사결과	• 항체와 결합된 정자의 수가 많고, 항체가 정자의 넓은 부위(예: 머리, 전체 표면 등)에 결합되어 있을수록 → 수정 능력과 운동성을 더 크게 저해 → 수태능력에 손상을 입을 위험이 높음	

(2) 경관점액 침투검사

검사목적	• 자궁경관점액 중 정자응집항체(agglutinating antibody)의 존재를 파악하는 것임
검사방법	• 정자와 자궁경관점액의 상호작용을 체외에서 정자-점액 교차적합 슬라이드검사를 하는 것임 ① 난임 남성 정자 + 공여(상대방, 정상) 여성의 정상 점액 ② 난임 여성 경관점액 + 공여(상대방, 정상) 남성의 정상 정자 → 두 조합을 각각 슬라이드에 적용해 정자의 침투 및 운동성 관찰
검사해석	• 두 조합 모두 정자 운동 정상 → 부적합 없음, 추가 검사 불필요 • 한 조합에서 부적합(정자 응집/침투 저해) → 남성 또는 여성의 항정자항체 존재 가능성 → 면역학적 검사 필요
검사결과	**정상**: • 정자가 경관점액 내에서 원활히 운동하고 점액을 통과함 → 항정자항체 존재 가능성 낮음 **비정상**: • 정자가 점액 내에서 응집되거나 운동이 억제됨 → 남성 또는 여성에게 항정자항체가 존재할 가능성 높음 → 추가 면역학적 검사 필요

4 남성난임사정

1 병력청취

생식력	• 피임하지 않은 상태의 불임기간, 과거 피임의 방법, 현재 또는 과거 배우자와의 임신 유무, 성관계 시간과 빈도 등
과거력	• 잠복고환, 볼거리 고환염(이하선염), 고환꼬임, 고환손상, 결핵, 부고환염, 성병 등
기타 독성물질 등	• 기타 환경이나 독성물질, 약물복용에 대한 노출, 방사선이나 고열에 노출되는 환경, 마약중독이나 스테로이드 제제 장기 복용 등 조사

2 신체검사

전체 사정	• 키, 골격, 근육발달상태, 남성화의 정도 등을 전체적으로 사정
이상 유무 관찰	• 요도하열 등의 음경이상, 고환용적 측정, 정관의 촉진, 정계정맥류 유무관찰

3 정액검사

검사목적	• 남성난임검사의 가장 중요한 기초검사임 • 정자희소증(무정자증)이나 정액생산이나 정액기형 검사함
검사방법	• 정액채취 전 2~5일간 사정행위 금하기 (성생활 금하기) • 수음(자위행위)을 통해 검사물 받기 → 윤활제, 콘돔 사용 금지 → 정자를 비정상으로 만듦 • 정액 채취 후 2시간 이내 검사실로 이동
검사내용	• 정액의 양, 산도(pH), 정자수, 운동성, 형태, 생존력, 백혈구수를 관찰함

검사결과 (2021, WHO)	최소정액량	• 1.4mL/1회,
	PH	• pH 7.2~8.0
	정자수	• 1,600만/mL 이상
	총운동성	• 42% 이상
	진행성 운동성	• 30% 이상
	정상형태	• 4% 이상
	생존력	• 54% 이상

4 호르몬 검사

적응증	• 정액검사에서 무정자증이 있거나, 발기부전, 성욕감퇴나 고환용적의 감소(고환의 크기 감소 또는 위축)가 있는 경우 내분비장애를 의심 → 혈청 테스토스테론과 난포자극호르몬(FSH)을 측정함
FSH 증가	• 고환에서 정자를 생산하는 기능에 장애가 있음을 의미함 • FSH → 고환의 세정관을 자극하여 정자 생산 유도 • 고환에서 정자를 충분히 만들지 못함 → 뇌하수체 FSH 분비 증가
테스토스테론 감소	• 성선기능저하증 의심 • 테스토스테론 : 고환의 간질세포에서 생성되는 남성호르몬

5 여성 난임치료

1 배란장애 치료

치료 목적	• 무배란 및 배란장애 환자 → 난포성장장애(난포 미성숙), 무배란 → 난포 발달, 난포성숙 촉진

표. WHO의 배란장애 분류

Group I	시상하부-뇌하수체 부전	• 스트레스, 체중 감소, 과도한 운동, 신경성 식욕부진, 칼만증후군 등으로 GnRH 분비 감소 → FSH↓ LH↓ → 무배란 (무월경으로 FSH 수치는 저하되고 에스트로겐과 프로락틴 수치는 정상범위를 보임)
Group II	시상하부-뇌하수체 기능부전	• 다낭성 난소증후군 존재 → FSH 정상, LH 상대적 증가 → 무배란
Group III	난소부전	• 혈중 FSH의 상승을 동반하는 무월경 환자 → 난소 기능 소실(조기폐경 등) → FSH↑, LH↑, 에스트로겐↓
고프로락틴혈증		• 월경의 약 5~10%의 원인이 됨 • 고프로락틴혈증 → GnRh 분비 억제 → FSH, LH 분비 감소 → 배란 억제(무배란) → 프로게스테론 분비 X (자궁내막 탈락 기회 X) → 무월경

(1) 클로미펜 (clomiphene citrate)

기전	• 시상하부의 에스트로겐 수용체 차단 → GnRH 분비 증가 → FSH/LH 증가 → 난포 성장 및 배란 유도 (선택적 에스트로겐 수용체 조절제(SERM: Selective Estrogen Receptor Modulator) • 시상하부의 에스트로겐 수용체를 차단하여, 뇌하수체의 FSH 분비를 촉진함으로써 배란을 유도하는 경구용 배란 유도제임
투여방법, 투여용량	• 경구로 투여 • 초기용량은 50mg에서 시작함 → 반응이 없는 경우 100~150mg까지 증량
투여시기	• 월경시작 2~5일째부터 5일간 투여
안전한 방법	• 비교적 안전하고 저렴함 • 복용이 간편하여 배란유도에 일차적으로 사용 (가장 흔히 사용)
적응증	• 무배란, 배란장애, 다낭성 난소증후군 등
배란성공률	• 70% 이상
배란관찰	• 기초체온표, 혈청 프로게스테론 수치 관찰 • 초음파를 통한 난포 발달 상태, 배란 시점 직접 확인
부작용	• 과배란 증후군 (난소증대 등), 안면홍조, 골반압통, 복통, 경증의 유방통, 시야장애 등
병용요법	• Metformin이나 dexamethasone을 병합시 효과 증진

(2) 인간(사람)폐경 성선 자극호르몬
　　(hMG, Human menopausal gonadotropin, Gonadotropins)

기전	• 폐경 후 여성의 소변에서 추출한 것임 • FSH + LH 복합제로 FSH와 LH가 동일 용량 포함(성선자극 호르몬임) 　→ 난포의 성장과 성숙에 직접 작용
적응증	• 클로미펜에 저항성이 있는 다낭난소증후군 여성 • 체외수정(IVF)·배아이식 시 과배란 유도　　여러 개 난자 성숙 유도 • 배란 유도 치료 전반　　배란장애(무배란, 희발배란) 여성에 사용 • 인공수정(IUI) 시 배란 유도
투여방법	**투여시작일**: • 월경 2~3일째 시작 **총 투여기간**: • 보통 총 5~12일간 투여 (난포 직경 18~20mm 도달 시까지) **단계적 용량감소법**: • 초기 용량: 150~225 IU/일 　• 보통 5일간 매일 투여(피하 또는 근육주사) 　• 4~7일 후 초음파로 난포 크기·수 확인, 혈중 에스트라디올(E2) 수치 확인 → 반응에 따라 점차 용량 감소 **HCG 투여 (배란유도시점)**: ① 초음파로 난포 크기·수 확인 : 난포 직경 18~20mm ② 혈중 에스트라디올(E2) 수치 확인 　→ 1,500g/ml 시 hCG 주사(근육 or 피하)로 배란 유도
부작용	• 과배란증후군, 다태임신, 난소파열, 복강내 출혈 등

(3) 소변 또는 유전자재조합 hCG (사람융모성선자극호르몬)

투여 목적 (기전)	• 난포를 성장시키는 것이 목적이 아님 → 성숙난포에서 LH surge(상승파동) 유발하여 배란을 유도하는 것이 주 목적임
	• 충분히 성장한 난포에 작용하여 배란 유도 → LH surge(상승파동) 유발 → 난포파열 → 배란 유도

(4) FSH

투여 목적 (기전)	• 난포 직접 자극 → 난포 성장 유도

(5) GnRH 관련 배란 유도제

① GnRH 펌프

투여 방법 (정의)	• 60~90분마다 여성의 체내로 약물이 투여되도록 하는 장치로, 정맥 내로 GnRH주기적으로 주입됨
적응증	• 시상하부성 무월경, 월경주기가 없거나 적절한 호르몬이 배출되지 않은 여성
작용 기전	• GnRH 주기적 공급 → 뇌하수체 자극 → FSH/LH 정상화 → 배란 유도
장점	• 다태임신율 낮고, 모니터링 필요 적음
단점	• 지속 착용 불편

② GnRH 작용제

투여 방법	단기사용법	• 월경 2~3일째부터 hCG를 투여할 때까지 지속 투여 (지속적으로 8~20일 정도 투여하는 방법)
	장기사용법	• 월경시작 7~10일 전부터 hCG 투여 때까지 지속투여 (약 2~3주간 지속 투여)
작용 기전		• 뇌하수체 GnRH 수용체의 탈감작시켜 성선자극호르몬(hMG) 투여로 난포성장 유도 • GnRH 수용체 자극(작용) → 뇌하추체 GnRH 수용체 탈감작 → 뇌하수체의 FSH/LH 분비 억제 → LH surge (상승파동) 억제 → 조기배란 억제 • 이후 혈중 호르몬 및 초음파로 탈감작 확인 후 → 외인성 성선자극호르몬(hMG , Gonadotropins) 투여 → 난포성장 및 배란 유도

표. 배란유도제 3단계 작용 흐름

사용 약물	목적	기전
① GnRH 작용제	• 조기 배란 억제	• 뇌하수체 탈감작 → LH surge 차단 → 조기배란 억제
② hMG	• 난포 성장 유도	• FSH 작용으로 여러 난포 성장
③ hCG	• 난자의 최종 성숙 유도, 배란 유도	• LH 유사작용 → 배란 유도
	〈 hCG 투여 시점 〉 • 난포 성숙(≥18~20mm) 확인 후 GnRH 작용제 중단과 동시에 hCG 주사로 배란 유도	

③ GnRH 길항제

작용기전	• GnRH 수용체 차단 → 성선자극호르몬 분비(FSH, LH) 억제 → LH surge (상승파동) 억제 → 조기배란 억제
투여시기	• 성선자극호르몬을 투여하여 난포를 키우다, 조기배란 가능성 있는 시점부터 투여 시작
부작용	• 복통, 두통, 질출혈 등
장점	• 난소과자극증후군의 발생빈도가 낮음
특징	• 최근 시험관시술 시 가장 많이 사용되는 방법임 → 즉시 효과: 투여하자마자 GnRH 수용체 차단 → LH 억제됨 (작용제는 느림 : 5~10일 후 효과)

④ 브로모크립틴 (bromocriptine) 25 임용

적응증	• 고프로락틴 혈증으로 인한 무배란시 사용
기전	• 도파민 작용제로 프로락틴 분비 억제 → GnRH 회복 → FSH/LH 회복 → 배란회복 (정상적인 난포 성숙 등)
투약방법	• 경구용 약물로 하루에 1~2회 투여 → 자기전 투여 : 혈중 프로락틴이 하루 중 밤 사이에 오르는 양상을 보임
부작용	• 구역, 구토, 기립성 저혈압 등 → 투약시작 시에는 하루에 반알(1.25mg)부터 시작함

⑤ 메트포르민 (Metformin) 25 임용

적응증	• 다낭난소증후군을 가진 무배란성 주기 여성의 클로미펜 사용 효과를 강화시킴
효과 (기전)	• 혈중 인슐린 농도 감소, 안드로겐 농도 감소 → 배란 개선
	• 혈중 인슐린 감소→ 난소 안드로겐 생성 감소 → LH 분비 과다 억제 → GnRH 주기 정상화 → FSH-LH 균형 회복 → 배란 가능성 증가

⑥ 갑상샘약

항갑상샘약	• Propylthiouracil (PTU, 프로필티오우라실) : 갑상샘항진증 동반 시 배란 회복
갑상생호르몬	• Levothyroxine (레보티록신) : 갑상샘저하증 동반 시 배란 회복

2 자궁경관점액이상의 치료

구분	내용
점액량/질 이상	• 월경 5~12일에 에스트로겐 또는 배란유도제 투여
경관염	• 균 배양검사 후 적절한 항생제 투여
산성 점액	• 에스트로겐 투여 또는 알칼리성 질세척제 사용
질자궁경관염 영향	• 질 산성도 증가, 경부점액 알칼리성 감소 → 정자 생존율 저하
기타 영향인자	• 혈액, 세균, 자궁내피임장치, 암, 스트레스, 항생제, 당뇨 등 → 점액 상태 악화
만성 염증 치료	• 항생제 외 화학적 소작, 고열소작, 전기소작, 냉동수술, 원추절제 등 필요
질염 예방	• 개인위생 유지, 배변후 앞에서 뒤로 닦기 • 과도한 청결제 사용 피하기, 거품목욕 피하기, 꽉 끼는 옷 피하기 • 스트레스 관리 → 질 내의 pH를 높여서 질염 발생 위험
면역반응 있는 여성	• 6~7개월간 성교 시 콘돔 사용하여 항체 생성 억제 • 배란기 외에도 지속적 콘돔 사용 → 임신 가능성 증가

3 난관폐쇄의 치료

구분	내용
진단 및 수술 발전	• 복강경 수술과 로봇수술로 정교한 박리·봉합 가능 • 소염제, 유착방지제 등 활용 → 수술 후 유착 최소화
근위부 폐쇄	• 자궁난관조영술 + 도관삽입술 시도 → 미세수술보다 이환율·비용 낮음
중위부 폐쇄	• 난관 폐쇄 부위를 절제 후 문합술 시행
원위부 폐쇄	• 난관채부 유착 제거, 난관채부성형술 또는 난관개구술 시행
근위부 + 원위부 폐쇄	• 수술적 성공률 낮음 → 체외수정(IVF) 권장
난관수종 동반 시	• 난관개구술 시행 고려
불임시술 이후	• 복강경 미세난관복원수술 시행 → 미세수술적 난관재문합술 → 임신 성공률 55~81% (수술 후 18개월 이내)
자궁난관조영술	• 자궁난관조영술은 진단 목적이나, 도관삽입술 등을 통해 치료적 의미도 가짐

4 자궁내막이상과 황체기 결함의 치료

점막하근종	• 근종절제술 시행 → 수정·착상 시 물리적 방해 제거	
자궁내막염	• 항생제 투여 (자궁경부 및 난관 감염 예방 목적)	
자궁내막 상흔	• 반복적 소파술로 상흔 제거 시도	
황체기 결함 치료	투여방법	• 질 좌약 또는 근육주사 형태의 프로게스테론 12.5mg투여 • 배란유도제 병행 가능
	투여시기	• 배란예정일 후 2일에 시작해서 월경기가 시작될 때까지 매일 투여
효과 확인	• 치료 중 자궁내막 조직 검사로 황체기 결함 치료 여부 확인	

5 면역학적 요인의 치료

치료방법	• 약 5~6개월간 성교 시에 콘돔을 사용한 후에 혈청과 경부점액의 항체역가를 측정하여 치료효과를 추적함 〈 콘돔 사용 이유 〉 • 대장균 감염이 있으면 이에 대한 항체가 형성되고 이 항체가 정자와 교차반응을 함 → 콘돔을 사용하여 정자가 대장균 속의 항체에 노출되는 것을 줄임
보조요법	• 정액을 배양액으로 세척하여 자궁에 주입함으로써 면역학적 요소를 제거함

6 선천성 기형의 치료

진단	• 자궁난관조영술을 통해 형태적 기형(쌍각자궁 등) 확인
중격자궁	• 난임, 유산, 조기분만, 태아 위치이상 유발 → 자궁경을 이용한 중격 제거술 고려

6 남성 난임치료

1 일반적 대증치료

음낭의
온도상승 피하기
	• 매일 뜨거운 물 또는 통목욕, 사우나, 꽉 끼는 옷 → 음낭의 온도 상승
	  → 고환의 정자 생성 저하, 운동성 감소
	  → 간편한 속옷이나 헐렁한 옷 입기, 오랫동안 뜨거운 목욕탕에 들어가 있지 않기

과음 피하기 (알코올 X)	• 발기상태가 사정 때까지 유지되는 것을 어렵게 함 → 사정 어려움
염증, 영양실조 X	• 요도염, 전립선염, 부고환염, 고환염 등 생식기 염증 X → 생식기 구조 손상, 정자손상, 정자 생존율, 운동성에 악영향 유발 • 영양실조는 정자 수 감소, 운동성 저하, 기형 정자 증가를 초래할 수 있음
스트레스 X	• 남성의 발기불능, 조루증은 심리적 요인 많음
약물복용 중지	• 약물(안정제, 진정제, 교감신경 억제제 등) 복용으로 인한 난임은 약물복용 중지

2 약물치료

(1) 내분비 장애

저성선자극호르몬 -성선저하증		• GnRH, 성선자극호르몬 또는 안드로겐을 1년 이상 투여하여 치료
고프로락틴혈증	원인	• 향정신병약물, 삼환계 항우울제, 아편제 등 중추신경계에 작용하는 항도파민성 약물투여가 원인임
	증상	• 성선저하증, 성욕감퇴, 발기부전 등을 유발
	치료	• 도파민 작용제인 bromocriptine으로 치료

(2) 생식기 감염

생식기 염증	• 요도염, 전립샘염, 고환염, 부고환염 등 → 농정액증: 10~20%에서 관찰
항생제 치료	• 배양검사 후 적절한 항균제 사용

(3) 사정 장애

역행성 사정	원인	• 역행성 사정은 척수손상, 당뇨병성 신경병증 등이 원인임
	치료	• 교감신경작용제인 ephedrine 25~50mg, 1일 2~4회
심인성 발기부전, 조루		• 정신과 치료 권유

(4) 항정자 항체

치료 중요성		항정자항체는 정자의 운동성이나 수정능장애를 유발하는 직접적인 원인이 됨
치료	약물	코르티코스테로이드나 cyclosporin 같은 면역억제제가 투여됨 → 항체 역가를 낮춤
	정자주입술	약물치료 6개월 후에도 호전이 없으면 자궁 내 정자주입술이나 난자세포질 내 정자주입술이 고려되어야 함

7 난임치료 시술

1 인공수정 (자궁강 내 정자주입술)

(1) 방법(개념)

- 처리된 정자를 가늘고 유연한 카테터로 자궁경관을 지나 자궁강 내에 직접 주입
  → 자궁강 내 정자 주입술로 임신유도함

(2) 적응증

주된 적응증	정자가 자궁경관점액을 통과하지 못하는 남성난임증 → 정자가 경관점액을 통과하지 않아도 되고, 자궁 내 바로 전달돼 임신율 향상
기타 적응증	정자의 수 감소 정자의 운동성 감소

(3) 인공수정 종류

배우자 간 인공수정방법	정의	남편의 정자를 사용
	적응증	남편의 정자수가 적거나 운동성이 약할 때
	방법	남편을 3~4일간 금욕시킴 시술 2시간 전에 수음을 통해 정액을 채취하게 하여 정자를 처리함 → 정자처리법을 통해 운동성도 좋고 정상적인 형태의 정자의 비율을 높임
비배우자 간 인공수정방법	정의	남편 이외 공여자의 정자를 사용
	적응증	남편이 무정자일 때 유전적 질환이 있을 때 원인불명의 난임이 있을 때
	서면 동의 등	법적·윤리적 문제가 있으며, 서면 동의 필요 정자 제공자는 건강하고 유전질환 가족력이 없어야 하며 감염병 검사 필수 (AIDS, 매독, B형간염 등)

(4) 인공수정 절차

배란 유도제	• 배란유도제를 생리 2~3일째부터 투여하여 과배란유도 시행
배란 시기예측	• 초음파 및 배란예측도구(기초체온법 등)를 이용해 배란시기 예측
정액 채취	• 3~4일간 남편 금욕시킴 • 시술 2시간 전에 수음을 통해 정액 채취
운동성 좋은 정자선택	• 형태, 운동성 좋은 정자를 선택
정자 주입	• 가늘고 부드러운 카테터를 이용해 정자를 자궁강 내에 직접 주입
시술 후 안정	• 시술 후 15~20분 안정

(5) 인공수정 성공률

성공률	• 성공률은 환자의 나이, 배란촉진제의 종류, 난임의 기간, 난임의 원인, 정자의 운동성과 특성에 따라 다름
3회 이상 실패시	• 3회 이상 실패 시 보조생식술인 체외수정과 배아이식, 미세수정술(ICSI) 등을 시행

2 보조생식술

(1) 체외수정-배아이식 (IVF)

① 개념

수정 후 자궁내막 이식	• 시험관 아기 시술이라고도 불림 • 난와 정자를 채취하여 모체가 아닌 시험관에서 수정시켜 2~5일(보통은 2~3일) 배양 후에 자궁내막에 이식하여 착상시키는 방법임

② 적응증

- 심각한 자궁내유착이나 자궁에 해부학적 문제가 없는 여성에게 효과적인 난임 치료를 한 후 시행함
- 적어도 1년 이상 여러 가지 방법의 난임 치료를 하였으나 실패할 경우 실시함

분류	내용
난관 요인	• 난관 폐쇄, 유착, 난관수종 등 • 복강경 수술로 교정이 어렵거나 실패한 경우
남성 요인	• 정자 수 감소, 운동성 저하, 형태 이상 • 항정자 항체에 의한 면역학적 난임 포함
배란 장애	• 배란유도 치료에 반응하지 않거나 반복 실패한 경우
자궁내막증	• 중등도 이상의 자궁내막증 시

분류	내용
인공수정 실패	• 반복적인 인공수정 실패 시
자궁경관 요인	• 경관협착, 점액 이상, 정자 경관통과 장애 등
원인불명 난임	• 검사상 특별한 이상이 없으나 1년 이상 자연임신 실패
인공수정 실패	• 3회 이상 인공수정 실패 후 체외수정 전환 고려

③ 시술 과정 (시술 절차)
- 과배란 유도, 난자 채취과정, 생식세포 준비(수정 및 배양), 배아이식의 네 단계를 거침

㉠ 과배란 유도

목적	• 체외수정을 위해 다수의 성숙 난자를 얻기 위함 → 조기 LH surge 억제 및 균등한 난포 성숙 유도
종류	• gonadotropin(hMG), GnRH 작용제 또는 GnRH길항제 투여

표. 과배란 유도 장기요법, 단기요법

장기요법 (GnRH 작용제)	GnRH 작용제 투여	• 배란 후 약 7~10일 (황체기 중기) • 체내에서 분비되는 여성 호르몬을 낮추고 생리를 유도하는 방법임 (생리를 맞춰 시작하고, 생리 2~3일차에 과배란제를 시작하기 위함) → GnRH 작용제 처음에는 FSH, LH를 과도하게 분비 → 지속 투여하면 뇌하수체가 탈감작 → 결국 FSH, LH가 억제 → 에스트로겐, 프로게스테론 감소 → 자궁내막이 탈락되어 생리 발생
	과배란제 투여	• 배란 후 7~10일 전부터 월경 2~3일째 까지 GnRH 작용제 투여 • 이후 월경 2~3일째부터 배란직전까지 hMG, FSH으로 과배란 유도
단기요법 (GnRH 길항제)	과배란제 투여	• 월경 2~3일차~배란직전까지 : 과배란제(hMG, FSH)
	GnRH 길항제	• 난포가 일정 크기(13~14mm) 이상 자라면 → GnRH 길항제 추가 투여하여 LH surge 억제 → 배란이 예상보다 빨리 되면 난자 채취 실패 위험 있으므로, 배란 억제 → 의도된 시점에 hCG로 배란 유도 후 난자 채취

㉡ 난자 채취

hCG 투여	투여시기	• 우성난포 지름이 18mm 이상, 자궁내막 두께 8mm 이상 시 hCG 투여
	투여목적 (기전)	• hCG는 LH 수용체에 작용하여 최종 난자 성숙 유도 (LH surge와 유사하게 작용)
난자 채취		• hCG 투여 36시간 후 난자 채취 → 질식초음파 유도하 난포 흡인 (정맥마취하 시술, 약 20분 소요) • 흔한 합병증 : 질출혈

ⓒ 수정 및 배양

- 성숙 난자와 운동성 좋은 정자를 배양액에 함께 배양
  → 난자와 정자를 한 배양접시안에 넣고, 난관속과 같은 환경(배양기구)에서 수정 시행

ⓔ 배아이식

방법	• 배양된 배아를 초음파 유도 하에 자궁내로 이식함	
시기	• 정자와 난자 수정 후 2~5일간 배양한 배아를 자궁 내로 이식	
배아이식 개수	• 3개 이하 (법적 제한 있음)	
이식 후 프로게스테론 (황체호르몬) 투여 25 임용	투여목적	• 배아 이식 후 자궁내막 안정성을 위해 → 착상준비 및 임신 유지 → 즉, 자궁내막을 착상에 적합하게 유지하여 임신 유지
	투여시기	• 배아이식 후 ~ 임신 8주까지
	투여방법	• 근육형, 피하형, 질삽입형, 경구형

ⓜ 임신 확인 25 임용

혈청 β-hCG	• 난자채취 후 12~14일(배아이식 후 11일째) 혈청 β-hCG 검사 → 임신 확인
초음파 검사	• 혈청검사에서 β-hCG로 임신이 확인되면 임신 5~6주에 초음파검사로 임신을 확인함

(2) 난자세포질 정자주입술

개념	• 수정을 위해 한 개의 난자에 한 개의 정자를 주입하는 방법임	
시술방법	• 미세조작기를 이용하여 난자의 투명대를 뚫어 정자를 난자의 세포질 내에 직접 주입함	
적응증	남성요인	• 정자기능이상(희소정자증, 정자무력증, 기형정자증 또는 이 요인들이 복합된 경우), 척추장애로 인한 정액사출 불능, 항정자항체, 역방향사정
	여성요인	• 미숙난자, 중증 자궁내막증 등
	원인불명, 체외수정 실패시	• 원인불명 난임 • 이전 체외수정에서 특별한 이유 없이 2회 이상 수정이 실패했을 경우
성공률	• 임신성공률은 약 50~70% • 정자 기능이상이 있는 경우 체외수정-배아이식 (IVF)보다 성공률이 높음	

(3) 보조부화술

개념	• 배아가 자궁에 착상되기 위해 반드시 거쳐야 하는 부화 과정을 인위적으로 돕는 시술임 〈 부화과정 〉 • 배아가 자신의 투명대를 뚫고 나와 자궁내막에 착상할 수 있도록 준비되는 단계임 　→ 투명대가 두껍거나 단단할 경우 이 과정이 저해되어 착상률이 떨어질 수 있음 　→ 이때 체외에서 투명대에 물리적 또는 화학적 처치를 하여 착상을 도움	
적응증	① 고령(모체 연령 증가) ② 반복적인 착상 실패 ③ 동결 배아이식 주기	
시술 방법	투명대 부분절개술	• 투명대를 기계적으로 절개함
	효소로 용해	• 효소로 투명대를 부분적으로 녹여(용해) 얇게 만드는 방식임
	레이저	• 레이저로 투명대에 구멍을 뚫거나 절개해서 배아가 빠져나오기 쉽게 만듦

(4) 생식세포 난관내 이식

항목	내용
개념	• 난자와 정자를 채취 후 체외에서 혼합하여 난관에 직접 주입하는 방법 (수정은 체내에서 이루어짐)
시술방법	① 과배란 유도 ② 난자 및 정자 채취 ③ 약 10만 마리 정자와 2개 난자를 혼합 ④ 일측 혹은 양측 난관에 주입
특징	보다 생리적인 방식으로 간주됨 (체내 수정)
적응증	① 원인불명 난임 ② 자궁내막증 ③ 경부요인 난임 ④ 면역학적 난임 ※ 최소한 한쪽 난관이 정상일 것

(5) 접합자 난관내 이식

개념	• 수정된 접합자(전핵기)를 난관에 이식하는 방법 (수정은 체외에서 이루어짐)
시술방법	• 주로 복강경을 통해 난관 주입, 일부 자궁경관 경유 주입
적응증	• 남성 난임 • 면역학적 난임 • 정자-난자 수정 가능성 평가가 필요한 경우①
성공률	• 임신성공률은 약 50~70% • 정자 기능이상이 있는 경우 체외수정-배아이식 (IVF)보다 성공률이 높음

Part 09 폐경기 간호

1 갱년기 진행과정

1 갱년기 및 폐경 정의

갱년기	• 폐경을 전후한 40~60세 사이임 • 생식기능이 없어지며, 난소기능감퇴, 내분비계 변화 및 정신사회적 변화에 의한 여러 가지 신체적 증상과 심리·정서적 증상이 나타남
폐경(완경)	• 난소의 기능이 상실되어 에스트로겐의 분비가 없어지고, 임신할 수 없는 상태 즉, 노년기로 가는 과도기임

2 폐경의 이행과정

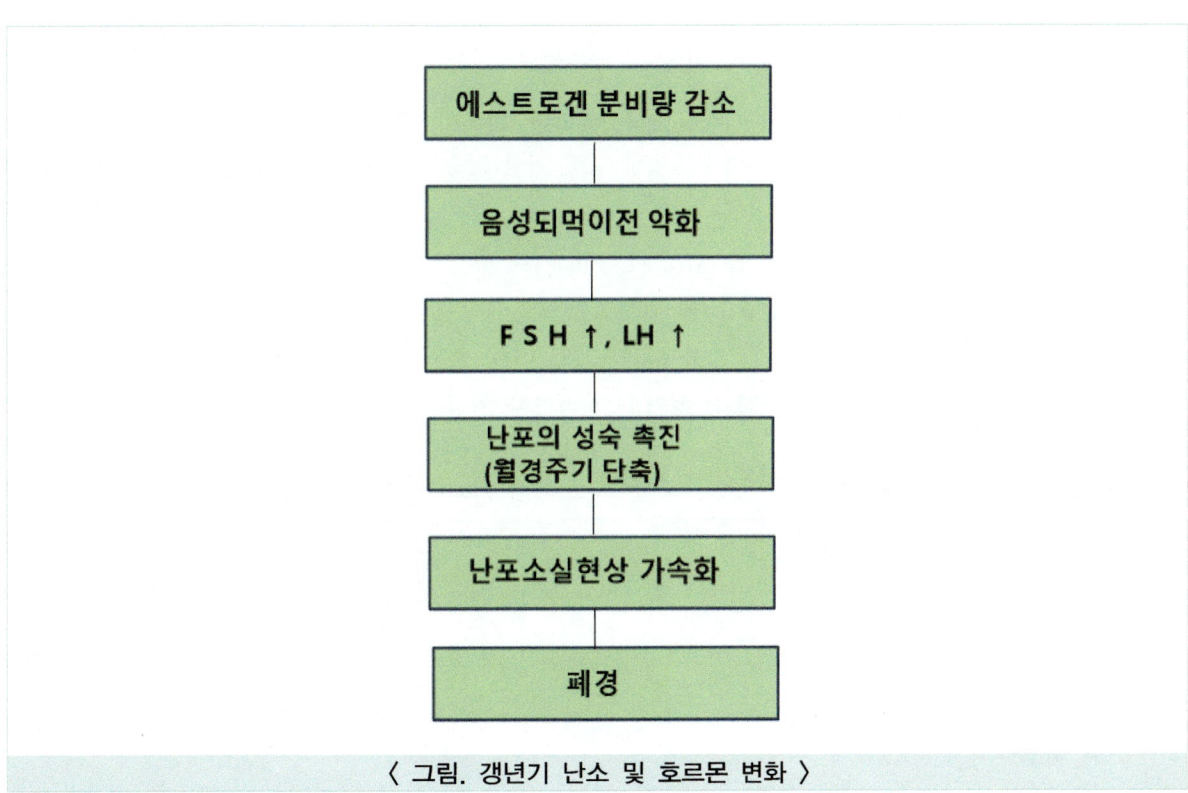

〈 그림. 갱년기 난소 및 호르몬 변화 〉

(1) 폐경전기

정의		• 폐경이행기(주폐경기) 이전에 월경주기 변화가 시작되는 시기임 • 폐경 되기 전 약 10년 전부터 난소크기와 무게 감소 → 난포수 작아짐 → 에스트로겐, 인히빈(inhibin) 분비 저하
난소 및 호르몬 변화	에스트로겐	• 감소
	FSH	• 상승
	LH	• 변화 없음
	배란	• 유지됨
월경주기		• 난포기 짧아지고, 월경주기 23~25일로 단축됨

(2) 폐경이행기(주폐경기)

정의		• 가임기에서 폐경으로 넘어가는 과도기 • 40세 전후로 난소기능의 쇠퇴가 시작되어 폐경으로 진행되는 시기	
난소 및 호르몬 변화	에스트로겐	• 감소	
	FSH	• 상승 (24mIU/ml 이상, 정상 : 5~10mIU/ml)	
	LH	• 일부 상승 • LH surge(상승파동)는 없음 〈 LH surge(상승파동, 파동성 급증) 〉 • 에스트로겐 일정 이상 상승 → LH 급격히 분비(LH surge) → 배란 유도	
	배란	• LH surge(상승파동)는 없음 → 비배란(무배란)이 많음, 일부 배란 있을 수 있음	
월경주기	• 월경주기 짧아지고, 불규칙함(21일 이하 짧은 주기, 45일 이상 긴 주기)		
	폐경이행기(주폐경기) 초기	• 다양한 월경주기 정상보다 7일 이상 차이남	
	폐경이행기(주폐경기) 후기	• 월경주기 2회 이상 건너뜀 • 무월경 간격 60일 이상	

(3) 폐경후기

정의	• 폐경은 최종 월경 후 1년 동안 월경이 없는 기간임 • 월경중단 12개월 경과 이후 후향적으로 진단함	
난소 및 호르몬 변화	• 에스트로겐 현저한 감소, FSH, LH는 현저한 상승	
	에스트로겐	• 감소
	FSH	• 상승 (40mIU/ml 이상, 정상 : 5~10mIU/ml)
	LH	• 상승
	배란	• 무배란
월경	• 없음	
폐경 후 성호르몬	• 부신의 안드로스테네디온(androstenedione) → 말초조직(지방조직, 근육 또는 골기질세포)의 전환효소(aromatase)에 의해 에스트론(estrone)으로 전환 (부신) 안드로스테네디온(androstenedione) —(말초조직)전환효소(aromatase)→ 에스트론(estrone, E1) • 폐경 후 20~30년까지도 에스트로겐이 어느정도 유지됨 • 성호르몬체계가 시상하부-뇌하수체-난소 → 시상하부-뇌하수체-부신으로 변경됨	

기간	-5	-4	-3	-2	-1	+1	+2
용어	가임기			폐경이행기		폐경후기	
	초기	정상	후기	초기	후기*	초기*	후기
				주폐경기			
기간	다양			다양		1년	4년 사망시까지
월경기간	다양 규칙적	규칙적		다양한 월경주기 정상보다 7일이상 차이남	월경주기 2회 이상 건너뜀 무월경 간격 60일 이상	무월경 12개월	없음
FSH	FSH 정상			FSH 상승			

*혈관운동성 있음

⟨ 그림. 여성의 정상생식 노화과정 7단계(STRAW, 2001) ⟩

자료원. 대한산부인과학회(2015). 부인과학(5판). 도서출판. 고려의학

2 갱년기의 건강문제와 건강관리

표. 나이에 따른 폐경증상

- 자율신경계 증상(홍조, 발한) → 정신적 변화 → 비뇨생식계 증상(위축, 요실금 등) → 피부위축 → 골다공증 → 심혈관질환

표. 시기에 따른 폐경기 증상

시기	주요 증상
초기	• 자율신경계 증상 (홍조, 발한, 불면), 정신적 변화 (불안, 우울, 기억력 저하 등)
중기	• 비뇨생식기 위축 (질 건조, 성교통), 피부 위축, 요실금 등
말기	• 골다공증, 심혈관질환, 치매, 관절통 등 만성 질환 발생 증가

1 비뇨생식기계 06 임용

- 에스트로겐 저하로 비뇨생식기계 변화는 폐경기 이후 가장 심하게 나타남
- 폐경 3~4년에 걸쳐 서서히 일어남

표. 비뇨생식기계 증상

생식기계 위축	• 자궁, 질 점막, 외음부, 요도 등 위축 나타남		
	질점막 위축	• 질 점막 상피가 얇아지고, 질 추벽 사라짐, 질 건조해짐 → 질 위축, 질 윤활성, 질 탄력성, 질 긴장도 저하 → 위축성 질염, 성교통 등	
위축성 질염	원인	질점막 위축 (주된 요인)	• 폐경기 이후 에스트로겐 감소 → 질 점막상피 얇아지고, 질 추벽(주름) 사라짐 → 질 점막 위축됨 → 외부자극 특히 성교 후 위축성 질염 발생
		질 PH 증가	• 질벽 얇아짐 → 글리코겐 분비 작아짐, 젖산간균 분비도 감소 → 젖산 감소 → 질 PH 증가 → 감염 위험↑ → 위축성 질염
	증상		• 혈액 섞인 질 분비물, 화농성 질 분비물, 질 건조감, 소양감, 성교통, 질 궤양
	치료		• 국소 에스트로겐 요법 → 에스트로겐 질 크림, 에스트로겐 질정 삽입
외음 소양증	• 외음부 조직 얇아짐, 탄력성↓ → 외부 자극 → 위축성 질염 등 → 외음 소양증		
위축성 요도염	• 요도 위축 → 요도 PH 증가 → 감염 위험↑ → 요도염		
배뇨시 작열감 등	• 요도 위축 → 소변이 요도 감각신경을 자극 → 배뇨시 작열감, 배뇨시 소양증		
요실금	복압성 (스트레스) 요실금		• 에스트로겐 저하 → 요도 점막 위축, 요도 괄약근 기능 약화(요도 압력 저하) → 복압 상승시 소변 누출 → 복압성 요실금
	절박성 요실금		• 에스트로겐 저하 → 요도 점막 위축, 요도 감각신경 과민 → 방광 과활동(과민성 방광) → 갑작스러운 요의 → 소변 참지 못하고 누출 → 절박성 요실금

2 자율신경계 (혈관운동계 변화)

- 에스트로겐 감소와 자율신경계 불안정으로 혈관의 수축과 이완장애 초래함
  → 홍조(열감), 발한, 심계항진, 현기증, 수족냉증, 무딘감각, 피로감 등 다양한 증상이 나타날 수 있음

(1) 폐경기 열감(홍조), 야간발한 10 임용

① 열감(홍조), 야간발한 증상 및 기전

열감(홍조)	기전	• 에스트로겐 감소 → 시상하부 체온조절중추(set point) 불안정 → 모세혈관 불규칙하게 확장 → 안면홍조(열감)
	증상	• 안면홍조가 특징적임 • 화끈거림, 발한, 심계항진을 동반하기도 함 • 얼굴, 목, 가슴에 갑자기 뜨거운 기운과 피부가 달아오르는 느낌이 들면서, 양팔, 몸전체로 퍼짐
		• 폐경기 여성의 75~85%가 경험하는 증상임 • 67%가 1년 이상, 50%에서 2년 이하, 일부에서는 10년 이상 지속되기도 함
야간발한, 발한	기전	• 에스트로겐 감소 → 시상하부 체온조절중추(set point) 불안정 → 열감, 발한 • 열감과 함께 발한이 나타남
	야간발한 특징	• 밤 동안 과도한 땀 배출, 열방사가 특징 • 잠을 깬 후 불면 경험하기도 함

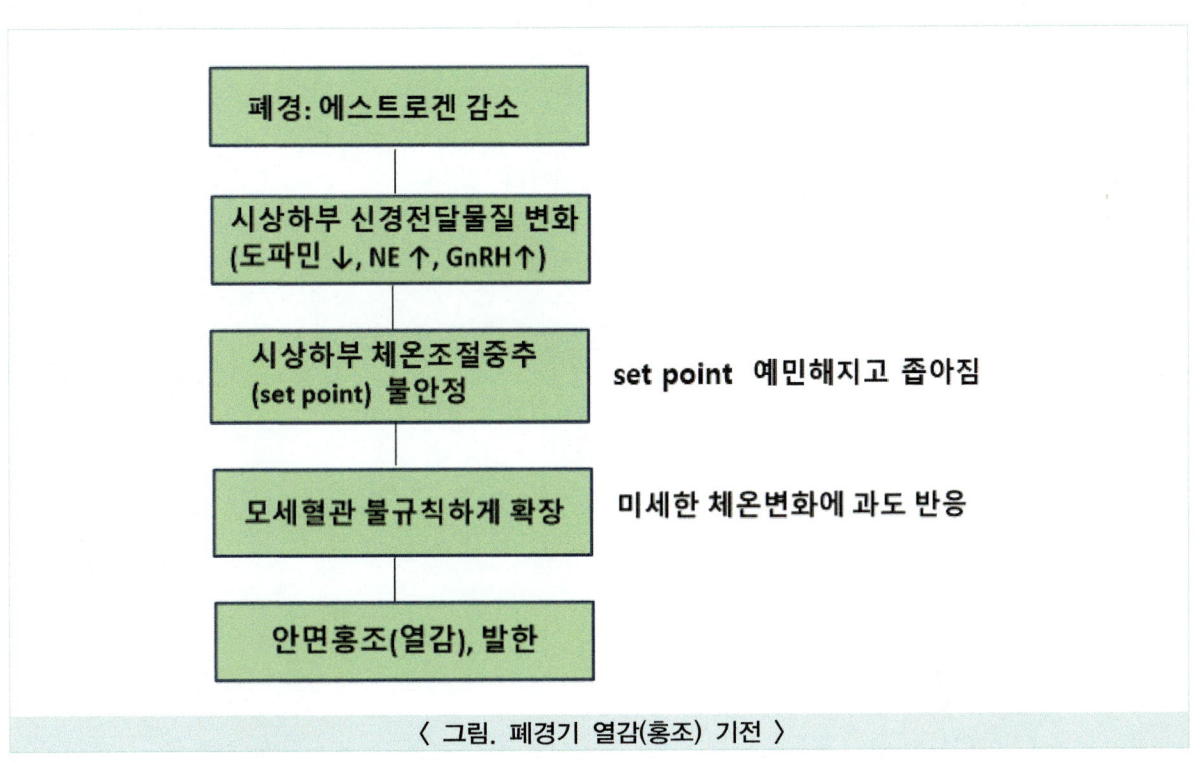

〈 그림. 폐경기 열감(홍조) 기전 〉

② 폐경기 열감, 홍조 임상적 특징

항목		내용
지속시간		• 보통 30초~5분, 평균 3분 정도 지속
발현시기		• 밤낮 가리지 않고 불규칙하게 발생
빈도		• 1~2시간마다, 1~2회/일, 심하면 몇 분 간격, 드물게는 1~2회/1~2주
강도		• 개인차 있음
동반증상		• 발한, 오한, 심계항진, 불안감 등 동반 (발한은 흔히 동반됨)
증상 악화요인	스트레스	• 사람 많은 곳, 초인종, 전화벨 등 • 정신적 스트레스 등
	자극적인 음식	• 매운 음식, 향신료 강한 음식 등 자극적인 음식 • 뜨거운 차, 뜨거운 커피, 뜨거운 국물
	온도변화	• 갑작스러운 온도변화 시
	자외선	• 피부 진피층의 탄력섬유 손상 → 혈관 내피세포 및 모세혈관벽 약화 → 혈관 수축·확장 조절능력 ↓ → 모세혈관 확장 → 홍조·열감

③ 폐경기 열감, 홍조 시 간호
- 간호목표는 유발요인 회피, 자율신경계 안정

중재 항목	내용
스트레스 완화	• 긴장, 불안, 정신적 자극은 증상 악화 → 심호흡, 명상, 이완요법 등 스트레스 완화
자극적인 음식 X	• 매운 음식, 알코올, 고지방식, 카페인, 술, 향신료 강한 음식 제한
뜨거운 차, 국물 X	• 뜨거운 커피, 차, 국물 등은 즉각적인 열감 유발 → 미지근한 음료로 대체
환경 조절 (갑작스러운 온도변화 X)	• 더운 실내 온도 X • 갑작스러운 온도변화 피하기
자외선 차단	• 햇빛 노출은 혈관 확장 자극 → 외출 시 자외선 차단제, 모자, 양산 사용
유산소 운동	• 유산소 운동 → 시상하부 체온조절 중추 안정화, 자율신경계 안정, 수면의 질 ↑
충분한 수면 및 금연	• 수면부족, 흡연 → 자율신경계 불안정 유발 → 충분한 수면 및 금연

(2) 심계항진, 실신, 피로 등 증상 및 기전

증상	기전
심계항진	• 교감신경 항진 → 심박수 증가 → 심계항진
현기증, 실신	• 혈관 확장 → 혈압 저하, 자율신경 반응 이상
무력감, 피로	• 야간발한과 불면으로 인한 수면 질 저하 • 에스트로겐 감소 → 세로토닌, 도파민 분비 저하 → 무기력, 집중력 저하, 피로 등 유발
두통	• 에스트로겐 감소 → 뇌혈관 반응성 불안정, 혈관 확장 → 뇌 신경 자극 → 편두통 • 교감신경 항진 → 스트레스, 근육 긴장 → 긴장성 두통
수족냉증	• 자율신경 불균형 → 말초혈관 수축 반응 과도 → 수족냉증
무딘감각, 얼얼하게 쑤심	• 자율신경 불균형 → 말초혈류 분포 이상 → 말초혈류 저하 → 감각둔화, 저림, 이상감각 유발

3 폐경기 심혈관계 증상 및 기전 10 임용

• 에스트로겐은 항동맥경화 작용, 혈관확장 기능

표. 에스트로겐 심혈관계 기능

혈관확장	• 동맥벽에 직접 작용하여 혈관확장 • 내피세포에서 질산화질소(NO) 생성 ↑ → 혈관 확장 → 혈압 감소
콜레스테롤	• LDL 콜레스테롤 ↓, HDL 콜레스테롤 ↑ → 항동맥경화 작용 → 관상동맥질환, 동맥경화증 예방
혈관 염증 억제 (항염작용)	• 혈관벽 염증반응 억제 → 내피손상 감소 → 동맥경화 예방

표. 폐경기 심혈관계 증상 및 기전 10 임용

콜레스테롤	• LDL 콜레스테롤 ↑, HDL 콜레스테롤 ↓ → 관상동맥질환, 뇌졸중, 동맥경화증 ↑
혈관확장 X	• 동맥혈관 확장 X • 내피세포에서 질산화질소(NO) 생성 ↓ → 혈관 확장 ↓ → 혈압 ↑
혈관 염증 ↑	• 혈관벽 염증반응 억제 ↓ → 내피손상 ↑ → 동맥경화증

4 골관절계 변화

- 에스트로겐 감소 → 골형성 억제, 골흡수 촉진 → 골소실 가속화 → 골감소증, 골다공증

(1) 폐경기 골관절계 증상

표. 에스트로겐 골관절계 기능

뼈	골아세포 자극	• 골아세포를 자극하여 뼈의 형성을 도움 → 골기질 형성 ↑
	골흡수 억제	• 파골세포 활성화 억제 → 파골세포에 의한 골흡수 억제 → 뼈에서 혈액으로 칼슘 유출 억제
	골형성 유지	• 골형성과 골흡수의 균형 유지 → 뼈의 총량(골량) 유지
	〈 골흡수, 골억제 〉	
	골흡수	• 파골세포가 뼈에서 칼슘을 유리하여 혈액으로 내보내는 과정
	골형성	• 조골세포 새로운 골기질을 만들어 뼈를 재생·증가시키는 과정
관절		• 연골세포의 증식은 증가, 분해는 감소 → 연골세포의 항상성 유지 • 염증성 사이토카인 억제 • 관절 기질 단백질 합성 촉진

표. 폐경기 골관절계 변화 10 임용

뼈	골흡수 촉진	• 파골세포 활성화 → 파골세포에 의한 골흡수 → 뼈에서 혈액으로 칼슘 유출(방출) → 골밀도 저하 (골감소증, 골다공증)
	골형성 억제	• 조골세포의 증식 및 활성이 저하됨
	골아세포 자극 ↓	• 골아세포 자극 ↓ → 콜라겐, 단백질 기질 생성 저하 → 골기질 형성 ↓
관절		• 연골세포의 증식은 감소, 분해는 증가 → 연골세포의 증식과 분해의 불균형

표. 폐경기 골관절계 변화로 인한 보상작용

칼시토닌		• 뼈 골흡수 촉진, 골형성 억제 → 고칼슘혈증 → 칼시토닌(Calcitonin) 분비 자극 • PTH와 길항작용 → 혈중 칼슘 감소가 목적임
	뼈	• 골흡수 억제 → 뼈에서 혈액으로 칼슘 유출 억제 → 뼈로 칼슘 축적(저장) 유도 → 혈중 칼슘 농도 감소
	신장	• 칼슘 재흡수 억제 → 소변으로 칼슘 배설 증가 → 혈중 칼슘 농도 감소

표. 칼슘에 영향을 미치는 요인 24, 13 임용

비타민 D		• 비타민 (식이/피부) → 간에서 25(OH)D → 신장에서 1,25(OH)$_2$ D(활성형)로 전환 • 활성형 비타민 D(1,25(OH)$_2$ D)인 칼시트리올은 장과 신세뇨관에서 칼슘 흡수를 촉진
인산염		• 칼슘과 혈중농도 조절에서 길항작용 → 저칼슘혈증 → PTH(부갑상샘 호르몬) 증가 → 신장에서 인산염 배설 증가 → 칼슘 재흡수 증가
부갑상샘 호르몬(PTH) 13 임용		• 혈중 칼슘농도 감소시 PTH 증가 → 혈중 칼슘농도 증가
	뼈	• 혈중 칼슘 농도 감소↑ → 골흡수 증가, 뼈에서 칼슘이 혈액으로 유리
	신장	• 비타민 D의 활성화 (25(OH)D → 1,25(OH)$_2$ D(칼시트리올(calcitriol))로 전환) → 신세뇨관에서 칼슘 재흡수 증가 → 즉, 활성형 비타민 D는 신세뇨관에서 칼슘 재흡수↑
	장	• 비타민 D의 활성화 (25(OH)D → 1,25(OH)$_2$ D(칼시트리올)) → 장에서 칼슘 흡수↑ → 즉, 활성형 비타민 D는 장에서 칼슘 재흡수↑
칼시토닌 (calcitonine) 24 임용		• PTH와 길항작용 → 혈중 칼슘 감소가 목적임
	뼈	• 파골세포의 활성화 억제로 골흡수 억제 → 뼈에서 혈액으로 칼슘 유출 억제 → 뼈로 칼슘 축적(저장) 유도 → 혈중 칼슘 농도 감소
	신장	• 칼슘 재흡수 억제 → 소변으로 칼슘 배설 증가 → 혈중 칼슘 농도 감소

(2) 골다공증 증상 08 임용

• 골다공증은 폐경 후 15~20년 사이에 발생

증상	내용
키가 작아짐	• 첫 번째 증상임
척추후만증	• 척추후만증, 짧아진 허리 등의 특징
X선 촬영, 골밀도 검사	• 탈칼슘화 현상 • 골밀도 검사 시 골다공증 진단
골절	• Colles's 골절(손목관절 골절), 척추의 압박골절, 대퇴골 골절 등
요통, 관절통 등	• 어깨, 팔꿈치, 손 관절 등의 저림증상 • 심한 관절통, 근육통, 요통 등 통증

5 기타 신체적 변화와 건강문제

증상	내용
피부위축 (표피, 진피 얇아짐)	• 에스트로겐 감소 → 교월질 양 감소 → 콜라겐 합성 ↓ → 피부 탄력, 수분, 두께 모두 ↓ → 표피 얇아짐, 진피 위축 〈 에스트로겐 피부 기능 〉 • 진피의 하이알루론산(hyaluronic acid) 대사 활성화 → 진피의 두께 늘림, 피부의 수분 함량과 모세혈관 수 증가시킴
땀 분비 감소	• 땀샘과 기름샘의 분비 감소 → 땀분비 감소
탈모 등	• 모낭의 변화로 탈모, 겨드랑이, 음모 모발 감소
피부감각의 둔화	• 피부 위축 및 말초신경 자극 감소 → 감각 전달 저하 및 둔화 가능
면역 기능의 저하	• 피지·땀 분비 저하로 피부장벽 약화, 에스트로겐의 면역세포 조절기능 약화 → 방어력 저하
유선 위축, 유방통	• 유선의 위축으로 유방, 유두 크기 감소 • 유방근육의 탄력성과 긴장도 저하, 유방통 등

6 심리·정서적 변화와 건강문제

심리적 장애	• 기억력 감퇴, 집중력과 판단력 저하, 신경과민, 무기력, 무의욕, 침체된 기분 등
긍정적인 측면	• 월경 불편감 사라짐 • 임신의 우려에서 벗어남 등
부정적인 측면	• 출산력 상실 • 여성 또는 아내로서의 역할 상실 → 무가치함 등

7 성기능의 변화

부정적인 측면	• 질의 윤활성, 탄력성, 긴장도 저하 • 성적 흥분시 질 팽창의 저하, 질 주위조직의 지지 저하, 오르가즘 시 자궁수축이 함께 됨 등
긍정적인 측면	• 임신과 출산의 걱정에서 자유로워 성적 만족이 더 커졌다는 보고도 있음

3 신체검진

난소기능 측정	• 난포자극호르몬(FSH) 측정, 혈중 에스트라디올 측정
호르몬 대체요법(HRT)	• 6개월마다 자궁내막암, 유방암 검진 시행
골다공증	• 1년에 한번씩 정기적인 검사 시행

1 골밀도 검사(BMD)

이중에너지 X-선 흡수계측법 (DEXA)		• 검사하고자 하는 부위를 에너지가 높은 X-선과 에너지가 낮은 X-선으로 두 번 촬영하여 얻은 자료로 계산하여 골밀도를 구하는 방식
측정부위		• 대퇴경부, 전체 대퇴골, 요추골과 요골의 1/3 부위
결과 해석		• L2~L4까지의 평균을 보는 것이 원칙임 • T-점수 혹은 Z-점수로 환산하여 해석
	T-score	• 같은 성별의 젊은 집단 평균값과 비교하여 표준편차 단위로 얼마나 차이가 있는지 보여주는 값임 → 젊은 성인의 평균 골밀도와 비교 → 골다공증 진단 기준에 사용 → 폐경 후 여성, 50세 이상 남성 대상
	Z-score	• 골밀도를 같은 성별의 동일한 연령집단 평균값과 비교하여 표준편차 단위로 얼마나 차이가 나는지를 보여주는 값임 • ≤ −2.0 → "연령 기대치 이하", 추가 검사 고려 → 같은 연령대 평균과 비교 → 이차성 원인 감별용 → 폐경 전 여성, 50대 미만 남성 대상

표. 골밀도검사 판독기준

T-score		
정상	−1.0 이상 (T-core ≥ −1.0)	• 골밀도와 골절의 위험성이 평균 정도로, 건강한 젊은 30대 성인 여성의 약 85%가 이 범위에 속함
골감소증	−1.0 미만 ~ −2.5 미만 (−2.5 < T-score < −1)	• 골감소증: 골밀도가 정상보다 낮으며, 골절 위험성이 평균보다 2배 높음
골다공증	2.5 이하 (T-score < −2.5)	• 골다공증: 골밀도가 매우 낮으며 골절 위험성이 평균보다 약 3~4배 높음
심한 골다공증	2.5 이하 + 골절동반 (−T-score ≤ −2.5 + 골절동반)	• 중증 골다공증
Z-score		
Z-score > −1		• 같은 연령대와 비교하여 정상 범위에 속함
−2.5 < Z-score < −1		• 같은 연령대와 비교하여 1~14% 이하 범위에 속함
Z-score ≤ −2.5		• 같은 연령대와 비교하여 99% 이하 범위에 속함

4 약물요법

1 여성호르몬 대체요법 (hormone replacement therapy, HRT)

(1) 적응증 및 금기증

적응증	• 심한 열감, 발한, 심계항진, 불면증, 불안, 초조, 건망증, 긴장감, 요실금, 성교통, 질염, 골다공증 예방 목적
금기증	• 미확진 질출혈, 유방암, 자궁내막암, 간질환, 뇌졸중, 혈전정맥염, 흑색종 등.

(2) 투여방법

경구			• 에스트로겐 단독요법 • 병용요법(에스트로겐 + 프로게스테론)
비경구			• 대부분 에스트로겐 단독요법으로 사용
	패치, 젤	기전	• 피부를 통해 직접 혈류로 흡수
		장점	• 구토, 담석증, 혈전증 등의 부작용 없음
		단점	• 피부자극 증상 있을 수 있음
	주사	방법	• 3개월 마다 피하로 투여
	질크림, 질좌약	방법	• 3~4일 간격으로 질벽에 바르거나 좌약으로 넣어줌
		단점	• 전신적인 효과는 기대하기 어려움

(3) 부작용 등

부작용	• 자궁출혈, 유방압통, 다리 경련, 두통, 구토, 부종, 체중 증가 등 → 대부분 일시적이며, 3개월 내 소실 가능 • 유방암 및 자궁내막암 위험 증가 가능성 있음.
유방암, 자궁내막암 검사	• 6개월에 1번씩 주기적인 유방암, 자궁내막암 검사 시행

표. HRT(호르몬 대체요법) 단독 vs 병용요법

항목	에스트로겐 단독요법	에스트로겐 + 프로게스틴 병용요법
사용 대상	• 자궁 없는 여성 (자궁내막암 위험으로)	• 자궁 있는 여성 (자궁이 있는 여성에서 자궁내막암 보호, 예방)
자궁내막암 위험	• 자궁내막암 위험 증가 ↑	• 자궁내막암 위험 감소 ↓
유방암 위험	• 상대적으로 감소 ↓ (유방암 위험은 있으나 병용요법에 비해서는 감소)	• 유방암 위험 증가↑ • 에스트로겐은 유방의 상피세포 증식을 촉진, 프로게스틴도 일부 증식 촉진 역할 → 유방암 위험 증가

항목	에스트로겐 단독요법	에스트로겐 + 프로게스틴 병용요법
심혈관질환 (심장병, 뇌졸중, 혈전) 담낭질환	• 증가	• 현저히 증가

표. 호르몬 대체요법과 간호

실시 전	• 호르몬 치료의 적합성 여부를 판정하기 위한 사전검사 실시 → 소변검사, 혈액검사, 유방촬영, 골다공증검사, 내생식기 검진, 골반초음파 등을 실시 • 에스트로겐 금기증 설명, 평가
실시 후	• 의사의 처방에 따라 복용 • 초기 부작용은 일시적인 부작용임을 설명 → 유방팽만감, 구역, 두통, 초조감 등 • 의사 보고해야 하는 증상 교육 → 예기치 않은 출혈, 복통, 복부팽만감, 심한 두통, 시력장애, 숨이 차거나 흉통이 있을 때, 폐경 증상이 조절되지 않거나 증가 등 • 약물의 반응, 부작용, 신체검진 결과 등 주기적인 평가 → HRT 시작 후 1개월, 3개월, 6개월 후 • 임의 중단하지 않기

2 여성호르몬 이외의 약물요법

(1) 티블론 (Tiblon)

기전	• 합성 스테로이드 유도체로, 간과 장에서 에스트로겐, 프로게스테론, 안드로겐으로 전환됨 • 에스트로겐 수용체에 작용하여 유방, 자궁내막 자극없이 에스트로겐 유사작용

(2) 골형성 촉진제

대표약	• 칼시트리올(Calcitriol)
기전	• 칼시트리올은 활성형 비타민 $D(1,25(OH)_2 D)$으로 장과 신세뇨관에서 칼슘 흡수를 촉진 • 조골세포의 골형성을 자극함
복용방법	• 보통 $0.25\mu g/day$을 1일 2회 복용
복용시 주의사항 (고칼슘혈증)	• 칼슘제와 병용 시 고칼슘혈증 위험 있으므로 병용 주의 필요 • 정기적 혈중 칼슘 농도 모니터링 필수

(3) 골흡수 억제제 (비스포스포네이트, Bisphosphonates)

약 종류		• 알렌드로네이트(alendronate), 리세드로네이트(risedronate), 이반드로네이트(ibandronate), 졸레드로네이트(zoledronate) 등
효과 (기전)	골흡수 억제	• 파골세포 기능저하, 억제 → 골흡수 억제 (뼈에서 혈액으로 칼슘 유출 억제) → 골밀도 증가
투여방법	주사제	• 3개월 1회, 1년 1회 용법
	경구용제	• 일 1회, 주 1회, 월 1회 용법
경구제 복용시 주의사항	공복시 투여	• 위장 흡수율이 매우 낮기 때문에 공복에 복용해야 함 (식전 최소 30분~1시간) → 약물흡수를 최대로 하기 위함
	다량의 물	• 흡수율을 최대로 높이기 위해 • 식도 점막 자극을 최소화하기 위해
	복용후 서거나 앉기 (눕지 X)	• 식도와 상부위장관점막 국소자극 증상을 예방하기 위해 → 복용 후 30분간 서거나 앉은 자세 취하기

(4) 부갑상샘 호르몬(PTH)

간헐적 저용량 PTH 투여	조골세포 자극	• 조골세포 직접 자극
	세포사멸 억제	• 세포사멸 억제 → 조골세포 생존 기간 연장
	조골세포 억제자 분비 막음	• 조골세포 억제자인 스클레로스틴의 분비를 막아주어 골형성을 촉진함
	• 조골세포 활성↑ + 스클레로스틴 억제 → 골 형성 촉진, 골형성 증가 (→ 골량 증가)	

> **cf.** 부갑상샘 호르몬(PTH) 지속적 고농도
> • 혈중 칼슘 농도↓ → PTH↑ → 뼈에서 칼슘을 혈중으로 유리 → 골흡수 증가 (→ 골소실)

5 운동요법 13 임용

체중부하가 있는 유산소 운동	• 뼈 손실을 지연시키고, 골질량 증가 → 골절 위험 감소 • 하루 30~40분, 일주일에 3~4번
수중 운동	• 수영, 수중 에어로빅 : 퇴행성 관절염 완화 효과, 골다공증 예방효과는 적음
케겔 운동	• 질주위의 근육의 긴장도, 탄력성 강화 → 긴장성 요실금, 자궁하수 예방

6 영양과 식이요법

1 섭취해야 하는 영양소

칼슘함유 음식 (인 적은 음식)	칼슘 함유 음식	• 우유(저지방 우유), 치즈, 요구르트, 두유, 정어리, 연어 등
	칼슘 많고, 인 적은 식품	• 뼈째 먹는 생선, 참깨, 시금치, 순무 어린잎, 고춧잎, 케일, 녹황색 채소
비타민 D	작용	• 칼슘 흡수를 도움
	음식	• 생선, 유제품, 달걀 노른자, 간유, 버터, 마가린, 표고버섯 등
	햇볕 쬐기	• 비타민 D 활성화 도움
칼슘 보충제	용량	• 금기가 아닐 경우 하루 1,200~1,500mg 복용
	금기	• 신장결석의 과거력, 신부전, 고칼슘혈증
	복용법	① 식사와 함께 복용 → 위산 분비를 증가시키므로 식사와 함께 복용 (위장장애 감소) ② 복용시 200cc 이상 물 복용 → 칼슘의 용해를 돕기 위해
식물성 에스트로겐 음식		• 이소플라보노이드, 리그난은 장내에서 박테리아에 의해 에스트로겐으로 전환됨 • 항에스트로겐 작용으로 유방암, 자궁내막암 예방 〈 항에스트로겐 작용 〉 • 특히 이소플라보노이드는 에스트로겐 수용체와 결합하면 에스트리올이 에스트로겐 수용체와 결합하는 것을 방해함 → 유방암, 자궁내막암 예방
	이소플라보 노이드	• 콩, 두부, 된장, 청국장 등 대두 제품 (대부분 콩제품에 많음) • 녹황책 채소 등 (고추, 가치, 상추,오이, 호박, 당근, 토마토 등)
	리그난	• 아마씨, 참깨, 해바라기 씨 등 씨앗류 • 콩, 식물
비타민, 무기질	비타민 A	• 뼈 세포의 분화, 단백질 합성 기능 → 뼈 성장과 발달에 필요함 • 베타카로틴(활성 비타민 A의 중간요소) : 녹황색 채소에 함유
	비타민 C	• 뼈의 단책질인 콜라겐 생성과 통합에 필요함
	비타민 E	• 열감(안면홍조), 다리 저림, 피로감소, 질 건조증에 효과 • 함유음식 : 옥수수유, 대두유, 면실유, 마가린 등 식물성 기름, 시금치, 상추 등 녹황색 채소에 함유
	엽산	• 홍조관리, 암과 심근경색증 예방에 도움을 줌
	마그네슘	• 뼈 대사 조절
붕소		• 혈중 에스트로겐 현저히 증가, 소변을 통한 칼슘 손실 40% 감소 • 식물성 에스트로겐의 작용을 증강하고, 에스트로겐 수치 유지에 간접적 기여

2 피해야 하는 영양소

인 많은 음식 X	• 인은 하루 700mg 정도로 섭취 제한 • 인 함유음식 : 육류, 가공식품, 탄산음료 등
많은 지방 X	• 제한된 지방섭취 → 1일 열량 섭취량의 20~25% 섭취 • 지방이 에스트로겐으로 전환되어 유방암 발생 증가
지나친 염분 X	• 지난친 염분은 신장에서 칼슘배설량을 증가시킴
니코틴 X	• 니코틴은 에스트로겐 분비를 저하시킴
알코올 X	• 알코올은 뼈의 생성을 방해함

7 비뇨기계 감염예방 및 안전한 성생활

감염 위험 감소 (질염 등)	• 면 속옷 착용하기 • 축축하거나 꽉 끼는 옷 입지 않기 • 성관계 전후 소변보기 • 배변 후 회음부를 앞에서 뒤로 닦기 등
케겔 운동	• 요실금 호전, 질 수축력 향상
성관계	• 규칙적이고 지속적인 성생활 유지 → 질의 윤활능력, 질 근육 긴장 유지 등 • 성관계 직전 수용성 질 윤활제 사용하기

Part 10 생식기 종양관련 간호

① 자궁근종 21 임용

개념	• 자궁의 근육조직에서 발생하는 양성종양 (가장 흔함) → 평활근 내의 미성숙세포에서 기인, 평활근종으로도 불림
호발연령	• 40~50대 (35~45세)

1 원인 및 위험요인

에스트로겐 영향	• 초경이 빠를수록 발생위험이 높아지고, 임신시 ↑, 폐경 후 발생이 드묾 • 다산부(4~5명 출산력)가 미산부에 비해 70~80%의 위험도 감소됨
가족력	• 가족력 있음

2 유형(분류) 21, 14 임용

• 자궁근종 발생위치에 따라 점막하 근종, 근층내 근종, 장막하 근종으로 분류됨

분류		내용
점막하근종 21 임용	위치	• 자궁내막 바로 아래 발생, 자궁강 내 돌출
	육종성 변성	• 작은 크기로도 출혈의 원인이 되기 쉬움 • 육종성 변성의 위험 많음
	육경 형성	• 육경 형성하여 자궁경부나 질 내로 이탈되기 쉬움 • 육경을 형성할 경우 근종의 표면은 괴사, 출혈, 감염되기 쉬움
근층내근종	위치	• 자궁근층 내 존재
	특징	• 자궁근종의 대부분을 차지함 • 크기가 크고 다발성일 때는 자궁이 현저히 커지고, 결절이 뚜렷해짐
장막하근종 14 임용	위치	• 자궁 복막(장막) 바로 아래 발생, 복강 쪽으로 성장
	육경 형성	• 점막하 근종과 같이 육경형태로 자람 → 난소종양으로 오진되는 경우 많음
	임신 동반	• 임신 시 동반 될 경우 다량의 복강내 출혈 발생 → 종양 표면을 지나가는 혈관이 터짐

3 이차성 변성 14 임용

변성 종류	내용
초자성변성 (초자화)	• 이차 변성 중 가장 흔함 • 근종 자체의 혈액 공급장애로 발생 • 근종의 소용돌이 형태가 없어지고 자궁근종 조직이 균일하게 보이게 되는 현상
낭포성변성 (낭포화)	• 초자성 변성이 액화되어 투명액 또는 젤라틴 물질 형성
석회화변성 (석회화) 14 임용	• 혈액순환장애로 인한 허혈성 괴사 부위에 인산칼슘, 탄산칼슘 등이 침착하여 딱딱해지는 현상
감염·화농	• 근종이 자궁강 내로 돌출하면서 자궁내막이 얇아지거나 육경이 꼬여 괴사된 조직에 연쇄상 구균등이 침투하여 화농성 병변을 일으킴
적색변성 (적색화)	• 근종의 급격한 성장으로 근종으로의 혈액공급이 상대적으로 부족해지면서 발생되는 현상
괴사	• 근종에 혈액공급장애, 심한 감염, 육경성 근종의 염전으로 발생하며, 근종의 내부에서부터 검붉은 출혈성 색채를 띰
지방변성 (지방화)	• 드물지만 초자성 변성에서 발생 가능
육종성변성 (육종화)	• 자궁근종이 악성종양(자궁육종)으로 변화하는 매우 드문 현상임 • 자궁근종을 가지고 있던 여성이 폐경 이후 자궁출혈이 발생하거나, 근종이 빠르게 자라는 경우 육종화를 의심해야 함

4 증상

- 대부분의 근종은 증상이 없으나 약 20~50%에서 증상을 호소
- 종양의 수, 크기 및 위치에 따라 다양한 증상이 나타남

이상 자궁출혈		• 월경과다, 부정자궁출혈 21 임용 • 이 두 가지 증상이 공존하는 불규칙과다월경을 경험할 수 있음 • 특히 점막하 근종시 부정과다출혈
통증 (만성 골반통)		• 만성 골반통, 월경곤란증, 성교통
압박감	방광압박	• 빈뇨, 요실금, 배뇨장애, 부분적인 요관폐쇄
	직장 압박	• 오심, 구토, 변비, 배변통
	하대정맥, 장골정맥 압박	• 하지의 부종, 정맥류
	신경간 압박	• 등이나 하지로 퍼지는 통증
난임 등 (생식기계)		• 가임여성에서 근종은 난임의 원인 중 하나임 → 착상 어려움 • 임신 중 근종은 유산, 조산의 위험성을 증가시킴
빈혈		• 월경과다로 빈혈 초래

표. 근종과 임신

난임		• 근종은 자궁내막 변형 및 자궁강 용적 변화로 착상을 방해하여 난임을 유발할 수 있음 → 특히 점막하근종은 착상률 저하와 유산 위험을 높이는 주요 요인이며, 근층내근종도 자궁강을 변형시킬 경우 난임과 관련될 수 있음
임신 중 호르몬 영향		• 임신 중 프로게스테론이 항에스트로겐 효과가 있어서 근종의 크기를 감소시킬 수도 있으나, 임신 중 혈량의 증가 등으로 인해 근종의 성장을 자극할 수도 있음 (임신 중 에스트로겐, 프로게스테론 분비 증가) → 임신 중 근종↑
임신 중 근종관련 문제	임신 1기	• 자연유산
	임신 2기	• 괴사성 변성의 일종인 적색변성 일으킴 → 자궁근종에 혈액순환 장애가 와서 발생 • 자궁내 성장 지연(근종이 클시)
	임신 3기, 분만시	• 태아위치 이상, 분만이상, 산도폐쇄, 태반유착, 자궁근무력증 → 산후출혈 위험 증가
	분만 후	• 자궁이완과 태반박리 방해 → 산후출혈 • 자궁내막염 유발

5 치료

- 치료방법은 증상, 근종의 위치와 크기, 여성의 수태능력 보존 희망 여부에 따라 결정함
- 증상이 없으면 6개월마다 근종의 성장과 크기의 변화를 관찰

(1) 내과적 치료 (호르몬 치료)

GnRH 작용제 (성선자극호르몬 방출호르몬)	기전	• GnRH 작용제 → FSH, LH 분비↓ → 에스트로겐 감소(일시적 가상폐경 초래, 저에스트로겐 혈증) → 근종의 크기를 40~60% 감소시킴
	적응증	• 크기가 큰 근층내근종이 있는 여성이 수태능력 보존을 희망하는 경우 • 외과적 수술 전에 정상 헤모글로빈의 회복을 위한 빈혈 치료 시 • 폐경기에 가까운 여성 • 수술의 의학적 금기가 있거나 수술을 연기해야 하는 경우
	부작용	• 저에스트로겐혈증이 발생되어 폐경 증상이 나타남 → 즉, 안면홍조, 질 건조, 성욕감퇴, 두통, 우울, 골감소증 등
	치료 기간	• 약물의 부작용을 예방하거나 약물 중단 후 근종의 재발문제를 막기 위해 치료기간을 6개월 이내로 제한함
	병합요법	• GnRH 작용제를 3개월간 투여하고, 이후에 에스트로겐 프로게스테론 병합제제를 투여하는 치료방법이 추천됨 → 근종이 크고 증상이 있는 여성에서 장기간 치료전략으로 유용함
프로게스테론	기전	• 프로게스테론 투여 → 시상하부-뇌하수체 축에 음성 되먹임 작용 → GnRh↓ → FSH, LH↓ → 에트로겐 생성을 억제(저에스트로겐 혈증) → 근종 크기 감소, 출혈 감소
	치료제	• Depo-Provera, Aygestin 등
	부작용	• 체중 증가, 복부팽만, 구역, 두통, 기분 변화, 성욕감퇴 등 • 자궁내막암 위험↑ (장기간 사용시 자궁내막 비후로 인해)
	효과	• 효과는 8~12주 내 발현 → 치료 중단 후 약 25%에서 재성장 보고됨

(2) 수술요법 (외과적 치료)

근종절제술	개념 (방법)	• 근종만을 제거하여 자궁을 보존하는 수술. 복식, 복강경, 자궁경을 통해 접근 가능 • GnRH 유사제를 투여하여 근종의 크기를 줄인 후 시행할 수 있음 • 월경주기 증식기에 시행
	적응증	• 수태능력 보존 희망 시 (불임증의 원인일 경우 등) • 점막하, 근층내 근종 시 시행함
	재발	• 재발 가능성 있음

자궁절제술	개념	• 자궁 전체를 제거함 • 근종 재발 방지에 확실함
	적응증	• 근종의 크기가 큼 → 임신 12주 이상 크기 • 근종이 빨리 자라는 경우 • 이상 자궁출혈로 인한 빈혈 • 월경과다를 동반한 점막하근종, 육경성 근종 • 근종에 의한 방광 및 직장의 압박 증상이 있는 경우 • 골반염증성 질환, 자궁내막증과 같은 골반질환과 동반된 근종 • 암(육종)이 의심되는 경우
	수술 방법	**질식 자궁절제술** • 근종의 크기가 작을 때 적합 **복식 자궁절제술** • 자궁이 임신 12~14주 크기이거나 다수의 근종이 있을 때 시행
자궁동맥 색전	개념 (방법)	• 자궁으로 가는 동맥(대퇴동맥)을 색전물질로 막아 혈류 차단 → 근종 괴사 유도 → 3개월 내에 근종의 크기가 50% 감소함
	적응증	• 향후 임신을 원하는 경우 • 임신은 원하지 않지만 수술을 거부하는 경우 • 심각한 전신질환으로 전신마취가 불가능한 경우 등
	부작용	• 일시적 무월경이나 조기폐경이 발생할 수 있음 • 다음 임신 시 조산, 자궁내 성장지연, 유산 등이 보고됨
	환자교육	• 다음 증상 시 의사 보고 → 출혈, 통증, 주사 부위의 부종·혈종, 39℃ 이상의 고열, 요정체, 비정상적인 질 분비물(악취, 갈색, 조직 등) • 적어도 4주간 탐폰, 질세척, 성교를 금지함 • 배변 시 힘주지 않기
근종용해술	개념 (방법)	• 초음파나 복강경을 이용하여 자궁근종에 고주파를 발생시키는 얇은 침을 놓아 근종세포를 고주파로 녹여버리는 시술임
	적응증	• 근종 크기 작고, 임신 원치 않는 경우 시행
	수술전	• 8~12주 전에 GnRH 유사제를 투여해서 일시적으로 출혈을 조절하고 자궁내막조직을 억제함
	부작용 (위험성)	• 자궁강 내 반흔과 유착이 형성되어 추후 임신에 영향을 미칠 수 있음 • 자궁천공, 경관손상, 수액과다(수술 중 자궁팽창을 위해 사용했던 수액이 혈관으로 들어감으로 인해 발생) 등
	환자 교육	• 4~6주간 질 분비물 있을 수 있음 • 2주간 탐폰이나 성교 금지 • 다음 월경은 불규칙할 수 있음 • 추후 임신이 불가능함 • 심한 출혈이나 감염 증상이 있으면 병원 방문

하이푸	개념 (방법)	• 체외 고강도 초음파 에너지를 한 지점에 집중시켜 고열로 근종 조직 괴사 → 65~100℃의 고열을 이용해 조직을 응고성 괴사시키는 치료법 • 괴사된 조직은 몸 안의 세포에 의해서 흡수되거나 섬유화됨으로써 종양의 크기가 감소하고 증상이 완화하는 효과를 가져옴
	증상	• 치료 부위의 열감, 가벼운 화상, 다리 저린 느낌 등이 있을 수 있음 → 이를 최소화하기 위해 의식하진정상태에서 시술을 하기도 함
	특징	• 비침습적, 흉터 없음. 열감, 화상, 신경 증상 발생 가능성 있음

② 자궁경부상피내종양 (CIN)

개념		• 침윤성 자궁경부암의 전암병소임 • 이형성된 세포가 치료되지 않으면 상피내암 및 침윤성 자궁경부암으로 진행 가능 → 이형상피증 → 상피내암 → 침윤암
자궁경부 상피구조	내자궁경부	• 원주상피
	외자궁경부	• 편평상피
	편평원주접합부 (SCJ)	• 원주상피와 편평상피 두 세포가 만나는 곳
화생	화생과정	• 초경 후 에스트로겐↑ → 질 산도 변화 → 원주상피세포가 편평상피세포로 바뀌어 가는 과정

	화생부위	• 변형대
		  → 편평원주접합부와 화생의 진행이 활발한 편평원주접합부 사이
		    (원래 SCJ와 새로운 SCJ 사이의 화생세포 위치)
		  → 전자궁경부가 후자궁경부에 비해 2배 더 잘 발생함

	호발시기	• 에스트로겐이 활발한 사춘기, 임신 시 → 폐경기에는 적음
	치유된 변형대	• 화생세포가 성숙하면서 글리코겐을 생산 → 정상적인 화생의 완성 과정 → 성숙된 화생의 완료(상피세포 안정) → 이형성, CIN 발생 X

	CIN 발생	• 편평원주상피세포 접합부의 화생세포가 비정형 또는 상피세포로 변형
		〈 화생으로 CIN 발생 이유 〉
		• 화생의 초기단계 세포(미성숙한 화생세포)는 상피세포가
		  안정화되지 않고 세포분열 과정이므로 HPV 등 암 유발요인에 의해
		  → CIN(이형성, 전암병변)으로 발전 가능

표. 자궁경부상피내종양 (CIN) 분류

- 자궁경부세포의 미성숙도와 상피층의 점유율에 따라서 경증, 중등도, 중증으로 분류함

CIN 1	• 경증 이형성증 • 상피층 하부(1/3이하)가 유사핵분열과 미성숙 미분화세포로 변형된 경우임
CIN 2	• 중등도 이형성증 • 상피층의 2/3까지 유사핵분열과 미성숙세포로 변형된 경우임
CIN 3	• 중증 이형성과 상피내암을 포함할 수 있음 • 유사분열과 미성숙세포가 상피층 상부 1/3 이상 또는 상피세포 전체가 변형되었으나 표면에는 성숙세포가 존재하는 경우임 → 종종 상피내암이 됨
CIS (carcinoma in situ, 상피내암, 0기암)	• 미분화된 이상세포가 상피세포 전체에 대체되었으나 기저막을 통한 기질이나 림프선 침윤이 없는 경우임
상피내암 진전	• CIN 1에서 상피내암까지 5년, CIN 2 에서는 약 3년, CIN 3 평균 1년이 소요됨

1 위험요인

HPV (가장 흔함)	• 인유두종바이러스(human papilloma virus, HPV) 16, 18, 31 → 자궁경부의 전암병소와 침윤암에서 주로 검출됨 → 특히 16, 18은 자궁경부암의 70%, 중등도 및 중증 자궁경부상피내종양 50%의 원인이 됨
기타 바이러스	• 단순포진바이러스 (HSV, Herpes Simplex Virus)
성 관련 요인	• 조기 성관계 시작, 다수의 성 파트너
생활습관	• 흡연, 경구피임약 장기 복용
호르몬, 약물 노출	• 태아기 DES (Diethylstilbestrol) 노출
면역 억제	• 면역억제제 사용 (이식 후 등)

2 진단

(1) 자궁경부세포진검사(자궁경부세포검사, 파파니콜라우검사, Pap test, Pap smear) 23 임용

검사목적	• 자궁경부 상피세포의 이형성 조기 발견 및 자궁경부암 예방 → 침윤전 또는 초기암 진단에 유용	
검사부위	• 편평원주상피접합부(SCJ) 23 임용	
검사주기	성접촉 시작	• 성경험이 시작된 이후부터 2년에 1회 Pap 검사 권장
	고위험	• 고위험 여성(다수 성 파트너, HPV 감염력, 면역억제 상태 등)은 6개월에 1회 Pap 검사 권장
검사시기	• 생리 중 검사 X → 생리 끝나고 2~7일 이내가 가장 적절	
검사 정확도	• 약 90%의 세포 변화 발견 가능, 위음성률 20~40%	

검사 전 주의사항	• 48시간 전 성관계, 질세척, 질내 피임약 등 약물투여, 탐폰 사용 금지
검사 의미	• Pap 검사는 확진검사 아니라, 선별검사임 • 이상 소견 시 → 정밀검사(질확대경/생검) → CIN/자궁경부암 확진
국가 암검진	• 만 20세 이상 여성 : 2년에 1회 시행 (무료검진)

표. 자궁경부질세포검사 검사결과 Bethesda 분류

비정형 편평세포	미확증 비정형 편평세포 (ASC-US)	• 의미불명 → 감염이나 염증 때문인지, 이형성 초기인 건지 구별이 안 되는 상태. 추적검사 필요 (저절로 호전되기도 함)
	HSIL를 배제할 수 없는 비정형 편평세포 (ASC-H)	• 고등급 병변 가능성이 있어 반드시 추적정밀검사 필요
등급	저등급 편평상피내 병변(LSIL)	• 저등급 병변 • CIN 1(경증 이형성증) 포함, HIV의 변화를 일으킴
	고등급 편평상피내 병변(HSIL)	• 고등급 병변 • CIN 2(중등도 이형성증), CIN 3(중증 이형성증), CIS(상피내암) 포함

(2) 질 확대경 검사

적응증	• 자궁경부질세포검사(Pap 검사)에서 이상 소견시 • 경부의 이상소견 • 접촉성 출혈의 과거력 • 외음부나 질에서 의심스런 병소가 있는 경우 등	
검사목적	• 자궁경부암의 조기진단에 필수적인 검사로, 자궁경부 조직의 변화를 확인하여, 이상소견의 종류, 정도, 범위를 파악함 • 생검 위치 확인	
진단기준	5가지 기준	① 혈관 모양, ② 모세혈관 간 간격, ③ 색조와 3% 아세트산(acetic acid)에 대한 반응, ④ 표면상태, ⑤ 정상과 비정상 부위 간의 경계의 특성
	검사결과	• 아세톤백색상피, 백반, 적점반, 모자이크형, 비정형성 혈관양상 등 〈 아세톤 백색상피 〉 • 검사 시 3% 아세트산(acetic acid)을 자궁경부에 도포하면 비정상 상피세포는 창백해지며 아세톤백색상피처럼 나타남 → 이는 HPV 감염이나 CIN의 가능성을 시사함
장점	• 질 확대경 검사 시 비정상 병소 생검 가능 • Pap 검사와 병행시 위음성률을 줄일 수 있음 • 쉴러 검사를 같이 시행할 수 있음	

(3) 쉴러 검사 (Schiiler test)

검사목적	• 글리코겐 유무를 통해 이형성 여부를 간접 확인함	
	정상 질과 자궁경부	• 글리코겐 함유
	이형성증, 암	• 글리코겐이 없거나 적음

검사원리 (검사방법)	• 요오드 용액을 이용해 질과 자궁경부가 글리코겐과 반응하여 염색되는 정도로 정상, 이상세포(암, 이형성증)을 감별함	
적응증	• Pap smear 검사에서 이상 소견이 있어 조직생검 전 병소 확인 시 • 질확대경 사용이 불가할 때 • 자궁절제술 후 추적 관찰 및 보조 진단 목적으로 사용	
검사결과	**정상 편평상피**	• 정상 자궁경부, 질은 글리코겐이 풍부해서 요오드 용액이 염색됨
	짙은 갈색 (적갈색)	• 요오드 양성 (+), 쉴러(shiller) 음성 (-)
	이형성증, 암	• 이형성 상피증, 암은 자궁경부, 질은 글리코겐이 없거나 적어 요오드 용액이 염색되지 않음
	겨자색(노란색), 흰색	요오드 음성 (-), 쉴러(shiller) 양성 (+)
검사의의	• 저비용, 빠른 보조적 감별도구로 사용됨	
검사한계	• 조직학적 진단은 불가능, 단독 진단에 한계 있음	

(4) 생검(biopsy)

검사의의	• 조직생검은 가장 확실한 진단검사임 • 비정상 질확대경 소견이 있을 때 최종진단을 내리기 위해 조직의 일부를 떼내는 것임
종류	• 펀치생검(punch bipsy), 루프환상투열절제술, 레이저 원추생검, 자궁경관 내 소파술 등

3 치료

표. CIN 분류에 따른 치료

분류	이상소견	초기 관리	추적 검사	추가 조치
ASC-US (미확증 비정형 편평세포)	• 감염? 이형성? 명확하지 않음	• 6개월 후 Pap 검사 재검	• 연속 2회 정상 시 → 1년마다 검사 • 반복 ASC-US 시 → 생검, 내막조직검사 고려	• 필요 시 질확대경검사, HPV 유형검사 등 시행
ASC-H (HSIL을 배제할 수 없는 비정형 편평세포)	• HSIL 가능성 있음	• 즉시 질확대경검사 시행	• CIN 2 이상 아니면 → 6개월 간격 Pap + 질확대경검사 • 2회 연속 정상 시 → 1년마다 검사	• CIN 2 이상 시 → 진단 목적 절제술
LSIL (저등급 상피내 병변, CIN 1 포함)	• 60%는 자연소실 • 15%는 HSIL로 진행 가능	• 4~6개월마다 Pap 검사 • 초기 진단 시 → 질확대경검사 권장	• 3회 연속 정상 시 종료 가능	• 병소 지속 시 파괴 치료 또는 관찰
HSIL (고등급 병변, CIN 2/3, CIS 포함)	• 악성진행 위험↑	• 즉시 질확대경검사 + 생검	• 병변 없음 → 보존 치료 + 추적 • 치료 후: 3개월 간격 검사 1년 → 이후 6개월 간격 검사	• 외과적 절제 • 냉동요법, 레이저요법 가능 • 원치 않는 경우 단순 자궁절제술

표. 자궁경관상피내 종양(CIN) 치료

치료 방법	시술방법	적응증	특징 및 주의사항
냉동요법	• 세포내액을 결정화하여 자궁세포를 파괴하는 방법임 • 영하 20~30℃에서 이산화질소, 이산화탄소 기체를 이용해 자궁경부를 냉동시켰다가 병변을 파괴	• CIN 1 또는 2 • 병소가 1.0cm 미만 (병소가 작은 경우) • 외자궁경부 국한 • 내자궁경부 음성 소견 시	• 합병증 적음 (출혈 등) • 수주간 질 분비물 가능 (물과 같은 대하) • 3~4개월 후 Pap 재검사
레이저요법	• CO_2 레이저 등으로 병소 조직 파괴 또는 조직절제 • 월경이 끝난 후 1주일 경에 시행	• 병변이 커서 냉동요법이 어려운 경우 • 질 확대 병소 존재 • 자궁경부가 불규칙하고, 깊이가 다른 경우	• 회복 빠름, 출혈 적음 → 자궁경부 이외의 조직은 손상 X • 시술 후 1개월간 성교, 질세척, 탐폰 금지
루프환상투열 절제술 (LEEP)	• 전기적 조직 절제술로, 루프 전극을 이용해 변형대를 제거하면서 절제와 응고를 동시에 수행할 수 있어, 진단과 치료를 한 번에 가능하게 하는 효과적인 방법	• CIN 2 이상 시 • 반복적 이상세포 발견 시 • 세포진·조직검사·질확대경검사 결과가 불일치하는 경우 • 변형대 전체를 절제하여 진단과 치료를 동시에 시행할 때	• 비교적 저렴, 조직진단 가능 • 출혈 및 자궁경부협착 위험 낮음 • 1회 시술로 변형대 전체 제거 가능 → 진단과 치료 동시가능
원추절제술	• 자궁경부 원추 모양으로 조직 절제	• 질확대경에서 병소 안 보이는 경우 • CIN 2~3이 의심되거나 불일치 검사 소견 시	• 침윤암 감별 가능 • 출혈 및 협착 가능성 • 진단과 치료 목적
자궁절제술	• 자궁 전체 절제 수술	• 미세침윤 동반 시 • 원추절제 후 경계 침범 시 • 추후관리 불가능하거나 다른 질환 동반 시	• CIN에서 흔한 선택은 아님 • 근종, 자궁탈출, 내막증 등 동반 시 고려

③ 자궁경부암

1 원인 및 위험요인

분류	위험요인	
성매개 감염	HPV 감염 (사람유두종 바이러스 감염) 20 임용	• 16번, 18번 → 자궁경부암 70% 〈 HPV 16, 18번 〉 • 자궁경부암 70% • 외음암의 40~50%, 질암의 70%와 관련됨 • 기타 고위험 HPV : 31, 33, 45, 52, 58번
	HIV 감염, 단순포진바이러스 등	• HIV 감염 • 단순포진바이러스(HSV), 클라미디아, 매독, 임질, 트리코모나스 등 〈 단순포진바이러스 II 〉 • 상피내암 환자의 92%에서 발견 • CIN 1 환자의 84%에서 발견 • Pap 검사에서 74%에서 발견
성 관련 요인	• 첫 성교 연령이 낮을수록 • 성 파트너 수가 많을수록 • 기혼 여성, 다산부에서 높음	
성 파트너의 위생상태	• 포경수술을 하지 않은 남성과 성관계, 음경의 불결한 위생 → 치즈모양의 귀두지(구지) : 음경의 포피밑에 지방샘의 분비물과 박리된 　　상피세포등으로 구성 → 자궁경부암 발생에 영향 미침	
생활습관	• 흡연 • 콘딜로마 노출 경험	
사회경제적 요인	• 낮은 경제 수준 • 비위생적인 생활 및 위생 습관 • 자궁경부암 예방접종 미접종 등	

2 증상

무증상	• 무증상 많음
질출혈	• 초기에는 경미한 출혈 → 피가 섞은 대하(담홍색) → 점상 출혈 • 성교후 접촉성 출혈 • 진행 시 심한 질 출혈
통증	• 암이 상당히 진행된 경우 통증 (+) • 초기엔 통증(−)
암 진행시	• 변의, 방광자극 증상 • 방광-직장 누공 형성 • 요독증 (골반벽을 침윤해서 요관을 압박 폐쇄함) → 출혈, 감염 등 패혈증 → 사망 주요원인
말기 3대 증상	① 천골통증, ② 일측성 림프부종, ③ 일측 요로폐쇄 증상 → 치유 불가능한 말기 3대 증상 : 'terrible triad' → 대개 6개월 내 사망

3 병리적 유형 (암 종류)

유형	세부 유형	특징 및 예후
편평상피세포암	① 미세침윤암 ② 침윤성암	• 전체 자궁경부암의 90~95% 차지 • 미세침윤암: 깊이 3mm 이하 전이 드묾, 예후 양호
자궁경부선암	상피내선암 포함	• 전체의 5~10% • 20~30대 여성에서 증가 추세 • 상피내선암은 침윤성 선암의 선구자임 • 자궁경부 원추형 생검 필요

자궁경부
선편평상피세포암
	① 악성선종
	② 융모샘유두샘암종
		• 선암 + 편평상피세포암 혼합형
		   → 예후 가장 나쁨
		• 융모샘유두샘암종 : 젊은 여성, 피임약 복용과 연관
		   (예후 양호)

표. 자궁경부암 병기

0			• 상피내암종(침습 전단계 암)
I	IA	IA1	• 종양이 자궁경부에 국한됨 • 침윤성 암, 현미경 소견으로만 진단, 침윤 깊이(depth) 5.0mm 미만 • 기질 침윤 깊이 3.0mm 미만
		IA2	• 기질 침윤 깊이 3.0mm 이상 5.0mm 미만
	IB		• 자궁경부에 국한된 병변의 가장 깊은 침윤 5mm 이상(stage IA보다 큰 병변)
		IB1	• 침윤 깊이 5mm 이상, 2cm 미만
		IB2	• 병변 2cm 이상, 4cm 미만
		IB3	• 병변 4cm 이상
II	IIA		• 종양이 자궁 밖으로 침범하였으나 골반벽이나 질의 하부 1/3까지는 침윤되지 않음 • 종양이 자궁방결합조직(parametrium)을 침범하지 않고 질의 상부 2/3에 국한된 경우
		IIA1	• 병변 최대 크기가 4.0cm 미만
		IIA2	• 병변 최대 크기가 4.0cm 이상
	IIB		• 종양이 자궁방결합조직(parametrium)을 침범하였으나, 골반벽에는 침윤되지 않음
III	IIIA		• 종양이 골반벽을 침범하고 질의 하부 1/3 밑으로 침범하거나 수신증 또는 기능을 하지 않는 신장을 동반하거나 골반 또는 대동맥 주변 림프절을 침범한 경우 • 종양이 질의 하부 1/3 밑으로 침범하였지만 골반벽은 침범하지 않은 경우
	IIIB		• 종양이 골반벽을 침범하고 수신증 또는 기능을 하지 않는 신장을 동반하는 경우
	IIIC		• 골반 또는 대동맥 주변 림프절을 침범한 경우
		IIIC1	• 골반림프절에만 전이된 경우
		IIIC2	• 대동맥 주변 림프절에 전이된 경우
IV	IVA		• 종양이 진골반 밖으로 침범했거나 병리조직검사 결과 방광이나 직장의 점막으로 전이된 경우 • 종양이 주변 장기로 전이된 경우
	IVB		• 원격전이가 있는 경우

4 진단검사

진단 시 검사	〈 병리조직학적 진단 후 〉 • 혈액검사, 요검사, 흉부 X-선 • 방광경검사, 직장경검사, 경정맥 신우조영술 • 복부 및 골반 MRI, PET 또는 PET/CT
SCC 항원 (squamous cell carcinoma- antigen)	• 편평상피세포암에서 유용한 혈청지표 → 종양표지자 검사 • SCC 수치는 병기, 크기, 침윤 깊이, 림프혈관강 침윤, 림프절 전이 여부와 연관됨 • 치료 전 및 추적관찰 시 주기적 측정

5 치료

- 일차적 치료는 수술과 방사선 치료임

수술	• Ⅰ기, ⅡA에 제한적으로 적용 • Ⅰ기에서 근치 자궁절제술과 방사선 치료 시 : 5년 생존률 85% 이상 〈 근치 자궁절제술 〉		
	수술	• 자궁경부암에서 주로 시행 • 자궁과 함께 질 상부 1/3, 자궁주변 인대, 골반림프절 등 함께 절제	
	후유증	• 배뇨장애, 림프부종, 성기능 장애 등	
방사선 치료	• 모든 병기에 가능		

6 예방

(1) 건강검진

자궁경부질세포검사	• 만 20세 이상 여성 : 2년에 1회 시행 (무료검진)

(2) HPV 백신 예방접종

① 예방접종 대상

대상	• 만 11세~12세 여아(만 9세부터 접종가능)
접종횟수	• 총 2회 접종
접종간격	• 6~12개월 간격 (0, 6~12개월 간격)

표. 백신종류와 나이에 따른 예방접종

백신종류	첫 접종나이	접종횟수	접종일정
2가, 4가, 9가	만 9~14세	2회	0, 6~12개월
2가	만 15~25세	3회	0, 1, 6개월
4가	만 15~25세	3회	0, 2, 6개월
9가	여성 만15~45세 남성 만 15~26세	3회	0, 2, 6개월

② 국가예방접종 지원 대상 20 임용

대상	• 만 12세 여아 20 임용
접종횟수	• 총 2회
접종간격	• 6~12개월 간격 (0, 6~12개월 간격)
백신종류	• 2가, 4가 백신

[참고!] 2가, 4가, 9가 백신

백신 종류	HPV 유형
2가 백신	• 16, 18형
4가 백신	• 6, 11, 16, 18형
9가 백신	• 6, 11, 16, 18, 31, 33, 45, 52, 58번 유형

4 자궁내막암

1 원인 및 위험요인

- 에스트로겐 의존성(75%), 비의존성(25%)로 구분됨

(1) 에스트로겐 의존성 (75%)

빠른 초경 등	• 미산부, 빠른 초경, 늦은 폐경에 의한 장기간의 에스트로겐 노출
무배란성 월경장애	• 무배란일 경우 프로게스테론의 길항없이 에스트로겐 자극에 의한 자궁내막 증식 → 황체 X → 프로게스테론 분비 X → 자궁내막 분비기에 이르지 못함 → 자궁내막 증식
비만	• 부신의 안드로스테네디온(androstenedione) → 말초조직(특히 지방조직)의 전환효소(aromatase)에 의해 에스트론(estrone)으로 전환 → 에스트로겐↑
경구피임약	• 프로게스테론 없는 장기간 에스트로겐 요법 시
여성호르몬 요법 등	• 폐경 후 여성호르몬 요법, 여성호르몬 장기 사용 등 → 프로게스테론 없는 에스트로겐 대치요법(HRT)
타목시펜 (Tamoxifen)	• 유방 : 에스트로겐 길항제 (억제) → 유방암 세포 증식 억제 • 자궁내막 : 에스트로겐 작용제 (부분 작용) → 자궁내막 증식 자극 → 자궁내막암 위험 증가
폐경 전후 자궁내막증	• 자궁내막 비후, 폐경 전후 자궁내막증 시 증가 → 자궁내막이 과도하게 두꺼워짐, 에스트로겐 과다 자극에 의해 발생
유방암, 난소암 과거력	• 유방암, 난소암 과거력 시 증가
기타 질병	• 당뇨병, 고혈압 있을시 증가

(2) 에스트로겐 비의존성 (25%)

지연발생	• 자연발생적으로 나타남 → 자궁내막증식증과는 무관하게 위축된 자궁내막에서 암세포 발생

표. 자궁내막암과 연령		
연령증가와 악성도	• 폐경후 여성에게 흔히 발생 • 나이가 들면서 악성도 증가
호발 연령	• 50대 발생률 가장 높음
최근 증가추세	• 평균수명의 연장 • 서구적인 식생활 • 폐경 후 호르몬 요법 사용 증가 등

2 증상

비정상 자궁출혈	• 폐경 후 출혈, 폐경전기 반복되는 출혈 → 가장 중요한 증상 • 5% 미만만 무증상임
비정상 질 분비물	• 출혈 다음으로 중요한 증상임 • 진행시 혈성 및 화농성 질 분비물
후기증상	• 점액혈액성 질 분비물, 골반통, 요통 등
기타	• 말기 : 체중감소, 전신 쇠약 등 • 빈혈 : 심한 출혈시

3 유형

유형	특징	예후
자궁내막선암	• 전체의 80% 차지, 자궁내막 비후에서 발생	• 비교적 양호 (분화도에 따라 다름)
점액성 암	• 전체의 약 5%, 세포질 내 점액 포함 세포로 구성	• 대체로 예후 양호
유두상 장액성 암	• 3~4%, 난소/난관 장액성 암 유사 • 에스트로겐 저하 상태 노인 여성에서 발생	• 매우 불량 (사망률 높음)
투명세포암	• 5% 이하, 고령 여성에서 발생	• 예후 매우 불량 (유두상 장액성 암과 유사 또는 더 나쁨)
편평세포암	• 매우 드묾	• 불량

4 진단

자궁내막 흡인 생검	• 일차적 검사로 우선 실시 • 진단 정확도 90~98%
분획(구획) 소파술	• 자궁내막 일부 채취로 자궁내막암의 정확한 파급정도를 확인하는 검사임
질식 초음파	• 비정상 자궁출혈 등을 평가 (보조적 검사)
PaP 검사	• 자궁내막암을 진단하기 위해 보조적으로 검사
CA-125 검사	• 종양표지자 검사로 진행성, 전이성 자궁내막암에서 상승

5 병기분류

I	IA	• 자궁 내에 국한되어 있음
		• 자궁내막에 국한되어 있거나 자궁근층의 1/2 미만까지 침범
	IB	• 자궁근층의 1/2 이상 침범
II		자궁을 넘어서지 않았으며, 자궁경부 기질을 침범
III	IIIA	• 국소적으로 혹은 림프절을 통해 전파되어 있는 경우
	IIIB	• 자궁의 장막(serosa) 그리고/혹은 부속기관(난소 및 난관)을 침범
	IIIC	• 질 그리고/혹은 자궁방결합조직을 침범
		• 골반 그리고/혹은 대동맥주위림프절에 전이된 경우
	IIIC1	• 골반림프절에 전이
	IIIC2	• 대동맥주위림프절에 전이
IV		• 방광, 장점막 등 인접 장기를 침범 그리고/혹은 원격전이가 있는 경우
	IVA	• 방광, 장점막 등 인접 장기를 침범
	IVB	• 원격전이, 복강 내 장기에 전이된 경우 그리고/혹은 서혜부림프절 전이가 있는 경우

5 자궁육종

개념	• 중배엽 기원의 종양으로 자궁암의 2~6%를 차지하는 드문 악성종양임 • 질병의 진행이 빠르고 예후가 불량하며 방사선치료 후 발생할 수 있음 • 전이: 간과 폐로의 전이가 흔함	
증상	무증상	• 초기에는 증상이 없는 경우가 많음
	비정상 질출혈	• 가장 흔한 증상
	복통 및 압박감	• 종양의 증식으로 인한 압박감
	종양 크기 증가	• 근종성 종양이 급격히 커질 경우 육종 가능성 증가

6 기능성 난소낭종

개념	• 월경주기와 관련된 호르몬의 영향을 받음 → 폐경기 전에 발생하는 양성종양임
종류	• 난포낭종, 황체낭종, 루테인 낭종
증상	• 양성이며, 증상을 일으키지 않고, 외과적 수술을 요하지 않는 경우가 많음 • 드물게 낭종이 파열되어 복강 내 혈액이 고이거나 염전 발생 → 심한 골반통이 발생하는 수술이 필요할 수 있음

표. 기능성 난소낭종 유형

유형	특징	임상적 특징/증상
난포낭종	• 가장 흔함, 3cm 이상에서 진단, 5cm 이하가 대부분 • 성숙한 난포가 파열하지 않았거나 배란 후 성숙 난포액이 흡수되지 않아 난포액이 정상이상으로 고여 발생	• 월경이상, 골반중압감 • 대부분 2~3회 월경주기 내 자연 흡수 → 파열 시 복강내출혈
황체낭종	• 과도한 프로게스테론 분비로 황체가 퇴화하지 못하고 낭종화 또는 출혈 동반하여 발생 • 2cm 이상 시 황체낭종	• 통증, 압박감, 월경지연 등 • 자연 흡수되나 파열 시 수술 필요
루테인낭종	• 드물고 양측성, 30cm 이상 커질 수 있음 • 포상기태임신의 50%에서 발생함 → 난소가 융모성선자극호르몬의 과다한 자극을 받을 때 발생함	• 포상기태, 배란유도제 복용, 임신 중 거대태반, 다태임신, 당뇨병 등 • 대부분 무증상 • 낭종이 클 때 골반팽만감을 느낌

7 다낭성난소증후군(PCOS) 25 임용

의미	• 여성난임의 가장 흔한 원인임 • 만성 무배란과 고안드로겐혈증이 특징임

(1) 원인

① 시상하부-뇌하수체 기능 이상

LH 증가, FSH 저하	LH 증가	• GnRH 분비 증가 → LH 분비 증가 → LH는 난포막세포를 자극하여 안드로겐(테스토스테론 등) 생성 → 과도한 안드로겐은 난포 성숙을 억제하고 배란 장애를 유발
	FSH 감소	• FSH 상대적 부족 → 난포 성숙 실패 → 지속적인 배란 장애가 발생, 미성숙 난포가 축적 → 다낭성 난소
	• LH:FSH 비율 증가 → 2:1 이상 (정상 : 1:1)	

표. 시상하부-뇌하수체 기능 이상 기전

- GnRH 분비 증가(빠른 주기)
  ↓
- LH 증가 >> FSH 상대적 감소 → LH:FSH > 2:1
  ↓
- 난포막세포 자극 → 안드로겐 과다 생성
  ↓
- 난포 성숙 억제 → 배란 장애, 무배란 → 다낭난소
  ↓
- 고인슐린혈증 → LH 대한 난포막 세포 반응성↑ + SHBG↓(간에서 성호르몬결합글로불린(SHBG)생성을 억제) → 고안드로겐혈증

② 인슐린 분비 및 작용이상

인슐린 저하성 증가	• 고인슐린 혈증 → LH에 대한 난포막 세포 반응성↑ → 난소에서 안드로젠 형성↑
고인슐린 혈증(보상성)	

③ 비만

- 비만은 인슐린 저항성을 증가시킴 → 보상성으로 고인슐린혈증 생김 → 고인슐린혈증 → 안드로겐 증가, 난포성숙 장애, 지방 저장 촉진 등 → 다낭성난소증후군, 대사증후군 발생

인슐린 저항성 증가	• 고인슐린 혈증 → LH에 대한 난포막 세포 반응성↑ → 난소에서 안드로젠 형성↑ → 음성 되먹임으로 FSH 억제 → 난포 성숙 장애 → 무배란
고인슐린 혈증(보상성)	

(2) Rotterdam 진단기준 (2023) 25 임용

- 다른 내분비질환을 배제한 후, 아래의 세 가지 항목 중 두 가지 이상을 만족할 때 진단함

구분	진단항목	내용
①	희발배란 또는 무배란	• 불규칙한 월경, 무월경 등
②	고안드로겐혈증	• 다모증, 털과다증, 남성화 징후(남성형 탈모) 등
③	다낭성 난소의 초음파 소견	• 한쪽 또는 양쪽 난소에 2~9mm 난포가 12개 이상 있는 경우 • 난소 부피 ≥ 10cm³

(3) 증상

- 위 진단기준 + 내분비계 증상 사정

털과다증	얼굴, 턱, 윗입술, 유륜, 하복부 및 회음
탈모	이마와 정수리
남성화 징후	음핵비대, 중후한 목소리, 근육량 증가, 유방위축, 남성에서 보이는 대머리양상
불규칙적인 월경과 난임	부정자궁출혈, 무배란, 희소배란
다낭성 난소	난소에 12개 이상의 난포
비만	다낭난소증후군이 있는 여성의 50%에서 관찰, 복부비만, 허리와 골반 비율 증가
인슐린 저항성	만성 고인슐린혈증은 제2형 당뇨병을 유발
대사증후군	LDL 콜레스테롤 상승, 중성지방 상승, 심혈관질환의 위험성
심리적 영향	우울, 불안, 좌절, 식이장애 등
여드름	얼굴, 어깨 등

(4) 치료적 관리

불규칙한 월경주기 관리		경구용 복합 피임제, 주기적 프로게스테론
고안드로겐혈증		피임제, 항안드로겐제, 인슐린감수성 개선제, 성선자극호르몬분비 호르몬 장기 작용제 (GnRH 작용제), 부신피질호르몬제 등
	〈 GnRH 작용제 〉 지속적인 GnRH 수용체 자극 → 뇌하수체 수용체 탈감작 → LH, FSH 분비↓ → 난소 자극↓ → 안드로겐 생성↓	
배란 및 난임치료	클로미펜	배란 유도
	메트포르민 (Metformin) 25 임용	혈중 인슐린 농도 감소, 안드로겐 농도 감소 → 배란 개선
		혈중 인슐린 감소→ 난소 안드로겐 생성 감소 → LH 분비 과다 억제 → GnRH 주기 정상화 → FSH-LH 균형 회복 → 배란 가능성 증가
	성선자극 호르몬	LH, FSH 분비↑ → 배란 개선
	복강경적 난소천공술 적용	

8 난소의 양성 종양

1 난소의 생식세포 양성종양

(1) 유피낭종 18 기출

정의	• 주로 양성인 생식세포 종양으로, 대부분 낭성기형종에 해당함
기전	• 생식세포에서 기원한 종양으로, 외배엽/중배엽/내배엽의 다양한 분화 조직을 포함함 → 피지, 머리카락, 피부, 치아, 뼈 등 다양한 조직이 포함됨 18 기출

〈 유피낭종 관련 배엽별 유래 조직 〉

배엽층	유래 기관 및 조직	유피낭종 내 포함 가능 조직
외배엽	• 피부표피, 모발, 손발톱, 뇌, 척수, 말초신경, 망막	• 피부, 머리카락, 신경조직
중배엽	• 뼈, 연골, 근육, 심장, 혈관, 비장, 생식기계, 신장, 치아	• 치아, 뼈, 연골
내배엽	• 위장관 상피, 간, 췌장, 폐, 갑상선, 방광 상피	• 드물게 호흡기/소화기 상피

호발 연령	• 젊은 층 호발 (주로 10~30대 여성에서 흔하게 발생)
악성변형	• 2% 미만에서 악성 변형 발생 • 이 중 3/4 이상은 40세 이상 여성에서 발생
임상 증상	• 대개 무증상임 • 종양이 크면 종괴촉진 가능함 • 염전·파열 발생 시 급성 복통 유발 가능
합병증	• 난소염전, 파열, 감염, 장 압박 등에 의한 증상 유발
진단 18 기출	• 골반초음파 　→ 크기, 위치, 내부 구조(고형성분 여부)를 정확하게 파악하기 위해 시행 • 복부 CT, MRI로 확인 가능 • 종양 표지자(CA-125) : 난소암과 구별하기 위해 시행 → 낭종이 양성인지, 악성의 가능성이 있는지 감별하는 데 보조적 역할
치료	• 낭종절제술 시행 • 가급적 난소조직 보존. 필요 시 난소절제술 병행
예후	• 난소 내 국한 → 대부분 예후좋음 • 일부 피막 외부로 전이 / 악성 기형종 → 예후 나쁨, 항암치료 병행 필요
간호 중재 18 기출	• 수술 전후 감염·출혈 관찰, 통증 관리, 교육 제공 (재발/염전 주의) • 하복부 통증시 병원가야 하는 이유 　→ 난소염전, 유피낭종 파열, 자궁외임신, 맹장염, 골반염증성질환(PID) 등 　→ 응급 처치가 필요한 상태일 수 있음 → 특히 난소염전은 난소 혈류 차단 → 괴사 유발 　→ 6시간 내 수술 안 하면 난소 기능 소실 가능 　→ 자궁외임신 파열은 대량 출혈로 쇼크 가능 　　 빠른 진단과 치료 없으면 생식능력 손상 또는 생명 위협
기타 유의사항	• 양측성 가능성 있음 • 폐경 후 발생 시 악성 감별 필수 • 임신 중 발생 시 분만 계획 고려 필요

(2) 난소의 양성상피성(세포성) 종양

- 양성 상피성 종양은 전체 난소종양의 80~90%로 흔함
- 평균 발생연령 : 40세

종양명	특징	연령	치료
양성 장액성 종양	• 상피성 난소양 종양의 25% 차지 (흔함) • 난소표면 상피세포의 함입에 의해 발생 • 장액성 액체 함유 • 악성: 25~35% (악성가능성 O) • 유두상 돌기 O → 악성가능성	30~40대	• 임신 원할 시 종괴만 절제 • 임신 원치 않으면 자궁절제술+양측 부속기절제술
양성 점액성 종양	• 점액을 분비하는 상피세포 포함 낭종성 종양 • 난소종양의 12~15% 차지 • 악성: 15% (악성가능성 O) • 종양 크기 가장 큼 → 평균 15cm(30~50cm까지도) • 크기가 커서 호흡곤란, 위장관, 비뇨기계 사정	20~40대	• 거대한 종양크기로 일측 부속기절제술 • 고령자(폐경이후)는 자궁절제술 및 양측 부속기절제술 고려 • 호흡곤란 흔히 있어 폐기능검사 실시
양성 자궁내막모양 종양	• 드물게 발생(1%) • 샘+섬유조직이 자궁내막과 같은 구성을 이루는게 특징임 → 자궁내막증과 동반되기로 함	40~50대, 폐경 후	→ 종괴 절제, 필요시 병합수술
양성 이행세포종양 (양성 브레너 (brenner) 종양)	• 드물게 발생(1%) • 작고 단단함 • 점액성 종양과 동반 가능 • 현미경 소견 : 섬유조직 내 상피세포군집, 커피콩 모양 핵	40~60대	• 단순 절제술로 충분한 경우 많음

(3) 난소섬유종

정의	• 결합조직에 발생하는 충실성 종양으로 폐경이 여성에게 흔함 • 성삭기질세포종양임
발생 연령	• 주로 폐경 전후 또는 폐경 여성에서 발생
종양 크기	• 수 cm부터 23kg 이상까지 다양한 크기
양측성 여부	• 대부분 일측성
임상 증상	• 무증상인 경우 많음 • 크기가 크면 복부증대, 골반압통, 복수 동반 가능
감별	• 고형성 종양으로 악성 종양과 감별 필요
치료	• 수술로 절제 • 폐경기 여성은 자궁절제술 및 양측난관난소절제술 고려

9 난소 및 난관 악성종양

1 난소 및 난관의 경계성 종양

개념	• 세포의 비정형성은 있으나 기저막 침윤이 없는 양성과 악성의 중간 단계에 해당하는 상피성 종양임 (낮은 악성 가능성)
악성도	• 낮은 악성 가능성을 가진 종양, 난소암의 9.2~20% 차지
호발 연령	• 30~50세, 폐경 전 여성에서 주로 발생
병리 유형	• 대부분 상피성 난소암의 유형과 유사함. 일부 유형은 경계성과 악성 기준이 불명확함
특수 예외	• 비상피성 난소암 중 과립막세포종은 전체가 경계성으로 간주되기도 함
병기	• 난소암의 병기 기준과 동일
치료	• 자궁절제술 + 양측 또는 일측 난소·난관절제술 시행
전이 경향	• 주로 국한되어 있으나, 드물게 폐나 복강으로 전이 가능

2 난소암

종류, 호발연령	종류	• 상피성 난소암(흔함, 90% 차지), 비상피성 난소암으로 구분됨
	호발연령	• 주로 50대 이후, 특히 60~64에 흔함
	상피성 난소암	• 폐경기 이후 흔함 • 45세 이전에는 드묾 • 사춘기 이전 연령은 드묾
	비상피성 난소암	• 5% 정도 아동기, 사춘기에도 발견됨 → 비상피성 난소암은 20세 이하가 2/3 차지 • 0~14세(사춘기 이전)의 암 중 4위임
무증상 (악성)		• 무증상 많음 • 환자의 2/3이상에서 3~4기에서 발견됨 → 부인암 중 치사율 가장 높음

(1) 상피성 난소암

① 기전 및 위험요인

호발	• 난소암의 90% 차지
기전	• 체강상피세포 또는 중피에서 유래됨 → 중배엽의 산물로 화생이 가능함
원인 및 위험요인	**반복(지속적) 배란** • 배란은 난소피질 표면상피의 손상을 유발

	반복 (지속적) 배란	증가 ↑ (배란횟수 많을수록)	• 독신여성, 낮은 출산력, 미산부
원인 및 위험요인		감소 ↓ (배란횟수 적을 때, = 보호인자)	• 수유부(모유수유), 임신횟수 많을수록, 경구피임약을 장기간 복용할수록 • 초경이 늦을수록, 폐경이 빠를수록
	가족력, 유전		• BRCA1 또는 BRCA2 유전자 돌연변이 → 유방암(더 흔함), 난소암 위험인지

② 증상

- 무증상 흔함
- 70%가 3기에서 발견됨

주증상	• 복통 〉복부팽만 〉질출혈
위장장애	• 변비, 식욕부진, 조기포만감, 구토
요로계 압박	• 빈뇨, 배뇨곤란
내분기 이상	• (드물게) 월경과다, 유방팽만 등

③ 진단

신체검진	• 난소촉지 (폐경후에는 난소 위축되어 촉지 X), 상복부 덩어리, 복수 등
CA 125	• 혈청 종양표지자 검사 → 예측력 90%
영상검사	• CT/MRI, PET-CT, 대장내시경 등 → 복강내 탈락세포 및 림프전이, 혈행전이 확인
시험관 개복술	• 조직확진과 병기 설정을 위한 수술적 진단 방법, 실제 병기 결정에 중요
경구피임제 사용	• 양성시 종양 쇠퇴, 악성시 쇠퇴 X, 크기 증가
병기 크기	• 클로미펜이나 다른 배란유도제를 사용하지 않는데도 낭종 지름 8cm 이상이면 악성 가능성 ↑

④ 치료

치료	• 복식 전자궁절제술, 양측 난소절제술 : 임신 X, 월경 X, 폐경 증상 (+) • 항암요법 시행

⑤ 예방

일반	• 출산, 모유수유 등 • 경구용피임약 : 5년 이상 사용시 50% 감소 (→ 자궁내막암, 유방암 ↑) ⟨ 복합경구피임제 배란 억제 ⟩ • 배란을 억제하고, 난소피질의 상피세포 손상을 줄여 상피성 난소암의 위험을 감소시킴 • 토마토, 당근 등 채소 섭취 • 과체중 예방
가족력	• BRCA1 또는 BRCA2 유전자 돌연변이 : 40세 이전 혹은 출산을 완료한 후 예방적 난소-난관절제술 시행 권장됨

┃ 표. 상피성 난소암의 종류(유형) ┃

장액성 난소암	• 가장 흔함 (75~80%) • 양측성이 2/3임 • 난소 표면 상피세포의 함입으로 발달, 장액성 액체 분비 • 유두상 증식 흔함
점액성 난소암	• 경계성 종양이 흔함(60%) • 유두방증식은 장액성 난소암보다 덜 흔함
복막 위점액종	• 양성 또는 경계성 점액상 종양이 파열되어 복막에 점액분비 상피세포가 이식되어 발생 • 상피세포에서 젤라틴 같은 주황색 점액 물질 분비 • 잘 분화된 결장암에서 이차적으로 발생 • 증상 : 영양실조, 악액질, 빈혈, 식욕부진, 복부팽만, 구토, 설사 위장장애, 장폐색증 (말기증상)
자궁내막모양 난소암	• 2번째로 흔함 • 자궁내막의 분비샘과 유사한 형태의 조직을 가지고 있음 → 자궁내막암이 난소로 전이된건지 감별 필요
투명세포암	• 대부분 전이성 질환이 동반 • 자궁내막모양 난소암과 동반 흔함 • 임신 중 디에틸스틸베스테론(DES) 노출된 젊은 여성과 관련됨
악성 이행세포종양 (악성 브레너 종양)	• 드물게 발생 • 침윤성 이행세포 또는 다른 유형의 세포가 함께 공존함
미분화암	• 주로 젊은 여성에서 발생함 • 분화도가 나쁜상태임 → 예후 가장 나쁨 • 고칼슘혈증을 보임

| 표. 난소암의 병기 |

Stage			
I	IA IB IC	IC1 IC2 IC3	• 난소에 국한 • 한쪽 난소에 국한, 복수에 암세포가 없음, 표면에 종양이 없음 • 양쪽 난소에 국한, 복수에 암세포가 없음, 표면에 종양이 없음 • 종양이 한쪽 또는 양쪽 난소에 국한된 경우로써 다음 증상이 동반될 때 • 수술 중에 피막이 파열된 경우 • 수술 전에 피막이 파열되거나 난소 표면에 종양이 침범한 경우 • 복수 또는 복강 세척액에서 악성세포가 나타난 경우
II	IIA IIb		• 종양이 한쪽 또는 양쪽 난소를 침범하고 골반 내 파급 또는 원발성 복막암이 있는 경우 • 자궁이나 난소, 난관으로 파급된 경우 • 골반 내 복막강조직으로 파급된 경우
III	IIIA1 IIIA2 IIIB IIIC		• 한쪽 또는 양쪽 난소에 종양 또는 복막 종양이 있으면서 골반을 넘어 복강을 침범하거나 후복막림프절까지 전이된 경우 • 후복막림프절에서만 악성세포가 확인된 경우 • 골반을 벗어나 복강 내 현미경적 파종이 확인된 경우(후복막림프절 침범은 있거나 없을 수 있음) • 골반을 벗어나 복강 내 육안상 2cm 이하의 복강 전이가 있는 경우, 간/비장 피막 전이(후복막림프절 침범은 있거나 없을 수 있음) • 골반을 벗어나 복강 내 육안상 2cm 이상의 복강 전이가 있는 경우 간, 비장 피막 전이(후복막림프절 침범은 있거나 없을 수 있음)
IV	IVA IVB		• 종양의 복강 이외 원격전이가 있는 경우 • 세포학적 검사상 양성인 늑막 삼출물(pleural effusion) 전이 • 복강 이외 장기 전이(서혜부림프절, 복강을 벗어난 림프절로 전이된 경우 포함)

(2) 비상피성 난소암

개념	• 난소암 중 약 10%를 차지하며, 상피세포 이외의 세포에서 기원하는 암
종류	• 생식세포종양과 성삭기질세포종양으로 구분됨
특징	• 20세 이하에서 약 2/3 이상 발생 • 0~14세(사춘기 이전)의 암 중 4위임

① 생식세포종양

특징	• 난소의 원시생식세포에서 기원됨
	  → 미분화된 생식세포의 성선에서 자람
	• 전체 난소암의 약 5% 이하
	• 일부 생식세포암에서 AFP, hCG 분비 → 상승시 의심
	• 20대까지 발생하는 난소종양의 70% 해당, 이중 1/3이 악성임
	  → 젊은 연령층에서 흔함
	• 대부분 예후 양호, 수태능력 보존 가능

미분화세포종	• 젊은 여성(10~30세)에 흔함 • 종표지자: LDH, hCG, PLAP((Placental Alkaline Phosphatase) • 방사선 및 항암치료에 반응 좋음 • 수태 보존 가능성 높음 • 양측성 발생 가능성 존재 • I기에 진단 시 예후 매우 좋음 • 전이는 일반적이지 않으나, 재발이나 오래지속시 폐, 간, 뇌 전이
난소융모 상피암	• 난소 비임신성 융모암은 드묾 • 호발연령 : 20세 이하 • hCG 높음 → 초경 전 여성의 50%에서 조숙이 올수 있음

② 성삭기질종양

특징	• 폐경기 이후 여성에서 흔함 • 에스트로겐 분비 → 자궁출혈, 자궁내막증식중 동반 가능
과립막기질 세포종	• 에스트로겐 분비 → 모든 연령층에서 발견 → 생식기 연령, 폐경 후 여성 → 폐경 후 부정자궁출혈 → 자궁내막증식 → 자궁내막암 발생할 수 있음 • 폐경 후 여성에서 흔함 • 초경 전 여성에서 발생할 경우 성적 조숙 증상 (→에스트로겐 분비로) • 수술이 주된 치료임 • 예후 양호 • 종양표지자: Inhibin B → 과립세포종에서 일부 분비됨

3 난관암

전이된 암	• 난관암은 난소, 자궁내막, 소화기계, 유방 등에서 전이된 경우 많음 • 대부분 상피세포에서 기원함
호발연령	• 50~60세
3대 증상	① 수양성 분비물 ② 골반통 ③ 골반종양의 촉지
기타 증상	• 이상 질분비물, 출혈 → 50%에서 나타남
예후	• 5년 생존률 : 40% → 난소암보다는 높음

10 질의 종양

1 질상피내종양 (vaginal intraepithelial neoplasia, VAIN)

개념	• 대부분 자궁상피내종양(CIN)과 동반, 발생원인도 유사함 • 질 상부에 호발됨
원인	• 성교, 탐폰 사용 등으로 인한 질 표면 손상 시 HPV 감염(특히 16번, 18번)에 의해 유발
증상	• 대부분 무증상 • 외음/질 사마귀 → HPV 6, 11번(저위험 HPV감염) • 악취나는 질 분비물
진단	• 자궁경부질세포검사 : 양성(+) → 자궁상피내종양(CIN)과 동반 • 질확대경검사 시 질검사(특히 질상부)에 대한 검사 필요 • 생검으로 확진
치료	**VAIN1** • 자연 소멸 가능, 박리치료 후 재발 가능 **VAIN2** • 레이저 박리 치료 **VAIN3** • 침윤암 제외 시 레이저 치료 • 필요시 질상부절제술 또는 전질절제술 **냉동요법 금지** • 인접장기인 방광이나 직장에 손상
예후	• 악성 잠재성은 자궁경부상피내종양보다 낮음

2 질암

개념	• 원발성 질암은 드물며, 자궁경부암이나 외음암 여성에서 발생하는 경우 많음
종류	• 질암의 80% 이상은 편평세포암이며, 그 외 선암, 흑색종, 투명세포암, 육종 등
원인	• 대부분 HPV 감염(특히 16번, 18번)과 관련 → 자궁경부암 병력이 있는 경우 발생 위험 증가
호발연령	• 60세
호발부위	• 질 후벽 상부 1/3
증상	• 무통성 질출혈 (주로 폐경 후, 성교후) • 악취나는 질 분비물 • 진행 시 요정체, 혈뇨, 빈뇨, 변비, 혈변 등
진단	• 자궁경부세포검사 이상 소견 • 질확대경검사 및 생검 • 침윤여부 확인 : 부분 질절제술 필수
치료	• 주로 방사선치료, 수술은 일부만 시행 → 질 주위 인접기관 합병증 발생 : 방광염, 직장염, 직장협착, 궤양, 누공형성 및 질 괴사 등 • 방사선 후 질협착, 질섬유화 → 질 기능 보존 위해 에스트로겐 및 성생활 권장(질확대)
예후	• 5년 생존률 42% • 골반 내 재발 많음

11 외음 종양

1 외음의 낭종성 종양

종류	특징	증상	치료 및 간호
바르톨린샘낭종	• 외음부 병소 중 가장 흔함 • 점액 축적으로 관 폐쇄	• 작으면 무증상 • 낭종 크거나 감염 → 통증, 성교통, 외음 중압감 발생 • 40세 이상 여성 : 침윤성 외음암(악성) 2~7% • 바르톨리샘에서 분비되는 알칼리성 물질에 의해 임균 감염가능성 있음 → 임균, 클라미디아 등 성매개 감염가능성 확인	• 무증상시 치료 X • 좌욕, 진통제 • 절개와 배농을 통해 외부로 배액구를 만드는 주머니형성술 • 카테터 삽입하고, CO2레이저 치료로 낭종 제거 • 감염 시 항생제 치료
누크관낭종	• 복막이 자궁원인대와 유리되어 액체 고임	–	–
피지봉입낭종	• 기름샘의 염증성 폐쇄	• 대음순·소음순 안쪽 발생	–
스킨선낭종	• 요도구 근처 스킨선의 낭종성 확대	• 대부분 무증상, 클 경우 절개	–

2 외음부상피내종양 (VIN)

개념	• 외음부의 상피세포 내에서 발생하는 전암성 병변임 • HPV 감염과 밀접한 관련이 있으며 자궁경부상피내종양(CIN)과 유사한 병리적 특징을 가짐
종류	• 편평세포상피내종양(흔함)과 외음파제트병으로 구분됨

(1) 편평세포상피내 종양

원인	• HPV 16(80% 이상), 11, 6번과 관계있음 → 성매개질환 병력(+)
호발	• 폐경전 여성
치료	• 단순절제, 레이저 박리, 표면외음절제술

(2) 외음 파제트병

개념	• 드문 질병임 • 대부분 상피내에 국한, 파제트세포가 보임 　→ 파제트 세포는 유방암의 하나인 유방파제트병에서 자주확이됨
호발	• 폐경후 여성
증상	• 외음부 가려움증, 외음 궤양
병소	• 습진과 같은 양상 • 외음의 모낭부위에서 시작 → 치구(볼덩이), 대퇴, 엉덩이로 확대 • 진행시 직장 점막, 질점막, 요도를 포함
치료	• 광범위 국소절제술 시행 • 선암 동반 시 근치외음절제술 및 림프절절제술 필요

3 외음암

정의 및 호발연령	• 전체 여성 생식암의 약 4% 차지 • 주로 60~70대 여성에게 발생 • 90% 이상이 편평세포암
원인 및 위험요인	• 주원인 : HPV 감염(특히 16번) → 다수의 성 파트너, 생식기 사마귀, 흡연시 증가 • 약 5%의 외음암 환자에서 매독 혈청검사 양성(+)

표. 외음암 종류별 특징

유형	임상 특징	예후	간호
편평세포암	• 외음암의 90% 이상(흔함) • 가려움증, 궤양, 출혈, 분비물, 사마귀 양상 • 서혜부 림프절 전이 가능 • 크기 작을때는 무증상	• 림프절 전이 없으면 생존율 90% • 전이 시 40~50%	• 수술 후 폐색전, 심근경색으로 사망 가능성 있음 • 침상안정시 심부정맥혈전증(DVT) 예방 　→ 조기이상, 걷기 등 • 합병증 관찰 　→ 직장-질 누공, 직장-회음 누공 등
악성흑색종	• 폐경기 백인 여성 • 소음순/음핵 주로 발생 • 색소가 침착된 병소이외 증상 없음	• 전반적 예후 불량	
사마귀암	• 편평세포암의 변형 • 폐경 후 여성에서 발생 • 서서히 자람		

12 임신성 융모성 종양

종류	• 포상기태, 침윤성 기태, 융모상피암, 태반부착부위 종양을 포함
원인	• 포상기태 임신 후 주로 발생 • 정상 임신 이후, 치료적 또는 자연 후에도 발생할 수 있음 • 포상기태 〉 유산 〉 만삭 임신
세포기원	• 영양막세포(태반 형성하는 세포)로 영양배엽의 악성질환
분류	• 자궁의 악성종양, 임신 관련 악성종양으로 분류

1 유형별 분류

비전이성 임신성 융모성 종양	• 자궁 외 전이 없음 • 포상기태 배출 후 15%에서 추후 임신시 발생 → β-hCG 지속 상승, 불규칙한 질출혈, 자궁 비대 등 증상 있음
전이성 임신성 융모성 종양	• 포상기태 제거 후 약 4%에서 발생 • 전이는 융모암과 관련됨 • 원격전이는 폐(80%), 질(30%), 골반(20%), 간/뇌(10%, 예후 나쁨) → β-hCG 급격한 상승 • 폐전이 시 X-ray로 확인, 흉통, 기침, 각혈, 호흡곤란 증상 보임

2 병기 분류

I	• 자궁체부에 국한
II	• 자궁부속기나 질에 전이, 생식기계에 국한
III	• 폐전이, 생식기계 전이가 있거나 없음
IV	• 기타 부위에 전이

3 진단

• 병력 및 신체검진
• β-hCG 수치 측정
• 간기능, 신기능, 갑상샘기능 검사
• 흉부 X선, 복부/골반 초음파, CT, 선택적 혈관조영술 등으로 전이 평가

4 치료

- 병기에 따라 다르나 항암요법 사용 + hCG 추적검사 시행

병기		주요치료
I기 (자궁 국한)	수태능력 보존 원하지 않을 경우	• 자궁절제술 + 단일약제 화학요법 (Methotrexate(MTX) 또는 Actinomycin D)
	수태능력 보존 시	• 단일 또는 병합 항암화학요법
	태반부착부위 종양	• 자궁절제술
II기 ~ III기 (질, 폐 전이)	저위험군	• 단일약제 화학요법
	고위험군	• 병합 항암화학요법(EMA-CO)
	추후관리	• 매주 β-hCG 측정 → 3주 정상 → 12개월간 매월 추적
IV기 (간, 뇌 전이)	고위험군	• 병합 항암화학요법 + 방사선 + 선택적 수술
	추후관리	• 3주간 정상 후 24개월간 hCG 추적
	장기추적	• 재발 위험 높아 장기적 추적 필요

Part 11 생식기 수술

① 자궁절제술

1 자궁절제술의 종류

구분	정의 및 범위	특징 및 주의사항
부분자궁 절제술	• 자궁체부만 제거하고 자궁경부는 보존	• 자궁 X → 월경 X, 임신 X • 난소 O → 에스트로겐 O → 폐경 증상 X • 자궁경부암 위험 존재 　→ 정기적인 자궁경부질세포검사 필요
전자궁 절제술	• 자궁의 체부와 자궁경부 전체를 제거	• 자궁 X → 월경 X, 임신 X • 난소 O → 에스트로겐 O → 폐경 증상 X
전자궁절제술 + 한쪽 난관난소절제술	• 자궁과 함께 한쪽 난관과 난소 제거	• 자궁 X → 월경 X, 임신 X • 난소 O → 에스트로겐 O → 폐경 증상 X
전자궁절제술 + 양쪽 난관난소절제술	• 자궁과 함께 양쪽 난관과 난소 제거	• 자궁 X → 월경 X, 임신 X • 난소 X → 에스트로겐 X → 폐경 증상 O
근치자궁 절제술	• 자궁경부암 환자에게 시행 • 자궁, 양쪽 난관, 난소, 질 상부 1/3, 자궁 주위 인대, 림프절 등 광범위 제거하는 수술 • 임신 원할 경우 난관, 난소 유지하기도 함	• 자궁 X → 월경 X, 임신 X • 난소 X → 에스트로겐 X → 폐경 증상 O • 난소 O → 에스트로겐 O → 폐경 증상 X • 소변장애 올 수 있음 • 합병증 : 출혈, 감염, 정맥혈전, 폐색전, 배뇨장애, 요정체, 누공, 림프낭종, 성기능변화 등

표. 자궁절제술 수술별 월경, 여성호르몬 분비 등 특징

수술명	월경	난소 존재	여성호르몬 분비	임신 가능성
전자궁절제술	없음	O 있음	O 분비됨	불가능
부분자궁절제술	없음	O 있음	O 분비됨	불가능
전자궁절제술 + 일측 난관-난소절제술	없음	O 있음 (한쪽 난소)	O 분비됨	불가능
전자궁절제술 + 양측 난관-난소절제술	없음	없음	없음 (즉시 폐경)	불가능
근치자궁절제술	없음	O 또는 (보존 여부에 따라)	O 또는	불가능

2 자궁절제술 수술방법

수술방법	정의 및 절차	적응증 및 장점	단점 및 제한사항
복식 전자궁절제술 (TAH)	• 복부절개(5~10cm)를 통해 자궁체부와 자궁경부 전체 절제 • 절개 방식 : 가로 or 중심선(세로)	• 자궁근종 크기 크거나 골반 내 유착 있을 때. • 세로절개: 시야 넓음, 진단 가능	• 흉터, 통증, 회복 느림 • 장기능의 문제 많음
질 식전자궁절제술 (TVH)	• 질을 통해 자궁 전체 제거	• 자궁탈출, 질이완, 직장탈출 등 • 흉터 없음, 회복 빠름, 출혈적음 • 조기이상 가능 • 수술후 불편감 덜함 • 입원기간 짧음	• 질구 좁거나 자궁 종양 크면 불가 • 수술후 감염위험률 높음
복강경하 전자궁절제술 (TLH)	• 복강경 삽입해 자궁 제거 • 배꼽 아래 절개 + 수술도구 삽입하여 진행 • 복강 내 CO_2 주입	• 흉터 작음, 회복 빠름, 통증 적음 • 복강내 장기손상, 유착 적음	• 조작 제한(수술시야 제한) • 숙련도 필요 • 수술시간 김 • 장비 비쌈
복강경하 질식자궁절제술 (LAVH)	• 복강경으로 자궁 상부를 절제 • 질식 방법으로 자궁경부를 포함한 자궁 전체를 제거 → 즉, 전체 자궁을 제거하되, 상부는 복강경, 하부는 질식 수술로 나누어 시행하는 혼합형 수술법임	• 자궁경부병변 선호 • TLH보다 회복 빠름, 흉터 적음	• TLH와 유사한 제한사항 있음
로봇 복강경하 전자궁절제술	• 다빈치 시스템 이용 원격조정. 정교한 수술 가능 • 3D 손동작 구현	• 실혈 적음, 개복률 낮음 • 고난이도 수술 가능	• 고가, 넓은 수술공간 필요
단일공 복강경하 자궁절제술	• 배꼽만 절개해 시행하는 단일공 수술법. • 질식자궁절제술 병행 가능	• 흉터 최소화, 통증 감소, 미용 효과 우수	• 기술 숙련도 요구, 제한된 시야 및 기구 조작

2 자궁근종절제술

항목	내용
정의	• 자궁을 보존하면서 자궁근종만 절제하는 수술임 • 자궁근종이 있는 여성 중 자궁 보존 또는 임신을 원하는 경우 시행
적응증	• 자궁근종이 자궁벽 바깥에 가까이 있거나 자궁의 크기가 임신 12~14주보다 작고 무증상인 경우, 임신을 원하는 경우 등
수술 방법	① 복강경 수술 ② 개복 수술 ③ 자궁경을 이용한 수술(점막하근종의 경우) ④ 로봇 복강경 수술
제한점	• 자궁경 이용 시 근종이 4cm 이상이거나 근층내근종 동반 시 완전 제거 어려움.
로봇 복강경 수술 장점	• 출혈량 감소, 수혈 감소, 재원기간 단축, 수술 중 합병증 감소 등
임신 가능 여부	• 자궁근층이 남아 있어 추후 임신 가능.
재발률	• 15~30%, 시간이 지남에 따라 증가, 단일 근종인 경우 재발률 낮음

3 난소수술 17 임용

난소절제술	• 복강경이나 복부절개를 통해 한쪽 또는 양쪽 난소를 제거하는 수술 → 양쪽 난소제거시 폐경증상 → 호르몬 대체요법 등 치료 (폐경증상)
난소설상절제술 17 임용	• 난소조직의 1/3 또는 그 이상을 설상(쐐기모양)으로 절제함 • 설상절제는 남아있는 난소조직의 배란을 자극하기 위함 (배란 유도 가능) → 배란 회복률 82%, 임신율 63% → 시상하부-뇌하수체-난소축에 자극을 주어, 배란-월경주기를 정상으로 이끌어줌

❹ 난관수술

수술명	정의 및 방법	적응증 및 특이사항
난관절제술	• 복강경이나 복부수술을 통해 난관의 한쪽 또는 양쪽을 제거	• 난관염, 난관임신, 악성종양, 골반감염, 패혈증 치료 • 영구피임 목적 • 난관파열 시 응급수술
난관결찰술	• 복강경을 이용한 전기소작법 또는 비전기소작법으로 난관 폐쇄	• 영구피임 목적 • 전기소작법: 실패율 낮으나 복원 어려움 • 비전기소작법(링, 클립) : 복원 가능성 높으나 실패율 높음
난관복원술 및 난관성형술	• 영구피임술 후 난관 연결 복원 또는 폐색 교정을 위한 성형술	• 임신 재시도 시 복원 목적 • 클립·링 사용 시 복원성공률 높음 • 수술 후 유착·자궁외임신 가능성 있음

❺ 외음절제술

단순외음절제술	• 대음순, 소음순, 음핵을 절제
근치외음절제술	• 외음 전체 + 피부 + 대퇴삼각부 지방 + 회음림프절 절제, 피부이식 포함

❻ 골반장기제거술

종류	제거 대상 장기	특이사항
전면 골반장기제거술	• 자궁, 난소, 난관, 질, 방광, 요도	• 요로전환 위해 회장도관 형성
후면 골반장기제거술	• 자궁, 난소, 난관, 하행결장, 직장, 항문	• 대변 배출 위해 결장루(colostomy) 형성
전체 골반장기제거술	• 전면 + 후면의 모든 골반기관	• 회장도관 + 결장루 모두 형성

Part 12 성매개 질환

1 임질 10, 08, 96 임용

1 특징 및 원인균

특징	• 성교에 의해 전파되는 가장 흔한 질환임
원인균	• Neisseria gonorrheae
원인	• 성교(대부분), 감염 부위 직접 접촉 • 오염된 매개체에 의해 전파
잠복기	• 3~5일
호발연령	• 10대와 젊은 여성에게 흔히 발생 (성생활 활발)
주 감염부위	• 자궁경부

2 증상 및 치료

무증상	여성	• 약 70~80%가 무증상 → 골반염증성 질환(PID)으로 진행될 위험이 높음 → 자신도 모른사이 전파 시킴
	남성	• 약 10%가 무증상 → 대부분은 급성 요도염 증상을 보이며, 진단이 비교적 빨리 이루어짐
화농성 대하 (분비물)		• 임질의 가장 특징적인 증상임 • 황색 또는 황록색의 화농성 질 분비물
배뇨시 작열감, 빈뇨 등		• 작열감이 있는 배뇨통(작열통) • 빈뇨, 배뇨곤란 • 하복부 통증(요통), 성교통 등
난관 전파 (상행 감염)		• 임균이 상행하여 바르톨린샘염, 스킨선염, 자궁경부염, 난관염 발생 • 급성 난관염 증상 : 골반통, 월경과다, 구역, 구토, 진행 시 골반내염증질환(PID)
난임, 자궁외임신 (난관임신)		• 난관염의 반흔, 섬유성 유착 → 난관 유착, 난관 폐쇄 → 난관 폐쇄로 수정란 이동 어려움 → 난임 또는 난관임신(자궁외임신) 유발 가능

진단	Thayer-Martin (TM) 배지배양검사 10 임용	• 요도구, 직장, 자궁경부, 바르톨린샘에서 분비물 채취 후 TM배지에서 배양검사와 시행
	핵산증폭검사 (NAAT)	• 균의 유전물질(DNA 또는 RNA)을 증폭시켜 극소량의 병원균도 정확히 검출하는 검사임 → 민감도와 특이도 높음, 클라미디아와 임질 동시 진단 가능
	클라미디아 검사	• 클라미디아 감염과 동반(40~50%) 흔하므로, 클라미디아 검사
항생제 치료		• 환자 및 파트너 동시 치료 • 성관계 금지 (치료 완료 시까지) • 권장: ceftriaxone 250mg IM 1회 • Cephalosporin 단독요법은 권장되지 않음 • 항생제 사용 1~2주 후에는 균배양을 하여 치료효과를 확인함

3 임신 중 영향 및 치료 08, 96 임용

태반 X, 산도 O		• 태반을 통과하지 않아 임신 유지 가능 • 산도를 통한 태아감염 일으킴
모체 영향		• 조산, 조기파막, 융모양막염, 자궁내 성장지연 가능성, 산욕기 감염 → 태반을 통과하지 않으나, 질/자궁경부 → 자궁 내로 상행감염 → 양막 및 융모막에 염증
신생아 영향 (산도 통과)		• 분만시 산도 통과 : 신생아 임균성 결막염(안염, 흔함), 신생아 패혈증, 신생아 비인강, 질, 항문, 귀 감염
산모 치료		• 현재 : ceftriaxone 250mg IM 1회 • 과거 : 페니실린(penicillin) + 프로베네시드(probenecid) 투여 → 내성 ↑, 치료실패 ↑ 〈 프로베네시드(probenecid)를 페니실린과 같이 투여하는 이유 〉 • 요산배설촉진제이지만, 다른 약물의 배설도 억제할 수 있음 • 신장의 근위세뇨관에서 페니실린이 배설되는 과정을 억제 → 페니실린의 혈중농도를 높임, 체내 지속시간을 연장 → 페니실린의 치료 효과를 증강시킴 • 테트라사이클린(Tetracycline)의 임신시 금기 → 태아의 치아에 착색 (황갈색), 치아 법랑질 형성 장애, 골 성장 지연 가능성
신생아 임균성 결막염 치료	Erythromycin 0.5% 안연고	• 양 눈에 1회 도포 → WHO, CDC 모두 권장
	1% 질산은 (silver nitrate)	• 자극이 심하고 화학결막염 유발 가능성 때문에 거의 사용 안 함
	Tetracycline 안연고	• 일부 사용 중

② 클라미디아(chlamydia) 12 임용

특징	• 성매개질환 중 가장 유병률이 높음
원인균	• 클라미디아 트라코마티스균 (Chlamydia trachomatis)
잠복기	• 10~30일
호발연령	• 25세 미만의 젊은 연령층 (성생활 활발)
원인	• 성매개 (가장 흔함) • 경구피임약 복용시 → 자궁경부 원주상피 노출증가, 자궁경부 점액 보호 감소 등으로 클라미디아균이 쉽게 침투하고 감염될 수 있는 환경을 만듦 • 자궁경부염증 → 자궁경부세포가 얇고 취약해 쉽게 감염됨
주 감염부위	• 자궁경부

무증상	여성	• 약 75%가 무증상 → 골반염증성 질환(PID)으로 진행될 위험이 높음 → 자신도 모른사이 전파시킴
	남성	• 약 25%가 무증상 → 대부분은 급성 요도염 증상을 보이며, 진단이 비교적 빨리 이루어짐

증상	• 임질과 증상 비슷 • 화농성 질 분비물, 배뇨곤란, 하복부 통증, 직장 통증, 점액변, 성교통 등
난관 전파 (상행 감염)	• 임균이 상행하여 바르톨린샘염, 스킨선염, 자궁경부염, 난관염 발생 • 급성 난관염 증상 : 골반통, 월경과다, 구역, 구토, 진행 시 골반내염증질환(PID)
난임, 자궁외임신 (난관임신)	• 난관염의 반흔, 섬유성 유착 → 난관 유착, 난관 폐쇄 → 난관 폐쇄로 수정란 이동 어려움 → 난임 또는 난관임신(자궁외임신) 유발 가능

표. 클라미디아 진단 및 치료

핵산증폭검사 (NAAT)	개념	• 균의 유전물질(DNA 또는 RNA)을 증폭시켜 극소량의 병원균도 정확히 검출하는 검사임
	의미	• 민감도와 특이도 높음, 클라미디아와 임질 동시 진단 가능
	검사채취	• 소변 (특히 남성), 질, 자궁경부 (여성)에서 채취
임질검사		• 임질과 같이 병행되므로 임질검사 같이 실시
치료		① Doxycycline 100mg PO BID × 7일 ② Azithromycin 1g PO 1회 투여 → 배우자 동시 치료, 치료 완료 시까지 성관계 금지

표. 임신 중 영향 및 치료

구분	내용
태반 통과 X	• 태반을 통과하지 않음 → 임신 유지 가능
산도 감염 O	• 산도를 통한 신생아 감염 가능
모체 영향	• 자궁경부염, 요도염, 골반염증성질환(PID) • 상행감염 → 난관염, 유착 및 폐쇄 → 난임 유발 가능 • 자궁내막염, 융모양막염, 조산, 조기파막 가능성 ↑
신생아 영향 (산도 통과 시)	• 신생아 결막염 • 신생아 폐렴, 기관지염 • 저체중 출산, 산후 자궁내막염 등 가능
산모 치료	• Doxycycline 100mg 1일 2회 x 7일간 • 또는 Azithromycin 1g 단회 복용 • 파트너 동시 치료 필수 • 치료 완료 전까지 성관계 금지

③ 첨형 콘딜로마 (인유두종 바이러스 감염(HPV) 6번, 11번) 11, 96 임용

구분	내용	
원인	HPV 6번, 11번 (저위험 HPV)	• 성기의 피부점막에 발생하는 사마귀인 첨형 콘딜로마의 원인 • 생식기 혹은 음부사마귀임 • 성교로 감염(대부분) → 체액접촉 또는 피부접촉으로도 전파 가능
증상	• 외음부, 질, 자궁경부, 직장 부위에 첨형(뾰족)콘딜로마 → 꽃양배추 모양, 양배추 같은 덩어리나, 작고 넓게 분산되기도 함 • 외음부 소양증, 질 분비물, 성교통, 배변시 통증 및 출혈 등 동반 가능	
진단	• 질확대경(colposcopy), 조직생검 • 자궁경부질세포검사(Pap test) • HPV DNA 검사로 유형 확인 〈 HPV DNA 검사 〉 <table><tr><td>목적</td><td>• 자궁경부 상피세포에 존재하는 HPV 유전자를 검출하여 감염 여부 및 바이러스 유형(16, 18 등) 확인 → 바이러스 유형확인이 주목적임</td></tr><tr><td>방법</td><td>• 자궁경부에서 세포 채취 → PCR 방식으로 HPV DNA 분석</td></tr></table> • 2기 매독(편평콘딜로마)와 감별	
치료	podophyllin (포도필린)	• 병변이 2cm 이하일 때 외음부에 국소도포 (질/자궁경부에는 사용금지) → 임신 중 사용 금지 → 기형 유발
	5-FU(5-fluorouracil)	• 증상 지속 시 사용 (치유율 약 90%)
	CO_2 레이저 치료	• 부분마취로 시행, 가장 효과적
	• 배우자 동반 치료, 완치시까지 성관계 금지	
예방	• HPV 백신 접종 → 4가(6, 11, 16, 18형), 9가 백신 • 무분별한 성관계 X • 성관계시 콘돔 사용하기	

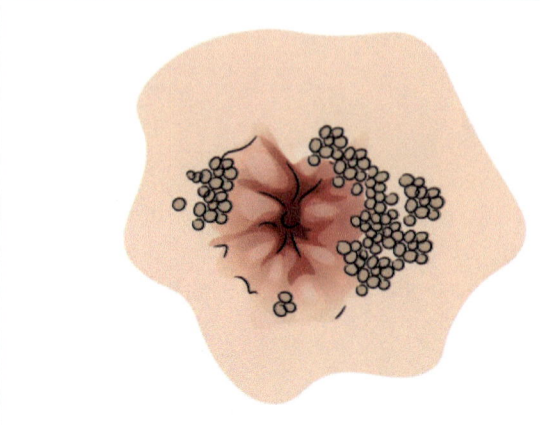
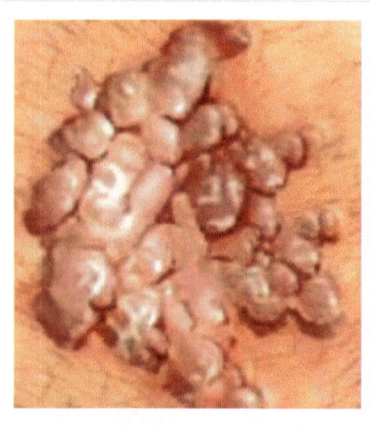

〈 그림. 첨형 콘딜로마 〉

표. 첨형 콘딜로마 (HPV 6, 11) – 임산부 및 신생아 영향

구분	내용
임산부 영향	• 임신 중 면역력 저하로 병변 크기 및 수 증가 가능 • 외음부, 질, 항문 주변에 사마귀 다발성 발생 가능 • 분만 시 출혈, 감염 위험 증가 가능 〈 제왕절개 고려해야 상황 〉 ① 임신 말기 질내 콘딜로마가 클 경우 자연분만이 어려워 제왕절개 고려 가능(질분만 어렵게 함) ② 드물게 신생아가 산도를 통과하면서 HPV에 노출되어 후두 유두종증이 발생할 수 있음
태아·신생아 영향	〈 후두유두종증 〉 96 임용 ・정의: 출생 시 산도 감염으로 HPV 6,11번이 신생아 상기도 점막(주로 후두)에 침범하여 사마귀(유두종) 형성 ・발생시기: 생후 수개월 ~ 수년 내(2~4세 전) 후두에 사마귀 발생 ・증상: 호흡곤란, 쉰 목소리, 기침, 위막성 후두염, 기도 폐쇄 위험 / 드물지만 중증 시 기관절개술 필요 가능
예방/관리	• 임신 중 항바이러스 치료제는 제한적 → podophyllin, 5-FU 등은 태아에 유해할 수 있어 금기 → 레이저 치료, 냉동요법, 외과적 절제술 등으로 치료 • 분만 시 병변의 위치와 크기에 따라 제왕절개 고려

[비교!] 표. 고위험 HPV 16번, 18번
• 자궁경부암, CIN, 질암, 외음부암 등

4 음부포진

1 특징 및 증상

특징	• 단순포진바이러스 Ⅱ형(Herpes Simplex Virus Ⅱ, HSV Ⅱ)에 의해 발생하는 급성염증성 질환임
원인	• 성접촉으로 감염 → 직접 성교, 생식기 분비물 접촉에 의한 감염
바이러스	• 단순포진바이러스 Ⅱ형 : 대부분임, 성접촉으로 감염 • 단순포진바이러스 Ⅰ형 : 입술 주위 (구순포진) → 구강성교를 통해 음부포진 감염
잠복기	• 3~7일
호발	• 여성에게 흔함 • 다수의 성 파트너 있는 청소년, 젊은 청년에게 흔함
증상	• 음부 수포 + 심한 통증 : 가장 주된 증상임 • 수포 터지면 표재성 궤양 남김 • 배뇨시 작열감, 배뇨통, 배뇨곤란 있음 • 서혜림프샘 부종
재발	• 감염되면 균 소멸 X → 병변이 소실된 후에도 계속 후근신경절에 잠재 → 외상, 피로, 월경, 발열, 스트레스 등에 의해 재발

2 음부포진 진단검사

• 바이러스 배양, 세포학, 혈청학, 면역학, 분자생물학 검사 활용

검사명	내용	특징 및 해설
Tzanck 검사	• 수포 병변의 궤양 바닥에서 채취한 세포를 염색	• 다핵 거대세포 관찰 → 단순포진 의심 가능
바이러스 배양	• 병변에서 채취한 검체를 HSV 배양	• 전통적인 확진 검사 • 정확하지만 2~7일 소요, 활동성 병변 있어야 정확
PCR (HSV DNA 검사)	• 바이러스 유전자 검사	• 가장 민감하고 정확 • 특히 무증상 감염도 확인 가능
직접 면역형광법	• HSV 항원에 특이적인 형광항체 사용	• 빠르고 특정하지만 PCR보다 민감도 낮음

❸ 음부포진 일차, 초기, 재발성 감염

일차 감염	개념	• 이전에 감염된 적이 없고 항체도 없는 상태에서의 최초 감염
	잠복기	• 3~7일
	증상	• 국소증상(통증, 소양증, 배뇨곤란, 서혜부림프절 비대 등) → 생식기 증상(홍반, 소양증 동반한 구진 → 점차 수포와 농포, 궤양을 형성)
	반흔 X	• 4~6주 내에 반흔 없이 치유 • 화농성 이차 감염은 드묾
	전신감염	• 중증의 전신감염은 신생아나 AIDS 환자에서와 같이 면역기능이 저하된 경우에 흔히 나타남 → HSV(단순포진바이러스)에 처음 감염된 상태로, 아직 항체가 형성되지 않은 시기임
	항체	• 감염시는 항체 X • 면역기전이 정상인 사람 : 일차감염 후 약 7일경에 나타나고, 2~4주 후에 최고치에 이름
초기 감염	개념	• 이전 감염 경력은 없으나 단순포진바이러스에 대한 항체가 있는 사람에게서 처음으로 임상 증상이 발현된 경우임 → 이는 보통 이전에 HSV-1에 감염되어 항체가 형성된 상태에서, HSV-2에 새롭게 감염되었을 때 처음 증상이 나타나는 경우를 의미함. (예: HSV-1 감염 → HSV-2 감염 후 증상 발현)
	특징	• 일차 감염에 비해 전신증상이나 성기 병변, 중증 합병증이 더 적음 • 병변의 지속 기간 및 바이러스의 방출 기간도 더 짧음
재발성 감염	개념	• 같은 유형의 HSV에 감염된 적이 있는 상태에서 잠복해 있던 바이러스가 재활성화된 경우
	재발	• 일차 감염 환자의 약 50%에서 6개월 이내에 재발 • 면역기전이 정상인 경우에도 발생함
	항체	• 재발 시 항체 수치도 유의하게 증가하지 않음
	증상	• 일차 감염보다 증상이 경미함
	임신시 감염	• 임신 중 감염은 자연유산, 조산, 자궁 내 태아 성장지연과 연관될 수 있음 • 임신 주수가 증가할수록 재발 감염의 빈도와 심각성도 높아짐

표. 음부포진 감염 유형별 비교

구분	항체 보유 여부	과거 감염력	증상 발현	특징
① 일차 감염	항체 없음	감염된 적 없음	O 처음	• 처음 감염 + 항체 없음 → 전신증상 심하고 바이러스 배출도 많음
② 초기 감염	O 항체 있음 (다른 유형)	현재 유형에 첫 증상	O 처음	• 기존에 1형 HSV 항체만 있었던 사람이 2형 HSV에 감염될 때처럼 → 면역이 일부 있어서 일차감염보다 덜 심함
③ 재발 감염	O 항체 있음	O 과거에 같은 유형 감염됨	O 반복	• 잠복해 있던 HSV가 재활성화된 상태 → 증상 약함, 지속기간 짧음

4 치료 및 간호

(1) 치료

구분	내용	비고
경구 항바이러스제 (기본 치료)	• Acyclovir 400mg 1일 3회 × 7~10일 • 또는 Valacyclovir, Famciclovir → 증상 경감, 확산 억제, 재발 억제	• 원칙적 치료
연고 치료 (보조적)	• 5% 아시클로버 연고 • 3시간 간격, 하루 5회 × 5~10일 → 국소 증상 완화	• 보조 치료로 사용
보조요법	• 좌욕: 통증, 배뇨곤란 완화 • 건열요법: 습기 감소, 불쾌감 완화 • 베타딘 소독: 2차 감염 예방	• 증상 완화 목적

(2) 간호

간호	• 성 파트너 치료 및 예방 교육 • 병변 부위 청결 유지 및 통증 완화 교육 • 재발 예방을 위한 스트레스 관리 및 면역력 강화

5 임신시 합병증 및 치료

(1) 신생아 감염

표. 신생아 음부포진 감염의 3가지 유형

유형	설명	주요 합병증
① 국소형	• 피부, 눈, 구강에 국한	• 수포성 병변, 결막염 등
② 중추신경형	• 뇌 감염	• 뇌염, 경련, 의식저하, 발달 지연, 시력 손실
③ 전신형	• 간, 폐 등 다기관 침범	• 패혈증 유사, 호흡부전, 사망 위험

표. 신생아 주요 합병증 요약

합병증	내용
시력 상실	• 시신경염, 망막염 등으로 인한 시력 소실
청력 저하	• 감염으로 인한 청신경 손상 가능성
뇌손상	• 정신운동 발달 지연, 경련, 마비 등
사망	• 전신형 감염의 경우 생존율 낮음

(2) 임신시 치료

제왕절개	• HSV 감염 시 제왕절개 권장 → 분만 중 산도를 통과하면서 신생아가 HSV에 노출될 수 있음
신생아 치료	• 신생아 감염 시 Zovirax 치료(정맥주사) → 치료시 모유수유 금지

5 매독 10, 92, 93 임용

1 원인균

원인균	• 스피로헤타균인 트레포네마 팔리듐 (Treponema pallidum)

2 전파경로

전파 경로		내용
성 접촉		• 가장 흔한 감염 경로 • 감염된 병변(경성하감 등)과의 성교 시 직접 접촉을 통해 전파됨 • 특히 성교 중 피부의 미세한 찰과상이나 점막 손상을 통해 균이 침입함
개방된 상처		• 손상된 피부나 점막(피부균열·찰과상 등)을 통해 매독균이 침투 가능함
감염된 혈액		• 드물게 수혈 등을 통해 감염될 수 있으나, 현재는 혈액검사로 대부분 차단됨
태반 전파 (선천성 매독)	18~20주 이후 (5개월 이후)	• 매독균이 태반을 통과해 태아에게 감염 가능
	임신 초기 (~16주)	• 태반이 매독균에 대해 방어역할 함

3 질병의 단계

• 1기 매독, 2기 매독, 잠복 매독, 3기 매독으로 구분됨

(1) 1기 매독 (경성하감)

잠복기		• 10~90일 (평균 3주)
자연소실		• 4~6주 내 자연소실
경성하감 (hard chancre)	무통성 궤양	• 무통성이라 모르고 지나가는 경우 많음
	특징	• 적갈색으로 둥글며, 경계 명확 → 가장자리가 단단하고 중앙(중심부)는 함몰됨
	병변부위	• 외음부, 질, 자궁경부, 항문, 구강 등 • 여성보다 남성에게 더 흔히 나타남 <table><tr><td>여성</td><td>• 외음부(대음순) → 가장 흔함</td></tr><tr><td>남성</td><td>• 귀두, 음경 피부, 항문 주위</td></tr></table>

림프선염	• 주위 림프선염(림프선 비대) 나타남
감염력	• 높음
진단	**혈청검사** • 초기는 혈청검사(VDRL, RPR 등)가 음성일 수 있음
	암시야검사 • 암시야 현미경(특수현미경)을 사용하여 매독균 직접관찰하여 진단

(2) 2기 매독 (편평 콘딜로마)

정의	• 궤양이 형성된 6주 이후부터 혈행성 전파가 된 경우임
전신증상	• 혈액내 침투로 전신감염 증상 → 전신권태, 식욕부진, 고열, 오한, 인후통, 체중감소, 두통의 전신증상 • 관절통, 백혈구 증가, 비장종대, 목과 구강의 통증성 염증 병소, 쉰 목소리, 림프샘염이 나타나고 간염, 뇌막염도 나타날 수 있음
피부병변	• 전신(얼굴, 몸통, 사지) 적갈색 피부발진 → 대칭적으로 나타남 • 피부병변은 반점, 구진, 피부발진, 농포, 탈모증 등 다양한 형태임
편평 콘딜로마	• 여성의 외음부와 회음부에 사마귀 같은 납작하고 두꺼운 조직이 자라는 것을 발견 → 외음부에서 볼 수 있는 2기 매독의 전형적인 증상임 〈 편평 콘딜로마 〉 | 모양 | • 사마귀 모양의 납작하고 두꺼운 조직 | | 색깔 | • 회색에서 회갈색까지 | | 표면 | • 습하고 매끄럽거나 진물 나는 괴사성 삼출물 존재 | | 냄새 | • 악취 동반 가능 |
감염력	• 매우 높음 (1기 매독보다 더 높음)
자연소실	• 2~6주 내 자연소실
진단	**혈청검사** • 혈청검사(VDRL, RPR 등) : 양성
	암시야검사 • 암시야 현미경(특수현미경)을 사용하여 매독균 직접관찰하여 진단
치료	• 페니실린 G 1회 근육주사 • 페니실린 알레르기 시 Doxycycline, Tetracycline, Ceftriaxone 등 대체 (단, 임신 중에는 페니실린 탈감작 후 사용 권장)

(3) 잠복매독

증상 X	• 2기 매독 이후 모든 증상이 사라진 상태임 (증상 없음)
진단	• 혈청검사(VDRL, RPR 등) : 양성

┃ 표. 조기 잠복 매독 vs 후기 잠복 매독 ┃

구분	정의	전파 가능성	특징
조기 잠복 매독	감염 후 1년 이내	• 있음 → 성교로 전파 가능 • 2기 증상 재발 가능	• 증상 X • 감염성 있음
후기 잠복 매독	감염 후 1년 이상 경과	• 감염력 거의 없음 • 성교로는 전파 드묾	• 증상 X • 태아감염 또는 수혈감염 가능

(4) 3기 매독

시기	• 첫 감염 이후 5~20년 이후 발현

┃ 표. 3기 매독 종류 및 특징 ┃

구분	기전	주요 증상/침범 부위
고무종 매독	• 만성 육아종성 병변 • 피부, 점막, 근육, 뼈, 간 등 연조직 침범	• 무통성 결절, 궤양, 흉터 • 궤양 시 괴사를 일으키는 경향이 있음 • 고무종으로 인한 골·관절 파괴 　→ 장골(ilium), 경골, 관절 등이 주로 침범됨 　→ 뼈가 약화되어 퇴행성 변화, 기형, 운동장애 초래 　→ 골반 및 하지 관절 파괴 시 앉은뱅이 형태(하지 보행 불능 상태)로 나타날 수 있음
심혈관 매독	• 매독균이 대동맥벽 침범 　→ 혈관벽 염증 및 약화	• 대동맥류, 대동맥판 폐쇄부전 등
신경매독	• 매독균이 중추신경계 침범	• 뇌척수염, 지능 저하, 보행 장애, 시력 저하 등 • AIDS 환자에서는 면역저하로 인해 매독이 비정형적으로 진행되어 매독 동반 시 50% 이상에서 신경매독이 나타날 수 있음

(5) 임신과 매독 (선천성 매독)

구분	내용
전파 시기	• 임신 5개월(18~20주) 이후 매독균이 태반을 통해 전파됨 → 5개월 이내에 적절한 치료를 받아야 함
감염 위험	• 전염력이 강한 임상기일수록(1기, 2기, 초기 잠복기) 태아 감염 위험 증가
태아 감염 결과	• 유산, 사산, 선천성 매독 유발
임신 초기 태반 역할	• 16~18주 이전에는 태반이 매독균을 막는 방어 역할 수행
치료시점	• 임신 18주 이내에 치료하면 태아 감염 예방 가능
선천성 매독 증상	• 난청, 빈혈, 간·치아·뼈 등 장기 손상 (일부는 청소년기까지 증상 발현되지 않을 수 있음)
치료 시기	• 임신 18주 이내에 치료해야 태반 전파 차단 가능
치료약	• 페니실린이 1차 치료제이며, 임산부도 사용 가능 → 페니실린 알러지 시 탈감작 후 페니실린 사용해야 함
치료의 한계	• 치료는 안전하나, 이미 손상된 조직은 회복되지 않음

(6) 매독 진단검사

구분	검사명	내용
직접 검사	• 암시야 검사 10 임용	병변 삼출물, 조직에서 직접 매독균 관찰
	• 직접형광항체검사	Treponema 항원에 대한 형광항체 사용
비특이적 혈청검사 (선별검사)	① VDRL (Venereal Disease Research Laboratory) ② RPR (Rapid Plasma Reagin)	• 장점: 빠르고 비용이 저렴하여 초기 스크리닝에 적합 • 단점: 비특이적이므로 다른 질환(예: 임신, 자가면역질환, 간질환 등)에서도 위양성 가능
특이적 혈청검사 (확진검사)	① FTA-ABS (Fluorescent Treponemal Antibody Absorbed) ② MHA-TP (Microhemagglutination Assay for Treponema pallidum)	• 매독균에 대한 항체 검사, 확진 검사임
신경매독 감별	• 뇌척수액 FTA-ABS	• 3기 매독 환자에서 신경매독 감별 위해 사용

(7) 매독 치료

구분	치료제	비고
기본 치료	• 페니실린 1회 근육주사	• 1~3기 모두 효과적, 98% 이상 효과
페니실린 금기 시	• Doxycycline, Tetracycline, Erythromycin	• Doxycycline, Tetracycline은 임신 금기 • Erythromycin은 태아치료 효과 낮음 → 임산부는 치료되더라도 태아는 치료되지 않을 수 있음
임신 중 치료	• 페니실린 1회 근육주사	• 피부반응 검사 후 탈감작하여 사용

(8) 매독 관리

생활관리	• 성교 금지, 배우자 치료, 감염관리	• 주삿바늘·배설물·분만 중 관리 포함
추적검사	• 혈청검사 등	• 치료 24개월 후 추적검사 • 신경매독은 3년 이상 추적관찰

6 연성하감 10 임용

원인	• Hemophillus ducreyi (헤모필루스 듀크레이)
잠복기	• 2~4일
증상	• 음순, 질전정, 회음부에 작은 구진 → 통증 있는 부드러운 궤양 • 림프절 종창 및 화농 (편측, 가래톳 형성) → 감염된 병변 주변의 림프절(특히 서혜부 림프절)에 세균이 침투 → 염증 발생 → 대부분 편측성 (한쪽 서혜부에만), 크고 통증이 있는 림프절 비대 → 화농성 림프절 : 발열, 국소통증, 림프절 부위의 발적·부기
진단	• 임상 증상 + 삼출물 도말검사 → 듀크레이 간균 발견
치료	• Azithromycin 1g 경구 1회, Ceftriaxone 250mg IM 1회, Ciprofloxacin 500mg PO 1일 2회 3일간, Erythromycin base 500mg PO 1일 4회 7일간 • 국소 청결 • 침상 안정

❼ 서혜육아종 10 임용

원인	• Calymmatobacterium granulomatis (그람음성 간균) – 도노반 소체
잠복기	• 5~50일 (평균 2~3주)
증상	• 소음순/서혜부 → 유두모양 병소 → 포행성 궤양 • 붉은 과립형 표면, 장액성 화농성 삼출액 • 자가감염을 통해 주위로 파급 • 혈액성이나 림프관 통해 내부 장기, 눈, 입술, 후두 등으로 전파 • 반흔 → 림프폐쇄, 림프부종 가성 상피병
악성	• 일부 악성으로 진행 가능성 있음
진단 10 임용	도말검사 + Wright 염색	• 도노반소체(Donovan body) 발견 시 100% 확진 〈 도노반소체(Donovan body) 〉 → 서혜육아종 원인균 Calymmatobacterium granulomatis가 대식세포 내에 들어간 형태로, Wright 염색 시 관찰됨 → 서혜육아종 확진 기준
치료	• 다양한 항생제 치료 • 병소가 국소화 되어있으면 수술 시행
악성	• 일부 악성으로 진행 가능성 있음 → 치료가 늦거나 만성화된 경우에는 생검을 통해 악성종양 여부를 확인함

8 성병성 림프육아종

원인균	• Chlamydia trachomatis
잠복기	• 4~21일
증상	**초기** • 질, 자궁경부, 외생식기에 구진 **진행** • 장액성 화농성 분비물, 출혈 → 협착, 천공 **동반증상** • 배뇨곤란, 성교통
악성	• 일부 악성으로 진행 가능성 있음 → 치료가 늦거나 만성화된 경우에는 생검을 통해 악성종양 여부를 확인함
임신중 감염	• 산도 통과하면서 감염 • 유산, 조산, 저체중아, 사산, 신생아 감염 위험
진단	• 프레이 검사 (Frei test): 항원 주입(무균적 또는 바이러스에 감염된 쥐의 뇌에서 추출한 항원) → 양성 피부반응

9 후천성 면역결핍증후군

1 바이러스 및 병태생리

바이러스	• 인간면역결핍 바이러스(HIV, Human Immunodeficiency Virus)
바이러스 종류	• RNA 레트로바이러스 (retrovirus)
감염 세포	• CD4+ T 림프구 (T4 조력 림프구)
작용 기전	• HIV는 숙주 세포(CD4+ T세포)에 침투한 뒤, 역전사효소를 이용해 RNA를 DNA로 전환하여 세포 내에 통합시킴
결과	• CD4+ T세포 수가 점점 줄어들면서 면역기능 저하 → 각종 기회감염과 악성종양 발생 가능
면역기능 저하 기준	• CD4+ T세포 수가 $200/mm^3$ 미만이면 중증 면역저하로 분류됨

2 감염경로

감염 경로	내용
성행위	• 감염자와의 질/항문/구강 성교 (특히 콘돔 없이) → 특히 남성 동성애자 (항문성교시) → 항문과 직장부위의 점막 얇아 쉽게 상처받고, 감염됨
혈액 노출	• 감염된 혈액 및 혈액성분으로 제조된 제제 (수혈) • 오염된 주사기·바늘·침·면도날·칫솔 등으로 인한 상처
수직감염	① 태반 감염 → 임신 중 HIV 바이러스가 태반을 통해 태아의 혈액으로 직접 감염됨 (드묾) ② 분만 중 → 분만 중 산도 내 출혈·체액을 통해 태아가 바이러스에 노출되어 감염 ③ 모유 수유를 통해 감염 → 모유 속 HIV를 통해 감염될 수 있음

표. 감염된 남성에 비해 여성이 감염될 확률이 높은 이유

• 감염된 남성에 의해 여성이 감염될 확률이 감염된 여성에 의해 남성이 감염될 확률보다 높음
(감염된 남성 → 여성 전파 〉 감염된 여성 → 남성 전파)

① 정액 내 바이러스 농도가 질 분비물보다 높음
② 정액은 질과 자궁경부의 넓은 표면적에 쉽게 접근할 수 있음
③ 남성이 여성의 질 내에 정액을 사정하였을 때, 여성의 생식기 내에서 몇 시간 머무르면서 감염을 일으킴

3 발병단계

발병 단계	내용
HIV 감염기 (급성기)	• 감염 후 3~6주 사이 감기/몸살 유사 증상 • 고열, 극심한 피로, 설사, 체중 감소, 림프절 종대, 아구창(구강 칸디다증) • 일반적으로 2~3주 내 호전 • 항체는 약 3개월 후 형성 → 초기 검사 시 선별검사(ELISA) 위음성 가능 → 감염이 의심되는 경우 일정 기간 후 재검이 필요함 <HIV 감염의 윈도우 피리어드 (Window Period)> <table><tr><td>정의</td><td>• 감염은 되었지만, 혈액 내 항체가 아직 형성되지 않아 검사에서 음성으로 나올 수 있는 시기</td></tr><tr><td>기간</td><td>• 감염 후 항체가 형성되기 전까지의 잠복기 • 평균 2~12주, 일부는 최대 3개월까지도 가능</td></tr></table>
무증상기 (잠복기)	• 증상 없음 • 체내 면역세포(CD4+ T세포)는 점차 감소 • 감염자 스스로도 감염 사실 모름 • 수개월에서 수년까지 지속될 수 있으며 전파 가능

발병 단계	내용
초기 증상 (AIDS Related Complex)	• 면역체계 점차 파괴 • 원인 불명 고열, 체중 감소, 발한, 오한, 불면, 림프절 비대 • 백반증, 아구창 등 기회감염 초기 증상

AIDS 단계
(병합적 문제 발생)
	• CD4+ T세포 수가 200/mm^3 미만
	• 다양한 기회감염 또는 악성종양 발생
	  • 카포시육종
	  • 주폐포자충 폐렴(pneumocystis carinii pneumonia)
	  • B세포림프종
	  • 구강이나 음부의 헤르페스 감염
	  • 효모균에 의한 수막염(cryptococcal meningitis)
	  • 거대세포바이러스 폐렴 및 세균성 폐렴
	  • 결핵, 특히 치료약제에 내성을 보이는 결핵
	  • 조류결핵균 감염
	  • 뇌막염 및 우울, 지능저하, 경련, 기억장애와 같은 신경학적 손상

4 진단

- HIV 항체검사(HIV antibody test) 시행

선별검사	• 면역효소측정법: indirect ELISA(Enzyme-Linked Immunosorbent Assay)
확진검사	• Western blot assay → 선별검사 양성시 확진검사
항체형성	• 항체는 감염 후 6개월 이내에 95% 이상에서 발견 → 항체는 약 3개월 후 형성
검사 권장	① 성병 진단 여성(특히 궤양질환)에서 검사 권장 → 궤양(예: 단순포진, 매독 등)이 있으면 점막 손상 → 바이러스 침투 쉬움 동반감염 가능성 높음 성병은 HIV와 전파 경로가 같고, 하나의 감염이 다른 감염을 동반할 가능성 높음 이미 면역 취약 상태 성병 자체가 면역계에 부담을 줌 → HIV 감염 시 진행이 빠를 수 있음 ② 19~64세 여성: 정기 선별검사 권장 ③ 성행위 활발한 청소년 등 고위험군: 선별검사 권장

5 선별검사 권장

성병 진단 여성 (특히 궤양질환)	HIV 전파 위험 증가	• 궤양(예: 단순포진, 매독 등)이 있으면 점막 손상 → 바이러스 침투 쉬움
	동반감염 가능성 높음	• 성병은 HIV와 전파 경로가 같고, 하나의 감염이 다른 감염을 동반할 가능성 높음
	이미 면역 취약 상태	• 성병 자체가 면역계에 부담을 줌 → HIV 감염 시 진행이 빠를 수 있음
19~64세 여성 정기 선별검사 권장	성행위 활발한 연령	• 이 연령대는 성관계 빈도와 파트너 다양성이 높아 감염 위험도 증가
	무증상 감염자 존재	• 항체 형성 전 또는 경증 감염으로 자각 증상 없이 감염 지속 가능
	수직감염 예방 필요	• 임신 가능 연령이므로 조기 진단으로 태아 감염 예방 필요
성행위 활발한 청소년 등 고위험군	성교육 부족	• 콘돔 사용 등 감염 예방 지식 및 실천이 부족한 경우 많음
	다수 성파트너 위험	• 파트너 수가 많아질수록 HIV 전파 가능성 증가
	무증상 감염 위험	• 초기 감염은 증상이 거의 없어 조기 선별 없이는 방치될 수 있음

6 치료

항레트로 바이러스 치료시작		• HIV RNA 수치, CD4+ T세포 수, 임상상태 고려 시작
3가지 이상 약물 병용 치료 (치료원칙)	목적	• 약물 내성을 예방(주목적) + 바이러스 억제 목적
	종류	• 2종류의 뉴클레오시드 역전사효소 억제제(NRTI) + 1종류의 비뉴클레오시드 역전사효소 억제제(NNRTI) • 2종류의 뉴클레오시드 역전사효소 억제제(NRTI) + 1종류의 단백분해효소 억제제(PI)

(1) CD4+ 수치에 따른 치료

CD4+ < 350	• 항레트로바이러스 치료 시작
CD4+ < 200	• 주폐포자충 폐렴 예방을 위한 약물 치료를 시작
CD4+ < 50	• Mycobacterial 감염 예방 (azithromycin)

(2) 약물 종류별 치료

① 뉴클레오시드, 비뉴클레오시드 역전사효소 억제제

공통기전		• HIV 바이러스가 RNA에서 DNA로 전환하는데 필요한 역전사 효소를 억제시킴
뉴클레오시드 역전사효소 억제제 (NRTI)		• DNA 합성 중 뉴클레오시드 유사체로 삽입되어 사슬 연장을 중단시킴
	종류	• 지도부딘(zidovudine, AZT), 디다노신(didanosine, DDI), 잘시타빈(zalcitabine, DDC), 스타부딘(stavudine, d4T), 라미부딘(lamivudine, 3TC) 등
비뉴클레오시드 역전사효소 억제제 (NNRTI)		• 역전사효소의 비-기질결합 부위에 결합하여 효소 구조를 변형시켜 기능을 억제함
	종류	• 네비라빈(Nevirapine), 에파비렌즈(Efavirenz) 등

② 단백분해효소억제제

기전	• 커다란 단백질을 바이러스 복제에 필요한 작은 단백질로 절단해 주는 단백분해효소를 억제함으로써 항바이러스 효과를 나타내는 약제임
특징	• 뉴클레오시드보다 효과 높음 • 내성 발생률이 낮고, 치료 초기 강력 억제용으로 병용됨
종류	• Saquinavir, Indinavir, Ritonavir 등

③ 융합억제제

기전	• HIV가 증식하는 과정에서 표적세포에 결합하여 융합하는 과정을 차단하는 약제임 • 또한 증상/합병증에 따라 기회감염 치료 약물이 사용되며, 예: 칸디다증에는 항진균제 fluconazole 사용

7 예방

성관계 시 예방	• 콘돔 사용 • 감염 의심자와의 관계 피하기
혈액 및 체액 전파 예방	• 주사기, 면도기, 기구 공유 금지 • 문신/귀뚫기 시 멸균 기구 사용 • 수혈 전 HIV 검사 확인
임부 및 신생아 예방	• 임신 중 항레트로바이러스 치료 • 제왕절개 권장 • 모유수유 금지
여성의 반복성 부인과 질환 (면역 저하의 조기지표)	만성 — • 지속적·치료 저항성 질염은 면역 저하의 신호일 수 있음 재발성 칸디다 감염 — • 반복적인 칸디다 감염은 HIV 감염 여성에게 흔함 자궁경부세포 이상 — • HIV 감염 시 HPV 감염 동반율↑ → 자궁경부 병변 위험↑

8 임신시 관리

항레트로바이러스제	• Zidovudine 포함한 3중 병용요법 (임신 중에도 복용)
투여시기	• CD4 수치와 무관하게 임신 중 전기간에 복합투여
분만방법	• 수직감염 위험 시 제왕절개 고려
신생아 모유수유 금지	• 신생아 모유수유 금지 (모유로도 전파 가능)
신생아 감염여부	• 태아 감염 X여도 모체 항체로 항체검사 양성 가능성 있음
부작용 관리	• 골수억제 확인 위해 혈액검사(헤마토크릿, 백혈구, 혈소판) 정기 확인 필요

9 HIV vs AIDS 비교

	HIV 감염	AIDS (후천성 면역결핍증후군)
정의	HIV 바이러스에 감염된 상태	HIV 감염이 진행되어 면역력 저하(면역기능 심각하게 저하)되어 질병발생
CD4+ 수치	정상 또는 감소($>200/mm^3$)	CD4+ 수치 $< 200/mm^3$
동반증상	무증상 가능, 점차 면역 저하	심한 면역저하 + 기회감염 또는 암 발생
진단기준	HIV 항체 양성	HIV 양성 + CD4 감소 + 기회감염 또는 악성종양 동반 시 AIDS 진단

Part 13 태아 발달

① 태아발달

1 전배아기, 배아기, 태아기

- 정자와 난자의 수정으로 시작이며, 임신의 시작점임
- 전배아기(수정~2주), 배아기(3~8주), 태아기(8주~출산)의 3단계로 나뉨

전배아기 (배아전기)	시기	• 수정부터 2주까지 혹은 마지막 월경 첫날(LMP)로부터 4주
	기능	• 세포분열, 배포형성, 배아막의 초기형성, 원시배엽 형성
배아기 14 임용	시기	• 수정 후 3주부터 수정 후 8주까지 (마지막 월경 첫날(LMP) 후 5~10주)
	기능	• 모든 주요 기관(주요장기 및 조직)이 형성되는 중요한 시기임 → 모든 기관과 외부 구조는 8주말쯤 되면 거의 인간의 형태를 갖춤 〈 임신 초기에 약물, 감염, 독성 등을 특히 조심해야 하는 이유 〉 • 배아기(수정 후 3주~8주)는 주요 장기와 조직이 형성되므로 외부자극(약물, 감염, 독성, 방사선, 중금속 등) 노출시 기형 위험이 높음 → 기형유발 가능성이 높은 시기임
태아기	시기	• 수정 후 9주부터 분만 때까지임
	기능	• 신체적 구조와 기능이 완성되는 시기임 → 장기의 기능적 성숙 시기임 → 이 시기의 손상은 기형보다는 기능적 장애(특히 신경계 손상)로 나타나기 쉬움 → 뇌발달 저하, 지적장애, 학습장애, 성장지연 등

표. 임신기간

LMP 기준	• LMP 기준 40주
수정일 기준	• 실제 수정일 기준 38주

2 세포분열

- 세포분열에는 유사분열과 감수분열이 있음

유사분열	• 염색체 동일한 딸세포 생성
감수분열	• 생식세포 생성 시 염색체 수 46개 → 23개로 반감
2차 난모세포	• 22개 상염색체 + X 성염색체
2차 정모세포	• 22개 상염색체 + X 또는 Y 성염색체
접합자	• 난자 + 정자 → 접합자(46개 염색체) 형성 → 44+XX, 44+XY

3 생식세포 형성과정

(1) 난자의 발생과 성숙

- 난자형성은 태아기부터 시작, 출생 시 200만 개 1차난모세포 존재
- 사춘기 후 40만 개 정도 남고, 가임기 중 400~500개 배란
- 감수분열로 2차난모세포와 극체 생성
- 수정 시 2차감수분열 완료 → 성숙난자(22개 상염색체 + X)

(2) 정자의 발생과 성숙

- 정자는 사춘기부터 정세관에서 생성
- 1차정모세포(46개 염색체) → 감수분열 → 2차정모세포(23개)
- 2차정모세포 → 4개의 정자세포로 분열 (X 2개, Y 2개)
- 모든 정자는 성숙한 정자로 발달

(3) 난자

난자 배출	• 매달 배란시 성숙한 난포가 터지면서 하나의 난자가 배출됨
난자 이동 (에스트로겐)	• 고농도의 에스트로겐 : 난관 운동성 ↑ → 난관 섬모운동과 연동운동을 통해 난관팽대부로 이동 → 이후 자궁강으로 이동시킴 (3~4일 소요)
방어막	• 내측의 투명대, 외측의 방사관으로 구성됨
수정능력	• 난자는 24시간 동안 수정 능력 있음 → 배란 후 정자 만나지 못하면, 퇴화, 흡수됨

(4) 정자

정자 생존기간	• 평균 2~3일(48~72시간)
정자 운동성	• 질 내 산성도에 따라 운동성 차이가 있음 → 알칼리 환경 시 정자 운동성 ↑
수정능력 획득	• 수정능력 획득은 정자의 머리를 보호해주는 막이 제거되는 생리적인 변화 → 정자 머리가 녹아 작은 구멍이 생김 → 그 구멍을 통해 용해효소인 히알루론산분해효소(hyaluronidase)가 분비됨 → 난자의 보호증인 방사관(외층), 투명대(내층)의 막을 뚫고 들어감

4 수정

- 접합자 → 난할(분할세포) → 상실배 → 배포 → 영양막

수정부위	• 난관의 팽대부
	〈 투명대 반응 〉 • 1개의 정자가 투명대를 뚫고 난자에 진입하면, 난자가 단백질 구조 변화를 통해 다른 정자의 침입을 막는 반응을 일으킴 → 다정자 수정을 방지하는 기전임
접합자 (수정완료)	• 난자와 정자가 만나는 것임 • 난자 + 정자 → 46개 염색체, 44+XX, 44+XY 형성 → 인간세포 접합자 → 수정완료
	• 아기의 성이 결정됨
난할	• 난할은 접합자가 생성되어 발생하는 초기 세포분열임 • 수정란은 빠른 세포 분열하지만, 각 세포에 새로운 세포질을 합성하지 않음 → 이에, 크기는 증가하지 않고, 세포는 보다 작아지면서 나눠짐 → 이 각각의 작은 세포를 분할세포라고 함 • 접합자가 나팔관의 섬모운동과 연동운동에 의해 자궁으로 옮겨가는 동안 일어남
상실배	• 약 16개 세포기(세포 덩어리) → 약 수정 3일 후 • 투명대에 둘러싸여 있음
배포	• 상실배 내부에 액체가 차면서 형성 • 내부세포덩어리와 영양막층(배포 외층)이 생김
영양막	• 배포의 외층 → 착상 시 자궁내막에 침투 → 태반 형성에 기여

5 착상

(1) 착상 시기 및 위치

착상시기	• 수정 후 6~10일
착상위치	• 자궁내막

(2) 착상 개념 19 임용

정의 (착상과정)	• 수정 후 6~10일 사이, 배포가 자궁내막에 부착하고, 영양막에서 분비된 효소가 자궁내막 조직을 분해하며 배포 전체가 자궁내막 속으로 파고드는 과정 19 임용
착상 의미	• 착상을 통해 배포는 모체로부터 산소와 영양분을 공급받을 수 있는 환경을 갖추게 됨 • 착상 = 임신의 성립
착상출혈	• 배포가 자궁내막에 착상할 때 일부 여성은 영양막과 접한 모체조직의 상처로 가벼운 착상 출혈이 나타나기도 함
착상출혈 특징	• 대부분의 경우 경미하고 일시적임 • 월경보다 양이 적고 짧게 지속됨 (1~2일) • 일부 여성에게만 나타남

(3) 융모막 융모 등

융모막융모	• 영양막 외층에서 발생, 자궁내막 혈액으로 침투 • 모체의 모세혈관벽을 침투한 후 모세혈관과 융합하여 소와를 형성
소와	• 모체에서 온 혈액은 소와에 고임 • 수정란은 이곳에서 영양분과 산소를 공급받고 탄산가스와 노폐물을 소와에 내보냄
탈락막	• 수정란이 착상한 자궁내막

2 배아와 태아부속물

1 초기배엽

• 수정 후 3주간 3배엽(외배엽, 중배엽, 내배엽)으로 분화되어 신체 조직과 기관 형성

외배엽	• 피부, 신경계, 눈의 렌즈, 양막 등 형성
중배엽	• 근육, 뼈, 심혈관계, 신장 등 형성
내배엽	• 호흡기계, 위장계 상피, 간, 췌장, 방광 상피 등 형성

2 배아발달

• 태아 기형이 높은 시기임

태아막 – 융모막	• 영양막에서 형성, • 융모를 통해 태반으로 발전
태아막 – 양막	• 외배엽에서 형성 • 양막강과 양수(양막 안쪽)를 포함, 배아를 보호
유전자 검사	• 태아의 신체적 결함은 융모막융모생검을 통해 유전자검사가 가능하며, 10주 이전에 융모막융모검사로 확인할 수 있음

3 양수

(1) 양수 특징 및 구성성분

양수 생성	• 모체혈액에서 생성 (삼투압에 의해) • 태아의 호흡기계와 위장관에서 분비 → 양막강 통해 양수에 포함
양수 색	• 노르스름한 색, 투명하고 맑은 액체
양수 양	• 임신 10주에는 30mL 정도임. 매주 증가함 • 임신말기에는 정상적으로 700~1,000mL 정도임
양수 비중, PH	• 비중 : 1.007~1.025 (물에 가까움) • pH : 7.0~7.25 (중성이거나 약알칼리)
양수 구성성분	• 알부민, 요산, 요소, 크레아티닌, 레시틴(lecithin), 스핑고마이엘린(sphingomyelin), 빌리루빈, 과당, 지방, 백혈구, 단백질, 상피세포, 효소, 솜털 등이 포함됨

(2) 양수기능

① 임신 시 양수기능

항목	내용
체온유지	• 태아의 체온을 일정하게 유지시킴
구강액	• 양수는 태아 구강액(경구수액)의 근원임
노폐물	• 노폐물의 저장고임
수분, 전해질	• 수분과 전해질의 균형을 도움
근골격계 발달 (태아 성장, 발달)	• 태아를 자유롭게 움직이게 하여, 근골격계 발달을 도움
태아 보호	• 외부의 충격을 완화시켜 외상에서 태아를 보호함 • 배아가 양막과 뒤엉키지 않도록 보호함
태아 성숙	• 양수 내에 포함된 성장호르몬을 통해 태아 성숙을 도움
분만 도움	• 분만 중에는 수압작용을 하여 분만과정에 도움이 됨

② 분만시 양수기능

항목	설명
자궁수축 압력 완충	• 양수는 진통 중 가해지는 강한 자궁수축의 압력을 분산시켜, 태아와 자궁벽을 보호함
태반 조기박리 방지	• 양수가 압력을 균일하게 전달함으로써 태반이 조기에 박리되는 위험을 줄임
산도 통과 시 윤활작용	• 태아가 산도를 통과할 때, 양수가 윤활제 역할을 하여 산도를 부드럽게 통과하도록 도움
감염 예방(파수 전)	• 양막과 양수가 외부로부터의 세균 침입을 차단하여 감염 예방 (조기파수 전까지)
태아 회전 유도	• 분만 중 태아의 올바른 자세 유지 또는 회전에 도움

(3) 양수천자

양수천자	• 염색체 수와 구조를 파악하여 태아의 성(sex), 건강상태, 성숙 정도 등을 알 수 있음

(4) 양수양 측정 : 양수과소증, 양수과다증

양수과소증		양수과다증	
정의	• 양수의 양이 500mL 이하	정의	• 양수의 양이 2,000mL 이상

4 난황낭

• 태아가 발달하기 전까지 배아생존에 필수적인 요소임

형성시기		• 착상 후 8~14일경, 내배엽세포의 증식으로 형성됨 • 양막과 함께 동시에 발달 시작
기능	3주경	• 초기에는 융모막을 통해 모체로부터 영양과 산소 전달
	3~4주	• 배아의 원시 심장 박동 시작 → 혈액 공급 시작 • 원시 순환계 형성 관여 → 혈관 생성, 혈관 발달 등
	3~6주	• 조혈기능 → 6주 간에서 조혈작용이 이루어질 때까지
	5~6주	• 초음파 상으로 관찰됨
퇴화시기		• 5~6주경에 배아에서 분리되어 퇴화됨 • 임신 10주 전후에는 대부분 퇴화됨

5 탯줄(제대)

정의	• 배아/태아와 태반을 연결하는 생명선, 제대라고도 함
형성시기	• 임신 5주에 형성
정맥 기능	제대정맥: 산소가 풍부한 혈액을 태아로 전달
동맥 기능	제대동맥: 산소가 적은 혈액을 태반으로 전달

6 태반

형성시기	• 임신 12주 이후에 완성

(1) 태반 내분비계 기능 23 임용

• 임신을 유지하고 배아나 태아의 상태를 유지하는 데 필요한 호르몬을 생산함

① hCG (human chorionic gonadotropin(인간 융모 생식샘자극호르몬) 23 임용

㉠ 검출시기 (임신확인)

혈액 (β-hCG)	• 착상 후(수정 후 6~8일) 모체혈청에서 발견 → 수정된 배아가 자궁내막에 착상되기 시작하면서 융모막에서 hCG 분비 → 혈청에서 가장 먼저 검출됨
	cf. 시험관 아기 시술일때는 난자채취 후 12~14일(배아이식 후 11일째)
소변 (hCG)	• 수정 후 약 12~14일 (평균 임신 26일째)소변으로 배설되면서 나타남 → 임신 테스트기 양성(+)
최고치	• 임신 60~70일에 hCG 최고량 분비 : 임신 1기 입덧(오심, 구토) 발생 원인임 → 이후 감소
100일 이후 지속 증가	• 포상기태 의심
소멸	• 산후 1주이후에는 분비 X → 분만 후 모든 태반조직이 배출되었는지 확인용도로도 사용 가능

㉡ 기능 및 의미

황체유지 (임신 초 6주~8주)	• 주요기능 : 임신 초 자궁내막이 배아 착상을 잘 하도록 임신 초기 황체가 유지되도록 하는 역할을 함
	• 태반 hCG 분비 → 황체 유지 → 에스트로겐, 프로게스테론 분비 → 임신유지
	• 8주~12주 : 황체 → 태반 이행기
	• 12주 이후 : 태반이 직접 에스트로겐과 프로게스테론을 분비하며, 황체는 퇴화함
면역관련 기능	• 태반 조직에 거부반응이 나타나지 않도록 모체의 면역억제 역할을 함
분만 후 의미	• 분만 후 hCG 수치 지속 시 → 잔류 태반 조직(포상기태, 융모막암 등) 의심 • hCG 수치는 분만 후 태반 제거 여부 확인용도로 사용

② hPL (사람태반락토겐(human placental lactogen, hPL) 23 임용

㉠ 분비

| • 수정 3주에 모체혈액에서 발견되며 임신기간 동안 지속되나 산후 2주에 사라짐 |

㉡ 기능

기능 구분	내용

① 신진대사 조절
(인슐린 저항성 ↑,
혈중 지방산 ↑)
	• 모체의 인슐린 저항성 증가 → 혈중 포도당 농도 유지
	• 모체가 지방산을 에너지로 사용하게 하여 태아에 포도당 우선 공급
	  → 임신 후기 대사요구량 증가
	  → 태아에게 포도당을 우선 공급해야 함
	  → 모체 인슐린 저항성 증가 → 혈중 포도당 유지 → 태아에 공급
	  → 모체는 에너지원으로 지방산을 사용
	  → 결과적으로 모체 혈중 지방산 농도 증가

② 태아 영양 공급	• 포도당을 태반 막을 통해 태아로 쉽게 이동시키고, 단백질 합성 촉진 • 태아 성장에 필요한 영양분 공급을 도모
③ 유방 발달 및 수유 준비	• 유방의 유선조직 및 포상조직 발달 촉진 → 유방발달 • 분만 후 수유를 위한 준비 기능 수행
④ 성장호르몬 유사 작용	• 성장호르몬(GH)과 유사한 작용을 하여 태아 성장 촉진

③ 프로게스테론 23 임용

㉠ 분비

분비	• 황체에서 분비 • 임신 12주 이후(13주부터) 태반에서 분비
최고치	• 임신 32주경 최고량 이름
감소	• 분만 직전 급격히 감소함

㉡ 기능

구분	내용
① 자궁내막 유지	• 자궁내막 유지 → 착상·임신 유지
② 자궁수축 억제	• 자궁수축 억제 → 옥시토신 분비 억제 → 유산, 조산 방지
③ 유방 발달 조직	• 유방의 포상조직 발달 촉진
④ 배란, 월경 억제	• 시상하부·뇌하수체 FSH, LH 분비 억제 → 배란과 월경 억제

④ **에스트로겐** 23 임용

㉠ 분비

분비	• 수정 7주부터 분비 • 임신 말기까지 유지
감소	• 분만 직후 급격히 감소 → 태반이 배출되며 에스트로겐 분비 중단됨 → 뇌하수체 프로락틴 분비 ↑ → 유즙분비

㉡ 기능

구분	내용
① 자궁 성장 촉진	• 자궁 크기 증대, 혈액 공급 증가
② 자궁-태반 혈류 자극	• 자궁 및 태반으로 가는 혈류량 증가 혈액공급, 산소 공급
③ 유방 샘조직 발달	• 유방 샘조직 발달 → 유선 발달 및 유즙 분비 준비
④ 자궁근 민감도 증가	• 옥시토신 등 자극에 대한 민감도 증가 → 분만 준비
⑤ 자궁근 수축 자극	• 분만 시 필요한 자궁근육 수축 촉진

㉢ Estriol 검사 (에스트리올 검사)

목적	• 태반기능과 태아상태를 알아보는 검사 → 임신 말기까지 지속적으로 상승함
시기	• 임신 20주 이후, 특히 32주 이후 신뢰도↑
검사방법	• 소변검사 → 24시간 모체 소변 내 에스트리올 총량
검사결과	• 임신 중 Estriol ↓(급격한 저하) : 태아사망, 무뇌아를 뜻함 (특히 임신 3기), 태반기능부전 등
비고	• 모체혈청 3중 및 4중 검사 : 다운증후군 등 염색체 이상 (혈청 검사)

⑤ **릴랙신(relaxin)**

분만 시	• 골반 인대 이완 → 분만 시 골반 확장 도움 • 자궁경관 부드럽게 함 → 분만 준비
임신유지	• 자궁의 수축 억제 → 임신 유지 도움

(2) 대사기능

산소와 영양분	• 태반을 통해 태아에게 산소, 영양분 공급
영양소 저장	• 산소는 태아로, 이산화탄소는 모체로 이동 (확산작용에 의함)
가스교환	• 태반통해 태아에게 전달
노폐물	• 태아 노폐물은 모체혈액으로 이동 → 모체 신장을 통해 배설됨

(3) 면역기능

① Ig G

수동면역 형성	• 모체의 면역글로불린(IgG)이 태반을 통해 태아에게 전달되어 수동면역 형성

② 감염 및 독성물질 통과

감염 등	• 대부분 바이러스, 카페인, 알코올, 니코틴, 일산화탄소 등은 태반을 통과할 수 있음 • 일부 세균과 원충류는 태반 감염 후 태아 감염 유발
초기태반(1기)	• 두꺼운 막, 물질 교환에 제한적 → 감염이나 독성물질의 태아 도달이 적음
임신 후기	• 태반이 점점 얇아지고 투과성 증가 → 감염, 약물, 독성물질 통과 위험 증가 • 예: 매독균 Treponema pallidum은 초기에는 태반 통과 어려움 　→ 임신 18주 이후(5개월 이후)~임신 후기부터 태아 감염 가능성↑ 　→ 임신 5개월 이전 치료 시 태아 감염 예방 가능

③ 태반막 손상 및 Rh 감작

태아적아구증	• 태반막 손상 시 태아 적혈구가 모체로 누출되어 항체 생성 → Rh 감작 위험 　→ Rh^- 임부가 Rh^+ 태아를 임신했을 때 태아적아구증이 발생함

(4) 태반기능에 영향을 주는 요인

자궁혈류 감소 유발 요인	• 고혈압, 코카인 중독, 자궁수축, 과도한 운동, 임부의 반듯이 누운 자세 등
자궁혈류 감소 시 결과	• 자궁 내 태아 성장 지연 위험 증가
자궁수축과 혈류	• 브랙스턴-힉스 수축은 융모간강 내 혈류를 촉진함 • 분만 중 자궁수축 간격이 짧거나 길면 태반혈류 감소 유발 가능

③ 태아 발달

태아기	• 임신 9주(태아가 인간으로서 모습을 갖추기 시작한 때)부터 임신 말기까지임
기형 위험 ↓	• 중추신경계 기능에 영향하는 요인들을 제외하고는 기형유발물질에 덜 취약함
생존력	• 태아가 자궁밖에서 살 수 있는 능력임 → 생존력은 중추신경계 기능과 폐의 산화능력에 달려 있음

1 심맥관계

3주 말	• 심장 박동 시작
4~5주	• 심장 4개의 방(심방, 심실)으로 분화
특수 순환경로	• 정맥관, 난원공, 동맥관
임신 10~12주	• 도플러로 심박동수 측정 가능

2 조혈계

3주	• 난황낭에서 조혈기능 시작
6주	• 간에서 조혈기능
8~11주	• 골수, 비장, 흉선, 림프절에서 조혈

3 위장관계

태변 형성		• 16주경 태변 형성 : 암록색 (→ 임신 말기시 검은색 대변)
위장계 형성		• 36주 이후 위장계 완성 → 아밀라아제, 리파이제 제외하고 소화효소 촉진
분만 후 태변	정상 (태변 배출)	• 분만 후 24시간 이내 태변 배출
	비정상 (태변 배출 X)	• 소화기계 폐쇄, 밀폐 항문, 낭성 섬유종 의심

4 간장계

(1) 조혈작용

간 형성	• 4주경 간 형성
조혈작용	• 5~6주경 간에서 조혈 시작

(2) 글리코겐

간 형성	• 4주경 간 형성, 간 5~6주경 조혈 시작
글리코겐	• 9~10주 글리코겐 저장 시작, 말기 시 성인의 2배 〈 글리코겐 역할 〉 • 태아와 신생아에게 중요한 에너지임 → 자궁 내 저산소증, 모체의 포도당 공급저하, 출생 시 호흡, 추위 등과 같은 스트레스를 받는 상황시 중요 에너지원임

(3) 철분 저장

철분저장	• 간에 철분 저장 → 태아는 출생 후 5개월 동안 사용할 철분 저장 → 이후 철분 보충 위해 이유식 시작(생후 4~6개월 사이)

(4) 비타민 K 부족

비타민 K 부족	• 태아의 장은 비타민 K를 합성 X → 혈액응고인자 Ⅱ, Ⅶ, Ⅸ, Ⅹ 합성 X → 출혈위험	
	〈 신생아에게 비타민 K 예방적 투여 〉	
	투여이유	• 태아의 장은 무균상태(장내 세균X)이므로 비타민 K를 합성 X → 출혈위험
	투여방법	• 출생직후(1시간 이내) 근육주사(IM)

(5) 고빌리루빈혈증

• 정상 신생아(일부), 미숙아(주로) 고빌리루빈혈증 발생

① 빌리루빈 대사 및 배설 기전

```
[적혈구 (RBC)]
  ↓ 헤모글로빈 분해 (Hemoglobin → Heme)
[헴 (Heme)]
  ↓ 빌리루빈 생성
[비결합 빌리루빈 (Unconjugated bilirubin)] - 지용성 (간접 빌리루빈 (Indirect bilirubin))
  ↓ (간으로 이동, 알부민에 의해)
[간세포 내: 글루쿠론산 전이효소 작용 (Glucuronyl transferase)]
  ↓ 결합 과정 (비결합 빌리루빈과 글루쿠로산이 결합함)
[결합 빌리루빈 (Conjugated bilirubin)] - 수용성 (직접 빌리루빈 (Direct bilirubin))
  ↓ 담즙 통해 소장으로 배출
[장내 세균: Urobilinogen (우로빌리노겐)]
  ├→ 대변: Stercobilin (스테르코빌린) - 갈색 (brown)
  └→ 일부는 재흡수 → 간 → 신장 소변: Urobilin (우로빌린) - 노란색
```

② 장기(기관)별 빌리루빈 대사과정

간	• 글루쿠론산 전이효소(Glucuronyl transferase)에 의해 비결합 빌리루빈 → 결합 빌리루빈 전환 • 담즙생성 (결합 빌리루빈을 소장으로 배출하기 위함)
담도계	• 결합빌리루빈을 담즙과 함께 소장으로 배출
신장	• 우로빌리노겐(Urobilinogen, 장에서 재흡수) → 우로빌린(Urobilin) 전환되어 소변으로 배출
장관	• 장내세균에 의해 결합 빌리루빈 → 우로빌리노겐(Urobilinogen)으로 전환 • 일부는 장에서 재흡수 → 간 → 신장 경로로 이동

③ 장기(기관)별 빌리루빈 대사과정 장애

장기/기관	이상 원인	기전 설명	영향을 받는 물질
간	• 글루쿠론산 전이효소 결핍/기능저하 • 간세포 손상 (예: 간염, 간부전)	• 비결합 빌리루빈을 결합형으로 전환 못함 • 담즙 배출 저하 → 장으로 빌리루빈 이동 ↓	• 비결합 빌리루빈 ↑ • 결합 빌리루빈 ↓, 우로빌린 ↓, 스테르코빌린 ↓
담도계	• 담도폐쇄 (담석, 췌장암 등)	• 결합 빌리루빈의 장내 이동 차단 • 대변/소변 색소 생성 차단	• 결합 빌리루빈 (혈중 역류 가능) ↑ • 우로빌린 ↓, 스테르코빌린 ↓
신장	• 신부전, 사구체 여과율 저하 등 신장기능 저하	• 우로빌리노겐 생성돼도 우로빌린으로 배출 어려움	• 소변내 우로빌린 ↓
장관	• 장내 세균 없거나 부족 (신생아→장내세균 미형성), 항생제 사용 등)	• 결합빌리루빈이 장에 도달해도 세균 부족으로 우로빌리노겐 생성 ↓	• 우로빌린 ↓, 스테르코빌린 ↓

④ 빌리루빈 최종 대사 산물 및 배출

색소	기전	정상	비정상 (장애)	비정상 결과
스테르코빌린 (Stercobilin)	• 결합 빌리루빈이 장 내 세균 작용에 의해 우로빌리노겐 → 스테르코빌린으로 전환되어 대변으로 배출	대변 갈색	• 담즙이 소장으로 못 갈 때 • 장내 세균 ↓	대변 회백색
우로빌린 (Urobilin)	• 장 내 우로빌리노겐 생성 후 신장에서 산화되어 우로빌린으로 전환 → 소변으로 배출	소변 노란색	• 간·담도 문제 • 장내 세균 ↓, • 신장 문제 시 생성 ↓	소변 연노랑 또는 무색 (맑은 소변)

⑤ 신생아, 미숙아 고빌리루빈혈증

태아기	• 태반이 비결합 빌리루빈을 모체로 배출함 → 태아 간은 결합 능력이 낮아도 문제가 되지 않음
출생후	• 태반을 통한 배설 경로가 끊어지므로, 빌리루빈을 간에서 직접 결합하여 배설해야 함 • 간이 미성숙하여, 간의 글루쿠론산 전이효소 부족함
정상 신생아	• 신생아 간의 미성숙 → 간의 글루쿠론산 전이효소 부족함(비결합 빌리루빈을 결합빌리루빈으로 전환 X) → 혈중 비결합 빌리루빈↑ → 생리적 고빌리루빈혈증(생리적 황달) → 생후 2~7일간 지속, 보통 1~2주 내 자연 회

미숙아	• 간 기능 더 미성숙하여 간의 글루쿠론산 전이효소가 더 부족함
	  → 혈중 비결합 빌리루빈↑↑
	  → 병적 고빌리루빈혈증 또는 핵황달 위험 증가 (빌리루빈 수치가 더 높고, 더 오래 지속)

5 호흡기계

(1) 폐 계면활성물질 24 임용

종류		• 레시틴(Lecithin), 스핑고마이엘린(Sphingomyelin)	
분비	레시틴(Lecithin)	• 24주 이후부터 농도 서서히 증가 • 35주 이후부터 농도 급격히 상승	
	스핑고마이엘린 (Sphingomyelin)	• 임신기간동안 일정한 양 유지됨 (일부 감소되기도 함)	
의미		• 태아의 폐 성숙도 확인 → 출생 후 폐기능 정도를 확인	
검사	정상	L/S 비율 (2:1) 24 임용	• 임신 35주 이후 Lecithin이 Sphingomyelin보다 월등히 높아져 L/S 비율 2:1 → 태아 폐 성숙이 완료됨
	이상	RDS	• 신생아 호흡곤란증후군(RDS, Respiratory Distress Syndrome) 발생
의미		• 태아의 폐 성숙도 확인→ 출생 후 폐기능 정도를 확인 • 조산(37주 이전) 위험이 있는 경우 태아 폐 성숙도를 평가함	
치료		• 부신피질호르몬(스테로이드) : 태아 폐성숙을 촉진함	

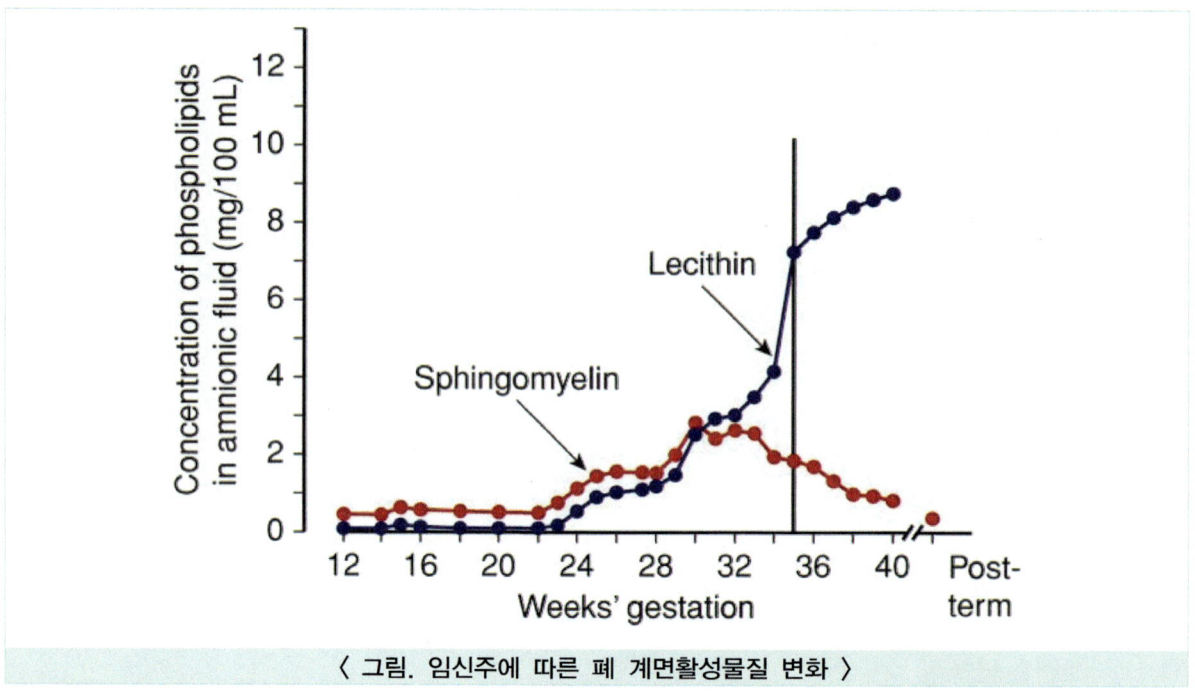
〈 그림. 임신주에 따른 폐 계면활성물질 변화 〉

6 신장계

- 5주경 신장 형성, 8주 기능 시작
- 16주부터 양수에 소변 배출 → 양수량에 영향
- 출생 후 첫 24시간 내 소변 배출 시작

7 신경계

3주	• 외배엽에서 신경관 발달 시작, 4주경 neural tube 형성 • 9~11주 기본적 뇌 구조 완성
4주	• 개방된 신경관 형성
9~11주	• 기본적인 뇌구조 완성
태아기 신경계 손상	• 태아기의 스트레스원(만성영양부족, 저산소증, 약물, 환경, 독성물질, 외상, 질병) → 신경계 손상 유발 → 뇌성마비, 신경근육 손상, 지적장애, 학습장애 등 〈 태아기 신경계 손상 〉 • 뇌는 출생이후까지 계속 발달함 • 태아기는 뇌 기관은 형성되었지만 기능적으로 성숙 중인 단계임 → 저산소증, 약물, 영양결핍 등으로 신경계 손상 유발

8 내분비계

(1) 갑상샘

형성 시기	호르몬 분비	주요 기능 및 특징	임상적 의미
임신 3~4주	8주경 분비 시작, 12주 이후 자가생산	• 태아의 뇌 발달에 중요 • 모체 호르몬은 태반을 잘 통과하지 못함 → 태아 스스로 만들지 못하면 선천성 갑상샘 저하증 발생	• 선천성 갑상샘저하증 시 지능 저하 → 신생아 선별검사 필요

(2) 부신피질

형성 시기	호르몬 분비	주요 기능 및 특징	임상적 의미
6주경	8~9주 이후	• 말기에는 코티솔 분비 ↑ • 분만시 : 프로게스테론(자궁수축 억제) ↓, 프로스타글란딘(자궁수축) ↑ → 분만 유도	• 태아가 자율적으로 분만 개시 관여

(3) 췌장 24, 20, 12 임용

형성 시기	호르몬 분비	주요 기능 및 특징	임상적 의미
5~8주	20주 이후 인슐린 분비 (→ 모체 인슐린 태반 통과 X)	• 랑게르한스섬은 12주에 발달 • 인슐린 분비 시작은 20주 이후	• 모체 고혈당 → 태아 고인슐린혈증 → 거대아(거대아), 저혈당, 폐성숙 지연 등 유발

표. 모체 고혈당, 태아 고인슐린혈증 기전 24, 20, 12 임용

원인	기전	태아에 미치는 영향	임상적 결과
모체 고혈당	• 모체의 고혈당 상태에서 포도당이 태반을 통과해 태아에게 전달됨	태아 혈당 상승	• 태아 췌장에서 인슐린 과다 분비 → 태아 고인슐린혈증 유발
태아 고인슐린혈증	• 인슐린은 성장 촉진 호르몬 작용을 하여 지방, 단백질 합성 증가	과도한 성장	• 거대아, 분만 손상 위험 증가
출생 후 저혈당 24 임용	• 출생 후 더 이상 고혈당 환경이 아니니(태반X), 인슐린 분비는 계속 높음(고인슐린혈증)	신생아 저혈당	• 신생아 저혈당 → 경련, 뇌손상 위험 증가
폐 성숙 지연	• 인슐린은 폐 계면활성제 생성을 억제	폐 성숙 저해	• 신생아 호흡곤란증후군(RDS) 위험 증가

9 생식기계

항목	내용	
외생식기 분화 (남녀구분)	• 외생식기 성별구분은 12주 이후 이루어짐	
남아	• Y 염색체 → 고환 형성, 테스토스테론 분비 • 28주경 고환 음낭 하강	
여아	• 난소 및 외생식기 형성 • 16주 이후 난자 형성, 출생 후 일생 난자 보유	
모체 호르몬 영향 (신생아)	여아	• 출생시 모체 여성호르몬 감소로 인한 자궁내막 반응 → 쇠퇴성 출혈 가능 • 모체의 에스트로겐, 프로게스테론이 태반 통해 전달 → 출생 후 호르몬 공급 급감 → 모체 호르몬 소실에 따른 자궁내막 탈락 → 쇠퇴성 출혈
	여아, 남아	• 모체호르몬(에스트로겐, 프로게스테론)에 의한 유선 자극 → 유방종창, 유즙분비(witch's milk) 가능

10 면역계

(1) IgG

기능 (태반통과)	• 태반을 통과할 수 있는 유일한 면역글로불린 → 태아에게 수동면역 제공 → 소아마비, 파상풍, 홍역, 디프테리아, 풍진, 이하선염, 백일해 등 면역(+)
시기	• 임신 3기, 특히 임신 마지막 4주에 가장 활발하게 이동 → 태아 혈중 IgG의 80% 이상이 이 시기에 전달됨
조산아	• 태반을 통한 충분한 IgG 전달 이전에 태어나기 때문에, 면역력이 약하고 감염에 더 취약함
출생후 2개월 감소	• 출생 시 가장 면역이 높고, 출생 9개월 이후에는 감소 → 출생 후 2개월부터 수동면역 감소하므로, 예방접종 시작

(2) IgA

특징	• 태반을 통과하지 못함
형성	• 태아는 스스로 IgA를 만들지 못함
공급원	• 초유와 모유에 풍부하게 들어있음
기능	• 장 점막 보호 → 장내 세균 및 감염에 대한 국소 면역 제공 → 모유수유는 장 감염 예방에 매우 효과적임

(3) IgM

특징	• 태반을 통과하지 못함
형성	• 태아는 임신 1기 말부터 스스로 IgM을 생성
기능	• 혈액 내 항원, 세균(특히 그람음성균), 일부 바이러스에 반응
의미	• IgM은 태반을 통과하지 않기 때문에, 태아 혈중에서 IgM이 검출되면, 태아기 감염(선천감염)을 의미함 → IgM ↑ = 태아감염 〈 대표적 선천감염 (TORCH) 〉 T: Toxoplasmosis (톡소플라즈마) O: Other (매독 등) R: Rubella (풍진) C: CMV (거대세포 바이러스) H: HSV (단순헤르페스)

표. 태아 면역성분 요약 표

면역성분	형성 시기	형성 장소 및 출처	의미 및 기능
IgG	임신 후기 (3기)	• 모체 → 태반	• 유일하게 태반을 통과하는 면역글로불린 → 태아에게 수동면역 제공 • 조산아는 부족 → 감염 취약
IgM	임신 1기 말	• 태아 스스로 생산	• 혈액 내 항원, 그람음성 장내균, 일부 바이러스에 반응 • 혈중 IgM↑ → 선천감염(태아기 감염) 의심
IgA	생산 안함(X)	• 모유(초유 포함)	• 신생아에게 수동면역 제공 → 소화기계 보호, 장내 감염에 대한 면역 획득
알부민·글로불린	임신 3기	• 태아 내 존재	• 일반 단백질 및 면역물질로 태아 내 존재 확인 가능

Part 14 태아 건강사정

1 초음파 검사 12 임용

1 초음파 검사 목적 및 시기

검사 목적	내용	적용 시기
태아 생존 확인	• 태아 수, 태위, 심박동, 태동 확인 등 태아 생존력 확인	6~12주
재태연령 측정	• 수정낭, CRL, BPD, 대퇴길이 등 측정	임신 초기 (정확도 ↑)
태아 성숙도 사정	• 체중 추정, 대칭성/비대칭성 성장지연 평가	전 기간 (주기적 측정)
해부학적 평가	• 뇌, 척추, 위장계, 심장 등 장기기형 확인	특히 2~3기
태반 평가	• 태반 위치, 성숙도 등급	14~38주
양수량 측정	• 양수지수(AFI)로 측정 (4분면 접근)	임신 후기
태아 안녕 확인	• 심박동, 움직임, 호흡운동, 신체 움직임 등 초음파로 관찰	전 기간

2 초음파 검사방법

방법	설명	특이사항
질식초음파	• 질내로 삽입하여 골반 구조 접근 → 골반의 해부학적 구조를 자세히 평가가능	• 임신 1기 사용(자궁외 임신 진단) • 방광 비우기 • 비만한 대상자에게 유용 (복부근육층 두꺼워 복부접근 어려우므로)
복부초음파	• 복부 위에서 초음파 시행	• 방광 채운 상태가 영상 보기 좋음 → 검사 1~2시간 전 1L 수분 섭취

3 초음파의 임상적 활용(진단 목적)

항목	내용
정상임신 확인	• 자궁 내 위치, 심박동, 태동 등 확인
재태연령 측정	• 수정난의 크기(약 8주) • 두정-둔부 길이(7~14주) • 아두 대횡경선(12주부터) • 대퇴의 길이 (12주 이후)

항목	내용
태아 건강 사정	• 심박동, 움직임, 호흡운동 등
자궁 내 성장지연	• 태아 체중 측정 • 대칭성/비대칭성 확인
선천성 기형 평가	• 장기 해부학적 구조 관찰
목덜미 투명대 검사	• 측정부위: 목 뒤 피부 / 시기: 11~13(14)주 / 두께↑ → 염색체 이상 의심
양수사정	• 양수량, 태반 위치/성숙도, 다태임신, 자궁이상 등
태반사정	• 태반 위치, 크기, 성숙도 : 전치태반, 태반조기박리 등 진단 • 태반 성숙도 : 태반의 칼슘침착에 따라 성숙도 등급 매김
다태 임신	• 태반, 양막의 양상 사정
자궁의 이상 여부	• 자궁의 종양, 자궁 기형 확인 (임신 유지에 영향 미침)

(1) 목덜미 투명대 검사 20 임용

측정부위	• 태아 목 뒤쪽 피부두께를 측정함	
목덜미 투명대	• 태아의 목뼈(경추) 뒷부분(후부) 피부조직에 축적된 투명한 액임	
측정시기	• 임신 11~13(14) 주 사이에 측정	
의미	• 양수량, 태반 위치, 태아 성숙도, 다태임신, 염색체 이상 위험 평가 등	
검사결과	정상	• 2.5mm 미만
	주의필요 (비정상)	• 2.5mm 이상 ~ 2.9mm : 정밀초음파나 추가 검사 고려
	유전전 장애나 신체적 기형	• 3.0mm 이상 : 염색체 이상(특히 다운증후군), 심장 기형, 기타 선천성 이상 가능성 증가 → 유전적 장애나 신체적 기형

(2) 양수지수 (AFI) 25 임용

① 양수지수 측정시기 및 방법

측정시기	• 임신 2기부터 측정 가능하며, 임신 3기에서 가장 임상적으로 중요하게 활용됨
의미	• 특히 고위험 임신, 태아성장지연, 태반기능 저하 여부 평가 시 매우 유용

㉠ 양수지수 측정방법

• 배꼽과 임신선을 중심으로 4등분한 뒤 각기 등분한 부분에서 가장 큰 양수포켓의 수직길이를 측정하여 가 등분의 길이를 합친 숫자임

구간 나누기	• 배꼽을 중심으로 복부를 수직·수평선 기준으로 4등분 (상·하·좌·우 사분면)
측정방법	• 각 사분면에서 가장 깊은 양수 포켓의 수직 길이(cm)를 측정
AFI 계산	• 사분면에서 측정한 양수포켓 수직길이를 모두 더함 → AFI (cm)

ⓛ 양수지수 측정결과 25 임용

정상	• 5~24cm
양수과소증	• 5cm 미만
양수과다증	• 24cm 초과 (=25cm 이상)

(3) 양수과소증, 양수과다증 측정기준

구분	측정 기준	양수과소증 정의	양수과다증 정의
양수량	• 정상: 700~1,000mL 정도	• 500mL 이하	• 2,000mL 이상
AFI	• 자궁을 4등분해 각 사분면의 양수포켓 수직 깊이 합산	• 5cm 미만	• 24초과
단일 수직 포켓	• 가장 큰 1개의 양수포켓 깊이 측정	• 2cm 미만	• 8cm 초과
주관적 평가	• 가장 큰 2개의 포켓 수직선 길이 관찰	• 2포켓의 수직선 : 1cm이하 • 자궁강내 양수포켓 X	• 2포켓의 수직선 : 8cm 이상 • 자궁강내 양수포켓 여러개 존재

(4) 양수과소증, 양수과다증

	양수과소증			양수과다증	
정의	양수양	• 양수의 양이 500mL 이하	정의	양수양	• 양수의 양이 2,000mL 이상
	양수지수 (AFI)	• 5cm 미만		양수지수 (AFI)	• 24cm 초과 (=25cm 이상)
의미	• 태아 신장기능 저하 의심 → 양수생성 ↓ → 태아신장기능의 직접적인 지표임		의미	• 태아의 위장계 또는 신경계 기형을 의심(양수 흡수 ↓) → 삼킴반사 또는 소화관 폐쇄 등	
주관적	• 태아의 사지가 꽉 끼어있는 것 같이 보임		주관적	• 태아의 사지가 활발히 움직임	
원인	태아 신장기능	• 태아 신장기형 → 양측성 신무형성, 요로 폐쇄 등	원인	태아 위장계 폐쇄	• 식도폐쇄, 위폐쇄, 십이지장 폐쇄 등
	양수 누출	• 양막 조기파열 (PPROM) 등		신경계 이상	• 무뇌증, 이분척추 등
	태반기능저하 (태반기능부전)	• 제대압박 등 • 태반을 통한 산소, 영양공급 제한 → 저산소증		양수 삼킴 장애	• 삼킴 반사 미숙 등
	태아성장지연	• 태반기능저하로 발생		다태임신, 태아수종 등	

❷ 태아심박동수 측정 17 임용

구분	내용	비고
측정 방법	• 청진기, 벨 청진기, 도플러 장치, 전자태아감시장치	• 자궁수축 직후 측정
측정 위치	• 태아의 등 부분에서 심음이 가장 잘 들림	• 가장 가까운 복벽 부위 선택
측정 시기	임신 20~28주 • 배꼽 아래 임신 30주 이후 • 태아 위치에 따라 결정	• 태아 위치 고정됨
대표 위치	• LOA: 좌하복부(LLQ), ROA: 우하복부(RLQ)	• 가장 흔한 두정위
둔위 시	• 배꼽, 좌상복부(LUQ), 우상복부(RUQ)	• 태아 머리가 위쪽일 때
정상수치	• 120~160회/분 17 임용	
빈맥	• 160회/분 초과	
서맥	• 110회/분 미만	

❸ 태동 측정 (자가 측정법) 12 임용

항목	내용	
정의 및 목적	• 임부가 태아의 움직임을 사정하여 건강상태를 파악하는 간단하고 유용한 방법 → 태아의 저산소증, 가사 상태를 조기에 인지하기 위한 목적으로 시행	
태동인지 시기	• 초산부는 약 18~20주, 경산부는 16~18주부터 느낄 수 있음	
태동검사 시기	• 임신 28주 이후 매일 태동검사 시작	
일치도	• 초음파와 임부가 느끼는 태동은 약 90% 일치	
태동 소실 시기	• 태아심음 소실 12~24시간 전에 태동이 멈춤	
권장 대상	• 자간전증, 당뇨병, 자궁내 성장지연, 과숙아 등 고위험 임부	
장점	• 태아 건강 확인 외에도 모아 애착 증진 효과	
측정 방법	사도프스키(Sadovsky) 방법	• 식후마다 4번 태동을 측정하는 방법
	Cardiff count to ten	• 매일 아침마다 10번 태동이 느껴질 때까지 걸린 시간을 기록하는 방법
판정 기준	정상	• 1시간 이내 3회 이상
	정밀검사	• 1시간 이내 2회 이하
	즉시 보고	• 12시간 내 태동 없음 → 즉시 병원 내원 필요 (태아저산소증, 태아 가사 위험 있음)
임상적 의미	• 태동 감소는 태아 가사, 저산소증 등의 조기 징후일수 있음 • 태동은 태아 건강의 지표이며 감소 시 추가 평가 필요 → 무자극검사(NST), 생물리학적 계수 등 정밀검사 필요	

표. 태동 측정방법

항목	사도프스키 방법 (Sadovsky method)	Cardiff count to ten (카디프 방법)
측정 시기	• 매 식후	• 매일 아침에 측정
측정 방법	• 식후 1시간 동안 태동 수를 세고 4회 이상이면 정상	• 태동이 10회에 도달할 때까지 걸린 시간 측정
정상 기준	• 식후 1시간 내 4회 이상 태동 느껴짐	• 12시간 이내에 10회 이상 태동 느껴짐
이상 소견	• 1시간에 4회 미만 → 추가 1시간 관찰 또는 검사	• 10회 미만 → 병원 내원 권고
장점	• 식후로 기준 정해 습관적으로 측정 용이	• 하루 전체 태동을 포괄적으로 반영

4 생물리학적 계수 (Biophysical Profile, BPP)

1 검사 목적 및 평가 항목

항목	내용
검사 목적	• 태아의 중추신경계 기능과 건강상태 종합 평가 → 특히 태아 저산소증
검사 시기	• 임신 3기 이후, 고위험 임부 또는 태아사망 위험 예측 시
검사 방법	• 초음파 + 무자극검사(NST)를 활용
검사 정의	• 초음파와 무자극검사를 통해 태아의 중추신경계 기능과 건강 상태를 종합적으로 평가하는 방법으로, 주로 임신 3기 고위험 임부에서 태아 저산소증이나 가사 위험을 조기에 예측하기 위해 시행됨
평가 항목 (오리지널 BPP)	① 태아 호흡운동 (FBM) ② 태아 신체운동 (FM) ③ 태아 근긴장도 (FT) ④ 양수량 (AFV) ⑤ 반응성 태아심박동 (NST)
평가 항목 (변형된 BPP)	① 양수지수 (AFI) ② 무자극검사 (NST)

2 생물리학 계수의 정상, 비장상 판정기준

항목	정상(2점)	비정상(0점)
태아 호흡운동	• 30분간 30초 이상 지속되는 호흡운동 1회 이상	• 30초 미만이거나 호흡운동 없음
태아 신체운동 (태동)	• 30분간 태아 움직임 3회 이상	• 움직임 3회 미만(2회 이하)
태아 긴장도	• 사지나 몸의 굴곡 후 신전 운동 1회 이상 사지 굽혔다 펴는 능동적 움직임 1회 이상	① 사지 움직임 없음 ② 느리고 불완전한 신전 혹은 굴곡 ③ 손을 펴거나 쥐는 운동 없음 ④ 신전 후 부분적으로 굴곡
양수량 (AFV)	• 2cm 이상 양수포켓이 1개 이상	• 2cm 이상 양수포켓 없음
반응성 태아심박동 (NST)	• 20분 내 15bpm 이상 상승이 15초 이상 지속된 것이 2회 이상	• 20~40분 내 반응성 태아심박동 없음 또는 1회 이하

→ 생물리학적 계수에서 점수와 무관하게, 가장 큰 양수포켓의 수직 길이가 2cm 이하이면 추가 검사가 필요함. 단, 4가지 초음파 항목(호흡운동, 신체운동, 태아 긴장도, 반응성 태아심박동)이 모두 정상이면, 생략할 수 있음 → 이유 : 태아 만성스트레스 또는 태반 기능 저하 → 저산소증의 의미임

3 변형된 생물리학 계수

• 시간 적게 소요, 수행 간단하면서도 태아의 상태를 잘 예측함 → 고임부 스크리닝 검사

항목	정상	비정상
양수지수 (AFI)	• AFI 5 이상 (4개 구역 중 가장 깊은 포켓 총합)	• AFI 5 미만
무자극검사 (NST)	• 반응성 심박동 (20분 내 가속 2회 이상)	• 비반응성 (가속 2회 미만)

4 생물리학 계수 결과 의미

점수 평가	• 각 항목 0점 또는 2점으로 평가, 총 10점 만점
정상 소견	• 8~10점: 정상, 태아 가사 위험 거의 없음 → 단, 가장 큰 양수포켓의 수직 길이가 2cm 이하이면 추가 검사가 필요함
주의 소견	• 6점 (양수 정상) : 24시간 내 재평가 • 6점 (양수 비정상): 위험 증가 → 태아 저산소증 위험 높아 조기분만 고려함
위험 소견	• 4점 이하: 태아 가사 가능성 높음 → 적극적 중재 또는 긴급 분만 고려 • 0~2점이면 매우 높은 위험
임상적 의의	• 태아의 중추신경계 반응성과 자궁 내 건강 상태를 종합적으로 평가함 • 태아 저산소증과 사망 위험을 조기에 인지하고 분만 결정에 도움을 주는 검사임

5 자기공명영상 (MRI)

정의	자기장을 이용한 비침습적 영상진단
장점	이온화 방사선 X, 조영제 X, 다양한 면 영상 제공
평가 가능 항목	① 태아 구조(중추신경계 등) ② 태반 위치/밀도 ③ 양수 특성 ④ 모체 자궁 및 골반 구조 ⑤ 조직 생화학 상태 (pH, ATP 등) ⑥ 연조직/기형 평가
검사 방법	임부가 MRI 장비 내부에 누워 검사
검사 시간	20~60분 소요, 움직임 최소화 필요
사용 시기 및 적응증	초음파로 어려운 경우 (모체비만, 양수과소증 등)

6 태아경 검사 (fetoscope)

정의	피부를 통과해 자궁 내 태아를 직접 관찰하는 검사
검사 방법	복벽을 통해 태아경을 삽입 (국소마취하)
적응증	유전성 혈액질환 진단용 태아 혈액 채취 (예: 낫적혈구빈혈)
위험성	태아에 3~5% 위험 존재
제한점	조산 위험으로 널리 사용되지 않음

7 양막경 검사

정의	양막경으로 양막 안을 직접 관찰하는 검사
검사 방법	자궁경부를 통해 삽입
판단 기준	초록색 양수 관찰 시 → 태아질식 의심
사용 조건	경부 1cm 이상 개대 시 가능
제한점	특수 장비 필요, 거의 사용되지 않음

8 모체혈청 검사

1 모체혈청 3중 검사

(1) 알파태아 단백 (알파 피토프로테인(AFP, alpha-fetoproyein)) 20 임용

검사 의미 (검사 목적)	• 무뇌아, 이분척추, 태아의 신경관 결함을 확인하기 위해 실시 • 개방성 신경관 결손의 약 80~85%를 조기진단함	
생성	• 태아 간에서 생산, 태아 소변과 양수에 분비되는 단백질	
검사 시기	• 임신 15~21주	
검사결과	AFP 상승↑	• 신경관 결손 • 다태임신, 원인불명 태아사망, 심각한 양수과소증
제한점	AFP 감소↓	• 다운증후군

(2) 베타 융모생식샘자극호르몬(β-hCG)

검사 정의	• 영양막 또는 태반에서 분비되는 호르몬으로 임신 유지에 필수적임 → 현재의 임신상태나 태반의 건강상태 나타냄
검사 목적	• 다운증후군 등 염색체 이상 선별
검사 시기	• 임신 15~20주
검사결과	• hCG 상승 : 다운증후군 가능성

(3) 비결합 에스트리올

검사목적	• 다운증후군 등 염색체 이상 선별검사
검사 시기	• 임신 15~20주
검사방법	• 모체 혈청 내 비결합형 에스트리올 (uE3)
검사결과	• 비결합형 에스트리올 (uE3) 감소 : 다운증후군, 에드워드 증후군 등 염색체 이상 의심

cf. 에스트리올 검사(Estriol 소변 검사)

목적	• 태반기능과 태아상태를 알아보는 검사 → 임신 말기까지 지속적으로 상승함
시기	• 임신 20주 이후, 특히 32주 이후 신뢰도↑
검사방법	• 소변검사 → 24시간 모체 소변 내 에스트리올 총량
검사결과	• 임신 중 Estriol↓(급격한 저하) : 태아사망, 무뇌아, 뜻함 (특히 임신 3기), 태반기능부전 등

2 모체혈청 4중 검사

- 모체혈청 3중 검사 + 인히빈 A

(4) 인히빈 A

검사 목적	• 다운증후군 검사 위해 실시 → 다운증후군 선별 정확도 향상
검사 시기	• 임신 15~20주
검사 결과	• inhibin A ↑ : 다운증후군 가능성
분비	• 여성 및 남성 생식기 조직 및 태반에서 분비되는 당단백질 호르몬임

표. 다운증후군 검사

상승	• inhibin A ↑, hCG↑
감소(저하)	• AFP↓, uE3(비결합 에스트리올)↓

3 쿰스 검사 (coomb's test)

검사 목적	Rh 부적합증 여부 확인 (모체가 Rh-, 태아가 Rh+일 때 모체가 항체를 생성했는지 확인)
검사 방법	모체 혈액을 채취하여 Rh 항체 역가(titer)를 측정
판정 기준	항체 역가 1:8 이상이면 양수천자를 통해 양수 내 빌리루빈 농도를 측정 (태아빈혈 확인)
관련 질환	태아 용혈성 질환 (Hemolytic disease of the fetus)
추가조치	고위험일 경우 태아 상태 모니터링 및 조기분만 고려

9 양수천자

1 양수천자 실시 목적 및 방법

구분	내용	비고
실시 시기	• 보통 임신 15~20주 사이에 시행	• 드물게 후기(30주 이후)에 폐성숙도 확인 목적 시행
실시 목적	• 염색체 이상 진단 • 유전질환 확인 • 태아 감염 여부 확인 • 태아 출혈성 질환 진단 • 폐 성숙도 확인	• 고위험 임신에서 선별검사 이상 시
실시 방법	• 복부에 가느다란 바늘을 삽입하여 양수 약 20mL 채취	• 초음파로 위치 확인 후 진행
검사 내용	• 염색체 분석 (다운증후군 등) • α-fetoprotein (AFP) 측정 (신경관 결손 확인) • 폐 계면활성물질(L/S 비율 등) 측정	• 결과 확인까지 약 2~3주 소요됨
위험성	• 유산, 감염, 양수누출, 태아손상 가능성 소량 존재	• 전체 위험도 약 0.1~0.3% 정도

2 양수천자 세부 내용

항목		설명
유전적 문제 (염색체 이상 등)		• 35세 이상, 염색체이상 가족력, 유전병 병력 등에서 시행 • 세포배양 후 핵형검사 성염색체 검사. 대사질환은 효소 분석 • 양수 내 AFP 증가 시 신경관결손 의심
폐성숙도 평가	L/S 비율	• L/S 비율 2:1 이상이면 태아 폐 성숙
	Shake test	• Shake test로 거품 발생 여부로 판단 • L/S 비율을 결정하기 위해 실시
빌리루빈		• 태아 용혈성 질환 평가. 적혈구 용해 시 생성. 보통 36주 이후에는 사라짐.
크레아티닌		• 태아 신장 성숙도 평가. 크레아티닌 1.8mg/dL 이상이면 36주 이상.
태아 출혈성 질환		• 모체 항체가 1:8 이상 시 시행. 최근에는 경피제대혈 채취법으로 평가 및 치료.
양수 내 태변		• 태아가 출생 전에 태변을 배출하는 것으로 태아질식(태아저산소증)을 의미함 〈 태아질식시 양수내 태변 배출 이유 〉 • 태아저산소증일 때 장의 연동운동이 증가하여 대변 배출함 〈 분만 중 태변배출 가능성 〉 ① 태아의 성숙으로 일어날 수 있는 정상적인 생리기능(32~34주 이전에는 묽) ② 저산소증으로 인한 연동운동이나 괄약근 이완의 결과 ③ 성숙한 태아에서 제대압박으로 인한 미주신경 자극의 결과임

표. Shake test(거품검사)

정의	양수 내 계면활성제(레시틴) 존재 여부를 확인하기 위한 간이 검사로, 폐 성숙도 평가에 사용
검사 목적	태아의 폐 성숙 여부를 빠르게 판단하기 위해 시행
검사 원리	레시틴이 계면활성제 역할을 하여 혼합 용액에서 거품을 안정화시키는 성질 이용
검사 방법	① 양수 + 생리식염수(1:1) 혼합 ② 95% 에탄올 첨가 후 30초간 흔듦 ③ 15분 후 거품 발생 여부 관찰
양성 결과	거품 형성(+) → 레시틴 충분 → 폐 성숙 시사
음성 결과	거품 없음(-) → 레시틴 부족 → 폐 미성숙 가능성
장점	빠르고 간단하며 응급 상황에서 유용한 보조 검사
단점	L/S 비율보다 정확도 낮음, 보조적 검사임

⑩ 경피 제대혈 채취

정의	초음파 유도하에 태아 제대혈관에 바늘을 삽입하여 혈액을 채취하는 방법
시행 시기	임신 2~3기
시술 위치	태반 부착 부위에서 1~2cm 떨어진 제대혈관
검사 목적	임신 2,3기의 태아순환에 대한 직접적인 사정
감별 질환	유전적 혈액질환, 염색체 이상, 태아감염, 자궁내 성장지연, 산염기 상태 확인, 동종면역 사정 및 자궁내 수혈
합병증	태아사망률 약 1.6%, 혈액누출, 서맥, 융모양막염
검사 후 관리	1시간 태아심음 모니터링, 1시간 후 초음파로 출혈 및 혈종 확인

⑪ 융모막융모생검

정의	태반의 융모막 조직을 채취하여 유전적 진단을 수행하는 조기 산전검사
시행 시기	임신 10~13주
접근 경로	경부 또는 복부
경부 접근	초음파 유도 하에 캐뉼러를 경관에 삽입하여 채취 (감염 시 금기)
복부 접근	초음파 유도 하에 복부로 천자바늘 삽입 (18~20G)
장점	임신 초기에 결과 확보 가능(1주 내), 조기 치료 가능성 증가
적응증	35세 이상 고위험 임부, 생화학적 분석 필요 시
합병증	출혈, 자연유산(0.3%), 파막(0.1%), 융모양막염(0.5%)

⑫ 태아 DNA 선별검사

검사 정의	• 비침습적 산전 검사로, 산모의 혈액 내 존재하는 태아 유래 DNA(cell-free fetal DNA)를 분석하여 염색체 이상 선별
검사 대상	• 단태아(10주 이후), 쌍태아(12주 이후) 임산부
검사 시기	• 단태아: 임신 10주 이후, 쌍태아: 임신 12주 이후
선별 가능 질환	• 다운증후군(21번), 에드워드증후군(18번), 파타우증후군(13번) 등 주요 삼염색체 이상
장점	• 정확도 높고 비침습적 (양수검사나 융모막 생검 없이도 선별 가능)
한계	• 확진 검사는 아님 → 고위험 결과 시 양수검사나 융모막 생검 등 침습적 확진 검사 필요

⑬ 전자 태아감시장치

1 전자 태아감시장치 목적 및 기록방법

목적	• 태아의 산소화 상태를 지속적으로 감시하여 저산소증 및 대사산증 조기 발견
기록 방법	• 태아심박동(FHR)과 자궁활동(UA)를 기록지 또는 스크린에 동시에 표시

2 외부 태아감시장치

정의	• 복부에 변환기를 부착하여 태아심박동(FHR)과 자궁수축(UC)을 측정
태아심박동 (FHR) 측정	• 초음파변환기 사용: 태아 심장 판막의 움직임 → 고주파 반사
자궁활동 (UC) 측정	• 자궁변환기(tocotransducer) 사용: 자궁 수축의 빈도와 기간 측정
장점	• 비침습적, 양막파열 및 경부개대 불필요, 분만 전후 모두 사용 가능
제한점	• 비만, 태아자세, 태반 위치 등으로 신호 약화 가능 • 조기진통 임부에 부정확할 수 있음
산모자세	• 반파울러체위 또는 측위 권장

3 내부 태아감시장치

정의	• 태아 선진부에 전극 또는 카테터를 삽입하여 FHR과 UC를 직접 측정
태아심박동(FHR) 측정	• 태아의 두피에 부착한 전극으로 직접 심전도 측정
자궁활동(UC) 측정	• 자궁내압카테터를 이용하여 수축의 강도와 빈도 직접 측정
장점	• 측정 정확도 매우 높음, 수축 강도 수치화 가능
제한점	• 침습적, 감염위험 있음 • 양막파열과 자궁경부 개대 필요, 감염 위험 있음 • 자궁 내 감염, 태반조기박리, 조기진통 등 고위험 임부에는 제한

| 표. 외부 태아감시장치 vs 내부 태아감시장치 |

구분	외부 태아감시	내부 태아감시
접촉 방식	• 복부 부착	• 태내 삽입
측정 정확도	• 낮음 (환경 영향 多)	• 매우 높음
침습 여부	• 비침습	• 침습
수축 강도 측정	• 불가능	• 가능
적용 제한	• 없음 (전 임신 기간 가능)	• 양막파열·자궁개대 후 가능

4 산전 태아검사

(1) 무자극검사 (비수축검사, (NST: Non-Stress Test)) 25, 22 임용

① 무자극검사(NST) 검사 목적 및 방법

정의	• 태아가 자궁 내에서 움직일 때 심박동이 상승하는 반응을 분석하여 건강 상태를 평가하는 검사
목적	• 산소공급이 적절한지 평가
검사 방법	• 초음파변환기(FHR), 자궁변환기(UC) 부착 후, 임부가 태동 시 버튼을 눌러 기록. 반좌위에서 시행 → 건강한 태아 움직임(태동) 시 태아 심박동수 ↑
장점	• 비침습적, 저렴, 금기 거의 없음
단점	• 수면주기, 약물, 미성숙 시 무반응이 나올 수 있음
임상 활용	• 고위험 임신의 1차 스크리닝 도구로 활용

② 무자극검사(NST) 검사 해석

결과	해석 기준	임상적 의의
반응 (reactive)	• 20분간 태동과 동시에 태아 심박동의 증가가 15회/분, 15초간 지속되는 것이 2회 이상 있을 때	• 태아의 상태가 좋음을 의미하며, 대부분의 고위험 임신은 계속해서 유지 가능
무반응 (nonreactive)	• 40분간 태동과 동시에 태아 심박동의 증가가 15회/분 이하이거나 15초 이하로 지속될 때	• 태아심박동 양상과 변이성을 파악하기 위해 수축자극검사나 생물리학적 계수 검사 필요
불만족 (unsatisfactory)	• 기록된 태아 심박동이 해석에 부적합한 경우 (해석불가)	• 임상 상황에 따라 24시간 내 반복 검사 또는 수축자극검사 실시

(2) 수축자극검사 (CST: Contraction Stress Test)

① 수축자극검사(CST) 정의 및 목적

정의	• 자궁수축 유도 후 태아 심박동 변화(특히 만기하강)를 관찰하여 태반 기능과 태아 건강 상태 평가
목적	• 태아가 분만 중 자궁수축에 잘 견디는지 사정
금기	• 조기파막, 전치태반, 자궁수술력, 조산력 등
장점	• 위양성 적고, 정확성 높음

② 수축자극검사 (CST) 검사방법

구분	유두자극 수축검사	옥시토신자극 수축검사
정의 및 목적	• 유두를 자극해 뇌하수체 후엽에서 옥시토신을 방출시켜 자궁수축을 유도하는 간접 검사법	• 옥시토신을 정맥주사하여 자궁수축을 유도하는 직접 검사법
방법	• 10분간 유두를 마사지 및 잡아당김. 수축이 적절히 나타나거나 과하면 중지	• 옥시토신을 IV에 희석하여 주입, 15~20분 간격으로 증량, 수축 도달 후 IV 유지
기타	• 10분간 3회 이상의 자연적 수축 있으면 검사 불필요	• 정확한 용량 주입 위해 주입조절기 사용

③ 수축자극검사 (CST) 검사 해석

결과	해석	임상적 의의
음성 (Negative)	• 10분 내에 40~60초간 지속되는 자궁수축이 적어도 3회 이상 있고 변이성 하강이나 만기하강이 없을 때	• 태아가 분만 시 생존 가능하고 1주일 동안 건강할 것을 확인함 • 적응증이 있으면 더 자주 검사해 볼 필요가 있음
양성 (Positive)	• 수축의 절반 이상에서 지속적인 만기하강이 있을 때	• 주산기 이환과 사망의 위험이 높음 • 생물리학적 계수(BPP) 등 다른 방법으로 태아 건강 재평가 후 임신중절 고려

결과	해석	임상적 의의
의심 (Suspicious)	• 수축의 절반 이하에서 만기하강이 나타나며 수축양상도 있을 때	• 해석할 수 있는 자료가 수집되지 않으면 태아 사정을 위한 다른 방법 사용
과자극 (Hyperstimulation)	• 매 2분 간격보다 더 자주 혹은 90초 이상 지속 혹은 긴장도 지속 상승하는 자궁수축과 만기하강이 있을 때	• 과잉 자극으로 인해 태아 저산소증 가능성이 있어 옥시토신 중지 등 중재 필요
불만족 (Unsatisfactory)	• 부적절하거나 해석할 수 없는 수축양상	• CST를 통한 정확한 판단이 어려움. 다른 검사로 대체 필요

표. NST vs CST

항목	NST (무자극검사)	CST (수축자극검사)
자극 방식	• 자연 상태에서 태동에 따른 심박동 반응 관찰	• 수축 유도 (옥시토신 또는 유두 자극)
평가 기준	• 가속 반응의 존재 여부 (태동 시 심박수 상승 여부)	• 만기하강 발생 여부
검사 목적	• 태아의 기초적 산소공급 상태 사정	• 태아가 자궁수축 스트레스를 견딜 수 있는지 확인
시행 시기	• 임신 28주 이후	• NST 비반응 시 보완 검사로 시행
장점	• 비침습적, 간편, 신속	• 정확도 높고, 위양성 낮음
단점	• 위양성 가능성 있음	• 침습적, 금기 있음, 시간과 비용 소요

⑭ 태아심박동 이상 양상

항목	정의	원인
빈맥 (Tachycardia)	• 기저 FHR이 160bpm 이상으로 10분 이상 지속	• 감염(양막염 등) • 약물(terbutaline, atropine) • 갑상샘 항진증 • 태아빈혈 등
서맥 (Bradycardia)	• 기저 FHR이 110bpm 이하로 10분 이상 지속	• 심부전 • 바이러스 감염 • 저혈당 • 저체온 • 심장 전도이상 등

15 하강 23 임용

원인	• 부교감신경이 반응에 의해 발생함
종류	• 조기, 만기, 변이성, 지연된 하강으로 분류함

1 조기하강(Early Deceleration)

정의	• 조기하강은 자궁수축과 관련하여 시각적으로 분명하게 태아심박동이 감소하였다가(30회/분 이하) 기저 태아심박동수로 다시 회복됨을 의미함 • 자궁수축의 시작, 최정점, 종료 시점과 하강이 일치함 • 조기하강은 일시적인 아두압박에 의한 정상적인 반응임
원인	〈 아두압박에 의해 발생 〉 • 자궁수축 • 질검진 • 자궁바닥 압박 • 내부 태아감시장치 부착
임상적 의의	• 정상 양상임
간호중재	• 별도의 간호중재 필요없음

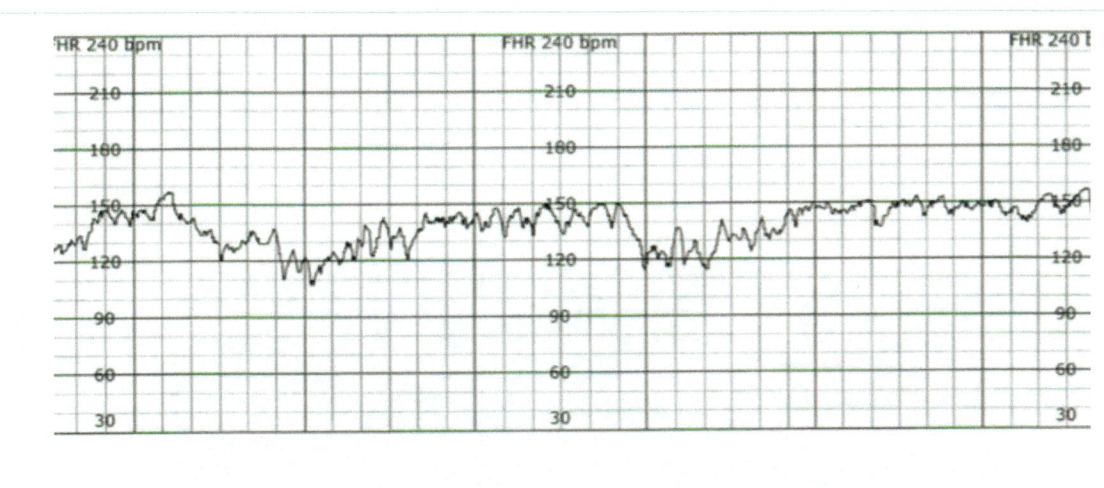

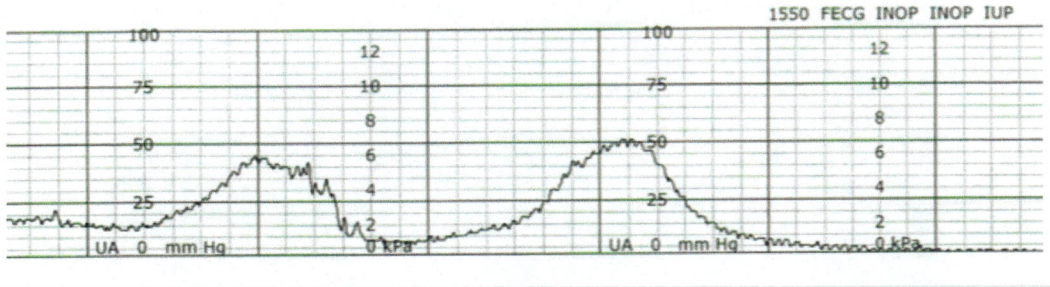

〈 그림. 조기 하강 〉

2 만기하강(Early Deceleration) 23 임용

정의	자궁수축 이후에 시작되며, 자궁수축의 최정점 이후에 태아심박동수의 최저점이 발생. 자궁수축이 끝날 때까지 기준선으로 회복되지 않음.
원인	〈 자궁태반기능부전과 관련됨 → 불충분한 태반 관류 → 태아 저산소증 〉 • 자궁내 심계항진 • 모체의 앙와위 자세 • 경막외 또는 척추마취 • 전치태반 • 태반조기박리 • 고혈압성 질환 • 과숙아 • 자궁내 태아성장지연(IUGR) • 당뇨 • 양막내 감염
임상적 의의	• 태아저산소증, 산혈증(acidemia), 낮은 아프가점수와 관련되는 비정상적 양상임 • 지속되고 교정되지 않는 경우, 특히 빈맥과 변이성 소실과 함께 나타나면 심각한 상황으로 전개됨.
간호중재	1. 모체체위 변경 : 좌측위 2. 다리 상승에 의한 모체저혈압 교정 3. 정맥주입 속도 증가 4. 심계항진 사정을 위해 자궁 촉진 5. oxytocin 주입 중이면 중단 6. 산소 8~10L/min 주입 7. 의사나 조산사에게 알림 8. 내부 태아감시장치 고려 9. 교정되지 않으면 분만 종결

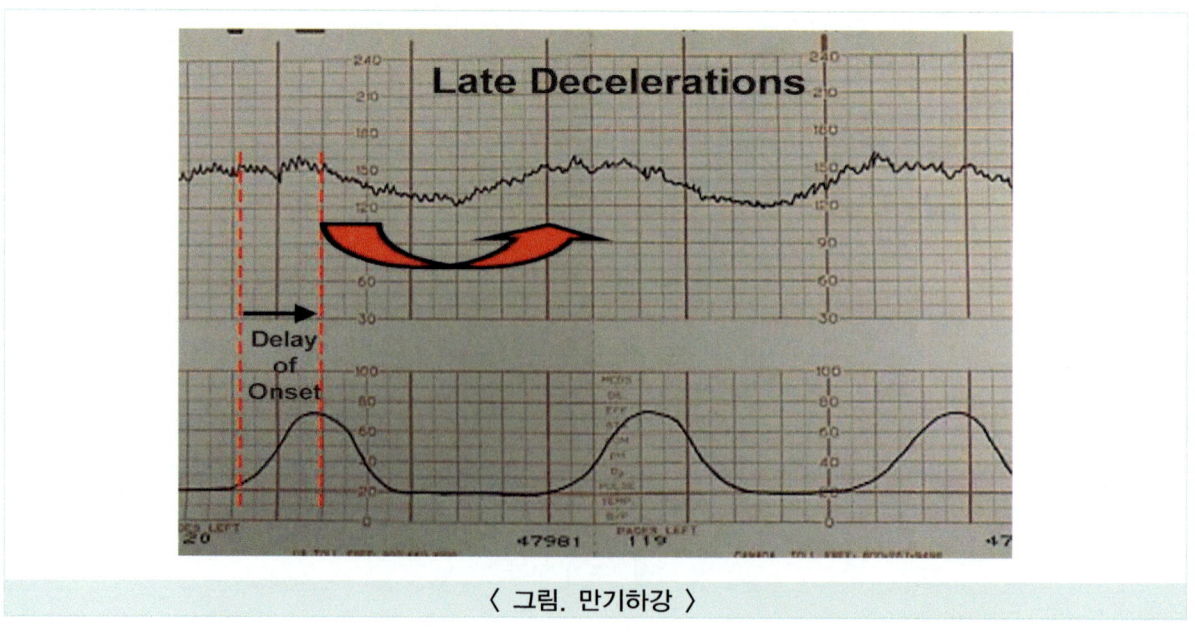

〈 그림. 만기하강 〉

3 변이성 하강(다양성 하강, Variable Deceleration) 23 임용

정의	• 그래프상 갑자기 태아심박동이 기준선 아래로 감소되는 양상으로, 최소한 15회/분 감소, 15초 이상 지속, 2분 내 회복됨 • 제대압박에 의해 U, V, W 모양으로 나타남.
원인	〈 제대압박에 의해 발생 〉 • 태아와 모체골반 사이에 제대가 끼인 모체 체위 • 제대가 태아 목, 팔, 다리 등에 감겨 있음 • 짧은 제대, 제대 매듭, 제대 탈출
임상적 의의	• 모든 분만의 50%에서 나타나며 보통 일시적으로 발생하고 교정 가능함 • 그러나 반복되면 태아 저산소증 및 대사성 산독증 유발 가능
간호중재	1. 모체체위 변경 : 좌측위 2. 투여 중인 옥시토신 중지 3. 산소 8~10L/min 주입 4. 의사나 조산사에게 즉시 알림 5. 제대탈출 여부 확인 위해 질/질경 검사 보조 6. 지시에 따라 양수주입술 보조 7. 교정 안 되면 분만 보조

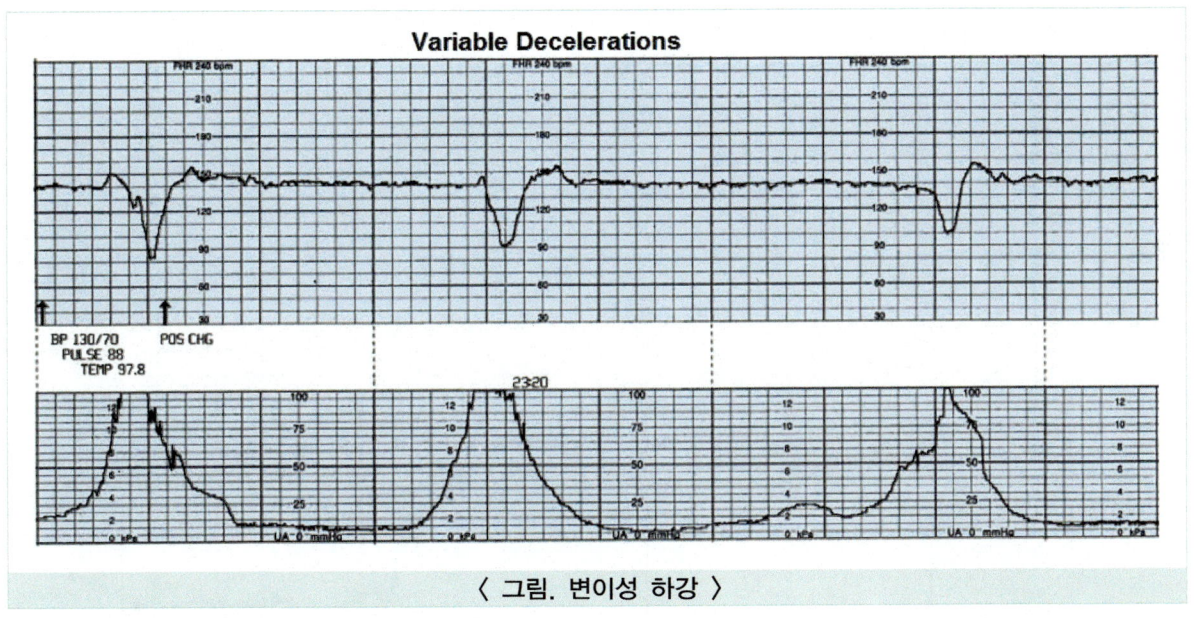

〈 그림. 변이성 하강 〉

4 지연된 하강

정의	• 태아심박동이 기준선보다 최소 15회/분 이상 감소하고, 2분 이상~10분 미만 지속됨. • 10분 이상 지속되면 기준선의 변화로 간주됨
원인	〈 산소공급 저하 〉 • 지속적 제대압박 • 자궁태반기능부전 • 아두압박 지속 • 제대탈출 • 과다한 자궁수축 • 경막외마취 후 저혈압 • 진통제 투여 • 태반조기박리 • 자간전증 • 빠른 태아 하강 • 질검진 • 나선전극 부착 • 발살바법 지속
임상적 의의	• 하강의 깊이와 지속시간에 따라 태아의 저산소증 정도와 관련됨 • 반복되거나 회복되지 않으면 위험 신호가 될 수 있음
간호중재	1. 모체체위 변경 : 좌측위 2. 산소 8~10L/min 주입 3. 옥시토신 중지 4. 수축 빈도 감소 유도 5. 질검진으로 제대 상태 확인 6. 의사/조산사에게 즉시 알림 7. 필요 시 양수주입술 또는 분만 준비

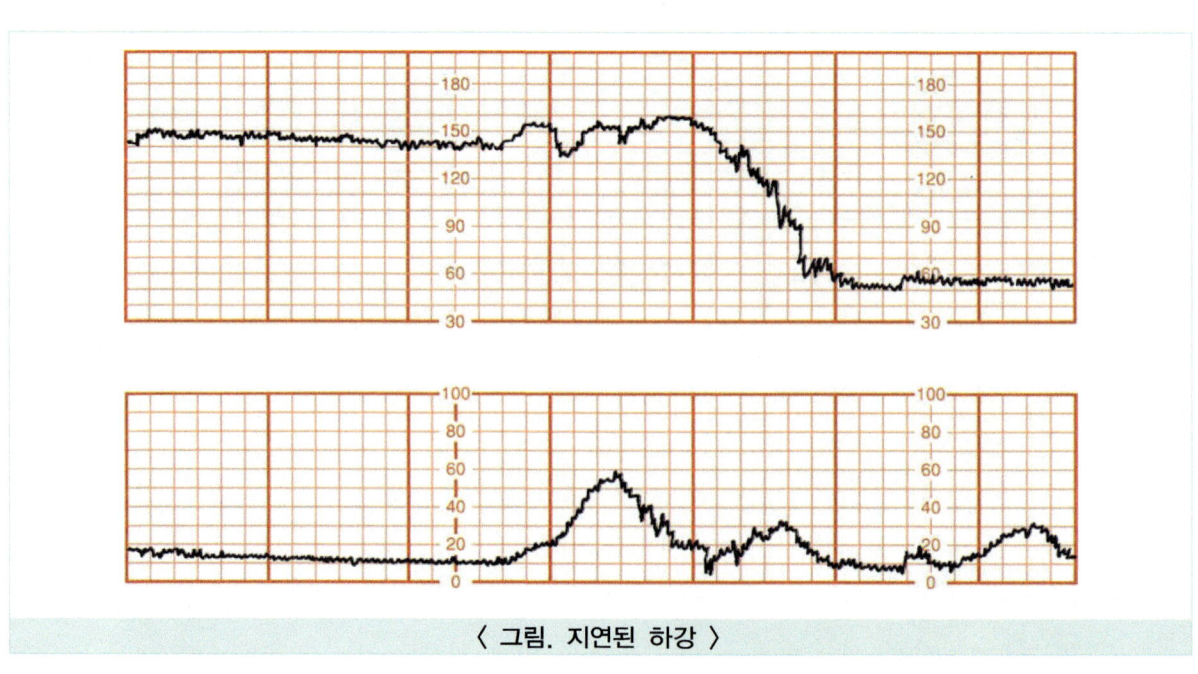

〈 그림. 지연된 하강 〉

Part 15 정상임신 간호

1 임산력과 출산력

임부	• 임신한 여성
임신력	• 지금까지 임신한 총 횟수
초임부	• 처음으로 임산한 여성
다임부	• 두 번이상 임산한 여성
미임부	• 임신을 전혀 경험하지 않은 여성
산부	• 생존능력이 있는 아이를 출산한 경력이 있는 여성 → 20주 이상의 태아 또는 태아체중 500g 이상를 출산한 여성 → 출생 시 태아의 생존 혹은 사망에 영향을 받지 않음
초산부	• 임신기간이 20주 이상인 태아를 처음 출산한 여성
다산부	• 임신기간이 20주 이상인 태아를 두 번 이상 출산한 여성
미산부	• 20주 이상인 태아를 한 번도 출산하지 못한 여성
출산력	• 출산한 아기 수가 아닌, 출산한 횟수(출생 횟수)를 의미함 → 예: 쌍둥이 출산은 1회의 출산으로 간주 → 출산 시 태아의 생존 여부와 관계없이 임신 20주 이상(또는 태아 체중 500g 이상)이면 출산력에 포함
조기분만	• 임신 20~37주 사이의 출산
만기분만 (정상)	• 임신 38~42주 사이의 출산
만기후기분만	• 임신 42주 이후의 출산(만기후분만)
태아생존력	• 임신기간 20주 또는 체중 500g 이상으로 태어난 신생아

2 임신의 징후와 진단

1 추정적 징후

- 주로 임부에 의해 느껴지는 신체적 변화(주관적 증상)이며, 비임신 시에도 발생 가능

증상	임신 주수	내용
유방의 민감성 증가	3~4주	유두 주위 예민함, 저림감, 유방울혈로 정맥 선명하게 보임
무월경	4주	임신의 가장 초기 증상
입덧(오심, 구토)	6주~12주	임신시 오심, 구토 등
빈뇨	6~12주	증대된 자궁이 방광 압박하거나 임신으로 인해 골반내 장기의 순환 증가 (임신 1기, 임신 3기 증가)
피로감	12주	• 임신 1기동안 지속됨 • 휴식과 수면 더 많이 필요함
첫 태동	16~20주	• 초임부 : 18~20주 • 경산부 : 16주

| 표. 입덧 |

정의	오심, 구토로 특정 음식/냄새에 대한 혐오반응
발생 시기	• 임신 6주경 시작 → 12주경 소실, • 일부는 임신 중기까지 지속될 수 있음
주요 원인	• hCG 상승 • 변화된 탄수화물 대사 • 위장운동 저하, 미각/후각 예민화 등
증상 특성	• 음식 냄새에 민감, 탈수·케톤증 유발 가능 • 아침에 흔히 발생 (morning sickness) • 실제로는 하루 중 언제든 발생 가능
구분 필요 상황	• 식중독, 위장관계 질환, 신경계 이상 등과 감별 필요 • 임신오조증과 감별 필요
태아 및 임부 영향	• 태아나 산모에게 나쁜 영향 없음 • 임신 결과에 거의 영향 없음
임상적 의의	• 일부 연구에서는 입덧이 있는 임부가 없는 임부보다 임신 결과가 더 긍정적이라고 보고됨

2 가정적 징후 15 임용

- 검진자에 의해 관찰될 수 있는 객관적 변화

표. 임신시 자궁의 변화

징후	설명
복부증대	• 크기, 모양, 경도 변화
McDonald's sign (맥도날드 징후)	• 자궁경부 반대쪽으로 자궁체부가 기울어짐
라딘 징후 (Ladin's sign)	• 자궁체부와 경부 접합부 근처의 중앙부 앞면에 부드러운 반점이 나타남 → 자궁체부와 경부 접합부 전면 중앙에서 내진 시 부드럽고 함몰된 부위가 촉지되는 현상
피스카섹 징후 (Piskacek's sign)	• 종양처럼 보이는 비대칭성 증대 : 불균형한 자궁 모양
헤가 징후 Hegar's sign 15 임용	• 6~12주, 자궁협부 부드러워짐 (연화)
구델 징후 (Goodell's sign)	• 6~8주, 자궁경부 부드러워짐 (연화)
채드윅 징후 (Chadwick's sign) 15 임용	• 8주, 외음부, 질점막, 자궁경부의 질전정부위 자청색(자주색)

징후	설명
브라운 본펀 월드 징후 (Braun von Fernwald's sign)	• 15주, 착상부위 불규칙한 연화(부드러움)과 크기 증가 Unilateral bulge on the upper part of the corpus
브랙스턴 징후 (Braxton Hicks contraction)	• 16주 이후 가능, 무통성 불규칙한 자궁수축
부구감 (Ballottement)	• 16~20주, 검진자가 자궁경부를 내진(주로) 또는 복부촉진으로 손가락으로 가볍게 두드리면, 양수에 떠 있는 태아가 위로 튀어올랐다가, 중력에 의해 다시 내려오면서 손가락에 '툭' 하고 닿는 느낌이 나는 현상임

3 자궁 크기 변화

수정 시	• 자궁 무게 50~60g, 서양 배 모양
만삭 시	• 자궁 무게 1,100~1,200g
임신 7주	• 자궁은 큰 달걀 크기, 복부에서 만져지지 않음
임신 10주	• 자궁은 비임신 시의 2배

4 확정적 징후

• 태아의 존재를 명확하게 확인 가능 → 태아의 존재를 직접 증명하는 징후

태아 심박동 청진	• 도플러 초음파 : 10~12주, 청진기: 17~18주
태아 움직임 확인	• 20주 이후 태아의 활발한 움직임 확인 → 임신 말기로 갈수록 강해짐
초음파에 의한 태아 확인	• 재태낭은 임신 4~5주(착상 2~3주) 후 확인 가능 → 질식초음파

❸ 임신여성의 신체계통별 변화와 간호

1 자궁

(1) 자궁 크기 변화

- 자궁 크기와 용적이 증가함
- 에스트로겐과 프로게스테론의 자극으로 자궁근 세포가 비대·증식됨

수정 시	• 자궁 무게 50~60g, 서양 배 모양
만삭 시	• 자궁 무게 1,100~1,200g
임신 7주	• 자궁은 큰 달걀 크기, 복부에서 만져지지 않음
임신 10주	• 자궁은 비임신 시의 2배

(2) 자궁 저부(바닥) 위치

- 자궁 저부 높이로 임신주수를 확인할 수 있음

임신 12~14주		• 자궁저부(바닥)이 치골결합 위로 올라옴
임신 22~24주		• 자궁(저부)바닥이 배꼽 수준
임신 36주		• 자궁(저부)바닥이 검상돌기 수준
임신 38~40주 (하강)		• 태아 하강으로 자궁바닥의 높이가 내려감
	미산부	• 분만 시작 2주전에 하강
	경산부	• 분만 시작과 동시에 하강이 일어남

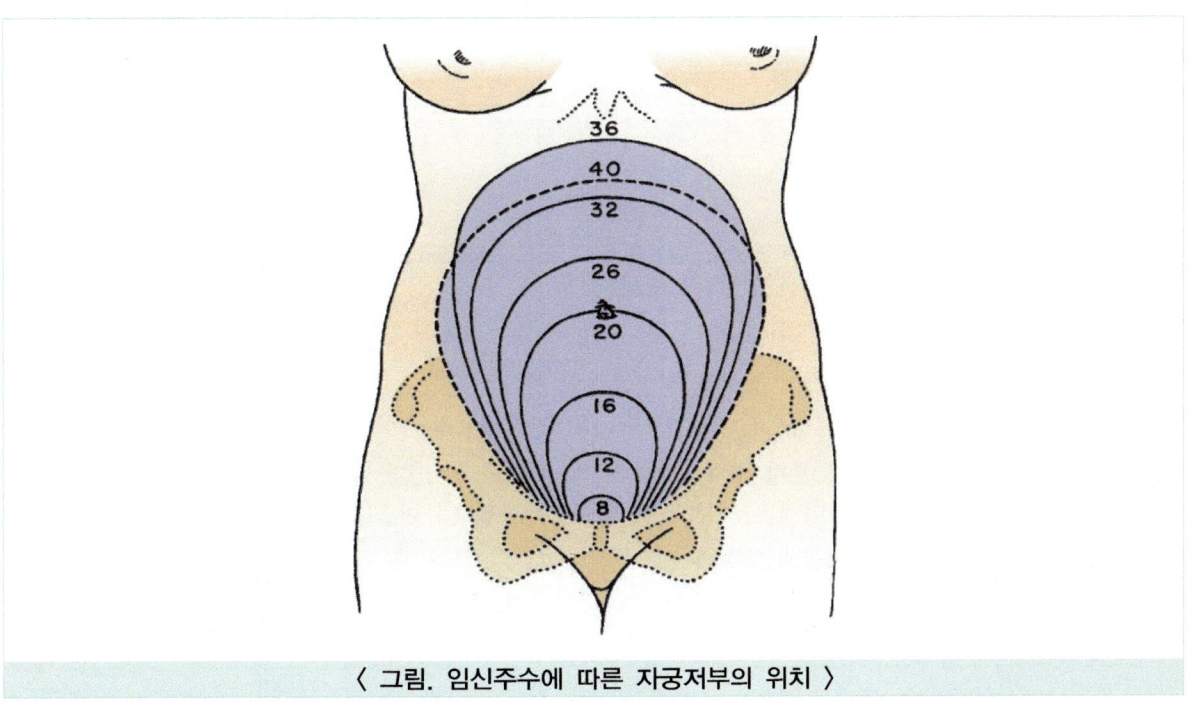

〈 그림. 임신주수에 따른 자궁저부의 위치 〉

(3) 브랙스턴 징후 (Braxton Hicks contraction)

정의	• 경관개대 없는 무통성으로 간헐적으로 발생하는 불규칙한 자궁수축
호르몬 영향	• 에스트로겐
시기	• 16주 이후 가능, 28주 이후 더욱 분명해짐 • 임신말기시 더욱 강해져 분만진통으로 오인하기도 함 (가진통임)
소실	• 걷거나 운동을 하면 사라짐
의미(효과)	• 태반 융모강간 내 자궁혈액 공급을 증진 → 태아에게 산소공급 증진
간호	• 측위로 누워 휴식 취하기 • 물 많이 마시기

(4) 앙와위 체위에 임산부, 태아 영향

① **앙아위성 체위** 12 기출

앙아위성 체위의 임산부, 태아영향	• 임신 20주 이후 커진 자궁이 하대정맥과 복부 대동맥을 압박하여 정맥환류와 심박출량을 감소시키고, 이로 인해 임산부는 저혈압, 태아는 자궁-태반 혈류 감소로 인한 저산소증 위험이 높아짐
임산부 영향	• 커진 자궁 → 하대정맥 압박 → 심장으로 귀환하는 정맥환류 감소 → 심박출량감소 → 혈압저하 (체위성 저혈압)
태아 영향	• 자궁-태반 혈류 감소 → 태아에게 산소와 영양 공급이 줄어듦 → 태아 저산소증 위험 증가

② 측위

측위 체위가 도움이 되는 이유	• 측위는 하대정맥 압박을 줄여 정맥환류와 심박출량을 유지시켜 임산부의 체위성 저혈압을 예방하고, 자궁-태반 혈류를 개선하여 태아 저산소증 위험을 감소시킴

(5) 자궁경부의 변화

• 에스트로겐의 영향임

자궁 혈류증가	• 자궁혈관 확장 및 혈류 증가 → 채드윅 징후(Chadwick's sign) : 외음부, 질점막, 자궁경부의 자청색(자주색)
결합조직의 증대·연화	• 콜라겐이 풍부한 결합조직의 증대 • 구델 징후(Goodell's sign): 자궁경부가 부드러워짐(연화)
점액분비 증가	• 점액 분비 증가로 점액마개(mucus plug)가 형성됨 • 점액마개는 자궁 경관개대시 배출됨 → 이슬(혈액 섞인 점액성 분비물) 〈 점액마개 역할 〉 • 자궁경관을 물리적으로 차단하여 임신 중 질을 통한 상행성 세균감염을 예방하는 보호막 역할

2 질과 외음부 변화

(1) 백대하

정의	• 자궁경부와 질 점막 분비가 증가해서 나타는 생리적 현상으로 백색 또는 엷은 회색의 점액성 분비물
호르몬 영향	• 에스트로겐, 프로게스테론
발생 기전	• 정상 임신으로 증식된 질 상피세포가 박리되어 발생 (백색으로 보임)
간호	의복관리	• 꽉 끼는 옷, 나일론 속옷 등은 피하고 면 속옷 착용 • 통풍이 잘 되는 의복 선택
	위생관리	• 대변 후 앞→뒤로 닦기 (요도 감염 예방) • 외음부 청결 유지
	패드 착용	• 분비물이 많을 경우 패드 착용, 자주 교체

(2) 칸디다 질염

발생기전 (글리코겐 ↑)	• 임신시 질 상피세포 증가로 질 글리코겐 증가로 발생 → 글리코겐 분해 → 포도당 생성 → 곰팡이 균이 포도당이 풍부한 환경에서 성장함
호르몬 영향	• 주로 에스트로겐

(3) 채드윅 징후(Chadwick's sign)

(4) 외음부

• 외음부 혈류 증가로 홍조 및 정맥 울혈이 나타날 수 있음

3 유방 변화

호르몬	• 에스트로겐, 프로게스테론
유두, 유륜 착색 등	• 유두와 유륜은 색이 진해지고 크기가 커지며 몽고메리선(피지선)이 발달해 보호 〈 몽고메리선(샘) 기능 〉 • 지방성분으로 모유수유를 위해 유두를 매끄럽게 하고, 유두를 보호해줌 → 비누로 씻어내지 X
초유	• 임신 16주경부터는 유즙 전 단계인 초유가 분비될 수 있음
압통, 민감도	• 유방 혈류 증가로 압통 및 민감도 증가가 흔함
간호	• 임부용 브래지어 착용 → 분비물 흡수 • 유방 따뜻한 물로 씻고 말리기

표. 임신시 유방간호

유방마사지	• 임신 중 유방 마사지를 통해 유관이 막히지 않도록 함 → 유두 폐쇄 예방
유두 상태 확인	• 핀치검사(pinch test)로 유두 함몰 여부 확인 (함몰 또는 돌출)
유두 세정	• 비누 사용 금지 → 몽고메리선 씻겨져나감, 피부 건조 및 자극 방지
마사지	• 엄지와 검지로 유두를 부드럽게 굴려 마사지하여 유관 개방 유도
유두 보호	• 필요 시 라놀린 크림 사용 가능 (피부 자극 완화 및 보습)

표. 핀치검사(pinch test)

개념	• 임신 중 유두의 상태를 확인하기 위한 검사로, 유두가 정상적으로 돌출되는지 또는 함몰되어 있는지를 확인하기 위한 검사임 → 함몰유두 조기 발견
검사	① 양손의 엄지와 검지를 사용해 유두 주변 유륜 부위를 부드럽게 집는다. ② 유두가 자연스럽게 앞으로 돌출되면 정상이며, 유두가 안쪽으로 들어가면 함몰로 간주한다.
의미	함몰 유두는 출산 후 모유 수유 시 아기에게 유두가 제대로 잡히지 않아 수유가 어려울 수 있으므로, 임신 중 조기 발견 및 유두 자극, 교정기구 사용 등이 권장됨

4 심혈관계 변화

(1) 혈압 변화

임신 1기	• 변화 거의 없음 또는 약간 감소 ↓
임신 2기	• 최대 감소 ↓ → 말초혈관 저항의 감소로
임신 3기	• 점차 회복되어 37주쯤에 혈압은 정상(원래대로 회복) → 혈관수축, 혈액량 증가로

표. 혈압감소 기전

기전	• 에스트로겐과 프로게스테론 등의 영향으로 말초혈관이 이완되고, 말초혈관 저항이 감소하기 때문임
에스트로겐	• 혈관 내피세포에서 산화질소(NO) 생성 증가 → 혈관 확장 → 말초혈관 저항 ↓ → 혈압 ↓
프로게스테론	• 혈관 확장 → 말초혈관 저항 ↓ → 혈압 ↓

(2) 심박출량 변화 및 심박수 09 임용

심박출양	• 30~50% 증가 ↑
삼박수	• 10~15회/분 증가 ↑

(3) 혈액량과 Hb, Hct 14, 12, 10 임용

혈액량	• 총량 1,500ml 증가 ↑ (혈장 1,000ml, 적혈구 450ml)
혈장량	• 약 40~50% 증가
적혈구량	• 약 20~30% 증가
헤모글로빈, 헤마토크릿	• 감소↓ → 혈액희석으로 발생 (적혈구 증가보다 혈장의 증가가 더 높아 발생)

(4) 생리적 빈혈 (가성 빈혈) 14 임용

기전	• 적혈구 증가보다 상대적으로 혈장이 더 많이 증가하게 됨 (임신 중 혈장량이 약 40~50% 증가, 반면 적혈구량은 약 20~30% 증가) → 혈액이 희석됨 → 헤모글로빈(Hb), 헤마토크릿(Hct) 수치가 낮게 측정됨 → 실제 산소 운반 능력은 유지되므로 생리적 빈혈로 간주됨
임신시 빈혈기준	• 헤모글로빈(Hb) : 11(10.5)g/dL 이하 (정상수치 : 12~16g/dL) • 헤마토크릿(Hct) : 33% 이하 (정상수치 35~45%)

(5) 백혈구

증상	• 임신 2기에 증가하여 3기에 최고치 ↑ → 최대 15,000/mm³ 까지 증가 • 분만 중·직후에는 25,000까지도 생리적 범위로 봄

(6) 혈액응고

• 혈액응고인자 ↑, 섬유소용해인자 ↓ → 임신 중 혈전경향 증가 ↑ → 산후(제왕절개 후) 혈전 색전증 위험 증가 ↑

혈액응고인자	• 대부분 증가 ↑ : 응고인자 Ⅶ, Ⅷ, Ⅸ, Ⅹ, 섬유소원 ↑
섬유소용해인자	• 대부분 감소 ↓

(7) 정맥류

기전	• 커진 자궁에 의한 하대정맥의 압박 → 정맥귀환 감소 → 말초 정맥압 증가 ↑ → 정맥확장 → 정맥 혈액 정체 → 정맥류
프로게스테론 ↑	• 프로게스테론 ↑ → 정맥벽의 탄력성 저하, 정맥이완 → 정맥혈 정체
간호	• 탄력스타킹 신기 • 오랜시간 앉아있거나 서있지 X • 꽉 조이는 옷 입지 X • 변비, 배변시 힘주기 X • 휴식시 하지 올리고 있기

(8) 변비 09 임용

호르몬 영향	• 프로게스테론
기전	• 프로게스테론 → 장 연동운동 저하(→ 음식물 이동 속도 감소 → 장내 체류 시간 ↑) → 대장의 수분 흡수 증가 → 건조한 대변 형성 → 변비
기타 기전	• 복부 팽만, 자궁의 커짐에 따른 내장의 변위 및 압박 • 철분 보충제 복용 • 체액 부족 (탈수) • 신체 활동 감소

(9) 치질

기전	• 커진 자궁 → 직장 정맥의 압박 → 정맥귀환 감소 → 말초 정맥압 증가↑ → 정맥확장 → 정맥 혈액 정체 및 울혈 → 치질

(10) 앙아위성 체위성 저혈압

기전	• 커진 자궁이 하대정맥을 압박하여 정맥환류가 감소하고 심박출량이 줄어 혈압이 저하됨
증상	• 어지럼증, 메스꺼움, 식은땀, 창백, 빈맥, 불안, 기절(실신) 등

(11) 서맥

기전	• 체위성 저혈압은 특히 임신 후기 앙와위에서 자궁이 하대정맥을 압박하여 정맥환류 감소 → 심박출량 감소 → 혈압 저하 → 빈맥이 흔하나, 드물게 미주신경 항진 등으로 인해 일시적 서맥도 나타날 수 있음
증상	• 체위성 저혈압과 함께 드물게 나타남

(12) 심계항진

기전	• 혈액량 증가, 심박동수 증가, 교감신경계 항진, 자궁증대 등
증상	• 대부분 생리적 현상임 • 심한 증상이나 부정맥 동반시 병원치료

5 호흡기계 변화

(1) 호흡수 및 호흡량

호흡수	• 변화없거나 약간 증가
1회 호흡량(volume)	• 30~40% 증가 → 폐포환기량 증가 (1회 호흡량↑ 덕분)
태아 영향	• 1회 호흡량↑ → 태아에게 산소 전달 증가 ↑

(2) 호흡성 알칼리증

호르몬 영향	• 프로게스테론
기전	• 프로게스테론에 의해 호흡중추 민감성 증가 → 1회 호흡량 증가 → $PaCO_2$ 감소 → 알칼리증 유발
영향 (결과)	• 태아의 이산화탄소 배출, 산소 공급을 원활하게 해줌

(3) 호흡기계 해부학적 변화

횡경막 상승		• 커진 자궁에 의해 횡격막이 약 4cm 상승함
늑골하각 증가↑		• 흉곽 횡격과 전후직경 증가, 흉곽은 임신 전상태로 회복되지 않음
영향 (결과)	폐활량	• 변화 없음 또는 약간 증가 → 늑골하각 넓어짐 등으로 흉곽 확장 여유 ↑
	잔기량	• 감소 → 횡격막 상승으로 폐저 압박

(4) 호흡곤란

기전	• 자궁증대로 인한 횡격막 상승, 앙아위 자세로 횡격막 확장 제한
간호	• 과도한 식사 피하기 (복부 압력 증가로) • 나비운동 하기 • 운동 후 충분한 휴식취하기

표. 나비운동

정의(개념)	• 양발바닥을 맞대고 앉아 무릎을 좌우로 벌려 나비 날개처럼 움직이는 자세임 • 주로 고관절과 내전근을 스트레칭하는 운동임
자세방법	1. 바닥에 등을 곧게 펴고 앉는다. 2. 양발바닥을 서로 맞대고 손으로 발을 잡는다. 3. 무릎을 좌우로 천천히 펴며 아래로 누르듯 움직인다.
호흡곤란 완화 효과	• 고관절과 골반 주변 근육을 부드럽게 이완 → 복식호흡을 촉진하고, 흉곽 압박을 줄임 → 호흡곤란 완화

〈 그림. 나비운동 〉

(5) 복식호흡 증가

기전	• 흉곽 팽창이 제한되어 보상적으로 복식호흡이 증가함

(6) 기초대사율 (BMR)

변화	임신 1기	• 약간 증가 ↑
	임신 2기	• 점차 증가 ↑
	임신 3기	• 최대 증가 ↑↑
증상	발한	• 대사율 증가 → 체온상승 → 열 발산 → 발한
	피로감, 권태	• 대사율 증가 → 에너지 소모 증가 → 피로감, 권태
	심계항진 등	• 대사율 증가 → 산소요구량 증가 → 심계항진, 숨참

(7) 코막힘, 비출혈

호르몬	• 에스트로겐
기전	• 에스트로겐 증가 ↑ → 비점막 충혈, 부종 → 코막힘, 콧물, 비출혈 발생 가능성
간호	• 습도 높이기 • 외상 피하기 • 충분한 물 마시고, 가습기 틀기 • 코 살살풀기

6 위장계 (소화기계)

(1) 임신성 치은염, 치육종

호르몬 영향	• 에스트로겐
기전	• 모세혈관 증식(혈관증가)과 결합조직의 증식으로 발생 → 쉽게 출혈됨
치은염	• 잇몸부종과 잇몸출혈 → 사소한 자극에도 잇몸 출혈(+) → 치은염
치육종	• 임신 중 과다한 혈관증식 + 염증 반응 → 육아종성 증식 발생 → 치육종
간호	• 부드러운 칫솔로 양치질 함 • 철저한 구강위생 • 균형잡힌 식사 → 신선한 과일, 채소, 적절한 단백질 등 • 감염 피하기 • 정기적인 치과검진 → 구강상태 확인

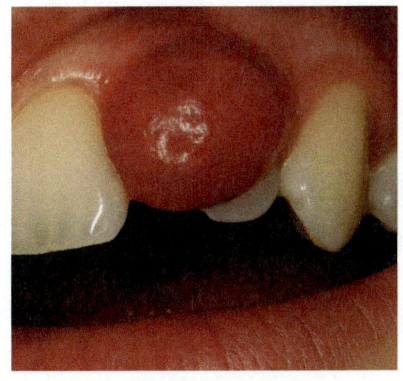

〈 그림. 치육종 〉

(2) 침 과다증

기전	• 입덧, 위산 역류 등 → 입덧 경험하는 임부에서 나타남 (구역 때문에 삼키는 걸 싫어함)
증상	• 과도한 타액이 나옴

(3) 가슴앓이

호르몬 영향	• 프로게스테론
기전	• 프로게스테론 증가 → 하부식도괄약근(LES) 이완 → 위산 역류 → 식도 자극 → 가슴앓이
발생	• 임신 1기부터 나타날 수 있으며, 자궁 크기 증가와 복압 상승으로 인해 임신 3기에 더 심해짐
간호	• 자극적 음식, 가스 형성 음식X • 과식피하기 • 소량의 우유, 뜨거운 허브차가 일시적 완화에 도움됨 • 식간 제산제 등

(4) 소화성 궤양 호전 10 임용

호르몬 영향	• 에스트로겐
기전	• 에스트로겐 → 염산(HCL), 펩신 분비 감소 → 소화성 궤양 완화

(5) 고콜레스테롤증 10 임용

간 대사 변화, 지질합성 증가	호르몬	• 에스트로겐, 프로게스테론
	기전	• 간에서 지질(콜레스테롤, 중성지방) 합성 증가 → 혈중 콜레스테롤 상승 ↑

(6) 담석증 (황달 등)

호르몬 영향	• 프로게스테론 → 담낭 평활근 이완
기전	• 프로게스테론 ↑ → 담낭 탄력성 ↓ + 담낭 수축력 ↓ → 담즙 배출 지연 → 담즙 정체 + 담즙 내 콜레스테롤 농축 → 담석 형성(경우에 따라 황달까지)

(7) 식욕

임신 1기	• 임신 6~12주 hcg 영향으로 입덧 (+) → 음식, 맛 민감, 오심, 구토 등 → 이식증 발생하기도 함
임신 2기	• 신진대사 요구 증가로 식욕 증가

┃ 표. 입덧 간호 ┃

마른 탄수화물	• 아침에 침대에서 일어날 때 크래커 등 마른 탄수화물 먹기
소량씩 자주 식사	• 하루 5~6회 소량씩 자주 식사
기름진 X, 가스 X, 자극적 X	• 기름진 음식 X, 기름에 볶거나 냄새가 심한 음식 X, 자극적인 음식 X, 가스형성하는 음식 X
비타민 B6	• 비타민 B6가 함유된 음식 섭취 (피리독신)
카페인 없는 차, 허브 차 등	• 허브를 첨가한 카페인이 없는 뜨거운 차, 우유 블랙커피 등 (마른 탄수화물과 함께 섭취)
수분 섭취 권장	• 탈수 예방 위해 소량씩 자주 수분 섭취
생강	• 생강은 입덧 완화에 도움 줄 수 있음
환경자극 최소화	• 냄새 자극 줄이기 → 조리 시 환기, 냄새 강한 음식 피하기
식후 바로 눕기 X	• 식후 바로 눕지 않기, 30분 정도 상체 올리기 → 위장 압박 최소화

(8) 소화불량, 복부팽만(복부고창) 등

호르몬 영향	• 프로게스테론
기전	• 프로게스테론 증가 → 장 연동운동 감소 → 음식물 정체 및 가스 생성 ↑ → 복부팽만, 소화불량, 메스꺼움 등 유발 • 커진 자궁으로 인한 장기(특히 내장)의 압박, 변위 → 소화지연 및 복부팽만 유발
간호	• 음식을 천천히 완저하게 씹기 • 기름진 음식, 가스 형성하는 음식 X • 과식 피하기 • 규칙적인 운동하기

7 신장계 및 비뇨기계

(1) 신장혈류량 증가

임신 1기	• 서서히 증가 ↑
임신 2기	• 최대 50~80% 증가 ↑ → 이뇨, 야뇨
임신 3기	• 2기보다 약간 감소 (상대적 감소, 비임신보다는 ↑)

(2) 사구체여과율 증가

임신 1기	• 서서히 증가 ↑
임신 2기	• 최대 50%증가 ↑
임신 3기	• 2기보다 약간 감소 또는 유지 (비임신보다는 ↑) • 커진 자궁이 하대정맥 압박 → 정맥귀환 감소 → 신혈류 감소 → 일부 임부에서 GFR도 감소할 수 있음 (대부분은 유지됨)

(3) 빈뇨

임신초기 기전	• 혈류량과 신장혈류 증가 → 사구체 여과율 → 소변 생성량 ↑ → 배뇨 횟수 증가 (과반사성, 과민성)
임신후기 기전	• 커진 자궁이 방광을 압박 → 방광 용적 감소 → 빈뇨
간호	• 자주 방광비우기 • 케겔 운동 시행 • 자기전 수분섭취 제한 • 회음부 패드 착용 등

| 표. 요비중 |

• 혈류량과 신장혈류 증가 ↑ → 사구체 여과율 ↑ → 소변 생성량 ↑ → 요비중 ↓

(4) 신세뇨관 재흡수 증가

기전	• 임신 중 혈장량이 40~50% 증가 → 상대적으로 나트륨 농도가 희석됨 → 희석성 저나트륨혈증 발생 위험 ↑ → 이를 보상하기 위해 알도스테론 분비 증가 ↑ → 신세뇨관에서 나트륨 재흡수 증가 ↑ → 체액 균형 유지 및 저나트륨혈증 예방

(5) 생리적 부종 (의존성 부종) - 하지부종

자궁에 의한 하대정맥 압박	• 커진 자궁(특히 임신 3기)이 하대정맥을 눌러 정맥귀환 감소 → 하지에 체액정체, 울혈 발생
RAA계(알도스테론) 및 ADH 활성 증가	• 수분·나트륨 저류 → 혈관 내 수분량 ↑ → 간질액 증가 → 부종
혈중 알부민 감소	• 혈장량↑ → 알부민 상대적 희석 → 혈중 알부민 농도 ↓ → 혈장 삼투압 ↓ → 수분이 모세혈관 밖으로 빠져나감 → 간질액 증가 → 말초부종(특히 하지 의존성 부종) 발생
혈중 에스트로겐 증가	• 에스트로겐 ↑ → 신세뇨관에서 나트륨, 수분 정체

cf. 상지부종

얼굴, 눈, 손, 상지부종 (비정상)	• 상체나 얼굴 부종, 특히 손/눈 주위 부종은 비정상 부종임 → 자간전증 등 병적 상태

(6) BUN/Cr 수치 감소

Cr 수치 감소	• 사구체여과율 증가 → 더 많이 여과됨 (신세뇨관 재흡수 감소) • 임신시 Cr(크레아틴) 수치 ↑ : 임신 중 신장기능을 평가하는 지표가 됨
BUN 수치 감소	• 사구체여과율 증가 → 더 많이 여과됨 (신세뇨관 재흡수 감소) • 단백질 대사 감소 → 단백질은 태아 및 태아 성장에 우선 사용 → 요소 생성량 감소

(7) 단백뇨 10 임용

기전	• 사구체여과율 증가 + 신세뇨관 포도당 재흡수 능력 감소 → 단백뇨 발생 가능
의미	• 정상 임신 시 미량의 단백뇨는 허용됨 • 24시간 소변 단백량 : 300mg 미만은 정상 (생리적 허용범위) • 1+까지는 임신 중 가능

(8) 당뇨 10 임용

기전	• 사구체여과율 증가 + 신세뇨관 포도당 재흡수 능력 감소 → 요당(당뇨) 발생 가능
의미	• 임신 중기 이후 소변에서 당이 검출될 수 있음 (→혈당이 높지 않은 상태에서의 요당은 생리적 변화일 수 있음) • 당뇨에 대한 가능성도 검토해야 함

(9) 비뇨기계 감염 (요로감염)

요관, 신우 팽대 (확장)	호르몬	• 프로게스테론
	기전	• 프로게스테론↑ → 요관·신우 평활근 이완(확장, 팽창) → 연동운동의 감소 → 요정체 → 세균 증식↑ → 요로감염 위험 증가↑
당뇨 등	기전	• 소변에 당(+), 단백(+) → 요로감염 위험 증가↑

8 피부와 모발

(1) 색소침착

호르몬	• 뇌하수체 전엽 → 멜라닌 자극 호르몬
색소착색	• 유두, 유륜, 외음부, 회음부 색소 착색 → 분만 후 소실
기미	• 임부의 50~70% 얼굴에 기미 (+)
흑선	• 치골결합에서 배꼽 위 중앙선(자궁바닥(자궁저))까지 이어지는 복부 중앙선에 색소 침착이 생기는 현상

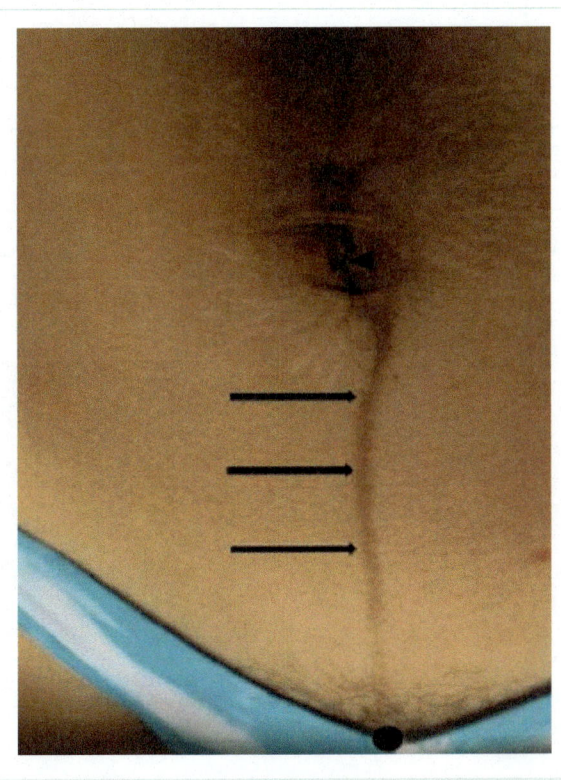

〈 그림. 흑선 〉

(2) 임신선 10 임용

호르몬	• 부신피질호르몬
기전	• 부신 스테로이드 호르몬에 의해 피부의 결합조직이 단열됨
증상	• 복부, 대퇴, 유방, 엉덩이 등에 붉은색으로 나타남 (임부 50~90%) → 과거 임신선은 반짝이는 은빛으로 보임

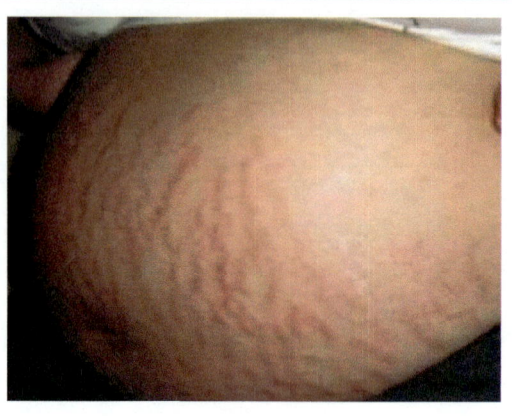

〈 그림. 임신선 〉

(3) 거미혈관종

호르몬	• 에스트로겐
기전	• 에스트로겐 증가 → 피하지방의 혈관 확장 및 혈류 증가
증상	• 거미줄 모양으로 목, 가슴, 얼굴, 팔, 복부에 나타남 → 분만 후 사라짐

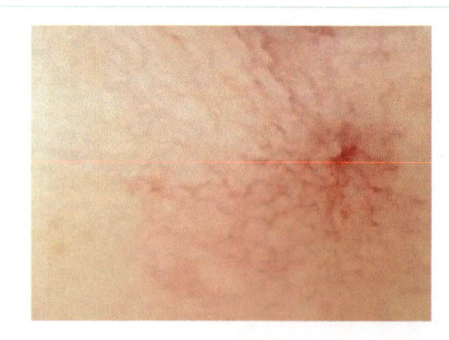 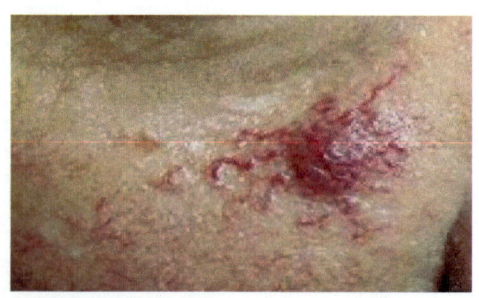

〈 그림. 거미혈관종 〉

(4) 여드름, 발한 등

기전	• 땀샘과 피지샘의 분비 증가
증상	• 여드름, 지성피부, 심한 발한, 야간 발한 등

(5) 가려움증

기전	• 원인은 알 수 없음 • 피부의 분비기능 증가, 피부 팽창 등
유형	• 비구진성 가려움증, 농포성 구진 등 다양함
간호	• 손톱 짧게 자르고, 청결하게 유지하기 등 • 과도한 비누사용 X → 피부건조 • 통풍 잘되는 느슨한 옷 입기 • 중조나 오트밀 섞어 목욕하기

9 근골격계

(1) 관절이완, 유연성 증가

호르몬	• 프로게스테론, 릴렉신
증상	• 관절 이완, 관절 부드러워짐, 관절 움직임 증가 ↑ → 치골결합, 천장골 관절 넓어지고, 움직임 증가 ↑

(2) 관절통, 골반압박감

호르몬	• 프로게스테론, 릴렉신
증상	• 관절 이완, 관절 부드러워짐, 관절 움직임 증가 ↑ → 치골결합, 천장골 관절 넓어지고 움직임 증가 → 관절통 (무릎, 발목 등) • 관절 이완 + 자궁 증가 → 골반 압박감

(3) 요통 16 임용

관절이완	• 릴렉신·프로게스테론 → 골반인대, 치골결합이 이완 → 골반 관절 느슨해져, 불안정해짐 → 요통 발
척추전만증	• 복부팽창 → 척추전만증 → 요통

표. 관절통, 골반압박감, 요통 간호

바른자세 유지	• 앞으로 무게중심 쏠리기 않기 (허리 곧게 펴기 등)
굽 낮은 신발	• 높은 신발 → 요통·관절통 악화
임부용 거들, 복대 등	• 임부용 복대, 거들 → 복부 지지해 요통과 골반통 완화
골반흔들기 운동	• 골반 근육 강화 + 요추 안정화에 도움
가벼운 마사지	• 허리, 등, 골반 부위 등 → 혈액순환 촉진, 근육 긴장 완화(이완)
온찜질	• 혈액순환 증가, 근육긴장 완화

〈 그림. 골반흔들기 운동 〉

(4) 척추전만증, 뒤뚱거리는 걸음걸이

척추전만증	• 복부 증대, 체중 증가 → 요추의 전만이 심해짐 → 척추전만증 유발
뒤뚱거리는 걸음걸이	• 척추전만과 체형 변화로 균형이 불안정짐 → 체중 중심이 앞으로 쏠림 → 다리를 넓게 벌리고 천천히 걷는 '뒤뚱거리는 오리걸음'이 나타남

(5) 복직근 이개

기전	• 자궁증대 → 복부증대 → 복부 압력 증가 → 복직근이 정중선(을 중심으로 좌우로 분리됨

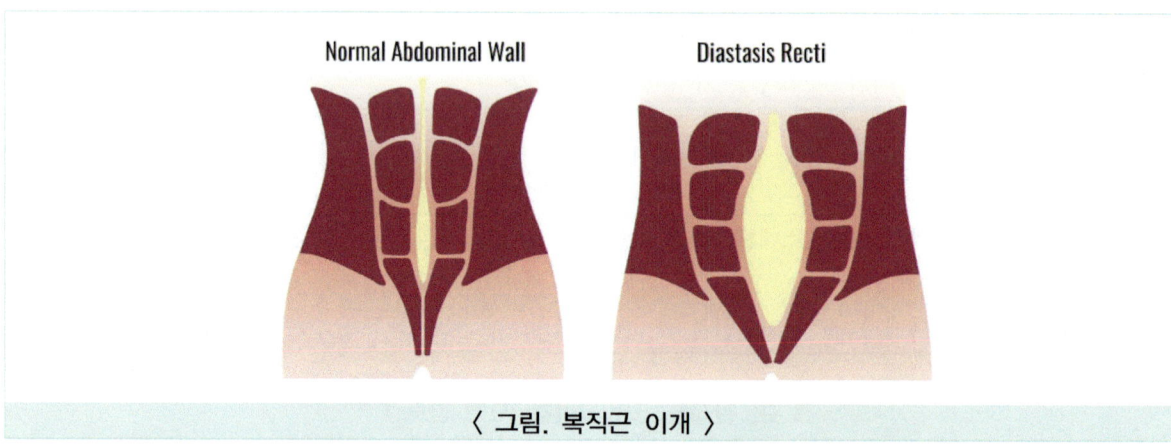

〈 그림. 복직근 이개 〉

(6) 원인대 통증

기전	• 자궁의 크기 증가 → 원인대 과도한 긴장과 견인이 발생 → 통증 유발
증상	• 우측 하복부 또는 서혜부에 날카롭고 짧은 통증이 나타남 • 자세를 바꾸거나 기침, 재채기 시 악화될 수 있음
간호	• 무릎을 가슴 쪽으로 당기는 자세(쪼그려 앉기 포함)는 긴장 완화에 도움 • 온열 요법은 인대의 이완을 유도해 통증 경감에 효과적 • 갑작스러운 자세 변화 피하기

10 신경계

(1) 수근관 증후군(손목굴 증후군)

기전	• 임신 부종 → 수근관 압박 → 정중신경 압박 → 손 저림, 야간 악화
간호	• 이환된 팔 상승하기 • 이환된 팔 부목대기 등

(2) 긴장성 두통

기전	• 불안·피로 → 근육 긴장 → 긴장성 두통

(3) 어지럼증, 실신 등

기전	• 임신 초기 혈관운동의 불안정, 체위성 저혈압, 하지의 정맥혈 정체, 저혈당 등 → 어지럼증, 현기증, 실신 등
간호	• 갑작스러운 체위 변경 X • 움직일 때는 천천히 움직이기 • 적절한 운동 • 심호흡 • 저혈당 예방하기 • 탄력스타킹 신기 등 → 정맥혈 정체 등일때

(4) 하지경련

저칼슘혈증	• 태아의 골격 형성을 위한 칼슘 요구가 증가 → 저칼슘혈증 → 근육경련 등
신경압박	• 자궁 증대 → 요추 및 하지 신경 분포에 압박 → 신경 과민 → 하지 경련
하지 혈류정체	• 자궁 증대 → 하지 혈류 및 정맥순환 장애 → 대사산물 축적 → 경련 유발 가능

(5) 상완신경총 긴장증후군

기전	• 체중 증가 • 자세 변화(수면 시 옆으로 오래 눕는 자세 등) • 유방 크기 증가나 어깨 전방 이동 등으로 인한 신경 압박 가능
증상	• 임부의 5% 정도 (드묾)
	• 손가락의 주기적인 저림, 무감각한 증상 → 주로 밤과 이른아침에 발생
간호	• 바른 자세 유지 • 임부용 브래지어 착용 등

11 내분비계

(1) 갑상샘

호르몬	• 에스트로겐
증상	• 에스트로겐 ↑ → TBG (티록신결합글로불린, Thyroxine-Binding Globulin) 증가 ↑ → 총 T3, T4 증가 ↑ → TSH ↓ → 갑상샘기능항진증 X (Free T3, T4는 정상이므로 갑상샘 기능 항진증과 감별 필요)

(2) 부갑상샘

호르몬	• 부갑상샘호르몬(PTH) 상승 ↑
상승이유 (기전)	• 태아 골격 형성을 위한 칼슘, 비타민 D 요구 증가 → PTH ↑ → 소장 흡수 및 신장 재흡수 ↑
시기	• 임신 15~35주 최고치 → 분만 이후 정상

(3) 부신

코디졸 ↑	• 코티졸 상승 ↑ → 탄수화물, 단백질 대사 조절
알도스테론 ↑	• 알도스테론 ↑ → 신세뇨관 나트륨, 수분 재흡수

(4) 췌장

모체	• hPL, 에스트로겐, 코르티솔 → 인슐린 저항성 ↑ → 췌장 베타세포에서 인슐린 보상성 분비 ↑
태아	• 태아의 췌장이 18~20주부터 인슐린 분비 시작 → 포도당은 태반 통해 이동, 인슐린은 이동 안 됨 → 태아 스스로 인슐린 분비

4 임부 영양과 체중증가

1 체중증가 13 임용

임신 1기	• 총 1~2kg 증가
임신 2기	• 주당 약 0.4kg씩 증가 (저체중: 주당 0.5kg 증가, 비만: 주당 0.3kg 증가)
임신 3기	• 주당 약 0.4kg씩 증가 (저체중: 주당 0.5kg 증가, 비만: 주당 0.3kg 증가)
총 체중증가	• 총 11.5~16kg

표. BMI에 따른 체중증가

정상체중	• 총 11.5~16kg
저체중	• 총 12.5~18kg
비만	• 총 7.0~11.5

2 임부영양

(1) 칼로리, 단백질

구분	비임신	임신	내용
에너지 (칼로리)	2,000 kcal	2,200~2,500 kcal	• 임신 1기 추가 칼로리 X • 2기 +340kcal, 3기 +450kcal (쌍태아 임신비는 1.5배 정도 증량)
단백질	50g	70~75g	• 세포 성장과 태아 발달에 필요

(2) 비타민, 칼슘 등

비타민	기능	임신 중 영향	결핍 시 문제	과잉 시 문제, 기타
비타민 A	• 시력 유지, 태아 세포 분화와 성장에 중요	• 태아의 세포 발달 및 치아발육, 뼈성장 도움	• 야맹증, 태아 성장 지연	• 기형 유발 가능성, 간독성
비타민 D	• 칼슘과 인의 흡수 도움, 뼈 형성에 중요	• 태아 골격 형성에 필수, 면역 조절	• 태아 구루병, 골다공증	• 고칼슘혈증, 연조직 석회화
비타민 E	• 항산화 작용, 세포막 안정화	• 조기 파수 예방, 적혈구 보호, 조직성장에 필요함	• 빈혈, 신경근 장애	• 출혈 위험 증가 (비타민 K 대사 방해)
비타민 K	• 혈액응고에 필수	• 신생아 출혈 예방	• 출혈성 질환	

비타민	기능	임신 중 영향	결핍 시 문제	과잉 시 문제, 기타
칼슘	• 태아의 골격과 치아 형성에 필요	• 임신 전반기부터 섭취 권장	• 하루 1000mg 이상 필요, 비타민 D와 병행 섭취 시 흡수율 증가	
인	• 칼슘과 함께 뼈와 치아 형성에 관여	• 일반 식단으로 충분히 섭취됨	• 과다 섭취 시 칼슘 흡수 방해 우려	
아연	• 세포 분열, 면역 기능, 태아 성장 발달에 중요	• 임신 전 기간 권장	• 결핍 시 중추신경계 기형, 저체중아, 기형 위험 증가	• 철분제, 칼슘 과다 복용시 아연 흡수 저해

(3) 엽산 19, 12 임용

항목	내용
복용 시작 시기	• 임신 전 최소 1개월 전부터 ~ 임신 1기(12주까지) ※ 태아 신경관 결손 예방을 위해 필수
1일 권장량	• 400~600μg/day (임신 전·초기), 임신 중기 이후는 600μg 유지
기능	• 태아 신경관 형성 • DNA 및 RNA 합성 • 적혈구 생성에 필요 (조혈작용)
결핍 시 문제	**태아** • 신경관결손, 무뇌증, 척수이분증 등 **모체** • 거대적아구성 빈혈 가능
간호	• 임신 계획 여성 모두에게 사전 복용 교육 • 비타민 B12 결핍증 확인 : 고용량 엽산은 B12 결핍의 신경학적 증상 은폐 가능

(4) 철분제 21, 13, 12 임용

항목	내용
복용 시작 시기	• 임신 16주~20주부터 복용 시작 권장 → 태반 및 태아 철분 축적 시작 시기)
기능	• 헤모글로빈 생성 • 산소 운반 • 태반과 태아 조직 성장에 필요
결핍 시 문제	• 임산부 빈혈 → 태아 산소 공급 저하 • 조산, 저체중아 위험 증가

항목		내용
간호	식전, 식간 투여	• 식사 전 또는 식간 공복 시 복용 권장 → 흡수율 ↑
	비타민 C	• 비타민 C와 함께 복용 → 흡수율 ↑
	우유, 칼슘 X	• 철분은 우유·카페인·칼슘제와 동시 복용 X → 철분흡수 방해하거나 체내 이용률을 감소시킴
	변비	• 철분제는 위장관 운동을 억제하고, 장내에서 철분이 삼투압성 수분 이동을 감소시켜 장 내용물의 수분이 줄어들어 변비를 유발
	흑색변	• 경구 철분제가 위장관 내에서 산화되어 철분(Fe^{2+})이 Fe^{3+}로 변하면서 검게 변색
	소화불량, 속쓰림	• 위 점막을 직접 자극하고, 위산 분비를 증가시킴 → 증상 심할 경우 식사 후 복용 고려
	빨대 사용	• 치아 착색을 방지하기 위해 빨대로 복용 권장

(5) 비타민 B12 20 임용

항목		내용
복용 권장 시기		• 임신 전부터 충분한 섭취 필요 (특히 채식주의자, 위장 수술 병력자, 흡연자 등 결핍 고위험군)
기능		• 적혈구 생성 • DNA 및 RNA 합성 • 신경계 유지 • 태아 신경 발달에 필수
결핍 시 문제	모체	• 거대적아구성 빈혈, 신경증상, 피로, 우울감
	태아	• 신경관 결손, 조산, 저체중아
채식주의자		• 비타민 B12는 주로 동물성 식품(육류, 생선, 유제품 등)에 존재함 • 식물성 식품에는 거의 존재하지 않음 → 채식주의자, 특히 완전 채식주의자(비건)는 결핍 위험이 높음
위장 수술자		• 비타민 B12는 위에서 내인자(intrinsic factor)라는 물질과 결합 후 회장에서 흡수됨 • 위를 절제하거나 위 점막이 손상되면 → 내인자 분비가 줄어들고, → 비타민 B12 흡수 불가능 → 악성 빈혈 위험
흡연자		• 흡연은 비타민 B12의 활성형을 비활성화시키고, 대사 소모와 산화 스트레스 증가로 비타민 B12 필요량을 높임
간호		• 철분 결핍성 빈혈과 혼동하지 않도록 감별 • 채식 여성 및 위장질환자에게 비타민 B12 보충제 권장 • B12는 수용성이므로 과잉 시 독성 거의 없음

Part 16 임부의 건강사정과 간호

① 임신 기수

임신 1기	임신 1주 ~ 12주	착상, 장기 형성 입덧, 유산 위험 가장 큼
임신 2기	임신 13주 ~ 27주	태동 느낌, 안정기
임신 3기	임신 28주 ~ 분만 (40주 전후)	태아 성장 급격, 분만 준비 고위험 감시

② 산전방문 일정

임신 28주까지	4주 마다 (4주에 1회)
임신 36주까지	2주에 1회
임신 37주부터 분만시까지	매주 방문

③ 산과력, 분만예정일

1 분만예정일 (EDC)

(1) 네겔법칙(Naegele's Rule)

검사	• 네겔법칙 LMP 첫날에 7일 더하고, 달에서 3개월을 빼거나 9개월을 더함
사례	〈 마지막 월경 시작일(LMP): 2023년 7월 15일 〉 + 7일 → 7월 22일 − 3개월 → 4월 22일 + 1년 → 예상 분만일(EDC): 2024년 4월 22일
	LMP: 2024년 1월 10일 + 7일 → 1월 17일 + 9개월 → 10월 17일 (연도는 그대로) → EDC: 2024년 10월 17일

(2) 산과력 (GTPAL, TPAL)

G (Gravida)	• 총 임신 횟수 (현재 임신 포함)
T (Term)	• 만삭 분만 횟수 (37주 이상)
P (Preterm)	• 조산 분만 횟수 (20주~36주)
A (Abortion)	• 유산 횟수 (20주 미만, 자연·인공유산 포함)
L (Living)	• 현재 살아 있는 자녀 수

〈 산과력 사례 1 〉

〈 예 김수지 임산부 (가명) 〉
1. 첫 임신: 34주 조기 분만 → 생존 아이 있음
2. 둘째 임신: 10주 유산
3. 셋째 임신: 38주 만삭 분만
4. 넷째 임신: 현재 35주 임신 중
→ 표기 : G4 T1 P1 A1 L2

〈 산과력 사례 2 〉

〈 예 박사랑 임산부 (가명) 〉
1. 첫 임신: 쌍둥이(이란성) 분만, 38주 자연분만 → 생존 2명
2. 두 번째 임신: 자연유산 (임신 10주, 병원 소파술 시행)
3. 세 번째 임신: 제왕절개 분만, 39주 → 생존 1명
→ 표기: G3 T2 P0 A1 L3

4 신체검진

항목	내용
자궁저부 높이 측정	• 자궁의 성장 상태와 태아 성장 평가
레오폴드 촉진법 24 임용	• 태아의 위치, 자세, 진입부 평가
질검사	• 감염 여부 확인 (칸디다, 임질, 클라미디아 등)
골반검사	• 분만 가능성 평가를 위한 골반 크기 측정
양손진찰법	• 자궁 크기와 위치, 골반 내 장기 확인

표. 자궁저부 높이 측정

개념		• 자궁저부 높이는 치골결합에서 자궁저부(fundus)까지의 길이를 측정하여 태아의 성장과 임신 주수를 간접적으로 평가하는 방법임 → 보통 임신 20주부터는 자궁저부 높이가 임신 주수와 거의 일치함 (±2cm)
맥도날드법 (McDonald's Method)	임부자세	• 임부는 등을 대고 바로 누운 자세로, 방광은 비운 상태여야 함
	시작점	• 치골결합 위쪽에서 시작
	끝점	• 자궁저부(Fundus) 가장 윗부분까지 부드럽게 줄자를 따라 곡선 형태로 측정
	도구	• 말랑한 줄자 이용
	해석 측정값	• 측정값(cm)이 임신 주수와 ±2cm 범위 내에 있으면 정상 범위로 간주함

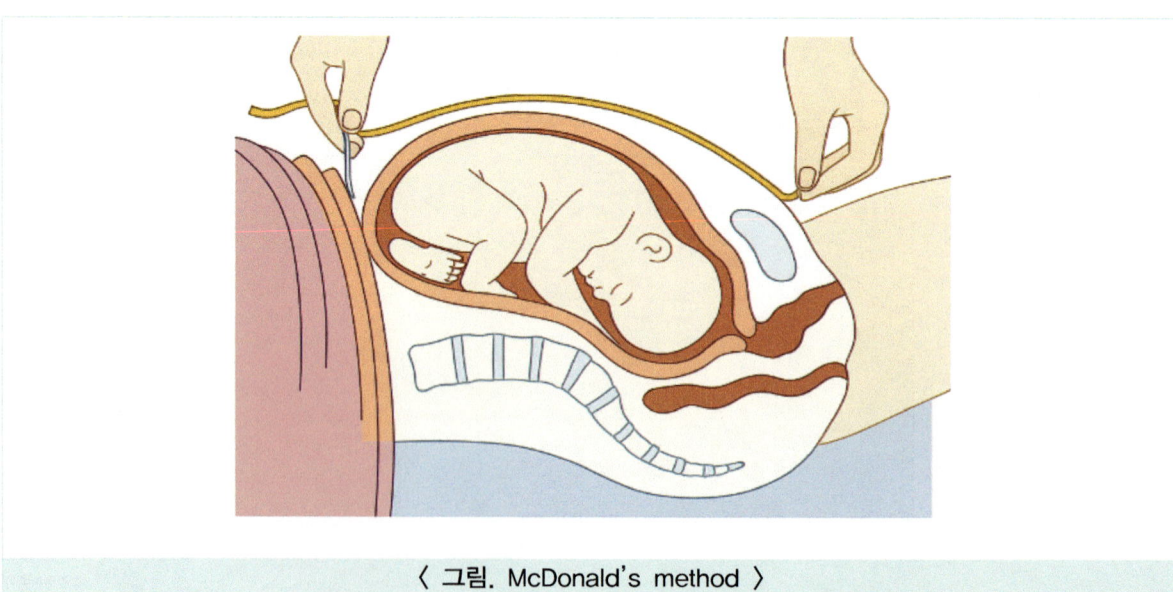

〈 그림. McDonald's method 〉

5 검사실 검사

1 요검사

검사 채취	• 아침 첫배뇨, 중간 배뇨
단백뇨	• 미량의 단백질은 정상 • 단백뇨 : 신장질환, 임신성고혈압
당뇨	• 미량의 당뇨는 정상
케톤	• 지방대산물로 영양부족, 탈수 등으로 발생 → 임신오조증, 입덧으로 구토 심할 때, 격렬한 운동 후
빌리루빈	• 적혈구 세포의 파괴로 간, 담낭질환 의미
혈뇨	• 비뇨기계 감염, 신장질환
백혈구	• 다량시 비뇨기계 감염
박테리아	• 비뇨기계 염증 의미

2 혈액검사

검사 항목	검사 목적 및 설명
혈색소 (Hb)	• 빈혈 여부 확인. 임신 중 생리적 빈혈이 흔하므로, 철분 보충 여부 판단을 위해 확인.
혈액형 (ABO)	• 응급상황 대비, 수혈 필요 시 정확한 혈액형 확인. 산모와 태아의 혈액형 부적합 확인 가능
Rh 인자	• Rh(-) 산모는 Rh(+) 태아와의 부적합 시 태아 적아구증 위험 → 임신 중 면역글로불린(RhoGAM) 투여 필요 여부 판단.
B형 간염 항원 (HBsAg)	• 산모가 보균자일 경우 : 출산 직후 신생아에게 백신 및 면역글로불린 투여로 수직감염 예방
HIV 검사	• 산모의 HIV 감염 여부 확인 • 조기 진단 시 항바이러스 치료로 태아 수직감염 예방 가능
풍진 항체 검사	• 풍진 바이러스 면역력 확인 • 면역 없음 시, 임신 중 12전 감염 시 선천성 기형 위험 있으므로 주의 필요 → 선천성 풍진 증후군(시력장애, 청각장애 등)
매독 (VDRL/RPR)	• 매독 감염 여부 확인. 태아 감염 예방 위해 조기 발견 및 항생제 치료 필요.

3 임신성 당뇨검사 24 임용

검사시기	• 임신 24~28주
검사방법	• 1단계 검사 : 선별검사 → 금식 불필요 • 2단계 검사 : 확진검사 → 8시간 이상 금식

구분	검사 시기	검사 방법	금식 여부	결과 기준
1차 검사 (선별 검사)	임신 24~28주	50g 경구 포도당 부하 검사 (OGTT) → 포도당 복용 후 1시간 후 혈당 측정	금식 불필요	혈당 ≥ 140mg/dL : 2차 검사 시행
2차 검사 (확진 검사)	1차 검사 이상 시	100g OGTT (공복 포함 3회 측정) → 공복, 1시간, 2시간, 3시간 혈당 측정	8시간 이상 금식	2개 이상 기준 초과 시 GDM 확진 (공복 ≥ 95, 1hr ≥ 180, 2hr ≥ 155, 3hr ≥ 140mg/dL)

6 임신시 흡연, 음주, 약물 영향

흡연	• 태아 발육 지연(IUGR), 조산, 태반 조기 박리, 전치태반, 사산, 신생아 저체중 및 호흡기 질환 위험 ↑
음주	• 태아알코올증후군(FAS): 안면 기형, 성장지연, 중추신경계 이상, 학습장애, 정신지체 등 발생 위험 ↑
약물	• 일부 약물(예: 기형유발 약물)은 태아에게 심각한 기형 유발 가능성 있음 → 반드시 전문의 처방 필요함 (임신 초기 특히 주의)

7 임신 중 예방접종

구분	예방접종 종류
접종이 적극 권장되는 예방접종	• 인플루엔자, Tdap[1]
적응증에 따라 고려하는 예방접종	• B형 간염[2]
임신 중 접종 금기인 예방접종	• 생백신(MMR, 수두, 대상포진, 인플루엔자 생백신), 일본뇌염 생백신
유행지역 여행 시, 노출 위험과 부작용 위험을 함께 고려하여 전문가 상담이 필요한 예방접종	• 공수병, 수막구균, 일본뇌염 불활성화 백신, 장티푸스 불활성화 백신(주사용), 폴리오, 황열[3]

[1] 임신 전 접종하지 못한 경우 임신 27~36주 사이에 접종을 권장함.
[2] 항체가 없고 임신 기간 중 감염될 위험이 높은 경우
[3] 가임 여성은 생백신 접종 후 4주간 임신을 피하도록 함

8 임신 중 성생활

임신 1기	• 입덧, 피로, 유산 우려로 인해 성생활이 감소할 수 있으며 주의가 필요함.
임신 2기	• 유산 위험이 낮아지고 신체 상태가 안정되며, 성욕이 증가하기도 함. 무리가 가지 않도록 주의
임신 3기	• 자궁이 커지고 피로, 요통, 복부 팽만 등의 이유로 성생활이 불편할 수 있으며 조산 위험 시 자제 필요

9 임신 중 건강위협 증상

증상	내용
질 출혈	• 유산, 전치태반, 태반 조기박리 등을 시사할 수 있으므로 즉시 진료 필요
현기증	• 빈혈, 저혈압, 혈당 이상 등이 원인일 수 있음
태동 감소 또는 소실	• 태아 건강 이상 가능성 있으므로 즉시 병원 방문 권장
조기분만 증후	• 37주 이전 규칙적 자궁수축, 하복통, 질 분비물 변화 등
양막 파열	• 파수가 의심되면 감염 및 조기분만 위험 있으므로 병원 즉시 방문 → 양막 파열 후 24시간 이내 분만 (태아 감염 위험)

Part 17 고위험 임신 간호

1 다태임신

정의	• 한 임신 기간 동안 둘 이상의 태아를 임신하는 상태 (쌍태, 삼태 이상)
원인	• 고령 임신, 배란 유도제 사용, 보조생식술(IVF) 등
합병증	**산모** • 자연유산, 조산 • 임신오조증 • 빈혈 • 임신성 고혈압 • 전치태반, 태반조기박리 • 제대 탈출 등 **태아** • 조산, 미숙아로 호흡기계, 신경계 미숙, 감염위험 증가 • 태아 성장지연 • 선천성 기형 증가 • 저체중 출생 • 사산 또는 태아 사망 • 쌍태아 수혈 증후군 등
간호	• 조산 징후 모니터링 • 자궁 수축 관찰 • 안위 제공 • 충분한 영양 및 수분 공급 • 태아 건강 사정(태동, NST, BPP 등)

2 임신오조증

1 정의 및 원인

정의	• 임신 초기 심한 구토로 인해 임신 전 체중의 5% 이상이 감소했거나, 탈수, 기아로 인한 산증, 염산 소실로 인한 대사성 알칼리증, 저칼륨혈증 시
원인	• 정확한 원인은 불명확하나, hCG 증가, 에스트로겐, 정신사회적 요인, 위장관 운동 감소 등이 관여하는 것으로 추정

2 증상

전형적인 임상 증상	• 식욕부진 • 체중 감소 • 탈수 증상 (구강건조, 빈맥) • 어지러움, 저혈압, 기립성 저혈압
전해질 및 대사 이상	• 케톤뇨 : 지방 대사 증가로 나타나는 탈수 및 영양결핍의 지표 • 대사성 알칼리증 : 구토로 인해 위산(HCl) 손실 → 알칼리성 체내 환경 • 저칼륨혈증
주요합병증	• 간기능 이상 (AST/ALT 상승) • 비타민 B1 결핍 → Wernicke 뇌병증 • 응고장애 (심한 경우)

3 진단

구분	진단 내용	설명
체중 감소	• 임신 전 체중의 5% 이상 감소	• 지속적인 구토로 인한 영양 부족
케톤뇨 양성	• 소변에서 케톤체 검출	• 지방 대사 항진 상태 반영 (공복, 탈수)
전해질 불균형	• 저나트륨혈증, 저칼륨혈증 등	• 심한 구토로 인한 전해질 손실
혈액농축	• 헤마토크릿(Hct) 증가	• 탈수로 인한 상대적 혈액 농축
소변량 감소	• 핍뇨	• 탈수 및 신기능 저하 징후
간기능 이상	• AST, ALT 등 간효소 수치 상승 가능	• 심한 경우 간세포 자극/손상 동반 가능

4 시기

시기	• 보통 임신 9주에 최고점에 달하다 15주쯤 가라앉음 (임신1기에 시작) • 일부는 임신기간 내내 지속하기도 함

5 증상

간호중재 항목	내용
구강 섭취 금지	• 위장관을 쉬게 하기 위해 초기에는 금식 후, 정맥수액 치료로 탈수 및 전해질 보충
항구토제 투여	• 디클렉틴(Diclectin) 등을 투여하여 구토 완화
Vitamin B6	• 피리독신(Vitamin B6) 투여하여 구토 완화(중추성 구토 억제 작용)
비타민 B1 보충	• 장기 구토 시 티아민 결핍 예방을 위해 비타민 B1 투여
고단백 식이	• 한 번에 많은 양보다 소량씩 자주 섭취하도록 권장
크래커 등 소량 섭취	• 공복 시 위 자극 줄이기 위해 크래커 등으로 점진적 섭취 유도
섭취량 및 배설량 모니터링	• 수분 균형 상태 확인을 위한 I/O 체크

3 임신전반기 출혈

1 유산

(1) 절박유산

정의	• 임신 20주 이전에 자궁경부는 닫혀 있으나 질 출혈이 있는 상태로, 유산이 진행될 수도 있고 유지될 수도 있는 상태
원인	• 호르몬 이상, 과로, 감염 등
증상	• 경미한 출혈, 약한 복통, 자궁경부는 닫혀 있음
임신 유지	• 임신 유지가능하기도 함
간호	• 절대안정, 정서적 지지, hCG 모니터링

(2) 불가피 유산

정의	• 자궁경부가 개대되고, 유산이 불가피한 상태로, 태아 및 조직이 아직 배출되지 않음
원인	• 태아 이상, 감염, 외상 등
증상	• 양막파열, 자궁경부 개대 • 자궁수축 • 태아조직 자연만출 흔함 • 심한 출혈 또는 감염 초래, 통증 심함 (불완전 태아조직 배출시)
임신 유지 X	• 임신 유지 불가능함
간호	• 자궁 내용물 제거 준비 : 소파술, 정서적 지지

(3) 완전 유산

정의	• 자궁 내 태아 및 부속물이 모두 배출된 상태로 자궁이 수축되고 자궁경부가 닫힘
증상	• 약간의 출혈과 통증 있음 • 자궁경부 닫힘
초음파	• 자궁에 수정산물 보이지 않음
간호	• 자궁 수축 및 출혈 상태 모니터링

(4) 불완전 유산

정의	• 일부 태아 조직은 배출되었으나 일부가 자궁 내에 남아 있는 상태.
증상	• 남은 조직이 만출될 때 까지 심한 출혈, 통증, 자궁경부 개대
간호	• 소파술 필요 → 옥시토신 투여 자궁수축 감염예방

(5) 계류 유산

정의	• 태아가 자궁 내에서 사망하였으나 자궁 밖으로 배출되지 않고 자궁 내에 남아 있는 상태 (자궁경부는 닫혀있음)
원인	• 염색체 이상, 태반 이상 등
증상	• 출혈이나 통증 거의 없음 • 태아사망과 만출이 6주이상 걸리면, 감염과 혈액응고장애(DIC, 파종성 혈관내응고), 체온상승, 자궁감염, 패혈증, 혈전성 정맥염 등 위험 → 항생제 투여 • 대부분은 4~5주 내 수정산물이 자연적으로 배출됨
치료, 간호	• 출혈이나 감염 없을 시 프로스타글란딘 투여 → 경구나 질내로 주입 • 배출안되면 소파술 또는 유도분만, 감염 예방

(6) 습관성 유산

정의	• 임신 20주 이전의 3회 이상 연속적으로 자연유산이 반복되는 경우
원인	• 자궁기형, 호르몬 문제, 면역 이상 등
증상	• 반복적인 유산의 병력 (+)
간호	• 유산 원인 평가, 자궁경부 무력증 치료

(7) 패혈성 유산

정의	• 감염에 의해 발생한 유산으로, 패혈증으로 이어질 수 있어 응급 상황임.
원인	• 임신 중 감염(불결한 조작 등)
증상	• 고열, 악취 나는 질 분비물, 복통
간호	• 항생제 투여, 활력징후 모니터링

표. 유산시 태아생존여부 확인

• hcg
• 질식초음파
• 자궁경부 개대시 불가피하게 유산함

표. 유산의 종류에 따른 사정

유형	출혈량	자궁수축	태아조직 배출	자궁경부 상태
절박유산	약간	경함	없음	닫혀 있음
불가피유산	중등	있음(중등도)	없음	열려 있음
불완전유산	심함	있음(심함)	있음(일부 배출)	열려 있음
완전유산	약간	있음(경함)	있을수 있음	닫혀 있음
계류유산	약간	없음	없음	닫혀 있음
습관성유산	다양함	다양함	있음	보통 열려있음
패혈성 유산	다양함, 불쾌한 냄새, 열 있음	다양함	다양함	보통 열려있음

2 자궁경부무력증 18 임용

(1) 정의 및 원인

정의	• 자궁경부가 통증이나 자궁수축 없이 조기(보통 임신 2기)에 열려 유산 또는 조산의 위험이 있는 상태
원인	• 선천적 결함 (결합조직 이상) • 외상 (이전 분만, 소파술 등) • 자궁경부 수술 병력 등
간호	• 침상안정 • 감염 예방 • 질 분비물 및 자궁수축 모니터링 • 교육: 조기 진통 징후, 절대안정 필요 시기 인지

(2) 증상 및 진단

증상		• 임신 2기나 3기 초기에 무통성 경부개대 (진통 X, 자궁수축 X) • 질 분비물 증가, 압박감 • 조기양막파열로 인한 조산 • 습관성 유산
진단	질초음파	① 자궁경부길이 25mm(2.5cm) 미만 ② 내자궁구부터 자궁경관이 깔때기 모양으로 개대되는 소견

(3) 치료

① 자궁경부 봉합술 (주 치료)

자궁경부 봉합술 등	• 자궁경부 봉합술로 치료함 ① 맥도날드 교정술: 자궁경부에 봉합사를 둘러 묶음 ② 쉬로드카 교정술: 경부 높은 위치에 봉합, 더 침습적이나 반영구적 • 외과적인 교정술 : 자궁경부원형 결찰술

표. 맥도날드 교정술, 쉬로르카 교정술 18 임용

멕도날드 교정술	• 자궁경부 외측에 무흡수성 실(예: Mersilene tape)을 묶어 자궁경부 내부를 좁혀주는 방식
쉬로르카 교정술	• 질 점막을 들어올리고 Mersilene tape로 내구 주위를 묶어준 다음 질 점막을 제자리에 돌려놓고 봉합함 → 더 단단한 봉합, 경부 길이 짧은 경우에도 효과적 → 더 침습적, 반영적임

② 프로게스테론 (보조적 및 예방치료)

구분		내용
적응증		• 자궁경부 길이가 25mm 이하인 조산 고위험군 산모에게 사용 → 프로게스테론을 예방적으로 투여하여 조산을 억제함
사용 목적		• 자궁경관 단축 예방 및 조산 예방
사용 방법		• 질 프로게스테론 좌제 (가장 흔함), 근육주사
보조치료, 예방치료		• 자궁경부무력증의 1차 치료는 봉합술이나, 프로게스테론은 보조적으로 병용 가능 • 조산 고위험군에게는 예방치료로 사용
기전	항염증 작용	• 자궁경부의 국소 염증 반응을 억제하여 조기 연화 및 개대 예방
	자궁수축 억제	• 자궁수축 억제 작용
	자궁경관 길이 유지	• 자궁경관 단축을 억제하여 조산 위험 감소

3 자궁외 임신 17 임용

(1) 개념 및 원인

개념	• 자궁강 이외의 부위에 수정란이 착상한 것임 • 주요부위 : 난관 팽대부(95~97% 발생) → 난관파열시 수정산물이 복막에 착상하여 복강내 임신이 되기도 함 • 대게 임신 12주 이내에 발생하며, 조기 진단이 지연될 경우 심한 출혈로 인해 모성 사망 위험이 있음
원인 및 위험요인	• 자궁외 임신 병력 • 난관수술 병력, 난관 불임술, 과거 복부수술이나 난관수술로 반흔, 유착 있을 때 • 골반염증성질환 및 난관염 • 자궁내막증 • 난관기형 • 자궁내 장치(IUD) 사용 • 골반결핵 감염 과거력 • 흡연, 체외수정, 고령 임신 등

(2) 증상

증상	• 질출혈(검붉은색 또는 갈색) → 수정란이 파열되면서 나타남 • 무월경 • 하복부 통증 : 둔통~산통 (급성심부 통증) • 복강 내 출혈로 인한 쇼크 증상(어지럼증, 어깨 통증, 저혈압, 빈맥 등) 발생	
	견갑통	• 복강내 혈액이 횡경막 자극하여 나타남
	컬렌징후 (cullen's sign)	• 제와부근이 푸르스름하게 보이는 현상임 → 복강내 출혈을 의미함
3대 증상	① 무월경 ② 질출혈 ③ 복부통증	
4대 증상	① 무월경 ② 임신반응 양성 ③ 질출혈 ④ 복부통증	

(3) 진단 17 임용

진단 항목	소견	설명
β-hCG 수치	• 정상 임신 대비 상승은 있으나 자궁내 임신만큼 높지 않음	• 수치 상승이 정체되거나 일정 기준 이하로 유지되면 자궁외임신 의심
질식 초음파	• 자궁 내 태낭이 보이지 않음	• 자궁외(예: 난관 등)에 임신이 존재할 경우 자궁 내 태낭이 확인되지 않음
프로게스테론 수치	• 낮은 수치	• 정상적인 임신 유지에 필요한 황체기 호르몬이 부족함. 자궁내막 유지가 어렵고, 임신 비정상 가능성을 시사
백혈구 수치	• 증가	• 파열 등으로 인한 염증 또는 쇼크 반응으로 백혈구 증가 가능
헤모글로빈(Hb), 헤마토크릿(Hct)	• 감소	• 자궁외 임신 파열 시 내출혈로 인한 혈액 손실 반영

(4) 치료

MTX	• MTX (methotrexate)는 엽산 길항제로 자궁외 난관임신시 90% 효과
난관개구술	• 임신 원할 경우 난관보유하기 위해 난관개술로 자궁외 임신만 제거함
난관절제술	• 임신 원하지 않을 경우 시행
파열 시	• 저혈량 쇼크 → 수혈 준비, 개복술 준비

(5) MTX 치료 17 임용

① 기전 및 복용법

기전	• 엽산길항제로 DNA 합성 억제 → 빠르게 증식하는 융모막세포의 분화와 증식을 억제 → 자궁외 임신조직 퇴화
복용법	• 1회 근육주사, 임신조직에 직접 투여(국소 주입)
β-hcg 측정	• 투여 후 측정, 4일째, 7일째 → 감소하지 않으면 추가 1회 근육주사 → 총 2~6주 동안 hcg가 감소(0에 가까워졌는지)하는지 확인함

② 투여전 확인사항

확인 항목	기준 및 설명
자궁외임신 파열 여부	• 파열된 경우 MTX 금기, 수술적 치료 필요
복강 내 출혈 여부	• 출혈이 없어야 함
β-hCG 수치	• 5,000mIU/mL 미만일 것
태아 심박동	• 심박동이 없어야 함 → 존재 시 MTX 금기
간·신장 기능	• 정상일 것 → MTX는 간독성 및 신독성 있음)
활력징후	• 안정적일 것 → 저혈량 쇼크 소견 없어야 함)
태아 크기	← 난관 내 태아 크기 4cm 미만 → 초음파로 측정

③ 투여시 주의사항 17 임용

주의사항	내용
엽산제 금지	• 엽산길항제이므로 엽산제 투여시 효과 반감 • 자궁외 임신 파열될수 있음
성관계, 격한 운동 금지	• 자궁외 임신 조직이 파열될 수 있음
탐폰 사용 x, 질세척 X	• 감염위험 증가 → MTX 투여 후 조직괴사+면역억제 효과 있음 • 출혈 위험 증가
차광보관	• 빛에 노출시 약효감소, 독성물질로 바뀔 위험 있음 → 갈색유리병 등에 보관 (차광)
알코올 섭취 X	• 간독성 위험 증가
피임 필수	• 치료 중 임신은 기형 위험 → 치료 후 최소 3개월 피임 권장

4 포상기태

(1) 정의(개념)

정의	• 임신 중 영양막의 비정상 증식으로 인해 융모가 포도송이(수포성 변성)처럼 변형되는 임신영양막 질환(GTD)의 하나임 • 완전포상기태와 부분포상기태로 나뉨
완전포상기태	• 대부분 46, XX, 일부, 46, XY → 핵이 없는 난자 + 정자 → 부계유전체만 존재 • 태아, 태반, 양막 없음. hCG 수치 매우 높음. 융모상피암 발전률 15~20%
부분포상기태	• 삼배체임 → 2개의 정자(23,X, 23,Y)와 한 개의 정상난자(23, X) → 69XXY • 태아 및 양막 일부 존재. 삼배체. 악성 변화율 5% 미만

(2) 종류(구분)

구분	염색체	병리 기전	주요 특징	악성화 가능성
완전포상기태	대부분 46, XX 또는 일부 46, XY	핵이 없는 난자 + 정자 1개 → 부계 유전체만 존재	태아, 태반, 양막 없음 hCG 수치 매우 높음	15~20%
69, XXY (삼배체)	정상 난자 + 정자 2개 (23,X + 23,Y)	태아 및 양막 일부 존재 삼배체, 비정상 태반	5% 미만	악성화 가능성

(3) 원인

염색체 이상 (흔함)	• 수정시의 염색체 기형 → 수정시 염색체가 정상적으로 결합되지 못한 경우 발생	
영양결핍	카로틴 (비타민 A 전구체)	• 세포분화, 융모형성에 관여 → 결핍시 융모막 이상 유발 가능
	단백질	• 세포성장, DNA 복제 필수 → 세포발달 저해 → 병적 융모형성
기타	• 클로미펜으로 과배란된 여성 • 과거 임신성 영양막 질환 여성 • 10대 여성 • 40세 이후 여성	

(4) 진단

hcg 상승	• 혈청 β-hCG 상승
	  → 임신 100일이후에도 높거나 급상승함 (다태임신과 감별필요)
	  → 완전포상기태의 경우 10만 이상까지도 상승 가능

초음파 검사	• 확진검사임 • 질식 초음파 시 포도송이 모양, 눈보라 양이 보임

(5) 증상

질출혈 (가장 흔함)	• 95% 질출혈 있음 특히 임신초기(6~16주) 소량 또는 다량 • 검은 갈색이나 선홍색의 질분비물
심한 입덧	• hcg 증가로 인해 발생
자궁크기 증가	• 임신주수에 비해 비정상적으로 자궁이 커짐 (대부분) • 부분포상기태나 태아사망시 오히려 자궁크기가 작을수도 있음
자궁내 태아심음 없음	• 태아심음 (-), 태동 (-), 태아 촉진(-)
복통	• 자궁팽창, 융모막 조직괴사, 혈종혈성 등으로 복통 (+)
자간전증	• 임신 24주 전에 자간전증 발생 • hcg 상승 → 혈관내피손상 → 자간전증 발생 (고혈압+단백뇨)
갑상샘항진증	• hcg가 TSH와 유사구조 → 갑상샘 자극 → 일시적 갑상샘 항진증 발생
폐색전증	• 융모막 암으로 폐전이시 발생가능
기태 배출	• 임신 16주경 기태가 배출될 수 있음
출혈, 감염증상	• WBC 상승, Hb, Hct, RBC 감소

(6) 치료

소파술	• 흡입 소파술로 포상기태 제거
유도분만 X	• 옥시토신, 프로스타글란딘에 의한 유도분만 금지 → 폐색전증 위험 (+) → 자궁수축시 포상조직이 혈관으로 유입될 수 있음 → 폐색전증
Rh- 임부 관리	• 포상기태라도 태반조직 포함 → Rh 감작 위험 있음 • 흡입 소파술 후 Rho(D) 면역글로불린 투여 → 수술직후 72시간 이내

(7) 추후관리

hcg검사	• hCG 주1회 검사(3주 연속 음성 시까지) → 이후 6개월동안 월1회 검사 (매월 6개월간 검사) • 흉부X선, 골반검진 병행 • 1년간 피임(경구피임약 권장
골반검진	• 2주 마다 실시 • 자궁크기 → 비임신 크기로 감소하는지 • 자궁압통, 병변 잔존 여부 등 확인
흉부 X선	• 폐 전이여부 확인 → 포상기태의 가장 흔한 전이부위이므로
피임	• 최소 6개월~1년간 피임하기 • 경구피임약으로 피임 → 자궁내 장치(IUD)는 감염위험, 자궁손상 가능성으로 금지
융모상피암 모니터링	• 조직검사, 전이요소 확인 • 기태 제거 후 hcg 수치 상승, 자궁커지면 융모상피암 의미함

4 임신후반기 출혈

1 전치태반

(1) 정의 및 발생시기

정의 (개념)	• 태반이 자궁하부에 부착되어 자궁경부 내구를 부분적 또는 완전히 덮고 있는 상태임 → 임신 3기 출혈의 주요 원인임
위험성	• 분만 시 태반이 먼저 만출되어 태아의 산소 공급이 차단될 위험이 있는 고위험 임신 상태

표. 태반위치와 자궁구조

```
[자궁상부(체부)] ← 정상 착상 부위
     ↓
[자궁하부] ← 비정상 착상 부위 (전치태반)
     ↓
[자궁경부 내구] ← 태아가 나오는 입구 (부분 또는 완전폐쇄)
```

(2) 빈도 및 위험성

위험성	• 분만 시 태반이 먼저 만출되어 태아의 산소 공급이 차단될 위험이 있는 고위험 임신 상태 → 태아 저산소증
빈도	• 증가 추세 → 제왕절개출산율 증가

(3) 종류

• 태반이 자궁경부 내구를 덮는 정도에 따라 4종류도 분류됨

완전 전치태반	• 자궁경부 내구를 태반이 완전히 덮음
부분 전치태반	• 자궁경부 내구를 태반이 일부 덮음
변연 전치태반	• 자궁경부 내구의 변연에 태반의 끝부분이 위치하는 경우임 → 즉, 태반이 내구를 덮지 않고 내구에 닿기만 함
하위 전치태반 (하부 전치태반)	• 태반이 자궁경부 내구로부터 2cm 이내에 위치함 → 태반의 끝부분이 자궁경부의 내구로부터 2cm 이내에 위치한 경우

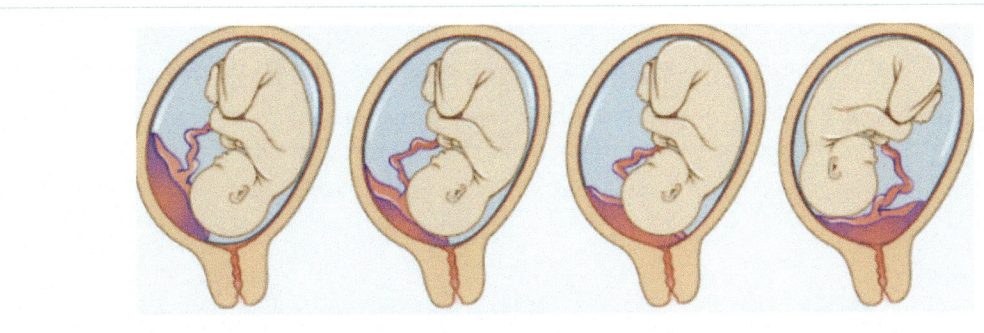

〈 그림. 하위태반, 변연태반, 부분태반, 완전태반 〉

(4) 원인

- 자궁내 손상(반흔, 흉터 등) + 태반 면적 증가 필요 + 혈류 이상
→ 태반이 자궁 내구 근처에 착상될 가능성이 높아짐

자궁내 손상 및 반흔조직	• 과거 제왕절개술(C/S) • 자궁근종절제술 과거력 • 반복적인 소파술(D&C) 등	
	기전	• 자궁 내막의 반흔, 유착 등으로 인해 정상 착상이 어려워져 자궁 하부에 착상할 확률 증가 ↑
태반의 면적 증가	• 다산부 • 다태임신(쌍둥이 이상)	
	기전	• 태반의 크기가 커지면서 자궁 하부까지 침범할 가능성 증가
자궁내막 혈관화 장애	• 흡연 • 코카인 사용 • 당뇨 • 고혈압	
	기전	• 자궁 내 혈류 공급을 감소시키고, 내막의 정상 착상을 방해 → 태반이 상대적으로 혈류가 풍부한 자궁 하부에 착상됨
고령 산모	• 35세 이상 등 고령산모	
	기전	• 고령일수록 자궁 내막 환경이 변화되어 비정상 착상의 위험 증가

(5) 모체와 태아에게 미치는 영향

- 임산부에게는 산도폐쇄, 태아에게는 저산소증 등

① 모체 영향

무통성 질출혈 (대량)	• 임신 20주 후 무통성 질 출혈 → 대표적 증상 • 분만 시 대량 출혈 가능 → 저혈량 쇼크 위험
제왕절개	• 출혈, 태반기능 저하로 조기 제왕절개 필요
태반 부착 이상	• 전치태반은 유착태반, 감입태반 가능성이 높아 자궁벽에 깊게 박혀 박리되지 않아 출혈이 악화됨
자궁절제술	• 출혈 조절이 안 될 경우 시행될 수 있음
빈혈	• 대량출혈로 철결핍성 빈혈 위험 증가
감염	• 양막파수, 수혈, 수술, 반복 내진 등으로 인해 산욕열 등 감염 위험 증가
산후출혈	• 자궁 하부는 수축력이 약하여 출혈이 지속되기 쉬움

표. 무통성 질출혈

시기	• 임신 20주 이후, 보통 29~30주에 첫 출혈
출혈 양	• 처음은 소량이지만 재발 가능성 높음 • 분만시는 대량 출혈
저혈량 쇼크	• 40% 혈액 손실에도 활력징후가 늦게 나타날 수 있음 → 활력징후보다 핍뇨, 피부창백, 의식변화, 말초냉감 등의 쇼크증상이 임상적 쇼크증상이 더 중요함

표. 유착태반, 감입태반, 천공태반

유착태반	• 태반이 자궁내막을 지나 자궁근층 표면에 부착	• 자궁근층 표면까지	• 태반이 박리되지 않아 분만 시 출혈 위험 증가
감입태반	• 태반이 자궁근층 내부로 깊게 침투	• 자궁근층 속까지	• 출혈이 심하며 대부분 자궁절제술 필요
천공태반	• 태반이 자궁을 뚫고 자궁 밖 장기인 장막까지 침범	• 자궁 전층 및 복강 또는 방광까지	• 생명을 위협하는 출혈 발생, 응급수술 및 수혈 필요

② 태아 영향

조산	• 출혈 및 태반 기능 저하로 조산 위험 → 제왕절개 필요 → 호흡곤란증후군 등 발생 위험
조기진통	• 출혈, 자궁경부 자극, 감염 등으로 인해 자궁수축이 유발되어 조기진통 발생 가능. 이는 조산으로 이어질 수 있음
저산소증	• 태반이 조기에 박리되면 태아에게 산소 공급이 차단 → 저산소증 및 신생아 저체온증, 뇌손상 위험 증가.
자궁 내 성장지연 (IUGR)	• 태반 기능 저하로 산소와 영양 공급이 부족하여 태아 발육 지연
선천성 기형	• 전치태반과 심장기형, 신경관 결손 등 선천성 기형간의 연관성 보고됨
태아 사망	• 모체저혈량 쇼크(가장 위험), 심한 저산소증이나 조기 박리로 인해 태아 사망률이 20% 이상 증가

(6) 진단

추정 기준	• 임신 20주 후 무통성 질출혈이 있는 경우 전치태반 의심
진단 방법	• 복부 또는 질 초음파 (정확도 95%)

질검진 주의	• 34주 이전 질검진 금지, 필요 시 34주 이후 무균 내진
	〈 질검진 금지 이유 〉
	• 질검진(내진)은 자궁경부를 직접 자극하게 되며
	   → 이는 태반 박리를 유발할 수 있음
	   → 결과적으로 갑작스러운 대량 출혈 초래 가능

(7) 치료적 관리

- 출혈량, 재태기간, 태반위치, 태아상태에 따라 보존요법(경과관찰)이나 제왕절개 실시

① 분만여부 결정

경과관찰 (보존요법)	• 36주 미만, 출혈 적거나 멈춤 → 절대안정, 초음파 및 NST 관찰
제왕절개 분만	• 36주 이상, 출혈 지속, 감염, 진통 시작 → 제왕절개 시행
스테로이드 (폐 성숙)	• 34주 미만 → 폐 성숙 위해 betamethasone 투여

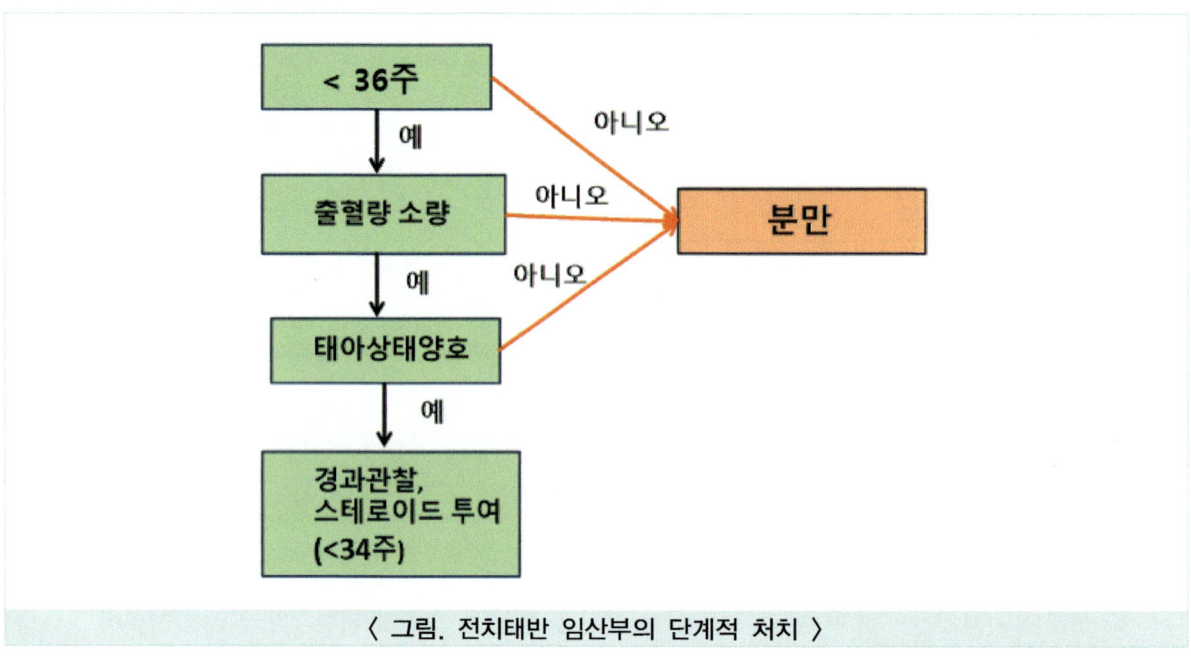

⟨ 그림. 전치태반 임산부의 단계적 처치 ⟩

② 약물사용

약물명	분류	사용 목적 및 시기	주의사항 및 간호 포인트
황산마그네슘 ($MgSO_4$)	자궁수축억제제 (이완제), 신경보호제	• 조기진통 시 자궁수축 억제, 32주 미만 태아의 뇌성마비 예방	• 호흡억제, 반사저하, 핍뇨 등 독성 모니터링 필요 → 혈중농도 감시 • 출혈이 있는 경우 자궁수축억제제는 신중히 사용
옥시토신 (Oxytocin)	자궁수축제	• 산후 출혈 시 자궁수축 유도 및 출혈 조절	• 전치태반에서는 임신 중 사용 금기 → 태반 박리 유발 가능 즉, 산후 출혈 시에만 사용
베타메타손 (Betamethasone)	스테로이드 (폐 성숙 유도제)	• 34주 미만일 때 태아 폐 성숙 촉진	• 조산 가능성 있을 때 신속 투여, 감염 징후 모니터링

③ 산후출혈 관리

산후출혈 관리	• 옥시토신 효과 없으면 내장골동맥 결찰, 자궁절제술 필요

(8) 간호

모체 상태 사정	• 활력징후, 핍뇨, 의식 수준, 출혈량, Hb/Hct, 응고요소 등 지속적 사정
태아 상태 사정	• 무자극검사, 생물리학적 검사, 태아모니터 통해 안녕 평가
활동 제한	• 침상안정, 절대안정 교육 〈 절대 안정 이유 〉 • 태반조기박리 예방, 자궁수축을 최소화하여 조산 및 출혈 최소화하기 위함
출혈 모니터링	• 패드, 혈압하강, 맥박증가, 핍뇨 등 쇼크 징후 확인
질/직장 자극 금지	• 질검진, 질세척, 성교, 질 내 삽입물 모두 금지

2 태반조기박리 19 임용

(1) 정의

• 태아만출 이전에 태반이 착상 부위에서 박리되는 것임

(2) 원인 및 위험요인

① 원인

자궁 나선동맥 변성	• 자궁 내막과 태반에 혈액을 공급하는 자궁의 나선동맥의 변성 → 기저탈락막의 허혈 및 괴사 유발 → 태반이 자궁벽에서 박리됨

② 위험요인

고혈압 (가장 흔함)	• 만성 혈류 압력 상승 → 나선동맥 내막 손상 및 경화 → 박리 유발
자간전증·자간증	• 고혈압 + 혈관 내피 손상 → 산화스트레스, 융모막 침습 실패 → 박리 위험 증가
엽산 결핍	• 고호모시스테인혈증 유발 → 혈관내피 손상, 혈전 형성 → 태반 부착부 불안정
코카인·암페타민	• 강력한 혈관수축 → 혈관 파열 또는 국소 허혈 → 박리 유발
자궁근종	• 태반 부착면의 기계적 압박 또는 공간 왜곡 → 분리 가능성 증가
흡연	• 혈관 수축, 산소공급 감소 → 태반 부착 안정성 약화
복부 외상 (교통사고, 구타)	• 직접적 기계적 손상 → 태반 박리 유발
다산부 (5회 이상)	• 자궁근 및 탈락막 반복 손상 → 부착부 퇴행성 변화 및 불안정성 증가

생식기관 소모경력 (유산, 조산, 산전출혈, 사산, 신생아사망 등)	• 자궁내막과 탈락막의 염증·손상·섬유화 → 태반 접합부 구조 약화 → 박리 유발 가능성 증가

(3) 증상

질출혈	• 전체 환자의 약 80%에서 발생 • 20%는 은닉성 출혈 가능. 출혈이 없어도 박리 진행될 수 있음
갑작스럽고 심한 자궁통증 (복통)	• 갑작스럽고 심한 자궁통증 • 날카롭고 찌르는 듯한 통증 • 보통 자궁 한 부위에 국한되어 시작됨 • 은닉성 박리 시 더욱 심함
자궁압통	• 복부 촉진 시 자궁이 단단하고 눌렀을 때 통증(압통) 동반 • 자궁이 전체적으로 딱딱하고 민감하게 만져짐
고긴장성 자궁수축	• 이완기 없이 지속적으로 긴장된 상태 → 촉진 시 판자처럼 단단한 자궁 촉지
자궁의 촉지소견	• 단단하고 이완되지 않는 자궁 • 심한 긴장감과 통증이 동반됨
자궁태반졸증	• 출혈이 자궁근육층 내로 침윤되며, 자궁이 푸르게 변하고 단단해져 태아촉지가 어려움
저혈량 쇼크	• 출혈량에 비해 활력징후 변화가 늦게 나타날 수 있으므로, 저혈량 쇼크 증상(창백, 발한, 핍뇨 등)을 면밀히 관찰해야 함
응고장애 (DIC)	• 혈소판 감소, 섬유소원 감소, PT/PTT 연장 등으로 진행되며, 전신 출혈 경향이 나타날 수 있음
태아질식/사망	• 태반 기능 상실로 인해 태아 저산소증, 서맥 또는 자궁 내 태아사망 발생 가능

표. 은닉출혈 시 복부촉진 소견 및 자궁수축 양상 19 임용

① **복부촉진 소견** 19 임용

항목	소견	설명
자궁 긴장도	• 자궁 전체가 매우 단단하고 판자처럼 촉지됨	• 자궁이 이완되지 않고, 계속 수축된 상태 → 은닉출혈 → 자궁내압 증가 → 자궁긴장도 ↑
자궁저부 높이	• 임신 주수보다 높게 측정됨	• 자궁내 혈액 축적으로 인한 복부 팽창
자궁 통증/압통	• 갑작스럽고 심한 자궁통증으로 날카롭고 찌르는 듯한 통증을 보임 • 보통 자궁 한 부위에 국한되어 시작됨	• 은닉출혈일 경우 자궁 내압 상승으로 인해 통증이 더 격심하게 나타남

② **자궁수축 소견** 19 임용

항목	소견	설명
자궁수축 양상	고긴장성 자궁수축	• 이완기 없이 지속되며, 강직성 수축이 특징임 → 수축 사이 휴식기 없음

(4) 산모, 태아(신생아) 미치는 영향

① **산모 영향**

증상	기전	임상적 영향
자궁태반졸중	• 태반조기박리로 인한 출혈이 자궁근층내로 침윤 → 자궁이 푸른색, 청자색으로 변색	• 자궁 수축 불능 → 산후출혈 위험 증가, 자궁절제술 가능
저혈량 쇼크	• 대량 출혈로 혈액량 감소	• 저혈압, 빈맥, 의식저하, 장기부전 가능
DIC (파종성혈관내응고장애)	• 출혈 및 혈액응고계 자극	• 전신성 미세혈전 → 다발성 장기손상, 출혈경향
저섬유소원혈증, 혈소판 감소증	• DIC와 연관된 응고인자 소비	• 응고장애 심화 → 산후출혈 조절 어려움
시한 증후군 19 임용	• 과다출혈로 인한 저혈압 → 뇌하수체 허혈성 괴사 → 뇌하수체기능증	• 무유즙증, 무월경, 피로감 등 뇌하수체 기능 저하 증상
산후출혈	• 자궁이 수축하지 못함 또는 응고장애 동반	• 출혈 지속 시 수혈 필요, 생명 위협 가능

② **태아(신생아) 영향**

증상	기전
자궁내 저산소증	• 태반 박리로 산소공급 차단 → 태아 저산소 상태
태아사망	• 심한 저산소증 및 출혈로 인해 자궁내 사망 가능
저체중 출생아	• 조기 분만 또는 만성적인 산소 공급 부족으로 성장지연
조산	• 응급 분만 시행으로 인해 재태주수 부족한 상태에서 출산

③ **신생아 영향**

저체중아	• 태반 기능 저하로 태아 성장 지연
신생아 사망	• 급성 저산소증, 조산 등으로 인한 사망 위험 ↑
1년 내 신경학적 결함	• 뇌손상, 발달지연 등 장기 후유증 가능성
뇌성마비	• 산전 저산소증 → 중추신경계 손상

(5) 태반조기박리 등급 분류

등급	박리 정도	출혈량	자궁압통	모체 쇼크	응고장애	태아질식	결과
0	변연부 조금 박리	100mL 이하	X	X	X	X	변연부에서 약간 박리 태반검사로 후향적 진단
1	25% 이하 박리	100~500mL (심각X)	X	X	X	X	경증. 열매진통과 유사. 태아 정상. 변연부 파열 가능
2	50% 정도 박리	500ml 정도 (저혈량)	O	O	드묾	O	즉각 분만하지 않으면 3등급으로 진행. 태아 스트레스 동반
3	50%이상 박리	500ml 이상 (저혈량)	O	O 흔함	O 흔함	O 태아사망	자궁태반졸증, 신장피질 괴사 등 모성 장기 손상 위험

(6) 진단

갑작스러운 심한 자궁통증	• 임신 후기에 질출혈 유무 불문 갑작스러운 심한 자궁통증시 태반조리박리 의심
혈액검사	① 응고장애 : PT, PTT 연장, FSP 증가, 혈소판 감소, 섬유소원 감소 ② 출혈 : Hg, Hct ↓
초음파, CT	• 태반조기박리로 인한 출혈 확인
APT 검사	• 양수나 질출혈 내에 존재하는 혈액이 태아의 혈액인지 모체의 혈액인지 구분하는 검사임 → 특히 전치태반, 태반조기박리 등에서 중요한 감별 도구임 → 양수내 혈액검사로 양성(+)
KB검사 (Kleihauer-Betke test)	• 모체 혈액 내에 있는 태아 적혈구의 존재 및 양을 측정하는 검사 → 태반조기박리나 외상 등으로 태아의 혈액이 모체로 유입되었을 가능성이 있을 때 시행

(7) 치료 및 간호

① **일반적 치료원칙**
- 태아상태, 임신주수, 박리정도에 따라 결정

34주 미만 + 태아질식 X	• 보존요법, 입원 안정, 태아 폐성숙 스테로이드(베타메타손) 투여
34주 이상 또는 질식/출혈/산모 상태 악화	• 응급 제왕절개 실시
자궁태반졸중	• 자궁 내용물 제거(자궁절제술) 후 옥시토신 등 자궁수축제 투여

② 등급별 치료 및 간호

구분	기준	치료 및 간호
등급 0	• 우연히 발견된 박리 (증상 없음, 태아/산모 정상)	• 경과 관찰
등급 1	• 경증: 경미한 출혈, 자궁 약간 압통, 태아 심음 정상	• 보존요법: 입원, 안정, 모체-태아 상태 감시, 스테로이드 투여 가능
등급 2	• 중등도: 출혈, 자궁 압통, 자궁긴장, 태아 심음 이상	• 즉시 분만 필요 (대부분 제왕절개)
등급 3	• 중증: 심한 출혈, 자궁 강직, 태아 사망, 모체 쇼크/DIC 동반	• 응급 분만 + 수혈 + DIC 치료 • 자궁수축불능 시 자궁절제술 고려

표. 전치태반 vs 태반조기박리

구분	전치태반	태반조기박리
정의	• 태반이 경부 내구를 일부 또는 전부 덮음	• 태반이 분만 전에 자궁벽으로부터 조기에 박리됨
출혈 양상	• 무통성, 밝은 적색 질출혈	• 통증을 동반한 어두운 색 출혈 또는 은닉출혈
자궁 상태	• 부드럽고 이완됨	• 단단하고 압통 있음, 자궁긴장도 증가
진단	• 초음파로 태반 위치 확인	• 초음파, 임상증상으로 추정
치료 (제왕절개 필요성)	• 출혈 조절 및 안정 시 경과 관찰, 필요시 제왕절개	• 응급 제왕절개 필요
위험요인	• 제왕절개, 다산부, 고령임신, 흡연, 전치태반 병력	• 고혈압, 외상, 다태임신, 흡연, 약물(코카인)
증상	• 통증 없는 다량 출혈	• 심한 복통 + 출혈(또는 은닉출혈)
태아영향	• 조산	• 15~20% 태아 사망, 저체중아, 뇌성마비 위험
산모합병증	• 출혈, 빈혈, 비례적 출혈량 증가	• DIC, 저혈량 쇼크, 자궁태반졸중, 시한증후군, 사망 초래
검진 주의	• 34주 이전 질검사 금지	• 복부 압통 및 자궁긴장도 확인
임신 말기 특징	• 출혈량은 많으나 태아 심음 정상일 수 있음	• 출혈량과 태아 심음 이상 동반 가능성 높음

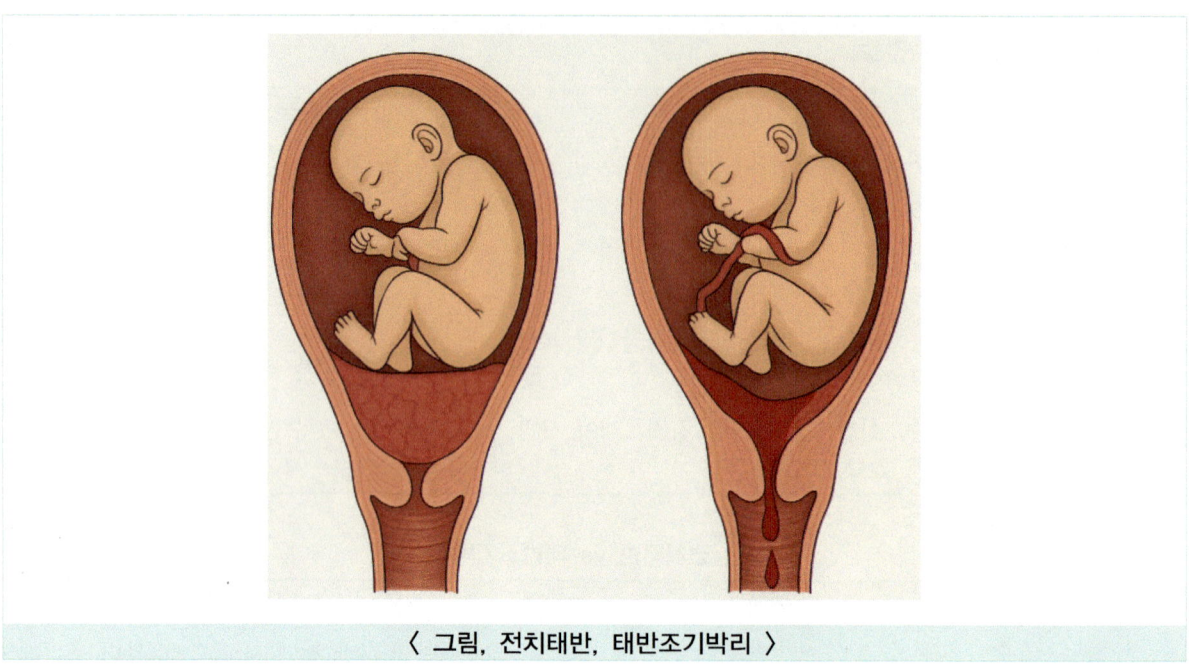

〈 그림. 전치태반, 태반조기박리 〉

3 파종성 혈관내 응고(DIC)

(1) 정의

- 임신 후반기 또는 분만 중 신체적 손상으로 인해 혈액응고기전이 비정상적으로 활성화되어, 광범위한 혈전 형성과 응고인자 및 혈소판의 소모로 출혈성 질환이 유발되는 상태임

(2) 원인 및 유발요인

자궁 관련	자궁 내 태아사망, 태반조기박리, 자궁의 대량 출혈
감염성 요인	패혈증, 패혈성 쇼크
기타	양수색전증, 자간증에서 장기 내 혈전 형성, 트롬보플라스틴 유리

(3) 진단

혈소판	감소
섬유소원(Fibrinogen)	감소
PT/PTT	지연
기타 출혈 징후	천자부위, 잇몸, 코 출혈 / 혈뇨 / 점상출혈

(4) 모체 및 태아영향

모체	저혈량 쇼크, 다발성 장기부전, 패혈증, 산독증, 저혈압 등
태아	모체의 저혈압, 저산소증에 의한 태아 저산소증, 사망 위험

(5) 치료 및 간호

분류	내용
원인 제거	• DIC 유발 원인(태반만출, 자궁 내용물 제거 등) 즉시 제거
수액 및 수혈	• 신선동결혈장, 전혈, 혈소판 등 응고인자 보충 • 6~12시간 내 채혈한 혈액 투여
소변량 모니터링	• 시간당 30~50mL 이상 유지 → 신장기능 유지 중요
분만방법	• 모체 상태 허락 시 질식분만 선호 (지혈기전 영향 적음)
활력징후/태아심음 감시	• 지속적인 감시, 급격한 상태 변화 대비
정서적 지지	• 응급상황 설명, 환자 불안 완화 및 감정 지지

5 고혈압성 건강문제

1 고혈압성 장애의 분류

구분	정의
만성 고혈압	• 임신 전 또는 20주 이전에 발생한 고혈압(수축기 혈압 140mmHg 또는 이완기 혈압 90mmHg 이상)
임신성 고혈압	• 20주 이후 발생한 고혈압(수축기 혈압 140mmHg 또는 이완기 혈압 90mmHg 이상) • 단백뇨 없음 • 분만 후 3개월 내 정상화
자간전증	• 고혈압 + 단백뇨 또는 장기기능손상(혈소판 감소, 신장·간 기능 이상, 폐부종, 시야 이상 등)
자간증	• 자간전증 + 경련/발작
만성고혈압에 중첩된 자간전증	• 임신 전 또는 임신 20주 이전에 고혈압을 진단받은 여성이 혈압 상승과 단백뇨와 부종을 동반하는 경우임

표. 롤오버 테스트 (Roll-over Test)

정의(목적)	• 임신성 고혈압의 발생 위험이 있는 임부를 조기에 선별하기 위한 예측적 검사임. 임신 28~32주 사이의 초임부에게 적용할 수 있으며, 체위 변화에 따른 이완기 혈압 상승 여부를 확인함
시행시기	• 임신 28~32주
대상	• 초임부
주의점	• 위양성 많음
검사절차	1) 조용한 환경에서 좌측위로 15~20분간 안정한다. 2) 안정 시 이완기 혈압을 측정한다. 3) 앙와위(supine position)로 체위를 변경한다. 4) 체위 변경 후 5분 이내에 다시 이완기 혈압을 측정한다.

검사해석	체위 변경 전	체위 변경 후	판정 기준
	좌측위 안정 시 이완기혈압 측정	앙와위 변경 후 5분 내 이완기혈압 재측정	이완기혈압이 20mmHg 이상 상승 시 → 양성 (+)

2 원인 및 병태생리

(1) 주요 병태생리 기전

요인	설명
세포영양막 침투장애	• 자궁 나선동맥으로의 세포영양막 침투 실패로 태반관류가 저하됨 → 산소공급 부족, 허혈
내피세포 기능부전	• 내피세포 손상으로 혈관 수축 및 염증 반응 증가
Prostaglandin 불균형	• 수축성 prostaglandin↑, 이완성 prostacyclin↓ → 혈관수축 우세, 혈압상승
혈관경련	• 전신 혈관 수축 → 전신 장기에 혈류 감소 →신장(단백뇨), 간(상복부 통증), 뇌(시야 이상) 등 다장기 손상 유발

(2) 장기별 병태생리 영향

장기/계통	병태생리 변화	임상적 결과
혈관계	• 혈관경련 → 혈압 상승, 혈행 감소	• 조직 허혈, Hct 증가, 부종
태반	• 관류 저하, prostaglandin 이상	• 태아성장지연(IUGR), 조기태반노화
신장	• 관류 저하, 사구체 변화	• 단백뇨, 핍뇨, BUN/Cr/요산 증가
간	• 관류 저하, 간성 부종	• AST/ALT 증가, 심와부 통증, 드물게 간파열
중추신경계	• 뇌부종, 모세혈관 손상	• 두통, 반사항진, 경련, 자간증
시각계	• 망막 혈류 감소	• 암점, 복시, 시야 흐림

3 증상

(1) 자간전증 12 임용

- 자간전증은 임신 20주 이후 고혈압을 기반으로 하며, 단백뇨 또는 장기손상의 임상적 징후 중 하나 이상이 동반될 때 진단할 수 있음

진단 항목	설명
고혈압 (필수)	• 수축기 ≥140mmHg 또는 이완기 ≥90mmHg (6시간 간격으로 2회 이상 측정)
단백뇨 (선택)	• 24시간 소변 단백질 ≥300mg 또는 dipstick ≥1+
혈소판 감소	• 혈소판 00,000/mm³ 미만
신기능 이상	• 혈청 크레아티닌 >1.1mg/dL 또는 기저치의 2배 이상 상승
간기능 이상	• AST/ALT 상승 또는 설명되지 않는 지속적인 심와부 통증
중추신경계 증상	• 두통, 시야 흐림, 반사 항진 등
폐부종	• 의학적 영상 또는 신체검진으로 확인

표. 중증 자간전증 → 자간증 이행될 수 있는 경고 증상(주의 필요)

- 수축기 혈압이 160mmHg 이상이거나 이완기 혈압이 110mmHg 이상
- 급격한 체중 증가
- 심하고 계속적인 두통
- 흐리거나 불분명한 시야
- 지속적인 구토
- 현저한 과반사: 일시적이거나 지속적인 발목 간대성 경련
- 요배설량 감소(500mL/24시간 미만), 단백뇨 증가(3+~4+), 24시간 요단백이 5g 이상
- 심와부 통증(후기 증상)
- 태아성장지연
- 심장기능상실, 폐부종이나 청색증

표. 자간전증 중증도에 따른 분류

	경증 자간전증	중증 자간전증
혈압	6시간 간격으로 2회 측정 시 수축기압 30mmHg 이상, 이완기압 15mmHg 이상 증가 또는 140/90mmHg 이상	6시간 간격으로 2회 측정, 침상안정 시 160/110mmHg 이상
상복부통증	없음	있음
혈중크레아티닌	정상	1.1mg/dL 이상 상승됨
폐부종	없음	있음(호흡곤란)
AST 상승	약간 상승	정상 범위보다 2배 이상 상승
혈소판감소증	없음	100,000/mm³ 이하로 감소

	경증 자간전증	중증 자간전증
소변량	30mL/hr 이상 또는 650mL/24hr 미만	핍뇨: 20mL/hr 미만 또는 500mL/24hr 미만
중추신경계 자극 증상	거의 없음	심하게 지속됨(반사 이상항진 3+ 이상, 발목 간대성 경련이 있을 수 있음. 흐리거나 흔들리는 시야, 검안경상 암점)
단백뇨	300mg 이상(24시간 urine) 또는 ≥1+ on dipstick	경증과 유사 또는 500mL/24시간 Urine, ≥3+~4+ on dipstick
태반관류	감소	관류 감소로 FHR의 후기 감퇴양상/IUGR 나타남
조기태반노화	뚜렷하지 않음	출생 시 태반이 정상보다 작음, 허혈성괴사, 융모간 섬유소 축적, 합포체 손상이 뚜렷한 조기노화

표. 자간전증에서의 양수과소증

발생기전	• 자간전증 → 태반 관류 감소 → 태아 신장 관류 감소 → 태아 소변량 감소 → 양수 감소
연관기전	• 태반 기능 부전, 모체 고혈압, 태아 성장지연(IUGR) 동반 시 더 흔함
시기	• 보통 중증 자간전증에서 잘 나타나지만, 경증 자간전증에서도 태반관류 저하가 지속되면 발생 가능
태아영향	• 성숙 지연, 사지 변형, 탯줄 압박으로 FHR 이상, 제대혈류 장애 등

(2) HELLP 증후군 21 임용

① 정의 및 구성요소

H (Hemolysis)	용혈	• Hb 감소, LDH 증가, 빌리루빈 상승
EL (Elevated Liver Enzymes)	간효소 상승	• AST, ALT 증가
LP (Low Platelet Count)	혈소판 감소	• 100,000/mm³ 미만

② 특징 및 발생률

발생률	• 자간전증 임부의 2~12%에서 발생
주요 합병증	• 신부전, 폐부종, 간혈종/간파열, DIC, 태반조기박리, 호흡장애 증후군(ARDS) 등
모성 사망률	• 최대 24%
태아 사망률	• 30~40%

③ 간호

입원 필요성	• HELLP 증후군 의심 시 즉시 입원 후 중증 자간전증과 동일한 수준으로 치료
사정 항목	• 분만 전: 혈압, 심부건반사, 시야 이상, 심와부통증, 두통, 섭취 및 배설량, 태아심음 등
분만 후 관리	• 산욕기 초기 48~72시간까지 증상이 지속될 수 있으므로 지속적인 모니터링 필요

(3) 자간증 21 임용

① 정의 및 특징

정의	• 자간전증 환자에게 발작이 동반된 상태임
발생시기	• 분만전, 분만중, 분만 후에도 발생
원인	• 뇌혈관 경련, 뇌출혈, 뇌부종 등이며, 경련은 갑작스럽게 발생하고 생명을 위협할수 있음
특징	• 갑작스럽게 발생하고 생명을 위협할 수 있음
전구증상	• 심한 두통 • 과반사(반사 항진) • 흐리거나 혼란스러운 시야 • 상복부 통증 • 혈액 농축

② 자간증 발작의 4단계

단계	지속 시간	특징 및 증상
전조기 (침습기)	2~3초	• 눈이 한쪽으로 돌아가 고정, 허공 응시, 안면 경련 시작
수축기	15~20초	• 전신 강직성 경련, 안구 돌출, 얼굴 뒤틀림, 사지 강직
경련기	2~3분에서 수 시간	• 근육 수축과 이완 반복, 혀 깨물기, 타액 분비, 얼굴/눈 충혈, 호흡정지 후 혼수성 호흡
혼수기	수 분~수 시간	• 혼수 또는 반혼수, 기억 상실, 안구진탕, 지남력 저하, 혈압하강

표. 자간전증 vs 자간증

구분	자간전증	자간증
정의	• 임신 20주 이후 고혈압 + 단백뇨 또는 장기손상	• 자간전증 + 전신성 발작
고혈압 기준	• 수축기 ≥140 또는 이완기 ≥90mmHg	• 같음 (단, 일부 자간증 환자에서 경한 상승만 보일 수도 있음)
단백뇨 또는 장기손상	• 단백뇨가 필수증상은 아님 • 최근 기준은 단백뇨 없이 장기손상만 있어도 진단)	• 있을 수 있음 (자간전증이 기저에 있음)
경련/발작	• 없음 X	• 있음 O (자간증의 필수 진단 기준)
기타 증상	• 두통, 시야 이상, 상복부 통증 등 전구증상 주의	• 전조 증상 후 경련 발생, 혼수 상태 진입 가능
치료 중심	• 혈압조절 + 경련 예방	• 즉각적인 경련 조절 및 분만 준비 필요

(4) 치료와 간호

치료로서 분만	• 자간전증과 자간증은 임신에 의해 유발되는 질환이므로, 임신을 종결시키는 분만이 유일한 근본 치료임 → 특히 중증 자간전증이나 자간증이 발생한 경우, 모성과 태아의 생명을 보호하기 위해 즉각적인 분만 결정이 이루어질수 있음
좌측위	① 하대정맥과 복부대동맥의 압박을 줄여, 모체의 심박출량과 자궁-태반 혈류를 증가시켜 태아 산소공급을 증진시킴 ② 신장 관류를 증가시켜 이뇨를 촉진함으로써, 부종을 완화하고 혈압 안정화에도 도움이 됨
침상안정	① 경련 예방 21 임용 → 자극 최소화와 안정 유지로 발작 예방 → 빛, 소음 등 환경자극 최소화 → 방 어둡게 함. 소음 없게 함 ② 혈압↓, 태반혈류↑, 이뇨↑
약물	• 항고혈압제, 황산마그네슘, 진정제, diazepine, 아스피린(자간전증 이행 낮춤)

① 황산마그네슘(MgSO₄) 17 임용

㉠ 기전

- 황산마그네슘은 칼슘통로 차단 작용을 통해 중추신경계를 억제하고, 신경근전달을 차단하여 경련을 예방하며, 평활근을 이완시켜 자궁수축을 억제하고 자궁내 혈류를 증가시킴
- 또한 prostacyclin 생성을 증가시켜 자궁 혈관의 수축을 예방함으로써 태아의 저산소증을 예방하고, 신경보호 효과도 있음

표. 황산마그네슘 기전 17 임용

효과	핵심 기전	설명
중추신경 억제 (경련 예방)	• Ca^{2+} 유입 억제 → 신경전달 차단	• 중추신경 안정 → 경련 예방
평활근 이완 (자궁수축 억제)	• Ca^{2+} 유입 억제 → 평활근 수축 억제	• 자궁수축 감소 → 자궁 혈류 증가
혈관 확장	• Prostacyclin ↑ + Ca^{2+} 억제	• 말초 혈관 확장 → 혈압 안정, 자궁 혈류 증가
신경보호 효과	• 자궁 혈류 증가 + NMDA 수용체 길항	• 태아 저산소증 및 뇌성마비 예방

㉡ 적응증 및 투여경로

적응증	• 자간전증/자간증에서 경련 예방 및 조절
투여경로	• IV 주입 (근육주사시 통증과 조직괴사 위험)

ⓒ 황산마그네슘 독성작용

중추신경억제	• 황산마그네슘은 중추신경억제제이므로 투여 전후로 심부건반사 소실, 호흡억제, 핍뇨, 호흡정지, 심정지 등 독성 증상을 사정해야 함
혈중 농도	• 황산마그네슘의 독성 예방을 위해 혈중 마그네슘 농도를 정기적으로 측정하며, 구역, 홍조, 반사감소, 발음불명 등 초기증상을 확인함.
활력징후 관찰	• 혈압, 맥박, 호흡은 초기 5분마다, 안정 후 15~30분마다 측정하여 약물 반응 및 이상 반응을 조기에 발견함
자궁수축 억제	• 황산마그네슘은 자궁수축 억제 작용이 있어 분만 진행이 느려질 수 있으므로 옥시토신 용량 조절이 필요함
수분균형 확인	• 황산마그네슘은 체액정체를 유발할 수 있으므로 정맥수액, 경구섭취, 배설량을 철저히 기록해 체액과다를 방지함
혈압 감소	• 내장혈관 확장으로 인한 혈압 저하가 발생할 수 있어 투여 중 혈압을 15분마다 측정해야 함
요배설	• 황산마그네슘은 나트륨 정체를 증가시키고 신장으로 배설되므로 신장기능 저하 시 독성이 빠르게 나타남 • 유치도뇨관을 통해 시간당 소변량(≥30mL/hr) 확인하고 이상 시 즉시 보고함
호흡수 감소	• 황산마그네슘은 호흡중추를 억제하여 호흡수가 12~16회/분 이하로 감소하면 투약을 중단하고 의사에게 보고함
심부건 반사활동 감소 17 임용	• 가장 먼저 나타나는 중추신경억제 증상으로, 투여 전후 심부건반사 사정으로 독성 여부를 판단함

ⓔ 황산마그네슘 투여시 간호 및 모니터링

증상	간호
갑작스런 저혈압	• 즉시 MgSO4을 중지하고 유지하는 수액의 종류를 바꾼다.
25mL/시간 이하의 핍뇨	• 의사에게 보고하고 필요하면 약물을 중지하고 관찰한다.
12회/분 이하의 호흡수	• 의사의 처방에 따라 글루콘산칼슘(10% calcium gluconate)을 투여
반사 감소(소실)	• 심부건반사, 호흡수, 소변량에 대한 지속적인 모니터를 한다.
태아심음의 갑작스런 감소	• MgSO4 수치를 모니터

ⓜ 황산마그네슘 해독제 17 임용

해독제	• 칼슘글루콘산 (Calcium gluconate)
농도/용량	• 10% 칼슘글루콘산(Calcium gluconate) 10mL
투여 경로	• 정맥주사 (IV)
사용 시점	• 심부건반사 소실, 호흡수 < 12회, 소변량 < 30mL/hr 등 독성 증상 시 → 황산마그네슘 투여시 침상옆에 칼슘글루콘산 비치함
작용 기전	• 마그네슘의 중추신경 및 근육 억제를 칼슘 이온으로 길항

ⓗ 태아 및 신생아 영향

증상	간호
신생아 영향	• 반사 감소, 호흡수 저하
치료	• 고마그네슘혈증 시 칼슘 투여 및 수혈 필요

② 자간증 임부 간호
- 경련은 전조증상 없이 발생할 수 있으므로 예방과 모니터링이 중요함

간호 단계	간호 내용
경련 전	• 두통, 상복부 통증, 혈액농축 등 전조증상 관찰 • 경련 발생 시각과 경과 5분마다 기록 • 산모의 움직임, 자궁저부 높이, 양막 상태, 이슬/출혈 여부 사정
경련 중	• 침대 난간 천으로 싸거나 베개 대기 • 측위 유지, 구토물 흡인 방지 • 혀 깨물기 예방: 설압자/거즈 사용, 손가락 금지 • 기도 확보와 산소 공급 (10L/min 안면마스크) • 대소변 실금 여부 관찰 및 위생 관리
경련 후	• 자궁활동, 태아심음, 자궁경부 상태 즉시 사정 • 폐부종, 심부전, 뇌출혈 징후 확인 • 황산마그네슘 유지 투여 • 기도흡인, 산소공급 유지 • 구강섭취 금지, 수분 제한 • 간접조명 유지, 외부자극 최소화 • 혼자 두지 않고 필요 시 가족 교육

③ 자간전증 식이요법

충분한 단백질	• 태아 성장 촉진 • 산부의 저알부민혈증 예방 → 부종 감소, 삼투압 유지
적절한 염분섭취	• 지나친 염분 제한 → 혈액량 감소 → 태반관류 저하 → 태아 성장에 해로움
적절한 열량섭취	• 영영결핍 방지
칼슘, 비타민 충분히 섭취	• 태아발육 도움 • 항산화 작용으로 혈관내피손상, 임신성 고혈압 예방

6 당뇨병

1 분류

당뇨병 임신	• 임신전부터 당뇨병이 있는 상태
임신성 당뇨병	• 임신중에 당뇨병이 진단된 상태

2 임신성 당뇨병 치료

분류	기준	치료 방법
A1	공복 혈장 혈당 < 105mg/dL	• 식이요법 및 운동요법으로 혈당 조절 가능
A2	공복 혈장 혈당 ≥ 105mg/dL	• 인슐린 또는 경구 혈당강하제 필요

3 임신 주기별 인슐린 요구 및 대사변화 12 임용

시기	인슐린 요구량	혈당 변화	특이사항
임신 1기	• 감소 또는 동일	저혈당 경향	• 에스트로겐/프로게스테론↑ → 인슐린 민감도↑, 구토로 인한 저혈당 가능성
임신 2기	• 증가 시작 ↑	점진적 혈당 상승 ↑	• 태반호르몬(hPL, 에스트로겐, 프로게스테론, 코르티솔) 증가로 인슐린 저항성 증가
임신 3기	• 정상 대비 2~4배 증가 ↑	고혈당 위험 ↑	• 인슐린 요구량은 정상 대비 2~4배 증가 • 태반호르몬(hPL, 에스트로겐, 프로게스테론, 코르티솔) 증가로 인한 인슐린 저항성이 최고치에 도달함
분만	• 급감 ↓	혈당 불안정 가능	• 태반 만출 → 태반호르몬 급감으로 인슐린 저항성 감소
산후 (비수유)	• 수일 내 정상 복귀	정상 복귀	• 인슐린 요구량은 수일 내 정상으로 복귀함 • 혈당-인슐린 균형이 회복됨
산후 (수유모)	• 감소 ↓	저혈당 경향 ↓	• 수유 중 포도당 수요가 증가하여 인슐린 요구량이 감소하고, 저혈당 경향이 나타남

4 당뇨병 영향 및 기전 24, 20 임용

(1) 모체 영향 및 기전

영향	기전	비고
자간전증	• 고혈당 → 혈관내피손상 → 고혈압 및 단백뇨 → 자간전증	• 임신성 당뇨 및 기존 당뇨 모두 위험 ↑
양수과다증	• 태아 고혈당 → 다뇨 → 양수량 증가	• 자궁과다팽만 → 조산·출혈 위험
감염 증가	• 면역력 저하 + 고혈당 환경 → 감염에 취약	• 질염(칸디다), 요도염 등 ↑
케톤산증	• 지방분해 증가 → 케톤체 생성↑ → 산혈증	• 산모·태아 모두 위험 • 주산기사망률 높음
난산/제왕절개 증가	• 거구증으로 인해 정상 질식분만 어려움	• 쇄골골절, 연조직손상 위험 ↑

(2) 태아 영향 20 임용

영향	기전	비고
선천성 기형	• 임신 초기 고혈당 → 장기형성기 기형 위험 증가	• 중추신경계, 심혈관계, 비뇨기계 등
거구증(거대아) 20 임용	• 모체 고혈당 → 태아 인슐린 과다분비 → 인슐린은 성장호르몬과 유사한 작용으로 지방, 단백질 합성 증가 → 거구증(거대아)	• 어깨난산, 제왕절개율 ↑
자궁내 성장지연 (IUGR)	• 모체 혈관병증 → 자궁태반관류↓ → 산소·영양공급 저하	• 혈관합병증 있는 당뇨 임부에서 ↑
조산 및 조기파막	• 양수과다, 자궁팽만 → 조기수축 및 양막파열	• 폐성숙 미완성 시 호흡문제 초래 가능

(3) 신생아 영향 24, 20 임용

영향	기전모체	비고
신생아 저혈당 24 임용	• 출생 후 태아 인슐린 과다 + 포도당 공급 단절	• 출생 직후 30~60분 내 발생 가능
호흡곤란증후군 (ARDS) 20 임용	• 고인슐린혈증 → 인슐린은 계면활성제 생성 억제 → 폐성숙 지연	• 조산 시 특히 위험
저칼슘혈증	• 인슐린 과다 → 부갑상선 기능 억제	• 신경근육 과민성, 경련 유발
다혈구증	• 만성 저산소증 → 적혈구 생성 자극 → 다혈구증	• 혈액 점도 증가로 순환장애 위험
고빌리루빈혈증	• 만성 저산소증 → 다혈구증 → 적혈구 용해 증가 → 빌리루빈↑	• 핵황달 위험 ↑

표. 고인슐린 혈증 영향		
인슐린의 성장호르몬 효과	거구증, 지방·단백질·글리코겐 과축적
출생 후에도 잔존하는 인슐린 과잉	신생아 저혈당증
폐 성숙 억제 및 계면활성제 생성 억제	호흡곤란증후군(RDS)

5 식이요법

내용	설명
총 열량 공급	• 임신 1기 2,200kcal, 임신 2~3기 2,500kcal (최소 1,800kcal 이상)
열량 배분	• 탄수화물 40%, 단백질 20%, 지방 30~40% (포화지방 제한)
식사 습관	• 규칙적 식사, 인슐린 치료에 맞춰 간식 포함
체중 증가 목표	• 임신 1기: 1~3kg, 이후 주당 0.18kg 증가

7 심장질환

1 심장질환 임상적 분류

분류	설명
Ⅰ군	• 일상 활동 시 증상 없음
Ⅱ군	• 안정시 증상 없음 • 일상 활동에서 증상 발생
Ⅲ군	• 가벼운 활동에서도 증상 발생
Ⅳ군	• 안정 시에도 증상(심부전, 협심증)

2 심장질환이 임부 및 태아에 미치는 영향

임부	• 심부전, 폐부종, 폐고혈압, 울혈성심부전 가능성, 생명 위협
태아	• 자궁내 성장지연, 저산소증, 신경계 손상, 선천성 심장기형 위험 증가, 신생아 사망률 3~50%

3 단계별 산전간호

분류	설명
I 군	• 스트레스 제한, 감염 예방, 치료적 유산 불필요
II 군	• 부정맥·심장부담 시 입원 필요 가능
III 군	• 침상안정 필수, 심부전 과거력 시 입원 또는 치료적 유산 고려
IV 군	• 휴식 중에도 심부전 발생 가능, 초기 유산 권고, 항생제 투여

4 분만 및 산욕기간호

분만 중	• 좌측위, 회음절개, 산소공급, 옥시토신 사용, 감염예방
산욕기	• 심기능 회복 집중, 체위관리, 모유수유는 I, II군만 허용, 감염·출혈·심부전 사정

8 갑상샘질환

1 갑상샘 항진증

진단	• TSH 저하, free T4 상승
임신 중 영향	• 조산, 사산, 신부전, 갑상샘 중독 발작 위험 증가
태아 영향	• 자궁내 성장지연, 저체중아, 신경계 발달장애, 신생아 갑상샘독증
치료	• PTU (프로필티오우라실) 300~450mg/day 시작, 3~4주마다 감량
주의	• 방사선 치료는 금기

2 갑상샘저하증

진단	• T3, T4 저하, TSH 상승
임신 중 영향	• 유산, 저체중아, 신경 및 지능발달 저하
치료	• 레보티록신 (levothyroxine) 0.05~0.2mg/day
태아 영향	• 약물 자체는 큰 영향 없음

9 Rh 동종면역

1 개념

- Rh 음성 임부가 Rh 양성 태아의 적혈구에 노출되어 항Rh(+) 항체를 형성하고, 이 항체가 태반을 통해 태아의 적혈구를 파괴하여 용혈성 질환을 유발하는 현상임

2 발생기전

항원 및 항체	• Rh 시스템 중 D 항원이 면역원성이 가장 강하며, Rh− 산모가 Rh+ 태아의 D 항원에 노출되면 항−D 항체 생성
감작 과정	• 첫 임신 또는 수혈, 유산, 양수천자 등으로 Rh+ 적혈구가 모체 혈류에 들어가 항체 형성 유도
재임신 시 문제	• 형성된 항−D 항체가 태반을 통과해 Rh+ 태아 적혈구 파괴 → 태아적아구증, 황달, 자궁내 태아사망 유발
태아 영향	• 용혈성빈혈 → 태아 저산소증 → 자궁내 태아사망 • 간비대, 비장비대, 황달

3 예방 및 치료

Rh(D) 면역글로불린 투여	• Rho(D) Immune Globulin (RhoGAM) 투여 → 항−D 면역글로불린(anti−D immune globulin)
치료목적	• 모체의 Rh(+) 적혈구 항원에 대한 감작을 방지하기 위해 수동면역을 부여
투여시기	• 분만 후 72시간 이내에 투여 (모체 항체 형성 전에 투여)
감작된 경우	• 이미 항체가 형성된 경우 RhoGAM 투여는 효과 없음 → 태아 상태 모니터링 및 필요 시 치료적 중재 필요

🔟 비뇨기계 질환

- 비뇨기계 감염은 신생아 조산으로 이어질 수 있으므로 즉시 항생제 투여

구분	특징 및 증상	간호 및 치료
무증상 세균뇨	• 요배양에서 많은수 세균 발견 • 전체 임부의 약 2%, 치료하지 않으면 25~30%에서 방광염 또는 신우신염으로 진행 가능	• 소변검사로 조기 진단 • 2~3주간 항생제 치료 • 회음 위생 교육, 방광 과팽만 방지
방광염 / 요도염	• 임부의 약 10%에서 발생 • 증상: 배뇨곤란, 빈뇨, 긴박뇨, 치골상부 통증, 혈뇨, 발열. 주로 대장균 감염.	• 항생제 치료, 소변검사, 회음부 위생지도, 감염 예방 교육
급성 신우신염	• 증상: 발열, 오한, 구역, 구토, CVA 압통, 농뇨, 빈뇨, 긴급뇨증 • 태아 및 모체 위험 높음	• 입원, 침상안정, 항생제 14일 투여 • 3,000cc 이상 수액 공급, 통증완화제 사용 • 조산 및 패혈증 예방
급성 사구체신염	• 드물게 발생 • 증상: 단백뇨, 혈뇨, 부종, 고혈압	• 항생제 치료 • 신장관류를 위한 측위, 수분·전해질 균형, 식이조절 • 비활동성은 임신 유지 가능 • 진행성은 유산 위험

1️⃣1️⃣ 감염질환

1 세균감염

구분	주요 특징	태아/신생아 영향	간호 및 치료
B군 용혈성 연쇄구균 (GBS)	질/직장 군집화, 임신 35~37주 선별검사	신생아: 패혈증, 폐렴, 뇌수막염, 청각·시력 손상, 사망 가능	Penicillin, Ampicillin 투여
결핵 (TB)	기침, 체중감소, 야간발한, 객혈	조산, 저체중아, 주산기사망률 ↑	이소니아지드, 리팜핀, 에탐부톨(±피라진아미드), B6 투여

2 바이러스 감염

감염명	전파 경로	태반 감염 여부	수직감염 시기 (임신/분만/수유)	임신 주수별 위험 시기	태아/신생아 영향	치료 및 예방
HIV/AIDS	성접촉, 혈액, 수직감염	가능	임신/분만/수유	전 주기 위험	신생아 감염, 성장 및 면역 저하	3가지 항바이러스제, 제왕절개 권장
A형 간염	분변-구강, 음식물	드묾	출생 후 감염	주된 위험 없음	태아 영향 거의 없음	면역글로불린 투여
B형 간염	혈액, 체액	가능 (3기 감염 시)	분만 중	3기 고위험	출생 후 감염 많음	출생 후 12시간 내 HBIG + 백신
풍진	비말 전파	명확히 있음	임신 중	1~16주 고위험	선천성풍진 증후군 (청력, 심장, 시각 이상 등)	MMR 예방접종 (임신 중 금기)
CMV	타액, 소변, 체액, 성접촉	명확히 있음	임신/분만/수유	1기 감염 시 고위험	지능저하, 소두증, 청력저하 등	예방/치료 없음, 초음파 및 혈청검사
수두/대상포진	접촉, 비말	가능	임신 중	13~20주 (CVS 고위험)	선천성 기형 (안구, 사지, 피부, 신경계)	수두백신 접종 (임신 중 금기)
인플루엔자	비말 전파	드묾	주로 모체 합병증	전 주기 (고열 위험)	신경관결손, 조산	타미플루 등, 예방접종 권장
홍역	비말 전파	가능	임신 중	1기 고위험	유산, 기형 가능	MMR 예방접종 (임신 중 금기)
유행성이하선염	타액 접촉	불명확	임신 중	1기 고위험	자연유산 증가	MMR 예방접종 (임신 중 금기)
콕사키 바이러스	접촉	가능	임신 중	불명확	기형, 심근염, 뇌염	대증 치료
소아마비	경구/접촉	가능	임신 중	1기 고위험	기형, 이완성 마비, 유산	사백신 권장

3 원충감염

구분	감염 경로	태아/신생아 영향	치료/관리
톡소플라즈마증	고양이 대변, 덜 익힌 고기	선천성 감염, 시력 저하, 발달지연	식품 및 고양이 배설물 관리 철저

⑫ TORCH 감염

감염	모체의 영향	태아나 신생아의 영향	상담: 예방과 관리
톡소플라즈마증 (toxoplasmosis)	급성감염, influenza와 유사, 림프절병증	유산은 임신 초기에 급성감염으로 인해 발생됨	날고기 섭취와 감염된 고양이 접촉 피하기. Toxoplasma titer 검사 권장. 양성 시 유산 고려 가능
A형 간염 (hepatitis A)	유산, 간부전증, 발열, 근육통, 구역	태아기형, 태아 감염, 조산, 태아사망 가능	비말감염 예방, 감마글로불린 사용 가능
B형 간염 (hepatitis B)	열, 발진, 관절통, 소화불량, 황달 등	출산 시 감염, 태아 위험성 낮음	고위험군 백신 권장, 면역글로불린 사용 가능
풍진 (rubella)	발진, 발열, 림프절 비대	임신 주수별 선천성 기형 발생률 높음	임신 중 백신 금기, 출산 후 예방접종 권장
거대세포바이러스 (CMV)	무증상, 드물게 단핵구증 증상	지능 저하, 발달 지연, 황달, 뇌수종, 폐렴 등	산도 통한 감염 방지 위해 분만 방식 고려 필요
단순포진바이러스 (HSV)	생식기 병변	신경계 합병증, 신생아 사망률 높음	성접촉 감염 설명, 병변 시 제왕절개 시행

Part 18 정상분만 간호

1 분만에 영향을 주는 요소 (5P)

구성요소	구성	내용
산도 (Passageway)	• 골반 뼈, 연조직 (자궁하부, 자궁경부, 질, 질구, 골반상근육 등)	• 태아가 통과해야 하는 경로. 골반의 형태와 연조직의 신축성이 분만에 큰 영향.
만출물질 (Passenger)	• 태아(크기, 태위, 태세, 선진부, 태아의 방향), 태반	• 태아의 자세와 크기, 태반 위치 등이 분만에 영향을 미침. 전치태반은 질을 통한 분만을 방해함
만출력 (Powers)	• 첫 번째 만출력: 자궁수축 (강도, 빈도, 기간) • 두 번째 만출력: 산부의 밀어내는 힘 (복부 근육 수축)	• 자궁수축과 복압이 조화를 이루어야 효과적인 분만 가능
심리적 요인 (Psyche)	• 정서적 준비, 문화적 특성, 과거 경험, 지지체계, 환경 등	• 산모의 긴장, 두려움은 자궁수축 억제와 분만 지연을 초래할 수 있음
산부의 자세 (Position)	• 서기, 걷기, 옆으로 눕기, 쭈그리고 앉기, 손과 무릎을 짚는 자세 등	• 자세에 따라 골반 넓이 및 중력 작용이 달라져 분만 진행에 직접적인 영향을 줌

2 산도의 구성 요소

1 골반 및 관절

골반뼈	• 관골, 천골, 미골로 구성		
관절	• 천장관절, 두덩결합, 천미관절 → 릴락신과 에스트로겐의 영향으로 임신 중 유연성 증가		
골반분계선	• 골반분계선을 기준으로 가골반(위쪽, 내장 지지용)과 진골반(아래쪽, 출산 통로)으로 구분		
가골반	위치	• 골반분계선 상부	
	의미	• 직접 분만과 관계 X	
		자궁 지지	• 임신 후반기에 자궁을 지지함
		진골반 통로	• 분만 중에는 태아가 진골반 내로 진입하는 통로가 됨
		골반계측	• 골반계측을 위한 중요한 지점임

진골반	위치	• 골반분계선 하부
	의미	• 분만시 태아가 지나가는 통로임
		• 골반입구, 골반강, 골반출구로 나뉨
	골반입구	• 치골결합 윗부분 ~ 천골 융기 ~ 장골과 치골의 연결선
		• 태아 머리가 들어가는 입구
	골반강	• 골반입구와 출구 사이로 좌골극 좁은 부위에서 태아 머리 회전 발생
		• 폐의 액체 배출에 기여
	골반출구	• 치골궁, 좌골결절, 미골 하단 구성
		• 태아가 빠져나오는 출구

2 산과적 측정

(1) 골반입구 주요경선

① 전후경선

대각결합선	정의	• 치골결합 하연에서 천골갑(천골곶)까지의 거리
	산과적 의미	• 내진으로 측정 가능한 유일한 결합선
		• 태아가 골반입구에 들어갈 수 있는지를 간접적으로 판단
		→ 산과적 결합선이나 진결합선을 간접적으로 추정하는 기준선
	길이	• 12.5~13cm
진결합선	정의	• 치골결합 상연에서 천골갑(천골곶)까지의 거리
	산과적 의미	• 직접 측정 불가
		• 대각결합선에서 1.5~2cm 뺀 값으로 추정
	길이	• 11~11.5cm (11cm이상)
산과적 결합선 (산과적 진결합선)	정의	• 치골결합 내면의 최돌출부에서 천골갑(천골곶)까지의 거리
	산과적 의미	• 태아가 실제로 통과해야 하는 최소 전후경선
		• 골반입구의 가장 짧은 전후경선, 임상적으로 제일 중요
		→ 10cm 이어야 질 분만 가능
		• 직접 측정 불가
		• 진결합선에서 0.5cm 정도 더 짧음
		→ 진결합선(11~11.5cm) − 0.5cm = 10.5cm 정도
	길이	• 10.5cm (10cm)

(2) 골반강의 주요경선

골반강의 횡경선 (극간경선)	정의	• 좌골극 사이의 거리 (좌골극간의 거리) 가장 짧은 횡경선)
	산과적 의미	• 골반강에서 가장 좁은 직경임 → 정상여부 결정 • 10cm 이상이면 정상적으로 질식분만 가능 • 9.5cm 시 좁으면 난산위험 → 제왕절개 고려 • 8cm 이하 → 제왕절개
	평균 길이	• 10.5cm

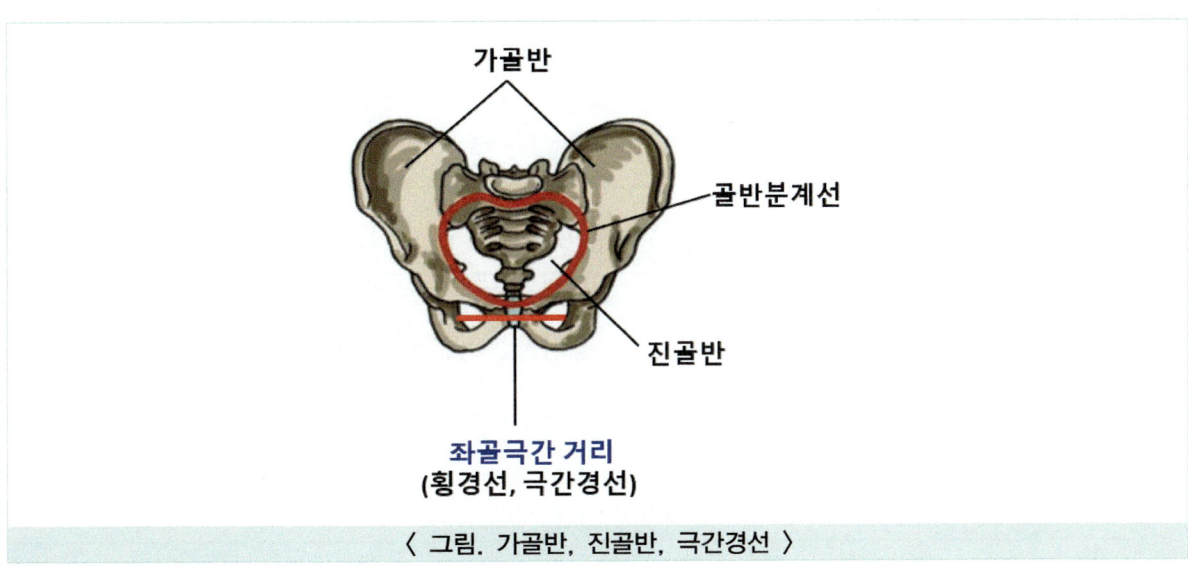

〈 그림. 가골반, 진골반, 극간경선 〉

┃ 표. 좌골극 ┃

위치	• 좌골 안쪽의 튀어나온 돌출부위 → 골반 안쪽의 돌출된 지표	
의미	• 골반강 출구의 지표	

	태아
	선진부
	하강정도
	기준
		• 분만시 태아 선진부 하강정도의 기준임(station : −5 ~ +5)
		  • 선진부가 좌골극 위치 : station 0
		  • 선진부가 좌골극 위에 있으면 : −1, −2, −3, −4, −5 (cm 수만큼)
		  • 선진부가 좌골극 밑에 있으면 : +1, +2, +3, +4, +5
		→ 선진부가 좌골극 아래(+)에 있으면 분만이 잘 진행되고 있음을 의미함
		→ 태아 선진부 하강 +5: 거의 만출 직전
		  • 선진부 좌골극 위쪽(− station): 선진부가 아직 골반입구 쪽
		  • 선진부 좌골극 아래쪽(+ station): 선진부가 골반출구 쪽으로 진행

	정상분만 여부 결정	• 좌골극 간 거리(=극간경선)를 골반 내 가장 좁은 부위 로 측정 → 10cm 이상이면 정상적으로 질식분만 가능

3 연조직

(1) 자궁

분만전	• 자궁체부와 자궁경부로 구성
분만중	• 자궁상부(수축), 자궁하부(팽창)로 나뉨

표. 생리적 견축륜

정의	• 분만 중 자궁상부의 능동적 수축과 자궁하부의 수동적 팽창으로 형성되는 정상적 경계 고리 → 분만이 진행되면서 자연스럽게 나타나는 경계선
기전	• 자궁상부(자궁체부)는 능동적으로 수축하며 점점 두꺼워져 태아를 아래로 밀어내고, 자궁하부(자궁경부·자궁하부)는 수동적으로 팽창하며 점차 얇아지고 확장됨 • 이로 인해 자궁상부와 자궁하부의 경계가 고리 모양으로 나타나며, 태아의 하강을 돕는 생리적 구조임
임상적 의미	• 정상적인 분만 진행의 일부로서 태아 하강을 보조함

표. 병리적 견축륜

항목	내용
정의	• 분만과정에서 자궁하부가 극도로 얇아지면서 치골결합과 배꼽 사이에 발생하는 비정상적으로 뚜렷한 수축륜
산과적 의미	• 자궁파열의 전구증상이 될 수 있음 • 자궁기능부전으로 인한 난산의 원인이 될 수 있음 • 복부에서 고리 모양이 만져지면 긴급 제왕절개 고려

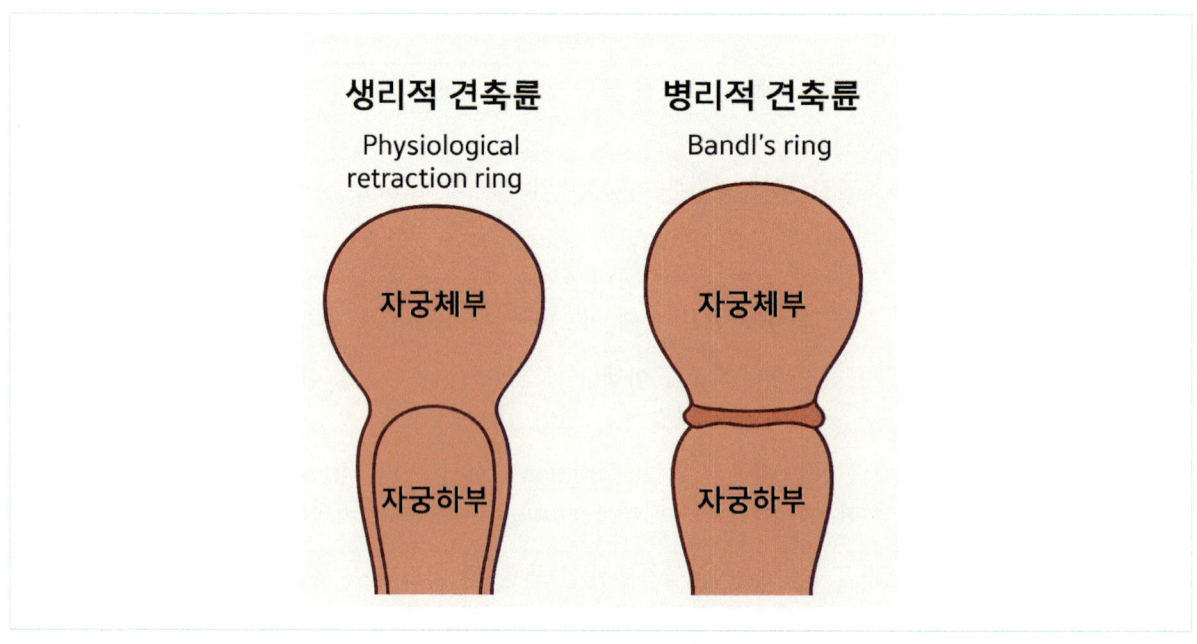

4 만출물

(1) 아두

- 진통·분만 과정에서 주로 선진부가 되는 부분

두개골		• 2개의 두정골, 2개의 측두골, 2개의 전두골, 1개의 후두골
봉합	시상봉합	• 좌우 두정골 사이의 봉합
	관상봉합	• 전두골과 양 두정골 사이의 봉합
	인자봉합	• 후두골과 양 두정골 사이의 봉합
	전두봉합	• 좌우 전두골 사이의 봉합
천문	대천문	• 시상, 관상, 전두봉합의 교차부 • 23cm, 다이아몬드형 • 생후 16~18개월 폐쇄
	소천문	• 시상봉합, 인자봉합의 교차부 • 12cm, 삼각형 • 생후 6~8주 폐쇄
아두변형		• 두개골이 골화가 덜 되어 분만 중 압력을 받으면 뼈들이 겹쳐지며 형태가 변함 → 출산 후 3일 이내에 정상 회복

표. 두개골의 주요 경선

구분	정의	길이	임상적 의미
대횡경선	좌우 두정골 결절 사이 거리	9.25cm	• 가장 중요한 가로 직경 • 분만 시 기본 경선
소사경선	후두하부~대천문 중앙	9.5cm	• 아두 완전굴곡 시 골반입구 통과 • 가장 짧은 전후경선
전후경선	미간 ~ 후두골 결절	12cm	• 아두의 굴곡·신전에 따라 달라짐

(2) 태아와 모체의 관계 요소

① 태세 (태아의 자세)

정의	• 태아가 취하는 자세로, 태아의 머리, 몸통, 팔과 다리 간의 상호관계임
정상태세	• 완전 굴곡 자세 → 등이 둥글게 말리고, 턱은 가슴 쪽으로 굴곡, 팔·다리는 교차하며 굴곡된 형태
의의	• 완전 굴곡 자세일 때 소사경선으로 골반입구를 통과 • 신전되면 긴 전후경선전후경선, 대사경선 등)으로 진입 → 분만이 어려워 질 수 있음

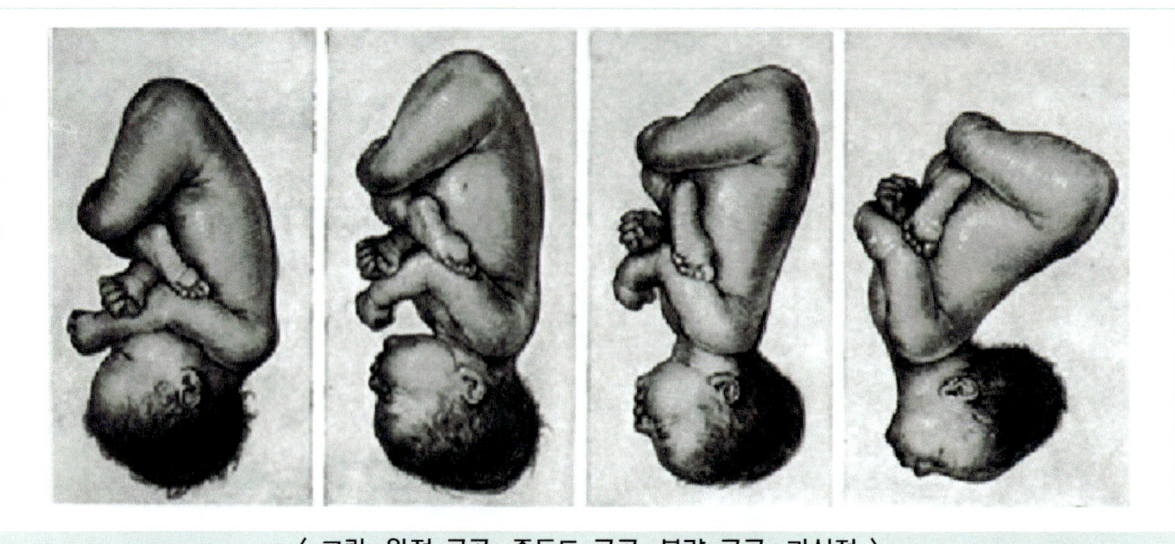

〈 그림. 완전 굴곡, 중등도 굴곡, 불량 굴곡, 과신전 〉

자료원.Williams Obstetrics, Gray's Anatomy, 공용 의료교육자료(Wikimedia Commons) 참고 이미지

② 태위 (태아의 방향)

정의	태아의 장축(척추)와 모체 장축(척추) 간의 상호관계임
종류	• 종위: 태아 장축이 모체 장축에 평행한 경우 • 횡위: 태아 장축이 모체 척추와 직각을 이루는 경우(수직) • 사위: 태아 장축이 모체의 장축에 대해 비스듬히 교차 → 분만 진행 중 종위/횡위로 바뀔 수 있음
특징	• 횡위나 사위는 자연질식분만이 어렵고, 제왕절개가 필요함

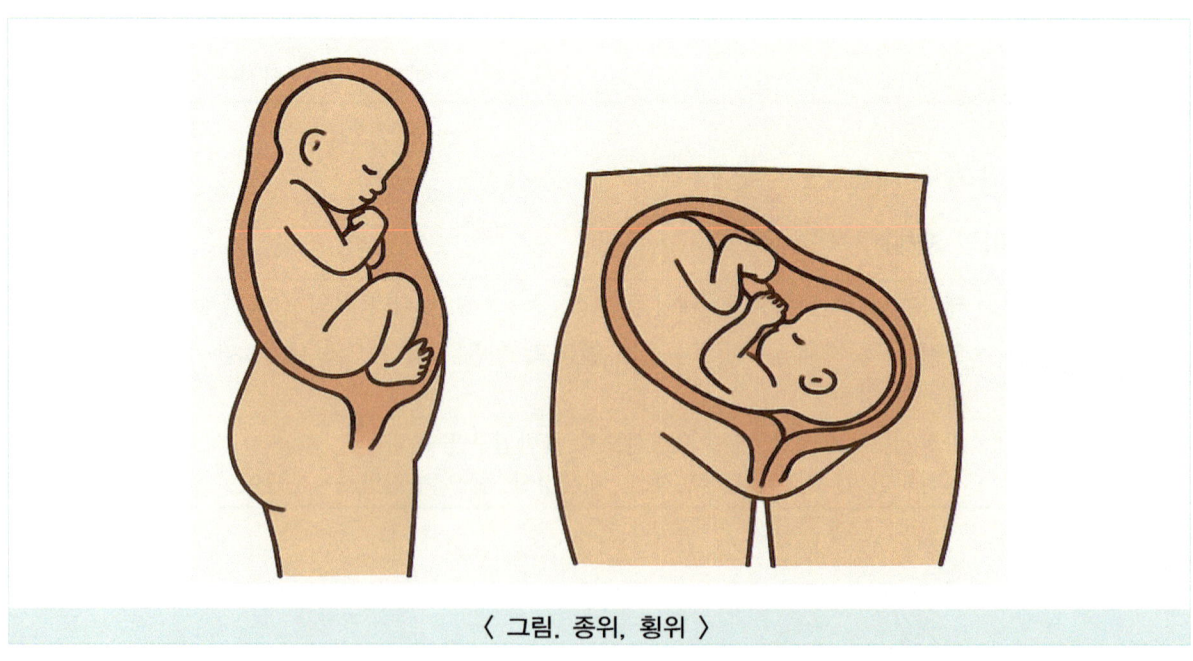

〈 그림. 종위, 횡위 〉

③ 선진부 (먼저 나오는 태아의 부분)
- 두위, 둔위, 견갑위 등으로 분류됨

㉠ 두위

두정위	개념	• 아두 완전 굴곡 • 가장 정상적인 분만 자세 (정상)
	선진부	• 후두
전액위	개념	• 아두 불완전 굴곡 • 정상분만 어려움
	선진부	• 전액부 (앞머리)
전정위	개념	• 아두 불완전 신전 • 정상분만 어렵고, 보통 제왕절개 필요
	선진부	• 전정부 (이마)
안면위	개념	• 아두 완전 신전 • 정상분만 매우 어렵고, 대부분 제왕절개
	선진부	• 얼굴(턱)

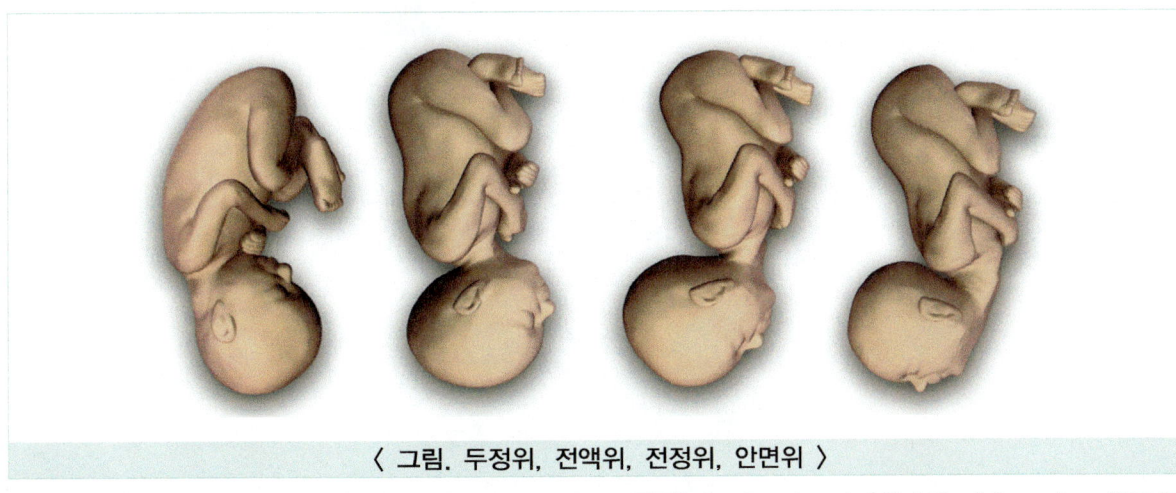

〈 그림. 두정위, 전액위, 전정위, 안면위 〉

자료원. American Journal of Obstetrics & Gynecology, 2017; DOI

㉡ 둔위
- 선진부 이상 중 가장 흔함

구분	설명	빈도	분만방법
단둔위	• 무릎이 신전, 두 다리를 머리 쪽으로 쭉 뻗은 자세	50~70%	• 질분만 가능(정상)
완전둔위	• 다리를 굴곡한 쪼그린 자세	5~10%	• 제왕절개 권고
족위(불완전 둔위)	• 다리가 아래로 향해 내려온 상태	5~10%	• 제왕절개 필요
슬위(불완전 둔위)	• 무릎이 선진부가 되는 자세	–	• 제왕절개 필요

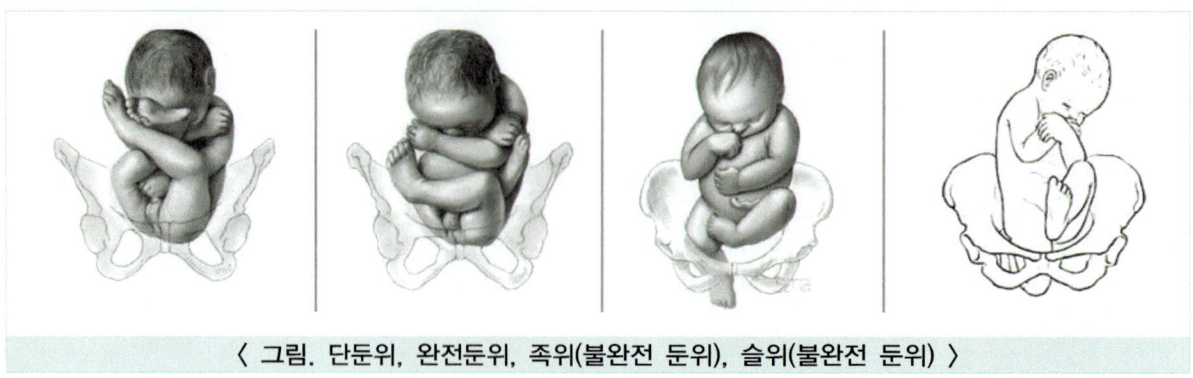

〈 그림. 단둔위, 완전둔위, 족위(불완전 둔위), 슬위(불완전 둔위) 〉

자료원. : Williams Obstetrics 25th Edition, 공용의료교육자료(Wikimedia Commons) 참고 이미지

ⓒ 견갑위

정의	• 어깨가 경관 내구에 위치
의미	• 질식분만 불가능 • 제왕절개 필요

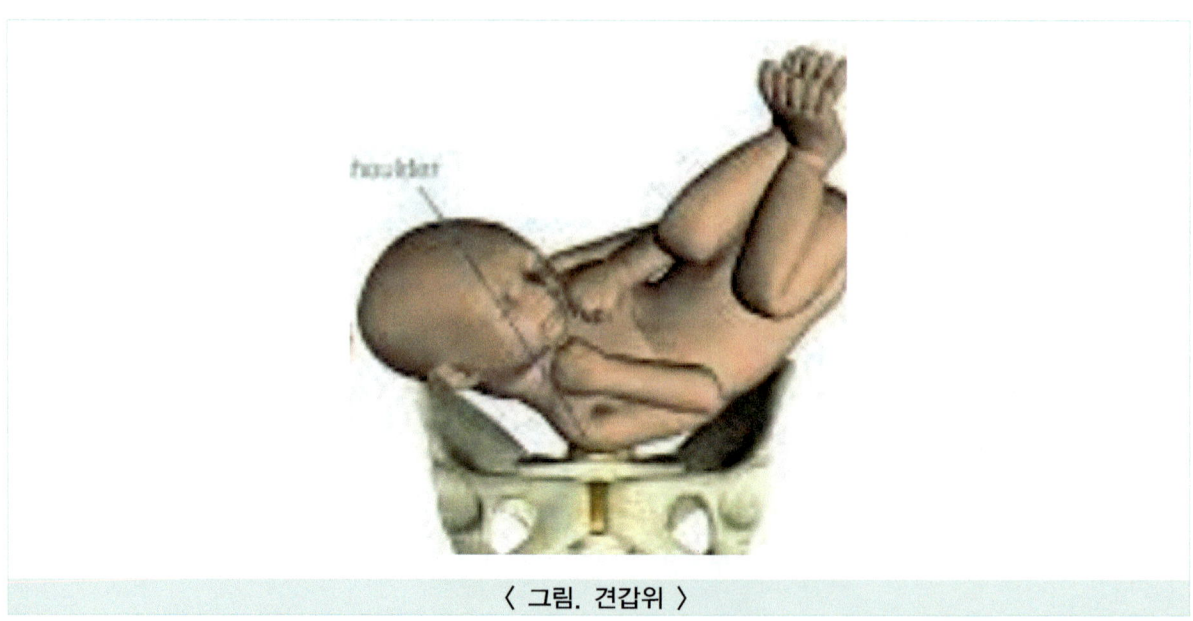

〈 그림. 견갑위 〉

④ 태향 (선진부와 골반의 상호관계)

㉠ 정의

- 선진부와 모체 골반과의 상호관계로 선진부의 지적부위(예: 후두, 천골 등)와 모체 골반의 전·후·좌·우 측면과의 관계

ⓛ 구성

첫 글자	• 모체골반에 대한 선진부의 위치 　• 오른쪽 'R' 　• 왼쪽 'L'
두 번째 글자	• 선진부 지적부위 　• 두정위: 후두골(occiput) 'O' 　• 둔위: 천골(sacrum) 'S' 　• 안면위: 턱(mentum) 'M' 　• 견갑위: 견갑골(scapula) 'Sc' 혹은 견봉(acromion) 'A'
세 번째 글자	• 모체골반의 전·후·횡측면에 대한 선진부의 위치 　• 전면 : Anterior 'A' 　• 후면 : Posterior 'P' 　• 측면 : Transverse 'T'
정상분만	• 전방후두위 : ROA, LOA
분만어려움	• 후방후두위 : LOP, ROP
예	• ROA: 후두가 모체 우측 전방 • LSP: 둔위에서 천골이 모체 좌측 후방

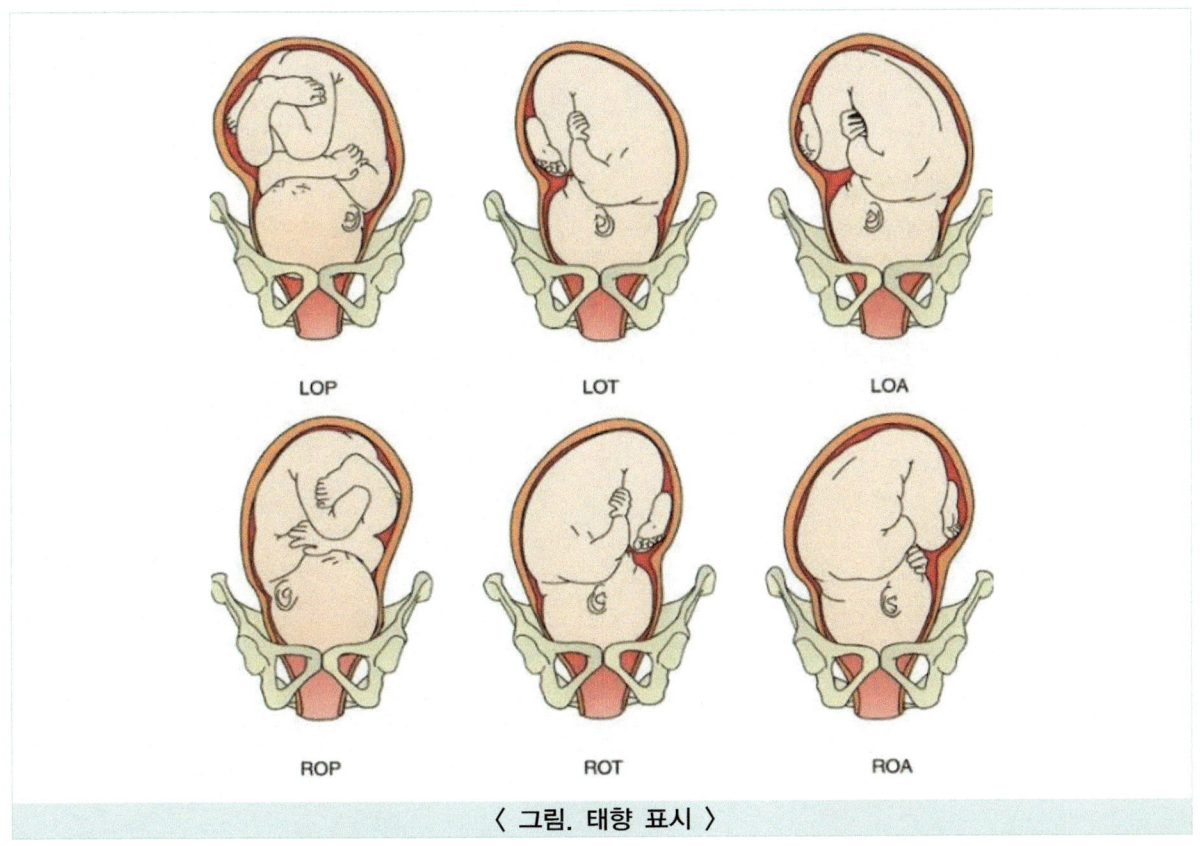

〈 그림. 태향 표시 〉

자료원. Williams Obstetrics, 25th Edition (McGraw-Hill Education), Myles Textbook for Midwives (Elsevier)

⑤ 동고정위와 부동고정위

정의	• 모체 골반 전후경선에 대한 태아 아두 시상봉합선의 위치를 설명하는 자세 • 아두의 시상봉합이 골반의 천골곶과 치골결합 사이 중앙에 횡경으로 위치하여 모체의 골반 평면과 두개골이 평행상태로 놓인 경우	
임상적 의미	• 즉, 아두와 골반의 조화(적응)를 평가하는 지표임 • 한쪽으로 너무 치우친 채 진입하면 → 분만 지연 → 아두골반 불균형 의심	
동고정위	• 태아의 시상봉합선이 모체 골반의 전후경선에 위치 → 골반 입구의 중앙(치골결합~천골곶 사이 한가운데)에 위치 → 즉, 태아 머리가 골반에 평행하게 잘 진입, 가장 이상적인 자세임	
부동고정위	• 태아의 시상봉합선이 모체 골반의 중앙선에서 벗어나 치우쳐진 상태임 → 골반 입구의 한쪽에 더 가까움 • 한쪽으로 치우침 → 골반강에서 회전이나 진입이 어려움 → 부동고정위	
부동고정위	후부동고정위	• 아두의 시상봉합이 치골결합 가까이에 45도로 놓여 있음
	전부동고정위	• 천골갑쪽에 근접해 있음
	의미	• 아두가 골반강에 적응하기 위한 과정에서 나타나나, 한쪽으로 너무 치우치거나 부동고정위상태로 지연되면 보통 아두골반 불균형을 의심

⑥ 아두골반 불균형

정의	• 아두의 조건과 산부 골반의 크기와 모양이 서로 맞이 않아 질식분만이 어려운 상태로 아두가 너무 크거나 산부의 골반이 너무 작은 경우임
산부 영향	• 경관개대 지연으로 분만 지연 → 장시간 난산 • 자궁파열 위험 증가
태아 영향	• 장시간 난산 • 자궁수축의 비효율 • 자궁파열 위험 증가 • 탈진 및 감염 위험 증가
치료	• 분만의 진행이 불가능하거나 지연되면 제왕절개 시행

5 만출력

(1) 1차 만출력

정의	• 불수의적이고 리드미컬한 자궁근육의 수축 • 간헐적이며, 수축과 수축사이에 이완기가 있음
발생위치	• 자궁바닥에서 시작되어 하부로 퍼짐 / 자궁 바닥 수축이 가장 강함
작용	• 자궁경관의 소실과 개대, 태아 하강 유도
자궁견축	• 자궁수축으로 인해, 자궁상부가 짧고 두꺼워지며 자궁하부를 잡아당기는 현상 → 개대 유도 → 선진부가 하강되지 않아도 개대는 일어날 수 있음

(2) 2차 만출력 (복압)

정의	• 선진부가 하강하면서 산부는 아래로 힘을 주고 싶은 충동을 느끼는 것 → 수의적으로 밀어내는 힘 → 복압을 높여 만출력을 보조하는 힘
작용	• 횡격막과 복근을 수축시켜 자궁 내용물을 산도 밖으로 밀어냄
유의점	• 경관이 완전 개대되기 전 힘을 주면 피로, 경관 손상 초래 가능

6 심리적 요인

의의	• 산부의 심리상태는 진통·분만에 매우 중요한 영향 • 긍정적 태도, 충분한 정보, 지지자(의미 있는 사람)의 지지, 자신감, 통제감 → 안정감과 긍정적인 출산경험을 줌
부정적 심리상태 (불안)	• 카테콜아민 분비 증가 → 혈관·근육 수축 • 통증 증가 • 자궁경관 개대 저해 → 분만 지연 • 태아에게 혈액순환 감소 → 태아 질식 위험

7 산부의 자세(position)

(1) 좋은 자세 효과

- 피로 경감
- 안위 증가
- 분만시간 단축
- 제대압박 위험 감소
- 심박출량 증가 → 태반 및 산부 장기로의 혈류 증가

(2) 분만 시 산모 자세 13 임용

자세	내용
쪼그리고 앉는 자세 (squatting)	• 분만 2기에 가장 효과적이며 자연스러운 자세 • 자궁을 앞으로 움직여 산도의 장축과 일치 → 골반출구의 횡경을 1cm 넓혀 태아 하강 촉진 • 단단한 바닥, 지지대, 분만공, 분만대 등을 활용
걷거나 앉은 자세 13 임용	• 산부의 척추(장축)를 똑바로 세워 분만축과 일치 • 중력을 활용해 태아 하강을 촉진 • 자궁수축을 효율적으로 사용 가능 • 분만 1기, 2기 모두에 도움
직립/서기 자세	• 태아 하강, 자궁수축, 자궁경관 개대 촉진 • 골반에 압력을 주어 분만을 도움 → 분만 2기에 도움
측위	• 회음부 손상 위험 감소 • 다리를 지지해주면서 힘주기 용이 • 분만 2기 중 자주 사용
반좌위	• 편안하고 산부의 시야 확보 • 힘주기 조절 용이하나 회음부 외상·신경손상 위험 증가
손-무릎자세 (hands-and-knees)	• 태아회전 촉진 → 후방후두위 태아를 전방후두위로 회전시키는데 도움 • 회음부 손상 위험 감소 • 산부가 스스로 자세 조절 가능
좌위	• 대동맥·하대정맥 압박 줄여 심박출량 감소·앙와위성 저혈압 예방 태아심박수 유지에 도움

3 분만과정

1 정상분만 진행의 3가지 보조 요소

① 규칙적 자궁수축
② 자궁경관의 소실과 개대
③ 선진부의 지속적 하강

2 분만 전구증상 16 임용

하강감	• 태아 선진부가 진골반 진입 → 위장 불편 감소, 호흡 수월 • 방광 압박 → 빈뇨 • 하지부종, 다리경련, 요통 동반 가능 | 초산부 | 만삭 2주 전쯤 | | 경산부 | 진통 직전까지 안 내려올 수 있음 |
강한 브랙스턴 힉스 수축 (가진통)	• 가진통, 자궁경관 변화 없음
질 분비물 증가, 이슬	• 점액마개 + 혈성점액, 경관 모세혈관 파열
양막파열	• 태아와 양수를 싸고 있는 막이 파열됨 → 양막이 분만 전이나 분만동안에 저절로 파열 • 연노란 양수, 태지 섞이기도 함 • 24시간 이내 분만 필요

체중 감소	• 분만전구 : 0.5~1.5kg 정도 체중감소
	  cf. 실제 분만시 : 4~6kg 정도 체중감소
	〈 체중 감소 발생 기전 〉 16 임용
	• 분만이 임박하면 에스트로겐이 증가하고 프로게스테론이 감소
	  → 체액 저류가 해소(나트륨과 수분 저류 감소) → 소변량 증가 → 체중 감소

에너지 분출	• 에피네프린 증가로 갑작스런 에너지 분출, 활동욕 증가
자궁경관 연화	• 프로스타글란딘(에스트로겐 보조적)의 영향으로 자궁경부가 부드러워지고, 자궁경부 소실·개대 촉진
요통 16 임용	• 릴랙신의 영향으로 골반인대, 치골결합이 이완 → 골반 관절 느슨해져, 불안정해짐 → 요통 발생

| 표. 가진통 vs 진진통 |

구분	가진통 (Braxton Hicks)	진진통
자궁수축 규칙성	• 불규칙적	• 규칙적
수축 간격	• 일정하지 않음, 불규칙	• 점차 짧아짐
수축 기간	• 짧고 일정하지 않음	• 점점 길어짐
강도	• 약하며 변화 없음 • 걷거나 자세를 바꾸면 완화됨	• 점점 강해짐 • 걸으면 점점 강해짐
자궁경관 개대	• 없음	• 진행됨
자궁경관 소실	• 없음	• 진행됨
통증 부위	• 주로 하복부	• 하복부 + 허리(요통)
진정제 효과	• 진정제나 휴식으로 완화	• 진정제나 휴식 효과 없음
이슬	• 안보임	• 보임

3 분만 시작 이론

이론	설명
에스트로겐-프로게스테론 이론	• 프로게스테론 감소, 에스트로겐 증가 → 프로스타글란딘 증가 → 자궁수축
옥시토신 이론	• 옥시토신 증가 → 자궁수축, 탈락막의 프로스타글란딘 생성 자극
태아 내분비조절 이론	• 태아 부신 → 코르티코스테로이드 → 프로스타글란딘 분비 증가 → 자궁수축 • 태아 스트레스시 코티코스테로이드 증가로 자궁수축
프로스타글란딘(PG) 이론	• 태아 양막에서 아라키돈산 방출(프로스타글란딘 전구물질) → 프로스타글란딘 증가 → 자궁수축
자궁신전 이론	• 자궁근육 과신전 → 내인성 PG 분비로 자궁수축

4 분만단계 (Stages of labor)

(1) 분만의 4단계

단계	정의
1기 (경관개대기)	• 진진통 시작 → 자궁경관 완전개대(10cm)까지
2기 (태아만출기)	• 경관 완전개대 → 태아 만출까지
3기 (태반만출기)	• 태아만출 → 태반만출까지
4기 (회복기)	• 태반만출 후 1~4시간

(2) 자궁수축 관련 정의 18 임용

용어	정의	분만 1기 수치
자궁수축 간격	• 자궁수축 시작부터 다음 자궁수축 시작까지 걸리는 시간	• 분만 1기 잠재기 : 5분 이상 • 분만 1기 활동기 : 3~5분 • 분만 1기 이행기 : 2~3분
자궁수축 기간	• 자궁이 단단하게 수축할 때부터 이완될 때까지 걸리는 시간	• 분만 1기 잠재기 : 0~30초 • 분만 1기 활동기 : 30~60초 • 분만 1기 이행기 : 60~90초 〈 자궁수축 기간 90초 이상 지속 의미 〉 • 태아 저산소증, 자궁파열 위험 신호로 간주 → 즉시 평가/중재 필요
자궁수축 강도	• 자궁수축이 최고조에 달했을 때의 자궁내압 • 최고 수축시 자궁내압: 50~75mmHg, 이완시 자궁내압: 8~15mmHg 임	• 분만 1기 잠재기 : 약함 • 분만 1기 활동기 : 중정도 (보통) • 분만 1기 이행기 : 강함

표. 촉지에 의한 자궁수축 강도(주관적 파악)

자궁수축 강도	내용	자궁수축 기간
약한 수축	• 손가락으로 쉽게 눌리는 정도 (코끝 만지는 느낌)	• 약 30초
보통 수축	• 손가락으로 눌렀을 때 약간 힘이 필요한 정도 (턱 만지는 느낌)	• 약 45초
강한 수축	• 손가락으로 거의 누르기 어려운 정도 (이마 만지는 느낌)	• 약 60초

표. 자궁내압에 따른 자궁수축 강도

자궁수축 강도	자궁내압 정도	분만 단계
약한 수축	• 자궁내압 30mmHg 이하	• 분만 1기 잠재기 → 경관 개대 서서히 지니행
보통 수축	• 자궁내압 30~50mmHg 이하	• 분만 1기 활동기 → 경관 빠르게 개대
강한 수축	• 자궁내압 50~75mmHg 이하	• 분만 1기 이행기 → 경관 거의 완전히 개대

표. 자궁 이완기 기능(역할) 18 임용

산모	• 휴식 → 에너지 재비축 • 다음 수축 시 효과적인 힘주기 가능
태아	• 이완기에 태반 혈류 재공급 → 산소와 영양 전달

(3) 분만 1기 단계 (경관개대기) 18 임용

① 분만 1기 자궁수축 및 특징
- 진진통 시작 → 자궁경관 완전개대(10cm)까지
- 초산부: 약 14시간, 경산부: 약 8시간 소요

구분	정의	자궁수축		선진부 하강	이슬		산모 증상
잠재기	진진통 시작부터 경관 0~3cm까지	간격	5분 이상	-3~0	색	갈색이나 분홍색	비교적 편안
		기간	0~30(45)초				
		강도	약 (부드럽거나 보통)		양	거의없음	
활동기 18 임용	경관 4~7cm까지 빠르게 개대	간격	3~5분	+1~+2	색	분홍색~ 혈성점액	심한 요통, 경련
		기간	30(45)~60초				
		강도	중 (보통~강함)		양	거의없음~ 적절함	
이행기	경관 8~10cm, 개대 완료 직전	간격	2~3분	~+3	색	혈성점액	항문압박감, 배변감, 힘주기 욕구
		기간	60~90초				
		강도	강 (강함~ 매우강함)		양	다량	

표. 소실과 개대

소실	소실	• 분만 1기에 자궁경관의 길이가 짧아지고 얇아지는 현상
	측정	• 0~100% 비율로 표현
	특징	• 초산부는 소실이 먼저, 경산부는 소실과 개대가 동시에 일어남
개대	정의	• 분만 1기에 자궁경관이 확장되어 태아가 통과할 수 있도록 열리는 현상
	범위	• 1센티미터 미만에서 최대 10센티미터
	특징	• 자궁수축(자궁경관의 근섬유가 자궁상부로 끌어당김)으로 개대 진행 • 양수 파막으로 개대 촉진됨 　→ 양수파막은 선진부의 압력이 경관과 자궁하부 쪽에 몰리게 함 • 염증이나 수술로 경관 손상 시 자궁경관 개대 지연

표. 태포

정의	• 양막 + 융모막으로 구성된 태아를 싸는 물주머니로 안에 양수가 차 있음
역할	• 자궁수축 시 선진부(머리)보다 약간 앞쪽으로 팽륜 → 경관을 수압으로 개대 • 선진부의 윤활, 경관 소실, 경관 개대에 도움
파막 시기	• 분만 1기 중 언제든 자연파막 가능 • 하지만 보통 자궁경관이 완전개대되기 전까지 유지되면 더 이상적 　→ 경관 개대 효과 극대화

표. 카테콜라민

긍정적 측면	• 에너지 공급 증가 • 산모 각성·행동 준비 강화 • 혈당 상승 → 태아 저혈당 예방 일부 도움
과다 시 (부정적 측면)	• 교감신경 항진 → 혈관수축 • 자궁혈류 감소 → 자궁수축 효율성 저하 • 태아 산소공급 감소 → 태아 저산소증 위험 • 분만 지연 (자궁수축 조화성 깨짐)

② 레오폴드촉진법(Leopold maneuvers)

목적	• 태아의 수 • 선진부 • 태위(종위/횡위) • 태세(굴곡/신전) • 진입 여부 • 태아 심음이 가장 잘 들리는 위치(PMI) 파악
시행 전 준비	• 손 씻기 • 산모 방광 비우게 함 • 자세 : 머리에 베개, 앙와위, 무릎 약간 굽힘 • 둔부 밑에 수건 말아 넣어 앙와위성 저혈압 예방 • 검사자는 산모 머리 쪽에 서기

표. 레오폴드 촉진법 4단계

1단계 (자궁저부 촉진)	• 자궁저부에서 태아의 부분을 만져 구분 • 머리: 둥글고 단단하며 부구감 있음 • 둔부: 덜 둥글고 부드러움 　→ 태위(종위/횡위) 및 선진부(두위/둔위) 파악
2단계 (태아 등 확인)	• 양손으로 자궁 측면을 따라 태아의 등: 부드럽고 볼록, 소부분(사지): 울퉁불퉁, 작은 결절 확인 　→ 태아의 등 위치, 심음 청취 부위 결정
3단계 (선진부 진입 여부 확인)	• 한 손 엄지와 검지로 자궁하부를 부드럽게 쥐어 선진부 촉진 • 진입 여부(부구감, station)를 확인 • 선진부의 굴곡·신전 상태도 평가
4단계 (아두의 굴곡· 신전 평가)	• 검사자가 발 쪽으로 이동 • 양손으로 아두의 돌출부를 촉진 • 돌출부가 작은 부분 쪽이면 굴곡, 등 쪽이면 신전 의미

③ 양막파열(양막파막) 18 임용

양막파막 정의	• 자궁수축으로 자궁내압이 상승 → 개대된 경관 쪽으로 양수가 밀려 태포 형성, 이 태포가 터지는 것을 양막파막(파열)이라 함
자연파막	• 분만 1기 이행기에 자연적으로 터지는 경우가 많음 • 산부의 약 25%에서 분만 시작 전 발생 • 파막 후 24시간 내 분만이 보통 이루어짐
인공파막	• 분만 유도·촉진 목적 • 내부감시장치 장착 시 사용
임상적 의의	• 만삭에 가까울 때 → 분만 임박 신호 • 선진부 하강이 없으면 → 제대탈출 위험 ↑ • 24시간 이상 분만 지연 시 → 자궁내 감염 위험 ↑

표. 조기 양막파열, 만삭전 조기양막파열

구분	조기 양막파열	만삭 전 조기양막파열
정의	• 진진통 시작 전 양막 파열	• 임신 37주 이전 진진통 시작 전 양막 파열
원인, 유발요인	• 자궁경관무력증, 선진부 진입지연, 높은 자궁내압, 다산, 흡연, 조산	• 조산 기왕력, 흡연, 태아기형, 성교, 양막염, 임신 초기 질출혈, 양수과다·다태임신 등
내진	• 내진은 반복적으로 하면 감염위험이 높아지므로 최소화, 그러나 분만 상황에 따라 시행 가능	• 원칙적으로 내진 금기 (초음파 등으로 대체 평가), 꼭 필요할 때만 멸균 내진
산부영향	• 융모양막염, 자궁내막염, 분만지연, 자궁파열	• 융모양막염, 자궁내막염, 전치태반 위험 증가
태아영향	• 패혈증, 제대탈출, 신생아감염	• 조산아 합병증(호흡곤란, 뇌실내출혈, NEC 등), 태아사망, 신생아사망률 증가
치료	• 임신말기(≥38주): 24시간 대기 후 유도분만 • 조산 예상 시: 내진 피하고 항생제, 옥시토신, 제왕절개 고려	• 34~36주: 옥시토신 유도분만 • 28~33주: 감염 없으면 안정·관찰, 감염 시 질식분만/제왕절개 • 28주 이하: 수액요법 실험적, 성공률 낮음 + 자궁수축억제제, 항생제, 스테로이드, 필요시 양막내 식염수 주입(amnioinfusion)

④ 양막파열 확인 검사 14 임용

㉠ 니트라진 검사 (nitrazine paper test)

정의 (검사원리)		• 질분비물의 pH를 측정해 산성 질분비물(pH 4.5~5.5) 과 알칼리성 양수(pH 7.0~7.5)를 구별하여 양막파열을 진단하는 검사.
절차		• 니트라진 종이를 질 내 깊이 삽입 → 질 분비물 묻힘 → pH 색상 확인
결과 해석	PH 산성	• 노랑 pH 4.5~5.5 → 산성 → 양막 파열 안됨
	PH 알칼리성	• 파랑~회색 pH 7.0 이상 → 알칼리성 → 양막 파열 의심
	위양성 주의	• 혈액, 정자, 소변 혼입 시 위양성 주의

㉡ 양치 검사 (ferning test)

정의 (검사원리)	• 질 분비물의 염화나트륨 결정화(양치모양)를 관찰해 양막파열을 확인하는 현미경 검사

절차	• 질 분비물 채취
	• 멸균 슬라이드에 한 방울 떨어뜨림
	  → 자연건조 후 현미경 관찰
	  → 양치 모양 확인 (양수임을 확인)

결과 해석	• 양수파막 : 현미경상 염화나트륨 결정화(양치모양) 확인

⑤ 양수사정

색깔	정상	• 옅은 짚색 (연한 노란빛)
	녹갈색	• 태아 저산소증 → 항문괄약근 이완 → 태변 배출
	붉은 색	태반조기박리 의심
	황갈색	• 파막 후 36시간 경과 • 태아용혈성질환(Rh/ABO 부적합), 자궁내감염 등 의심
	• 둔위 태아: 태변 혼합 가능(직장 압박으로 배출) → 태아심음 관찰 필요	
성질	정상	• 맑고 물같음, 약간 특유 냄새
	탁하거나 악취	• 감염의심

⑥ 라마즈 호흡

목적	• 분만 중 산통(통증)과 불안을 완화 • 산모의 긴장을 줄이고, 힘주기를 효율적으로 도와줌
원리	• 규칙적인 호흡 + 주의 전환(집중) → 통증에 대한 감각을 감소 • 호흡을 의식적으로 조절해 산소공급을 원활히 하면서 이완 유지

표. 라마즈 호흡 방법

분만 단계	호흡 유형	특징/방법	설명
분만 준비기/진통 전	심호흡	• 깊게 들이마시고 길게 내쉼	• 분만 시작 전 긴장 완화, 이완
분만 1기 잠재기	느린 흉식호흡법	• 코로 들이쉬고 입으로 내쉬기, 분당 6~9회	• 규칙적이고 깊은 흉식호흡, 산소공급 증가
분만 1기 활동기	빠른 흉식호흡법	• 얕고 빠른 흉식호흡, 분당 32~40회	• 리듬감 있게 수축이 강해질 때 주의전환 효과
분만 1기 이행기	빠르고 일정한 흉식호흡법	• 짧고 빠르게, 일정 리듬 중간에 호~(짧고 빠른 흉식호흡 + 중간에 길게 내쉬기)	• 수축시 반복, 과호흡 방지
2기(만출기)	폐쇄식 호흡 (힘주기 호흡)	• 숨 들이마신 뒤 멈추고 복압주기	• 태아 만출 시 복압을 증가시켜 효과적 힘주기

⑦ 분만시 마취 종류

마취 종류	정의	장점	단점
국소 침윤마취	• 회음부 국소에 마취제 주사하여 절개 또는 열상 봉합 시 사용	• 빠른 마취, 간단하고 안전함 • 전신 영향 적음	• 작은 부위에만 효과 • 회음부 통증에는 효과 제한
음부신경차단 마취	• 회음·질 하부에 효과 • 좌골극 근처에 마취제 주사	• 회음절개·겸자분만에 효과적 • 모체·태아 영향 적음	• 자궁수축통은 완화되지 않음 • 감염·출혈 가능성
경막외마취	• 요추 4~5번 사이 경막외 공간에 카테터 삽입 후 마취제 주입	• 1~3기 통증 완화 • 의식소실 없음 • 장시간 지속, 조절 가능	• 저혈압, 방광팽만, 감각소실 • 분만지연, 기립성 저혈압, 약물 부작용
척추마취	• 요추 3~5번 지주막하 공간에 마취제 직접 주입	• 빠른 작용(5~10분) • 의식 유지, 출혈 적음	• 저혈압, 두통, 고위차단(척수마취제가 지나치게 위쪽으로 작용)시 호흡기 마비, 요정체, 분만 2기 힘주기 어려움
전신마취	• 전신의 의식과 감각 소실 • 흡입 또는 정맥마취 사용	• 긴급 제왕절개에 유용 • 근육이완 효과 • 자간증 시 효과	• 태아 호흡억제, 흡인 위험 • 자궁이완 → 출혈 ↑ • 산모 의식소실

(4) 분만 2기 단계 (태아만출기)

① 분만 2기 자궁수축 및 특징

- 초산부: 약 1시간 20분, 경산부: 약 30분 소요

구분	정의	자궁수축		선진부 하강	산모 증상
분만 2기	경관 완전개대 → 태아 만출까지	간격	약 2~3분	+3~+5	강한 배변감, 힘주기 욕구, 회음부 팽만감
		기간	60~90초		
		강도	매우강함		

표. 팽륜, 배림과 발로

팽륜	• 선진부가 회음부를 압박하여 회음부가 볼록해지는 현상 • 수축이 멎으면 다시 위로 밀려 올라가는 것이 특징
배림	• 자궁수축시 아두가 질구에서 보이다, 수축이 멎으면 다시 질내로 들어가는 상태임
발로	• 아두가 수축이 없어도 질구 밖으로 보이는 상태 → 출산 직전 • 회음열상 예방을 위해 회음절개술 고려 • 발로 상태 이후 1~2회의 수축이 있으면 → 태아 아두가 질 밖으로 완전히 만출됨

② 연조직 손상

㉠ 회음열상

제1도 열상	• 질점막과 피부 손상
제2도 열상	• 제1도 열상과 함께 회음체 근육 손상
제3도 열상	• 제2도 열상과 항문괄약근 손상
제4도 열상	• 제3도 열상에 직장전벽 손상

㉡ 회음절개술

최근 자연열상	• 최근에는 절개술 시행하지 않고, 자연 열상 허용 → 이유: 회음절개술로 발생하는 열상보다 더 작고, 치료가 쉽고, 치유도 빠름

표. 회음절개술 종류

구분	정중 회음절개 (median episiotomy)	중측방 회음절개 (mediolateral episiotomy)
시술 부위	• 회음부 중앙에서 직선으로 절개	• 중앙에서 대각선으로 외측으로 절개
장점	• 봉합이 쉬움 • 통증이 덜함 • 치유가 빠름	• 4도 열상(항문괄약근, 직장전벽까지 파열) 예방 가능
단점	• 3도, 4도 열상으로 확장될 위험	• 3도 열상 발생 가능 • 출혈이 많음 • 봉합이 어려움 • 통증이 심함 • 회복기간이 길음

(5) 분만 3기 단계 (태반만출기)

• 초산부: 약 30분~1시간, 경산부: 약 5~30분 소요

구분	정의	자궁수축		태반박리	산모 증상
분만 3기	태아 만출 후 → 태반 만출	간격	간헐적 자궁수축	태아 만출 후 5분 내 박리, 10분 내 만출	안도감, 출혈 감시 필요

표. 슐츠 기전, 던칸기전 23 임용

• 태반 만출기전의 2가지 종류임

구분	슐츠(Schultz) 기전	던칸(Duncan) 기전
태반 박리 시작	• 태반 중앙부부터 박리	• 태반 가장자리(주변부)부터 박리
태반 만출 모습	• 태반 태아면이 먼저 나옴	• 태반 모체면이 먼저 나옴
출혈 특징	• 내부에서 혈종 형성 → 태반과 함께 나중에 출혈	• 태반 주변에서 바로 혈액 배출 → 만출 중 지속적 출혈
빈도	• 더 흔함	• 비교적 드묾
임상적 의의	• 출혈량이 적게 보임	• 출혈 관찰하기

(6) 분만 4기 단계 (회복기)

• 초산부: 약 30분~1시간, 경산부: 약 5~30분 소요

구분	정의	자궁수축	회복관찰	산모 증상
분만 4기	분만 4기 태반 만출 후 1~4시간	자궁수축 유지	출혈·자궁수축·배뇨·마취 부작용 감시	오한, 피로, 안도감

5 두정위 분만기전

① 진입	• 아두의 대횡경선이 골반입구를 통과 • 아두 시상봉합이 골반의 사경선상에 위치 • 초산부는 보통 진통 시작 2주 전, 경산부는 진통 중에 진입
② 하강	• 선진부가 골반출구를 향해 내려옴 • 분만 1기 잠재기: 서서히 진행 • 분만 1기 활동기~2기: 빠르게 진행 • 원인: 자궁수축, 복근 수축, 양수압, 태아 신전 • 선진부의 하강 정도 → station으로 표시 (좌골극 기준 0, 위쪽 음수, 아래쪽 양수)
③ 굴곡(Flexion)	• 경관·골반벽·골반바닥의 저항으로 아두가 굴곡 • 턱이 가슴 쪽으로 붙어 소사경선(9.5cm)이 진입 → 골반통과 용이
④ 내회전	• 후두가 골반바닥에 도달 → 전방 45° 회전 • 출구의 전후경선에 맞추어 통과 • 시상봉합이 처음에는 사경선, 횡경선 → 출구에서는 전후경선에 일치 • 항문거근, 골반저근이 회전에 기여
⑤ 신전	• 굴곡 상태에서 회음부에 도달 → 태아가 고개를 들며 질 밖으로 나오게 됨 • 후두 → 전정 → 얼굴(눈, 코, 입, 턱) 순서로 만출
⑥ 복구 및 외회전	• 아두가 나온 뒤 어깨가 골반출구 전후경선에 맞춰 다시 회전 → 태아 목의 비틀림 해소 • 질 밖으로 노출된 아두가 원래 방향으로 되돌아가는 복구와 어깨의 외회전이 이루어짐
⑦ 만출	• 앞쪽 어깨 → 뒤쪽 어깨 → 몸통 순서로 만출 • 아두·어깨가 치골 쪽으로 올려지며 태아가 완전히 분만 • 이 시점을 출생시간으로 기록

6 산부의 생리적 변화

(1) 심맥관계

심박출량 ↑	• 분만 1기 : 10~15% 증가 • 분만 2기 : 30~50% 증가 → 심박동수, 혈압 증가
혈압 ↑	• 수축 시 수축기혈압 ↑ • 분만 1기: +10mmHg, 분만 2기: +30mmHg

발살바
(Valsalva)
	• 분만 2기 태아 만출시 호흡을 참는 발사바 방법
	  → 흉강압 ↑ → 정맥환류 ↓ → 태아 저산소증 위험
	  → 성문을 연채로 힘주고, 숨 내쉬도록 함

백혈구 ↑	• 스트레스와 조직외상 등으로 25,000~30,000/mm³ ↑

(2) 호흡기계

호흡수 ↑	• 자궁근육의 활동, 신체활동 증가 ↑ → 산소소모량 ↑ → 호흡수 ↑ • 2기에는 산소소모량 2배 • 공포·통증 → 과호흡 → 호흡성 알칼리증·저산소증 유발 가능

(3) 신장계 10 임용

사구체여과율 ↑	• 심박출량 ↑ → 사구체여과율 ↑ → 다뇨
다뇨	
단백뇨 (+1)	• 분만 중 근조직의 분해로 단백뇨(+1)는 정상적임
케톤뇨	• 산부 피로, 탈수, 영양결핍, 전해질 불균형 등으로 2차적으로 나타남
BUN ↑ (혈액요소질소) 10 임용	• 자궁복구(퇴축)과정 시 자가분해로 인해 단백질 분해산물이 증가 → 혈액 요소(BUN) 수치가 약간 상승

(4) 피부계

- 질구·회음부 피부가 과도하게 팽창 → 미세 열상 가능

(5) 근골격계

- 근육 활동 ↑ → 피로, 발한, 근육통
- 임신 말기 관절이완 → 요통, 관절통

(6) 신경계

분만 1기	• 행복감, 진지함
분만 2기	• 섬망, 강한 집중
출산 후	• 출산 후 → 의기양양하지만 피로
내인성 엔도르핀 ↑	• 내인성 엔도르핀 ↑ → 통증 역치 상승, 진정효과
선진부 압박	• 선진부 압박 → 회음조직 감각 감소(자연 마취 효과)

(7) 위장계

위 배출 지연	• 위 배출 지연 → 음식 섭취 제한
오심, 구토	• 분만 1기 이행기, 위 비움 상태 → 위산 ↑ → 구역, 구토
구강건조	• 구강호흡·탈수 → 구강건조 흔함

(8) 내분비계

호르몬	주요기능
에스트로겐	① 프로스타글란딘 합성 ↑ → 자궁경관 연화, 자궁수축 ↑ ② 옥시토신 수용체 수 ↑ → 옥시토신 효과 강화
프로게스테론	① 임신 중 자궁이완 유지 ② 분만 직전에 감소 → 자궁수축 억제 효과 약해짐 → 분만 개시 도움
프로스타글란딘 (PG)	① 자궁경관 연화, 개대 ② 자궁근의 수축 ↑
옥시토신	• 자궁수축 직접 유발 • 태반박리 및 지혈에도 기여
릴랙신	• 치골결합, 인대 이완 → 골반 확장 도움
코르티솔	• 태아의 폐 성숙 유도 • 태아 스트레스 → 태아 부신 코르티솔 ↑ → 프로스타글란딘 자극 → 자궁수축 → 분만 유발
카테콜아민 (에피네프린, 노르에피네프린)	• 분만 중 스트레스 대응 • 자궁수축 조화 방해 가능 (과잉 시) • 에너지 공급 ↑, 태아 저혈당 예방 • 스트레스 → 교감신경 활성화 → 자궁수축 억제 → 분만 지연

(9) 대사

체온 상승	• 분만 중 체온상승 정상 • 분만 지연시 체온상승 → 탈수, 감염 의심
탄수화물 대사 증가	• 산부 불안, 근골격 운동으로 탄수화물 대사 증가

4 신생아 사정 및 간호

1 아프가점수(Apgar score)

시행목적	• 출생 직후 신생아의 생존 여부를 빠르고 정확하게 평가하기 위함 • 신생아의 자궁 외 환경 적응 상태를 신속히 판단
시행방법	• 5가지 항목(심박수, 호흡, 근력, 자극반응, 피부색)을 0~2점으로 평가 • 총 10점 만점
시행시기	• 출생 후 1분과 5분에 시행 • 5분 점수가 7점 이하이면 10분에도 반복 측정
점수해석	• 0~3점: 심각한 어려움 • 4~6점: 중등도의 어려움 • 7~10점: 적응 양호

표. 아프카 점수

징후	점수		
	0	1	2
심박수	없음	100회/분 미만	100회/분 이상
호흡능력	무호흡	느림, 약한 울음	강한 울음
근력	기운 없고 늘어짐	사지가 약간 굴곡	잘 굴곡됨
자극에 대한 반응	무반응	찡그림	기침, 재채기, 울음
피부색	창백함	몸은 분홍색, 사지는 푸른색	전신이 분홍색

2 뉴 볼라드 척도 (New Ballard scale)

시행목적	• 신생아의 재태연령을 추정하여 출생 시 성숙도를 평가하고, 주산기 이환·사망 위험을 예측하기 위함
시행시기	• 출생 직후 안정된 후, 보통 1시간 이내 시행 (최대 24시간 이내)
내용	• 6개 신체 성숙도 + 6개 신경근육 성숙도 항목을 각각 점수화 • 20주~44주 재태연령 추정 가능
점수해석	• 극히 미숙한 상태는 -1(-2)~0점을, 양호한 상태는 4~5점을 부여하고, 총점은 최소 10점부터 최고 50점까지 나타냄
점수 예	• 12개 항목을 합산한 점수가 -10점이면 매우 미숙아 • 50점이면 매우 성숙아(만삭 이상)

표. 뉴 볼라드 척도 (New Ballard scale)	
신체 성숙도	신경근육 성숙도
• 피부: 피부의 두께, 상태, 색깔. 보이는 정맥이 있는지 관찰 • 솜털: 위치와 양 검사 • 발바닥주름: 발바닥에 있는 주름검사 • 유방: 유방조직검사를 위한 유두와 유륜의 발달 확인 • 귀: 연골조직 분포 정도와 모양 사정 • 생식기 　- 남아: 음낭의 크기와 주름, 고환의 하강 유무 사정 　- 여아: 대음순에 피하지방이 축적된 모양, 소음순과 음핵의 돌출 정도	• 자세: 휴식 자세 사정 • 손목 각도: 손목의 굴곡 정도 평가 • 팔회전: 팔꿈치의 굴곡 정도 사정 • 슬와근 각도: 무릎의 각도 사정 • 스카프징후: 어깨의 굴곡범위 사정 • 발꿈치-귀대기: 무릎신전의 정도와 머리까지 발을 당기는 능력 사정

3 신생아 간호

(1) 눈간호

목적	• 신생아 안염 예방
방법	• erythromycin 0.5%, tetracycline 1%, 질산은 1% 사용 → 출산 후 1~2시간 이내 투여 권장

(2) 저프로트롬빈혈증 예방

이유	• 신생아 장내 세균 없음 → 비타민 K 부족 • 수유 시작 1주 후부터 장내 세균으로 비타민 K 생성
방법	• 출생 시 비타민 K 0.5~1mg IM 1회 투여

(3) 제대간호

목적	• 출혈, 감염 예방
방법	• 결찰 후 24시간 내 출혈 멈춤, 건조 시작 • 항균제나 멸균수·알코올 사용 • 부종, 발적, 화농성 분비물 관찰 • 제대는 10~14일 내 자연탈락 • 탈락 후 약간의 출혈 가능

Part 19 고위험 분만 간호

① 난산

1 만출력 이상

(1) 저긴장성 자궁기능부전

정의	• 자궁수축이 정상적인 자궁경부 개대와 태아하강 진행에 영향을 미치지 못할 정도로 수축의 강도와 빈도가 불충분함
원인 및 유발요인	• 다태임신, 양수과다, 진정제, 경막외마취, 아두골반불균형, 태위이상
진단	• 자궁내압 25mmHg 이하 (자궁수축시 정상 자궁내압 : 50~70mmHg) → 자궁 개대, 소실 X
발생	• 분만 1기 활동기 발생 → 활동기 지연 및 정지
진행양상의 변화	• 수축 강도·빈도 감소, 최고도의 수축에도 자궁 부드러움, 수축 사이 이완 정
산부에 미치는 영향	• 감염, 탈진, 심리적 스트레스
태아에 미치는 영향	• 태아감염, 태아·신생아 사망
관리	• 아두골반불균형 없으면 옥시토신, 양막절개 등

(2) 고긴장성 자궁기능부전

정의	• 자궁긴장이 증가하고 불규칙·강한 수축으로 효과적인 자궁경부 개대가 어려움
원인 및 유발요인	• 자궁바닥 긴장 증가, 불안, 통증
진단	• 강하고 빈번한 수축, 이완기에도 자궁 긴장 증가 (자궁내압 15mmHg 이상)
발생	• 분만 1기 잠재기에 주로 발생
진행양상의 변화	• 수축 빈번·강함, 그러나 조화롭지 않고 자궁 이완 부족
산부에 미치는 영향	• 극심한 통증, 피로, 불안, 탈수
태아에 미치는 영향	• 태아저산소증, 태반관류 감소, 태반조기박리 위험 • 산류, 아두혈종, 아두주형, 분만지연시 자궁내감염
관리	• 진통제, 휴식, 수액공급, 필요시 제왕절개

(3) 수의적 만출력 이상

정의	• 산부의 복근을 활용한 밀어내는 힘 부족으로 분만이 지연됨
원인 및 유발요인	• 탈진, 수분·영양 부족, 과량 진정제
진단	• 분만 2기에 밀어내는 힘이 약하여 분만 지연 발생
산부에 미치는 영향	• 진통연장, 극심한 피로, 탈진
태아에 미치는 영향	• 태아질식 위험, 분만 지연으로 저산소증 가능성
관리	• 휴식, 영양·수분 보충, 약물 조절, 적절한 진통관리

(4) 비정상적 분만진행

① 지연분만

정의	• 진통을 겪고 있는 산부의 분만 진행이 지연되는 상태
원인, 유발요인	• 비효율적인 자궁수축 → 자궁개대, 소실 X • 아두골반 불균형, 태향이상, 조기파막 • 진정제·마취제 과다사용 • 산부의 불안, 자궁근 피로
산부영향	• 탈진, 정서장애, 감염위험 증가, 자궁파열·산후출혈 위험
태아	• 자궁-태반관류 감소, 감염 태아질식, 제대탈출, 두부손상(뇌손상, 아두혈종)
치료	• 잠재기 지연: 휴식·안정 → 효과 없으면 인공파막, 옥시토신 등 유도분만 시행 • 유도분만 1~2시간 후 진행 없으면 제왕절개

② 급속분만

정의	• 자궁수축 시작부터 출산까지 3시간 이내에 급격히 진행되는 분만
원인, 유발요인	• 다산, 고령, 이전 급속분만 경험 • 고긴장성 자궁수축으로 인한 강한 수축
산부영향	• 산도열상, 자궁파열, 산후출혈, 양수색전증
태아	• 태아질식(저산소증), 뇌손상, 상완신경마비 가능성
치료	• 지속적 모니터링으로 산부 안심 • 통증관리 및 빠른 대처 • 태아상태 모니터링(심박동, 태변착색 등)

2 조기진통 13 임용

1 정의 및 증상

조기통 정의	• 임신 20주 이상 37주 이전에 자궁경관의 개대·소실과 함께 규칙적 자궁수축이 발생
조산 정의	• 20주 이후 37주 미만 출산
유발요인	내과적 요인	• 만성질환 (임신성 고혈압, 심장병, 당뇨병 등) • 성병(임질, 클라미디아, 트리코모나스 등) • 저체중 또는 비만 등
	산과적 요인	• 조기진통 과거력, 조산 과거력 • 자궁경관 무력증 • 세균성 질염 (50% 이상 증가)
	현재임신 관련 요인	• 자궁팽만(다태임신, 양수과다증) • 자간전증, 태반조기박리, 전치태반 등
	생활환경, 인구학적 요인	• 저소득, 스트레스, 흡연, 코카인 약물 남용 등
증상 징후	자궁수축	• 1시간 6회 이상 자궁수축 • 통증이 있거나 없는 자궁수축
	불편감	• 하부요통, 월경통 유사통증 • 골반압박감, 질분비물 증가 • 구역·구토·설사와 같은 위장장애 • 허벅지 압박감 또는 경련
	질분비물	• 질 분비물의 변화(혈성, 점액성, 악취 등) • 양막파열

2 증상

• 조기진통의 증상과 징후는 포착하기 어려움

자궁수축	• 1시간 6회 이상 자궁수축 • 통증이 있거나 없는 자궁수축
불편감	• 하부요통, 월경통 유사통증 • 골반압박감, 질분비물 증가 • 구역·구토·설사와 같은 위장장애 • 허벅지 압박감 또는 경련
질분비물	• 질 분비물의 변화(혈성, 점액성, 악취 등) • 양막파열

3 진단

진단기준	• 임신 20~37주 • 20분당 4회 이상 또는 시간당 8회 이상의 수축 • 자궁경부 개대 2cm 이상, 자궁경부 소실 80% 이상

4 산부 및 신생아 영향

산부 영향	• 자궁수축억제제 부작용(저혈압, 빈맥, 불안 등) • 장기 침상안정으로 인한 혈전·근육위축·정서적 문제 • 제왕절개 및 마취 관련 합병증
신생아 영향	• 조산아 사망 • 조산아 호흡곤란증후군(RDS) • 감염, 뇌실내출혈 • 저체온, 영양공급곤란 • 동맥관개존증, 저산소증, 신경학적 손상

5 치료 및 간호

(1) 침상안정

선진부 압력 감소	• 태아 선진부가 자궁경부를 압박하는 힘을 줄여 경관 개대·소실을 억제함 • 자궁 하부에 가해지는 중력 감소
자궁 수축 억제	• 신체활동 감소로 자궁자극과 교감신경 자극을 줄임 • 자궁의 긴장도를 완화하여 수축 빈도 감소
안위증진	• 신체적 피로 감소 • 심리적 안정을 통해 옥시토신 분비 감소
조기진통 증상 감시 용이	• 침상에 있어 자궁수축, 분비물, 통증 등의 변화 모니터링이 쉬움 • 조기징후 발견과 즉각 대응 가능

(2) 금연

흡연	• 니코틴 등은 태반혈류를 감소 → 태아의 산소 공급을 방해 → 태반조기박리, 조기양막파열, 자궁수축 증가 등을 유발함 → 조산 및 조기진통의 위험을 높임
금연	• 태반혈류 개선 • 추가 자궁수축 억제 → 조기진통 억제, 조산위험 감소

(3) 성관계 금지

금지 이유	• 정액에 있는 프로스타글란딘이 자궁수축을 자극하기 때문임

(4) 자궁수축제 투여 13 임용

① 리토드린 (Ritodrine, 유토파 Yutopar) 13 임용

기전	• β2-아드레날린 수용체를 자극해서 자궁근을 이완시킴 → 즉 교감신경 흥분을 통해 자궁수축을 억제함
부작용	• 산모의 빈맥, 심계항진 • 저혈압, 홍조, 두통 • 고혈당 (글리코겐 분해 촉진) • 수분저류 → 폐부종 위험
주의사항	• 심장질환, 고혈압, 갑상선기능항진증, 당뇨병 산모에게 주의해야 함

② 터부탈린 (Terbutaline, 브리칸틸 Bricanyl)

기전	• β2-아드레날린 수용체를 자극해서 자궁근을 이완시킴 → 즉 교감신경 흥분을 통해 자궁수축을 억제함
부작용	• 산모의 빈맥, 심계항진 • 저혈압, 홍조, 두통 • 고혈당 (글리코겐 분해 촉진) • 수분저류 → 폐부종 위험
주의사항	• 심장질환, 고혈압, 갑상선기능항진증, 당뇨병 산모에게 주의해야 함

③ 인도메타신 (Indomethacin)

기전	• 자궁수축을 자극하는 프로스타글란딘 합성을 억제하여 자궁수축을 감소시킴 → 즉 COX(cyclooxygenase) 효소를 차단해 프로스타글란딘 생성이 감소하여 자궁이 이완됨
부작용	• 태아의 동맥관 수축 → 동맥관 조기폐쇄 위험 • 48시간 이상 투여시 → 양수과소증 (태아 신장 혈류 감소) • 산모 위장장애(소화불량, 위염, 궤양 등)
주의사항	• 태아의 동맥관을 조기에 닫히게 할 수 있으므로 32주 이후에는 사용을 피해야 하며, 필요한 경우에도 단기간(48시간 이내)만 사용함 • 양수과소증의 위험 : 양수양, 양수지수 주기적으로 사정

④ 니페디핀 (Nifedipine, 아달라트 Adalat)

기전		• 칼슘채널을 차단해 자궁근육세포 내로 칼슘이 들어가는 것을 방해하여 자궁근의 수축을 억제함
투여방법		• 구강 또는 설하투여
부작용	산모	• 말초혈관 확장 → 저혈압 • 두통, 피부홍조, 어지러움, 말초부종, 빈맥 등
	태아	• 태아 저산소증, 일과성 빈맥 등

⑤ 황산마그네슘 (Magnesium sulfate)

기전	• 칼슘의 길항제로 작용 → 근육세포 내 칼슘 농도 감소 → 근육수축력 약화 → 자궁수축 억제
부작용	• 호흡억제 • 근육이완, 근무력증 • 저혈압 • 오심, 구토 등
주의사항	• 호흡수 12회/분 미만 → 중독 의심 → 즉시 투여 중단 • 소변량 30mL/hr 미만 → 중독 의심 → 즉시 투여 중단 • 심부건반사 소실 → 중독 의심

(5) 글루코코르티코이드제 투여 13 임용

베타메타손, 덱사메타손	• 조산아의 계면활성제 생산을 자극하여, 폐 성숙 촉진 → 호흡곤란증후군(ARDS), 뇌실내 출혈의 위험 예방, 감소

(6) 항생제 투여

감염시 투여	• 조산의 원인이 감염이라면 항생제 투여

3 만기후 분만

1 정의 및 원인

정의	• 임신 42주 초과, 마지막 월경일 기준으로 294일 이상 지속된 임신 • 신생아는 과숙아가 됨
원인	• 자궁수축억제성 인자 증가(프로게스테론), 자궁수축촉진인자(옥시토신, 프로스타글란딘) 부족 등

2 진단

태아과숙 증후군	• 무자극검사(NST) 무반응 • 양수지수(AFI) 5cm 이하 • 생물리학적 계수(BPP) 감소 • 태반 노화

3 산부 및 태아 영향

(1) 산부 영향

- 장시간 진통 → 탈진
- 난산 → 자궁수축부조화, 아두골반불균형
- 산도 손상 증가 → 산열상, 회음열상 등
- 산후출혈 → 자궁이완부전
- 감염 → 조기양막파열 시

(2) 태아 영향

태아 저산소증	• 태반 노화 → 산소·영양 공급 감소 → 태아 저산소증 발생
태변 흡입 증후군	• 태아 저산소증 → 항문괄약근 이완 → 태변 배출 → 태변흡입 증후군 위험 증가
양수과소증	• 태반 노화 → 태아 신장 혈류 감소 → 태아 소변 감소 → 양수과소증 • 양수량 감소(양수과소증) → 태아 움직임이 제한되고, 제대 압박이 쉽게 발생 → 태아 저산소증이 더 악화
태아거대증 등	• 태아거대증, 견갑난산, 상완신경총 마비 → 난산 위험 • 산류·두혈종 등 연조직 손상 • 저산소증으로 인한 신경학적 손상 → 낮은 아프가 점수 등 • 과숙아 증후군 등

4 치료

- 42주 이후 태아 안녕 평가(BPP, NST, 태동검사, 양수천자)
- 태아 건강 양호하면 43주까지 관찰 가능
- 경관 미성숙 시 프로스타글란딘 E2 투여로 경관 연화
- 옥시토신으로 유도분만

❹ 자궁파열

1 정의 및 종류

정의	• 분만진통 중 자궁근육이 찢어져 태아·산부 모두 위협하는 응급상태
종류	• 완전파열: 자궁벽 전층 손상, 복막은 유지 • 불완전파열: 주로 하부분절의 반흔 부위 손상, 복막 유지
발생빈도	• 드물지만 산모·태아 사망률 매우 높음 (태아사망률 50% 이상)

2 원인 및 유발요인

원인/유발요인	• 과거 제왕절개 반흔 • 자궁수술 (근종절제술 등) • 유도분만 (과도한 자궁수축) • 아두골반불균형, 선진부 이상 • 외상(낙상 등) • 선천성 자궁기형 • 다산부 • 코카인 사용 • 과거 침윤성 기태 • 감입 태반 및 첨입 태반 등

3 증상 및 징후

태아 징후	• 갑작스러운 태아곤란증(서맥, 심박동 소실 등) → 가장 흔함
산모 증상	• 심한 복통 "찢어지는 느낌" • 강직성 자궁수축(자궁이 돌처럼 딱딱함) • 질출혈, 복부 팽만 • 자궁수축의 갑작스러운 정지 등 • 산모 저혈량성 쇼크(저혈압, 빈맥, 창백, 발한) • 병리적 퇴축륜 형성 등
태아 영향	• 태아 심박수 감소, 소실 • 태아 무산소증 • 태아 사망
치료	• 응급 개복수술 → 제왕절개분만 • 자궁절제술 (출혈 조절되지 않을 때) • 수액, 수혈 등 쇼크치료

5 자궁내번증 22 임용

1 정의 및 원인 22 임용

정의	• 자궁이 뒤집혀 자궁바닥이 자궁강으로 내려온 것임
원인, 유발요인	• 태반박리 전 제대 견인 • 자궁바닥 과도압박(마사지 포함) • 유착태반 • 제대 짧음 • 용수박리 • 다태임부 급속분만 • 분만 중 서 있는 자세에서의 급속분만

2 증상

증상	• 대량 출혈(800~1,800mL) • 질 내 꽉 찬 느낌과 심한 통증 • 40% 이상에서 쇼크
치료	• 자궁을 질을 통해 원상복귀(손으로 밀어올림) • 자궁이완제(terbutaline, $MgSO_4$)나 마취제 투여 • 자궁복귀 후 자궁수축제(옥시토신) 투여 • 출혈 보충: 수액, 수혈 • 감염 예방 항생제 투여 • 자궁복원이 실패 시 개복수술, 자궁절제술 고려
예방	• 분만 3기 관리(태반 완전박리 확인 후 제대 견인)

3 치료 및 예방 22 임용

증상		• 대량 출혈(800~1,800mL) • 질 내 꽉 찬 느낌과 심한 통증 • 40% 이상에서 쇼크
치료	자궁 복원술	• 손으로 질을 통해 자궁을 제자리로 밀어넣음 (원상복귀)
	자궁이완제 투여 22 임용	• terbutaline, $MgSO_4$ 투여 → 자궁이완을 통해 자궁 복원이 용이하록 함
	복원 후 옥시토신 투여 22 임용	• 자궁복원 후 자궁수축 촉진으로 재내번 방지 → 재발 방지 • 출혈 방지 (지혈)
	태반제거	• 마취제(할로탄 등) 투여한 후 태반제거 시도
	실패시 자궁절제술	• 자궁복원이 실패 시 개복수술, 자궁절제술 고려
예방		• 분만 3기에 태반 완전박리 확인 후 제대 견인 → 태반 만출을 서두르지 말고, 자궁에서 태반이 완전 박리된 후에 탯줄을 견인함 → 불필요하게 자궁바닥에 압박을 가하지 않기

6 유착태반 22 임용

1 정의 및 의미

정의	• 태반이 자궁벽에 비정상적으로 단단히 붙어 있는 것임
의미	• 일상적인 방법으로 태반 제거하려고 할시 자궁벽 열상 또는 천공 위험 → 심한 산후출혈 또는 감염의 위험 → 심한 산후출혈로 저혈량 쇼크, 모성사망까지

2 원인 및 유발요인

원인	• 태반이 탈락막의 결함을 초래하는 부위에 착상했을 때 → 즉 자궁하부, 제왕절개술 부위, 자궁강 내로 절개가 있던 부위, 소파수술했던 부위에 착상한 경우에 발생함
유발요인	• 30%에서 전치태반이 동반되었고, 25%에서 제왕절개분만경험, 25%에서 소파수술경험, 25%에서 6회 이상의 출산경험이 있음 • 그 밖의 위험요소로는 산모 나이가 35세 이상인 경우임

3 침범 정도에 따른 분류

유착태반	• 융모가 자궁근층에 유착된 것
감입태반	• 융모가 자궁근층에 파고든 것
첨입태반(천공태반)	• 융모가 자궁근층을 뚫고 장막에까지 도달한 것

4 침범 범위에 따른 분류

완전 유착태반	• 모든 태반엽이 유착된 것
부분 유착태반	• 몇 개의 태반엽이 유착된 것
국소 유착태반	• 한 개의 태반엽이 유착된 것

5 치료 22 임용

태반 용수박리 22 임용	• 분만 3기(태반만출기)에 태반이 자발적으로 박리되지 않을 때 손으로 자궁 안에 삽입해서 태반을 박리·제거 하는 방법임
	〈 태반 용수박리 방법 〉 ① 한 손으로 자궁저부를 지지하고, 다른 손을 멸균 상태로 자궁강에 삽입 ② 태반과 자궁벽의 경계를 따라 손가락으로 부드럽게 태반을 박리 ③ 박리 이후 자궁수축 확인·출혈 여부 확인 → 태반과 남은 조직 확인, 자궁수축 확인 → 옥시토신 투여, 출혈 여부 평가
자궁절제술	• 완전 유착태반시에는 용수박리에 의해 제거되지 않기에 자궁절제술 지행 • 출혈 심하면 자궁절제술 시행

7 제대탈출

1 정의 및 의미

정의	• 태아 선진부보다 제대가 먼저 하강하여 압박을 받는 상태
의미	• 태아 선진부 앞이나 옆에 위치시 태아와 산도 사이에서 압박 받음 • 태아태반 관류 방해나 차단 → 태아 산소, 영양분 공급 방해

2 원인 및 유발요인

원인	• 선진부 진입 전 조기양막파열 • 태위이상(둔위, 견갑위 등) • 다태임신, 다산부, 양수과다, 미숙아 • 긴 제대, 아두골반불균형 • 자궁내종양 (선진부 진입을 방해하는 종양) • 이상태향 시 산과적 조작(양막절개, 아두회전 등)

3 증상

증상	• 양수파막 후 태아심음의 갑작스러운 하강 (가장 흔한 증상)
내진	• 질강에서 제대 관찰 • 질·경부에서 제대 촉지
산모영향	• 산도외상, 마취 관련 자궁무력증 • 응급분만(제왕절개, 기계분만) 필요
태아 영향	• 제대 압박 → 태아 저산소증 → 태변 흡인 • 1시간 이상 지연 시 태아사망률 50% 이상

4 치료 및 간호

• 제대 압박 완화 + 즉시 분만

치료 및 간호	• 체위 변경을 통한 제대 압박 즉시 완화
	  → 슬흉위, 트렌델렌버그, 변형 심스위 등으로 골반을 높여서 제대 압박 감소
	• 손으로 선진부를 들어 올려 제대 압박 해소
	• 탈출된 제대는 삽입하지 않고, 따뜻한 생리식염수 거즈로 덮어 건조 방지
	• 응급 제왕절개 분만 준비
	  → 질식분만 가능 조건(경관 완전개대 + 정상태위 + 골반 크기 충분)
	  → 그 외에는 응급 제왕절개

8 양수과다증, 양수과소증 25, 13 임용

	양수과소증			양수과다증	
정의	양수양	• 양수의 양이 500mL 이하	정의	양수양	• 양수의 양이 2,000mL 이상
	양수지수 (AFI)	• 5cm 미만		양수지수 (AFI)	• 24cm 초과 (=25cm 이상)
의미	• 태아 신장기능 저하 의심 → 양수생성 ↓ → 태아신장기능의 직접적인 지표임		의미	• 태아의 위장계 또는 신경계 기형을 의심 (양수 흡수 ↓) → 삼킴반사 또는 소화관 폐쇄 등	
주관적	• 태아의 사지가 꽉 끼어있는 것 같이 보임		주관적	• 태아의 사지가 활발히 움직임	
원인	태아 신장기능	• 태아 신장기형 → 양측성 신무형성, 요로 폐쇄 등	원인	태아 위장계 폐쇄	• 식도폐쇄, 위폐쇄, 십이지장 폐쇄 등
	양수 누출	• 양막 조기파열(PPROM) 등		신경계 이상	• 무뇌증, 이분척추 등
	태반기능저하 (태반기능부전)	• 제대압박 → 태반을 통한 산소, 영양공급 제한 → 저산소증		양수 삼킴 장애	• 삼킴 반사 미숙 등
	태아성장지연	• 태반기능저하로 발생		다태임신, 태아수종 등	
증상	• 태아 굴곡, 압박, 태아 부분이 쉽게 만져짐		증상	• 복부 팽만, 호흡곤란 • 태아 촉지 어려움	
분만 영향	• 양수가 부족 → 태아 움직임 제한 • 제대 압박 쉽게 발생 → 태아 저산소증 자궁수축이 잘 안 되거나 불규칙 → 분만 지연 (난산), 분만 중 제왕절개 ↑		분만 영향	• 자궁이 지나치게 팽창 → 자궁수축이 일찍 유발됨 → 조산 (조기진통, 조기양막파열) 위험 ↑ • 양막 파열 시 제대탈출 위험	
간호	• 응급 제왕절개 준비 • 태아 저산소증 모니터링 • 산모 좌측위 자세		간호 13 임용	• 보행금지 → 양막파열시 제대탈출 위험 • 반좌위, 좌위 → 횡격막 압박 감소, 호흡곤란 완화 • 자궁수축제 준비 → 조기양막파열·조산 시 대처	

9 융모양막염

정의	• 양막강 내 융모·양막·양수·태아 관련 구조의 세균감염
원인, 유발요인	• 질·자궁경부 통한 상행감염 • 드물게 혈행성 또는 하행성 감염 • 반복 내진, 자궁내 태아감시, 자궁경부봉합술 과거력 • 영양부족·빈혈·약물중독·임신 후반기 성교
진단	• 발열·오한·태아빈맥 • 백혈구 증가 • 양수배양·그람염색 • 태반 조직검사 • 양수 내 포도당 저하
산부영향	• 고열, 자궁압통, 패혈증, 자궁수축미약, 지연분만, 제왕절개 증가
태아 영향	• 패혈증, 폐렴, 중이염, 신생아패혈증
치료	• 항생제(Ampicillin, Penicillin, Gentamycin) • 옥시토신으로 자궁수축 촉진 • 가능한 질식분만 선호 　→ 수술 후 합병증의 증가와 상처 회복이 어려우므로

10 양수색전증

1 정의 및 원인

정의	• 양수 내 태지·털·태변 등이 모체 순환으로 유입 → 폐혈관 막힘, DIC 유발
발생빈도	• 매우 드물지만 치명적, 사망률 50%
원인, 유발요인	• 양막·융모막 파열, 자궁파열 • 다산부·고령임부, 짧고 과도한 진통 • 양수과다 • 옥시토신 투여 • 태반조기박리

2 진단 및 증상

진단	• PT, aPTT 연장 • 혈소판 감소 • 섬유소분해산물 증가
증상	• 전구증상: 오한, 불안, 흉통, 발작, 객담 • 주요증상: 호흡곤란, 저산소증, 청색증, 쇼크, DIC, 의식소실

11 인위적 분만

1 유도분만

(1) 개념 및 종류

개념	• 자연분만이 시작되기 전에 의학적·외과적 방법으로 자궁수축을 유도하거나 이미 시작된 분만을 촉진하는 방법 • 제왕절개가 필요하지 않은 산모·태아에서 질분만을 가능하게 하도록 분만양상을 변화시킴
종류	• 자궁경부 연화, 옥시토신 정맥투여, 인공파막술

(2) 적응증

적응증	• 임신성 고혈압, 모체 당뇨병, 심장질환, 신장질환 • 조기양막파열, 만삭 전 조기양막파열 • 융모양막염, 난산 • 모체 Rh 부적합증 (말기 Rh 항체 상승) • 만기 후 임신(42주 이상) • 자궁내 태아사망

(3) 비숍(bishop) 척도

정의	• 분만 준비도(자궁경부 상태)를 평가하기 위한 점수 체계로 유도분만을 시작하기 전에 유도 성공 가능성을 예측
항목	• 5가지 항목(자궁경부 개대, 소실, 태아하강, 자궁경부 경도, 경부 위치)을 평가
점수	• 총점이 높을수록 자궁경부가 잘 준비되어 있어 유도분만 성공 가능성이 높음 • 8점 이상이면 유도분만 성공 가능성 95%, 5점 이하는 좋지 못한 점수자궁경부 연화 먼저 필요

❘ 표. 비숍 척도 ❘

요소	사정점수			
	0	1	2	3
자궁경부개대(cm)	1~2cm	1~2cm	3~4cm	5cm 이상
자궁경부소실(%)	0~30%	40~50%	60~70%	80% 이상
태아하강 정도	-3	-2	-1, 0	+1, +2
자궁경부 경도 (cervical consistency)	단단함	중정도	부드러움	매우 부드러움
경부의 위치	자궁경부의 뒤쪽	자궁경부의 중앙	자궁경부의 앞쪽	자궁경부의 앞쪽

(4) 종류

① 자궁경부연화법

구분	대표	적응증	기전	특징, 주의사항
프로스타글란딘 E1	Misoprostol	• 임신중기 인공중절 • 자궁내 태아사망(IUFD)	• 자궁경부 연화 및 자궁수축 자극	• FDA 승인 X • 임신중기 중절·IUFD에 더 흔히 사용
프로스타글란딘 E2	Cervidil, Prepidil	• 만삭 산부의 자궁경부 연화	• 자궁경부 연화·개대 및 자궁수축 자극	• FDA 승인 O • 위장관계 부작용, 고열, 태아·자궁 과다자극 부작용 • 부작용 때문에 만삭의 분만유도는 옥시토신으로 이어가는 경우 많음

② 옥시토신 정맥투여

㉠ 투여 목적 및 주의점

투여 목적 (기전)	• 내인성 옥시토신(강력한 자궁수축제)을 정맥으로 주입하여 자궁수축을 유도·촉진
주의점	• 강직성·과다자궁수축 위험 • 태아질식, 자궁파열 가능
적응증	• 임신성 고혈압, 모체 당뇨병 • 조기양막파열, 모체 Rh 부적합증 • 42주 이상 임신
간호중재	• 활력징후·태아심음 15~30분 간격 관찰 • 자궁수축양상·자궁긴장도 평가 • 수분섭취·배설량 모니터링(항이뇨효과 주의) • 진통제 투여시기 조절 • 수축 과다 시 즉시 투여 중단·체위변경·산소투여

표. 옥시토신 과다자극 증후군 중재

과다자극증후군	자궁수축	• 자궁수축이 90초 이상 지속 • 수축 간격이 2분 이하
	이완기 자궁내압	• 이완기 자궁강내압이 20mmHg 이상 (이완기가 충분하지 않음) → 결국 태반 혈류 감소 → 태아 저산소증
	태아 심박수	• 기준선이 110bpm 이하 또는 160bpm 이상
	심박수	• 심박수의 변이성 소실 (지연하강, 변이성 하강 등) • 심박동수 감소
과다자극시 간호중재		• 옥시토신 즉시 중단 • 좌측위 체위변경 • 산소 8~10L/분 • 정맥수액 증가 • 터부탈린(자궁수축 억제제) 투여 준비

2 제왕절개 분만

정의	• 산모의 복벽과 자궁벽을 절개하여 태아를 만출시키는 외과적 술식
장점	• 태아·산모의 생명을 위협하는 상황에서 빠르게 태아 만출 가능
단점	• 모성사망률 2~4배 증가, 출혈·감염·마취 부작용·장기손상·합병증 위험
적응증	• 아두골반 불균형 (가장 흔함) • 태위 이상 (횡위, 둔위) • 자궁기능부전 (분만지연, 개대 불능) • 과거 제왕절개 수술 • 생식기 음부포진 • 유도분만 실패 • 임신성 고혈압 • 모체합병증 (심질환, Rh부적합 등) • 태반 문제 (전치태반, 태반조기박리) • 태아 문제 (기형, 수두증, 태아부전 등) • 제대탈출 • 양막파막증 등 고위험 산과적 상황

표. 제왕절개 종류

자궁하부절개	• 복부하부 횡절개(비키니 절개), 혈액손실 적고 합병증·자궁파열위험↓
고전적 절개	• 자궁체부 수직절개, 응급분만·횡위·복부유착 시 적용, 자궁파열·출혈위험↑

12 조작적 분만법

1 겸자분만

정의	• 산과용 겸자(곡선형 집게)를 이용해 태아의 아두를 견인·회전시켜 만출시키는 조작적 분만 방법
적응증	• 분만 2기 지연 • 산모의 피로·마취로 힘주기 어려울 때 • 태아질식 우려 • 태아선진부 회전·하강 실패
조건	• 자궁수축 & 완전개대 • 양막파막 • 종위 태위, 만출 가능 선진부 • 방광 비움 • 부분/전신마취 • 회음절개
장점	• 제왕절개를 피할 수 있음
단점	• 산부: 질·경부열상, 3도 회음열상, 자궁파열, 과다출혈, 감염, 방광손상 • 태아: 아두압박, 상박마비, 제대압박, 아두손상
간호중재	• 겸자분만 과정과 불편감 설명 • 방광 비우기 • 신속한 분만 지원 • 산부·태아 상태 지속 관찰

2 흡인 분만

정의	• 진공흡인컵을 태아의 아두에 부착해 음압을 이용하여 견인·만출시키는 조작적 분만 방법
적응증	• 겸자분만 적응증과 유사 • 경부가 잘 열리는 다산부
금기증	• 태아가사 • 아두골반불균형 • 안면위, 둔위 • 조산아(두피손상 위험)
장점	• 방광·조직손상 적음 • 회음열상 위험↓ • 아두 압박 위험↓ • 마취 필요 없음
단점, 합병증	• 선진부 회전능력이 떨어짐 • 태아: 산류, 두혈종, 경막하출혈 • 30분 이상 사용 시 뇌손상

⑬ 제왕절개 후 질분만 시도(VBAC)

정의	• 과거 제왕절개 경험이 있는 산모가 질분만을 시도하는 것
적응증	• 반복 제왕절개를 원하지 않는 산모 • 즉시 응급수술이 가능한 시설·인력 확보
금기증	• 질분만의 일반적 금기 • 이전 고전적(수직) 자궁절개 • 태위이상, 협골반 • 모니터링·응급수술 불가능한 환경
선행조건	• 1회의 자궁하부 횡절개 경험 • 자궁파열 병력 없고, 다른 자궁수술 병력 없음 • 분만 중 상시 의사·모니터링 가능
장점	• 수술로 인한 합병증 감소 • 입원기간·비용 절감
단점	• 자궁파열(2~4%)
간호	• 자궁파열(찢어지는 느낌, 갑작스런 수축중단, 쇼크 징후) 주의 • 응급 수술 준비

Part 20 정상 산욕기 간호

1 자궁저부 높이 (자궁퇴축) 12 임용

시점	자궁저부 위치
분만 직후	• 배꼽과 치골결합의 중간 정도 (자몽 크기, 약 1000g) → 배꼽 아래
분만 12시간 후	• 배꼽 높이까지 약간 상승
이후	• 매일 약 1cm(손가락 한마디)씩 하강
분만 3일 후 12 임용	• 배꼽 아래 약 2~3cm 위치
분만 10일 후	• 골반 내로 들어가 복부에서 촉지되지 않음
분만 6주 후	• 임신 전 상태로 회복(약 50~60g)

2 산욕기 생리적 변화

1 산욕기 정의

정의	• 분만 직후부터 산후 6주간 임신 전 상태로 회복되는 기간 → 자궁의 퇴축, 호르몬 변화, 오로 배출, 모유수유 등이 일어나는 시기

2 산욕기 생리적 변화

산후통		• 분만 후 자궁수축으로 인해 산후통 발생 → 자궁근의 반복적인 수축과 이완으로 발생 → 분만 3일 이내 감소 • 수유 중 옥시토신 자극으로 심해질 수 있음
	초산부	• 자궁근이 비교적 단단하고 잘 수축 • 자궁수축이 규칙적, 효율적 → 산후통이 거의 경미하거나 없음
	경산부	• 자궁이 반복적으로 늘어난 상태 • 자궁수축이 덜 효율적 → 수축·이완 반복이 많아짐 • 특히 수유 시 옥시토신 자극 → 강한 자궁수축 → 산후통 심함

월경, 배란	모유 수유하는 경우	• 월경 재개가 지연됨 (보통 10주~6개월 경에 재개) • 첫 월경은 무배란성(배란 없이 일어나는 월경)인 경우가 흔함
	모유수유하지 않는 경우	• 산후 6~10주경에 월경이 재개됨
유즙 분비		• 태반 만출 후 프로락틴↑ → 유즙 생성 • 수유 자극 시 옥시토신→ 사출반사 • 초유(단백질↑, 면역성↑) → 성숙유

3 산욕기 기관별 변화

1 심혈관계 및 혈액계

심혈관계	심박출량	• 심박출량은 출산 직후 일시적으로 증가 • 산후 6~8주에 임신 전 상태로 회복
	혈압	• 산후 첫 2일 정도는 약간 하강 • 3~7일 정도 다시 상승, 6주쯤 임신 전 상태로 회복 〈 기립성 저혈압 〉 • 산욕기 전반(특히 기립 시)에는 누워 있다가 갑자기 일어서면 　→ 혈액이 하체로 몰림 　→ 상대적으로 심장으로 돌아가는 혈액이 순간 감소 　→ 뇌혈류가 줄어 기립성 저혈압 발생
	서맥	• 분만 후 첫 1주일 동안은 분당 50~70회 정도의 산욕기 서맥이 나타남 (정상) 〈 서맥 발생 이유 〉 • 분만 후 혈액귀환량 증가로 인해 심박출량이 증가하게 되고, 이러한 심박출량 증가가 심박동수를 낮추기 때문임 　→ 혈액귀환량↑ → 심박출량↑ → 심박수↓(산욕기 서맥) *
	체온	• 분만 직후 탈수로 38℃까지 상승 가능 • 24시간 이후에도 38℃ 이상이면 감염을 의심
혈액계	WBC 증가	• 산욕기 분만 4~6일 후에는 WBC 증가(14,000~16,000) • 분만직후는 15,000~30,000/mm^3까지 상승
	이뇨, 발한	• 혈장량 이뇨·발한으로 감소 → 4주 내 정상
	응고인자	• 응고인자 증가 → 혈전 주의

2 비뇨기계 및 생식기 11, 10 임용

방광팽만 주의	자궁퇴축 방해	• 방광 과도하게 팽만 → 자궁수축을 방해 → 자궁퇴축 불량 → 산후출혈 위험 증가
	감염 위험	• 방광팽만 → 세균 증식 → 요로감염 위험 ↑
이뇨 10 임용		• 산후 12시간 내 이뇨 시작, 1주간 체중 감소 〈 산후 이뇨 기전 〉 • 임신 중 축적되었던 과잉 체액(수분, 나트륨) → 분만 후 에스트로겐 감소 → 항이뇨호르몬(ADH) 억제 → 수분저류 감소 → 혈관 내로 복귀된 체액이 신장을 통해 배설 → 출산 후 며칠 동안 소변량 증가 → 이뇨
성교통 11 임용		• 에스트로겐 감소 → 질 상피가 얇아지고 건조해짐 → 질 윤활 감소 → 성교 시 통증

3 위장관계 및 근골격계

위장관계	• 장운동 감소·변비 주의 • 식욕 빠르게 회복
근골격계	• 릴락신 감소 → 관절·인대 점차 정상 • 복직근 이개 회복 필요, 자세 교육 • 복벽은 분만 후 6주 이내로 정상으로 돌아옴

4 피부계 10 임용

기미 10 임용	• 산후 에스트로 감소, MSH((멜라닌자극호르몬) 감소 → 기미가 옅어짐, 그러나 이전의 완전히 정상 피부상태로 돌아오지 않는 경우도 많음
탈모	• 탈모는 산후 3~4개월경에 흔히 나타나며, 6~15개월 이내에 대부분 회복됨
거미상 혈관종 등	• 거미상혈관종·손바닥홍반 → 임신 중 에스트로겐 영향으로 발생, 산후 서서히 소실
야간발한	• 야간발한 → 임신 중 증가한 체액 배출 과정, 산후 첫 주 심하게 나타날 수 있음

5 내분비계

태반 호르몬(HCG, HPL, 프로게스테론, 에스트로겐 등) 급격히 감소

에스트로겐	• 에스트로겐 감소 → 이뇨 촉진, 프로락틴 증가로 유즙 분비 촉진
프로락틴	• 수유모는 수유 지속 기간 동안 높게 유지, 비수유모는 2주 이내 감소
옥시토신	• 수유 시 유즙의 사출반사 자극
HCG	• 산후 1주 이내 소실

❹ 산욕기 간호사정 및 간호

1 자궁바닥의 높이와 긴장도

정상 자궁바닥	• 자궁바닥이 복부중앙선, 배꼽높이에서 단단하게 수축함 • 마사지가 중단되어도 자궁바닥이 수축상태를 유지함 • 자궁바닥이 복부 중앙선, 배꼽 높이 정도에 위치함
비정상 자궁바닥	• 자궁바닥이 부드럽고 수축하지 않으며, 위치를 파악하기 힘듦 • 자궁바닥이 부드럽고, 마사지를 멈추면 수축하지 않음 • 예상보다 위쪽 → 방광팽만 의심 • 배뇨 유도 후 위치 다시 사정 • 중앙선에서 벗어남(주로 우측) → 방광팽만 의심 • 잘 만져지지 않음 → 자궁이완 의심
간호중재	• 자궁이 부드럽거나 잘 만져지지 않으면 → 부드럽게 자궁마사지 　→ 자궁근 수축 유도 → 한손으로 자궁하부 지지, 다른 손으로 자궁바닥을 마사지 • 마사지 후에도 이완 지속 → 자궁수축제(옥시토신 등) 투여 • 혈괴가 많거나 큰 경우 → 크기·양 평가 • 회음부 상태도 동시에 관찰 • 방광팽만 의심 → 배뇨 유도 (필요시 도뇨) • 과다출혈 → 즉시 보고, 추가적 출혈원 확인 (열상·태반잔류·DIC 등 고려)

2 오로 11, 10 임용

오로 정의	• 태반박리 후 자궁내막의 상처가 치유되는 동안 배출되는 질 분비물 　→ 자궁내막 재생의 회복과정으로 나오는 질 분비물 • 오로의 양, 색, 냄새로 자궁회복 상태를 평가
오로 변화	• 적색오로(1~3일) → 장액성(4~9일) → 백색(10일~6주)
간호	• 색, 양, 냄새 매일 사정 • 지속적 흐름, 응고덩어리, 악취, 갑작스런 양 증가 → 즉시 보고 • 제왕절개 산모는 오로량 적을 수 있음 (수술 중 자궁내막 일부 제거 때문) • 불쾌한 냄새나 과다출혈 시 감염 의심 → 자궁내막염 의심

표. 오로 특성 11 임용

오로	기간	색	악취	특징
적색오로	1~3일	암적색	O	• 활동시, 모유 수유 시 증가 • 일어서면 질에 고인 혈액이 갑자기 흘러나올 수 있음 • 탈락된 탈락막 세포조각, 태반부착부위에서 나온 혈액, 백혈구, 소량의 점액, 양수 잔류물, 태지, 솜털 등 포함
장액성 오로 (갈색 오로)	4~9일	분홍색 또는 갈색	X	• 악취시 비정상 • 혈장, 백혈구, 점액, 괴사된 탈락막 조직 등 포함
백색오로	10일~6주	노란색 또는 백색	X	• 악취시 비정상 • 점액, 백혈구, 상피세포 등 포함

표. 오로 정상 vs 비정상

정상	비정상
생리혈과 유사한 냄새	악취 → 자궁내막염 의심
패드에 묻는 정도 (1~2시간 교환 가능)	1시간 이내 패드 1장 흠뻑 젖음 → 과다출혈 의심
활동·모유수유 시 다소 증가	자궁수축 충분한데도 계속 많음 → 산도열상 의심
색깔이 정상 경과대로 변화	색, 양, 기간이 갑자기 역행 → 감염·출혈 의심

3 활력징후

항목	정상소견	주의, 비정상	간호
혈압	분만중과 유사	140/90↑ → 고혈압 의심 85/60↓ → 쇼크·출혈·탈수 의심 같은 자세에서 측정	기립성 저혈압(일어설 때 15~20mmHg↓) 주의
맥박	60~80회 (산욕기 서맥)	100회↑ → 출혈, 통증, 탈수, 감염 의심	빈맥 시 자궁바닥·오로·혈색소 등 함께 사정
체온	첫 24시간 38℃까지 상승 가능	24시간 이후 38℃↑ → 감염 의심	감염 의심 시 즉시 보고
호흡	12~20회/분	호흡수 이상 → 폐색전, 폐부종, 무기폐 의심	제왕절개, 흡연자, 천식 산모 호흡음 주의

4 회음부 사정

(1) 회음부 사정법 : REEDA

R	Redness	발적
E	Edema	부종
E	Ecchymosis	반상출혈
D	Drainage	삼출물
A	Approximation	치유정도

(2) 회음부 열상

1도	표층 손상
2도	근육까지
3도	항문괄약근까지
4도	직장전벽까지

5 배뇨

- 방광팽만 시 자궁 수축 방해 → 출혈↑

방광팽만	• 치골결합 위 부드러운 덩어리 • 자궁 한쪽으로 치우침 • 오로 증가, 빈뇨
감염의심	• 긴박뇨, 잦은 배뇨, 배뇨통 → 감염 의심

6 하지

혈전성 정맥염	• 발적, 열감, 부종, 압통 → 혈전성 정맥염 의심
자간전증 의심	• 긴박뇨, 잦은 배뇨, 배뇨통 → 감염 의심
이뇨 증가	• 분만 후 2~5일 → 이뇨 증가
부종 회복	• 부종은 21일 내 회복

7 출혈 예방

(1) 산후출혈 기준 및 원인

산후출혈 기준	• 분만 직후 24시간 이내 500cc 이상 출혈
주요원인	• 자궁이완(가장 흔함) → 자궁근육이 수축하지 못함 • 기타: 질·외음부 혈종, 자궁경부·질 열상, 태반조직 잔류

(2) 산후출혈 예방

① 자궁저부 마사지 09 임용

목적	• 자궁근을 자극해서 자궁 수축력 유지
	  → 자궁이완을 방지
	  → 산후출혈 예방
	• 자궁 안에 고여 있던 혈액이나 혈괴를 배출 → 자궁 내 잔류물 방지

방법	① 한 손은 자궁저부(자궁바닥)를 마사지
	② 다른 손은 치골결합 위쪽에서 자궁경부 부위를 지지
	  → 너무 세게 눌러 자궁이 뒤집히지 않도록 주의 (자궁내번증 예방)
	③ 부드럽게 원을 그리듯 마사지
	④ 마사지 중 혈액·혈괴가 나올 수 있으므로 산모에게 사전 설명
	  → 놀라지 않도록 심리적 안정을 주는 것이 중요
	⑤ 산모가 자가마사지 할 수 있도록 교육
	  → 출혈 조기 발견 + 불안감 감소
	⑥ 자궁저부가 단단해질때까지 시행, 단단해지면 마사지 중단

효과	• 자궁 수축 → 산후 출혈 예방 • 자궁저부 마사지 후 자궁 단단해짐
자궁근무력증 관찰	자궁저부 마사지를 해서 혈괴(응고된 혈액)가 배출된 뒤에도 자궁이 여전히 부드럽거나 이완된 상태라면, 자궁근무력증 위험 징후임

② 조기 모유수유 및 방광팽만 방지

조기 모유수유	• 조기 모유수유 → 옥시토신 분비로 자궁퇴축 촉진
방광팽만 방지	• 방광팽만 시 자궁이 배꼽 위·한쪽으로 치우치며 수축 방해 • 6~8시간 내 자연배뇨 유도 (미지근한 물, 물 흐르는 소리, 좌욕 등 활용)

③ 자궁수축제 투여

• 마사지 후에도 자궁 부드러움 → 자궁수축제 필요

㉠ 옥시토신 (Oxytocin)

기전	• 자궁근 수축 강화 → 지속적이고 강한 자궁수축 유도 → 지혈

ⓛ 메틸에르고노빈(Methylergometrine, 메덜진)

기전	• 평활근의 α-아드레날린 수용체 자극 → 자궁근뿐 아니라 혈관수축도 강하게 일으켜 강력한 자궁수축
특징	• 옥시토신보다 자궁수축력이 더 강함 • 자궁혈관도 수축 → 지혈 효과
주의	• 고혈압 산모, 심장질환 산모에게는 금기

ⓒ 에르고노빈말레산염 (Ergonovine maleate)

기전	• 평활근의 α-아드레날린 수용체 자극 → 자궁근뿐 아니라 혈관수축도 강하게 일으켜 강력한 자궁수축
특징	• 옥시토신보다 자궁수축력이 더 강함 • 자궁혈관도 수축 → 지혈 효과
주의	• 고혈압 산모, 심장질환 산모에게는 금기

8 조기이상 14 임용

• 산모가 분만 후 8~24시간 이내에 일어나서 움직이도록 격려

목적	① 혈전정맥염 예방 → 혈류 정체 방지 ② 근력 회복 촉진 ③ 장운동 회복 → 복부팽만·변비 예방 ④ 방광 기능 회복 → 요정체 예방 ⑤ 정서적 안정 → 조기 활동으로 자신감 회복
조기이상시 발생할 수 있는 증상	• 조기이상 시 발생할 수 있는 증상 • 기운 없음 • 어지러움 • 현기증 • 가벼운 두통 • 원인: 분만 후 빠르게 복강내압 감소 → 장으로 가는 혈관이 갑자기 확장 → 혈액 정체(내장울혈) → 이로 인해 기립성 저혈압 발생 가능

9 배설증진

배뇨 간호의 목적	• 방광팽만으로 인한 자궁압박을 예방 → 자궁퇴축 촉진 → 출혈·감염 예방
방광 팽만 시	• 자궁이 치우치거나 배꼽보다 높이 상승

10 모유수유

시작시기	• 분만 2시간 후
피임효과	• 프로락틴 ↑ → 배란 억제 • 그러나 완벽한 피임은 아님 → 피임 교육 필요 • 에스트로겐 피임약은 금지, 프로게스틴제 권장
약물금기	• 항암제, 유즙분비억제제제, 마약, 일부 항생제(테트라사이클린 등) → 금기 • 약물 복용은 반드시 의료진과 상의
알코올 등 금기	• 알코올, 카페인, 니코틴 → 금지

표. 질병과 모유수유

B형 간염	• 면역글로불린(HBIG)+백신 후 수유 가능
헤르페스	• 상처 덮고 수유 가능, 양쪽 유방 궤양 시 금지
당뇨	• 수유 권장 (항당뇨 효과), 유두균열 주의

표. 모유수유 장점

구분	모유수유 장점
산모측면	• 옥시토신 분비 → 자궁수축 촉진 → 산후출혈 예방 • 임신 중 축적된 지방 사용 → 체중감소 • 프로락틴 증가 → 배란 억제 → 피임효과 • 유방암·난소암 발생 위험 감소 • 제2형 당뇨병, 고혈압, 고지혈증 위험 감소 • 폐경 후 골다공증 위험 감소 • 모아애착 증진, 심리적 안정 • 편리·경제적·위생적
아기 측면	• 적절한 영양공급 (단백질, 지방, 철분 등) • 감염 예방 (IgA, 면역세포 등 포함) • 알레르기 질환·아토피 발생 감소 • 영아돌연사증후군(SIDS) 위험 감소 • 인지발달 및 두뇌발달 촉진 • 중이염·호흡기 감염·위장관 감염 감소 • 치열 • 턱발달에 이점 • 예방접종 효과 증진

⑪ 유방울혈 및 유선염 간호

(1) 유방울혈 간호

유방울혈 정의	• 분만 3~5일경, 모유분비가 갑자기 증가하면서 유방이 팽창하고 단단해지며 통증을 느끼는 상태 • 유방 내 모유정체, 림프순환 감소 → 부종, 발적, 압통이 동반될 수 있음.
유방울혈 간호	• 아기가 충분히 젖을 빨도록 자주 수유(하루 8~12회) • 한쪽 유방을 충분히 비운 후 반대쪽으로 교체 • 수유 전 따뜻한 찜질이나 샤워 → 이완감 증가, 사출반사 촉진 • 수유 후에는 냉찜질(얼음주머니, 차가운 양배추잎 등) → 부종·통증 완화 → 양배추잎은 하루 2~3회, 1회 15~20분 정도만 사용(모유량 감소 예방) • 유방마사지를 시행해 울혈 해소 • 울혈이 심하면 손이나 유축기를 사용해 모유를 일부 짜낸다 • 꽉 조이는 브래지어 피하고 잘 지지되는 편안한 브래지어 착용 • 진통제가 필요한 경우 의사의 지시에 따라 투약

(2) 유선염 09 임용

정의	• 세균에 의해 유방조직에 염증이 발생한 상태 • 보통 분만 2~4주경, 유두 균열을 통해 세균이 침입해 발생
원인균	• 주로 황색포도상구균(Staphylococcus aureus) → 유두의 상처를 통해 침입해서 유관(젖샘관)에 염증을 일으키는 형태가 많음 • 드물게 연쇄상구균(Streptococcus), 대장균(E.coli)
증상	• 발열(38.5℃ 이상), 오한 • 유방 국소 발적, 발열, 부종, 통증 • 유방에 단단하고 아픈 덩어리(종괴) • 감기 몸살과 비슷한 전신증상
간호	• 수유를 중단하지 않고 계속 시행(모유배출 유지) 09 임용 • 유방 마사지 + 유방 비우기 • 휴식 및 수분공급 충분히 제공 • 해열진통제(예: 이부프로펜) 사용 가능 • 항생제 치료 필요(의사 처방에 따라) • 유방 위생 철저히 관리 → 유두에 상처나 균열 주의 • 너무 아프면 짜내서 비우도록 교육 • 증상이 악화되거나 농양이 형성되면 외과적 처치 고려

Part 21 고위험 산욕 간호

① 산욕감염 (산후감염)

정의	• 분만 후 24시간~10일 이내 최소 2일 이상 38℃ 이상의 발열이 지속되는 상태 → 산후 첫 24시간 내 발열 제외)
원인균	• 혐기성 연쇄구균(anaerobic streptococcus), 포도구균(Staphylococcus aureus), 임균(gonococci), 대장균(coliform bacteria), 웰치균(Clostridia) 등
위험요인	**산전** • 비만, 영양부족, 면역저하, 당뇨, 빈혈 등 **분만 중** • 난산, 잦은 내진, 회음·제왕절개, 태반조각 잔류, 양막파열, 기계분만 등 **산후** • 출혈, 빈혈, 상처부위 오염 등
증상	• 전신쇠약, 피로, 오한, 식욕부진, 구역/구토, 발열, 빈맥, 자궁압통, 자궁퇴축부전, 악취 오로, 국소 감염 증상(회음부, 유방), 백혈구 증가, ESR 증가
합병증	• 패혈성 골반혈전성정맥염, 패혈성 색전증, 골반농양, 패혈성 쇼크, 2차 난임 등
치료	• 복합항생제(ampicillin, cephalosporin, aminoglycosides 등), 해열제, 필요시 진통제, 심각한 경우 수술적 배농

② 자궁내막염 09 임용

1 정의 및 원인

정의	• 산욕감염 중 가장 흔함 • 태반 부착 부위에서 시작해 자궁내막, 근층, 자궁주위조직까지 감염 확산될 수 있음 → 패혈성 골반 혈전증 초래
원인균	• 산후 2~4일 이내 주로 발생
원인, 유발요인	• 태반 부착 부위 세균 침범 • 오로·괴사조직 잔류 • 제왕절개 (질분만보다 20배 ↑) • 양막파열 후 경과시간 ↑ • 지연분만 • 잦은 내진 • 내부 태아감시장치

2 증상 및 합병증

증상	• 발열(38~39℃ 이상) • 심한 산후통·복부통증 • 복부촉진 시 자궁압통 • 빈맥(100~20회/분), 빈혈 • 백혈구 증가(15,000~30,000/mm³), ESR 증가 • 두통, 식욕부진, 피로감 • 악취나는 농성 오로 • 구역, 무기력
합병증	• 골반혈전성 정맥염, 골반농양, 복막염, 패혈성 쇼크

3 치료 및 간호

광범위 항생제	• 광범위 항생제(ampicillin, cephalosporin, clindamycin, gentamicin) 투여 • 제왕절개 수술시에는 수술 1시간 전에 항생제 투여 → 자궁내막염 예방
수분섭취 증가	• 하루 3,000~4,000mL/일 투여
30~45도 상체 상승 09 임용	• 상체 30~45° 상승한 반좌위 → 중력에 의한 자궁강내 농성분비물 배출을 돕기 위함
고단백, 고비타민	• 고단백, 고비타민 영양 공급
패혈성 쇼크 증상 모니터링	• 패혈성 쇼크 증상 모니터링

3 산후출혈

산후출혈	• 질분만 후 500mL 이상, 제왕절개 후 1,000mL 이상 출혈	
발생시기	조기산후출혈	• 분만 후 24시간 이내
	후기산후출혈	• 분만 24시간 이후 ~ 6~12주 (속발성/지연성)
발생빈도, 위험성	• 모성사망 50% 이상이 분만 후 24시간 내 발생 • 특히 분만 후 4시간 이내 집중 발생	

1 조기산후출혈

(1) 발생시기 및 원인

발생시기	• 분만 후 24시간 이내
원인, 위험요인	• 자궁이완(자궁무력증) (90%) 〈 자궁이완(무력증) 유발요인 〉 • 자궁 과다팽창 (다태임신, 거대아, 양수과다) • 비정상 진통 (급속·지연분만, 옥시토신 유도) • 자궁수축 방해 (마그네슘, 전신마취) • 자궁내감염(융모양막염), 다산부 • 방광팽만, 태반잔류 • 비뇨생식기 열상, 혈종, 자궁파열, 자궁내번 • 혈액응고장애 • 태반 이상(전치태반, 태반조기박리, 부착이상) • 수태산물 잔류

(2) 증상

출혈(빈혈) 증상	• 구역, 현기증, 두통, 발한, 혼돈, 심계항진
물렁한 자궁	• 부드럽고 물렁물렁한 자궁촉진
질 출혈	• 일정한 검붉은 질출혈 + 혈괴
저혈량 쇼크	• 심한 경우 혈압저하, 빈맥, 소변량감소 → 저혈량쇼크 증상

(3) 치료 및 간호

자궁저부 마사지	• 자궁수축 확인 및 자궁저부 마사지
자궁수축제 투여	• 옥시토신, 에르고노빈, 프로스타글란딘 등 자궁수축제 투여
양손 이용한 자궁압박법	• 자궁마사지와 자궁수축제를 사용해도 지혈이 안될 경우 시행 • 옥시토신 약물의 효과가 나타나기 전까지 응급상황에서 사용
수액, 수혈	• 수액, 수혈 → 저혈량 쇼크 예방
방광팽만 예방	• 방광팽만으로 자궁퇴축 부전으로 인한 출혈 예방

2 후기산후출혈

(1) 발생 시기 및 주요원인

발생시기	• 분만 24시간 이후 ~ 6~12주
주요원인	• 태반조직 잔류, 자궁퇴축부전, 감염, 비정상 유착태반
태반조직 잔류	• 정상 태반의 부분박리, 자궁수축률의 태반박리 저해, 분만 3기의 잘못된 관리, 태반의 비정상적 유착에 의해 발생 → 정상적인 자궁수축을 방해 → 산후출혈
자궁퇴축 부전	• 커진 체부가 산욕기가 끝나도 임신 전 자궁의 크기로 복구되지 않고 기능회복이 지연되는 것 • 퇴축부전의 원인은 수태산물의 잔류, 감염, 자궁의 비정상적인 위치, 근종, 임신성 영양막질환 등으로 인해 순환이 방해되기 때문임

(2) 증상 및 간호사정

증상	• 불규칙·지속적 출혈 • 크고 부드러운 자궁 촉지 • 오로 분비 지연 • 복통, 골반중압감, 피로
간호사정	• 자궁촉지 : 자궁크기, 자궁강도 등 양손 진찰 • 초음파 : 잔류조직 확인 • 분비물 악취 시 감염 의심

(3) 치료 및 간호

치료	• oxytocin, methylergonovine(메틸에르고노빈) 등 자궁수축제 투여 • 항생제 투여 (감염 의심 시) • 출혈 지속시 소파술 • 심한 출혈, 자궁파열 시 자궁절제술 고려
간호	• 자궁저부 마사지 • 철분·단백질 식이 권장

④ 산욕기 산후정신건강 문제

구분	정의	발생시기/지속기간	특징
산후우울감	• 산욕기에 일시적으로 나타나는 가장 흔한 기분장애	• 출산 후 1주 이내 (4~5일 최고, 10일 이내 호전)	• 가벼운 우울, 눈물 • 안절부절, 불안, 피로 • 산부의 80% 경험, 20%는 산후우울증으로 진행 〈 원인 〉 • 태반 만출 후 에스트로겐, 프로게스테론 양 감소 → 에스트로겐 패치 부착 (치료)
산후우울증	• 산후우울감보다 심각하고 지속적인 우울장애	• 분만 후 4~6주에 흔함 (최대 1년 내 발생)	• 우울감, 죄책감, 무가치감 • 아이에 대한 무관심·적대감 • 자살생각 가능, 치료 필요
산후정신병	• 산욕기에 발생하는 가장 심각한 정신장애	• 출산 직후부터 3개월 후까지 발생 (보통 2~4주에 발생함)	• 망상, 환각, 사고장애 • 자살·영아 살해 위험 • 정신과적 응급상황

참고문헌

- 김혜원외 (2025). 제 6판 수정판 여성건강간호학 Ⅰ,Ⅱ. 현문사
- 성미혜외 (2021). 개정판 여성건강간호학 Ⅰ,Ⅱ. 수문사
- 여성건강간호교과연구회 편 (2025). 제 11판 여성건강간호학 Ⅰ,Ⅱ. 수문사
- 질병관리청, 국가건강정보포털 (https://health.kdca.go.kr)
- 퍼시픽 간호사 국시대비 개념서 (2025). 퍼시픽

2026학년도
김이지 04 보건임용
모성간호학

초판 1쇄 발행 2025년 07월 21일

편저 김이지
발행인 공태현　**발행처** (주)법률저널
등록일자 2008년 9월 26일　**등록번호** 제15-605호
주소 151-862 서울 관악구 복은4길 50 (서림동 120-32)
대표전화 02)874-1144　**팩스** 02)876-4312
홈페이지 www.lec.co.kr
ISBN 979-11-7384-044-9 (13510)
정가 31,000원